JULIUS REDLING

Kleines USA-Lexikon

Wissenswertes über Land und Leute

2., neubearbeitete und erweiterte Auflage

VERLAG C. H. BECK

Mit 11 Karten und Übersichten

Die Deutsche Bibliothek – CIP-Einheitsaufnahme

Redling, Julius:
Kleines USA-Lexikon : Wissenswertes über Land und Leute / Julius Redling. – Orig.-Ausg., 2., neubearb. Aufl. – München : Beck, 1995
(Beck'sche Reihe ; 826 : Länder)
ISBN 3 406 39953 3
NE: HST; GT

Originalausgabe
ISBN 3 406 39953 3

Zweite, neubearbeitete und erweiterte Auflage. 1995
Umschlagentwurf: Uwe Göbel, München

Gesamtherstellung: Presse-Druck- und Verlags-GmbH, Augsburg
Gedruckt auf säurefreiem,
aus chlorfrei gebleichtem Zellstoff hergestelltem Papier
Printed in Germany

Inhalt

Vorwort zur zweiten Auflage

Die Neuauflage des Lexikons ermöglichte eine Neubearbeitung der bisherigen 1500 Einträge sowie eine wesentliche Erweiterung um ca. 600 Einträge. Hierbei handelt es sich um die Einarbeitung der großen weltpolitischen und gesellschaftlichen Veränderungen seit 1989, insbesonders der Herausbildung der USA als einziger Supermacht (Cold War; Abrüstung; Golfkrieg; NAFTA) sowie als dominierender Kraft auf dem Gebiet der neuen Medien (Internet; information superhighway). Ferner ist nach dem Wegfall des Besuchervisums für deutschsprachige Länder der Tourismus in die USA angestiegen, und das Interesse am Westen (West; Naturwunder; Indianer) ist besonders groß. Durch die Erweiterung war es auch möglich, vom großen Pool amerikanischer Persönlichkeiten der Popkultur, Politik und Medien einige repräsentative Personen auszuwählen. Außerdem wurde ein Index der deutschen Stichwörter (meist Übersichtsartikel wie „Politik“, „Wirtschaft“) aufgenommen, der es leichter macht, sich in ein Sachgebiet einzuarbeiten. Schließlich konnten auch wichtige neuere Begriffe aus dem amerikanischen Leben eingearbeitet werden wie political correctness, multiculturalism, sexual harassment, buppie, mommy track, couch potato, etc. Besonders bedanken möchte ich mich für positive Rückmeldungen und Korrekturhinweise der Leser/innen, und ich hoffe, daß die neue Ausgabe alle erwünschten Ergänzungen enthält.

Julius Redling

Hinweise für den Benutzer

1. Abkürzungen

Neben allgemein üblichen Abkürzungen werden folgende Kurzformen ständig verwendet:

↑	Querverweis im Sinne von: siehe, vgl.	f	femininum
Abk.	Abkürzung	hist.	historisch
adj.	Adjektiv	m	maskulinum
AE	Amerikanisches Englisch	n.	noun, Substantiv
am.	amerikanisch	pl.	Plural, Mehrzahl
Am.	Amerikaner	polit.	politisch
BE	Britisches Englisch	sg.	Singular, Einzahl
bes.	besonders, besondere	ugs.	umgangssprachlich
Bez.	Bezeichnung	v.	verb, Zeitwort
		wirtsch.	wirtschaftlich

2. Zur Aussprache

Die phonetische Umschrift wird vor allem bei Wörtern vermerkt, bei denen die Aussprache des AE vom BE abweicht, und zwar entsprechend der Internationalen Lautschrift, in eckigen Klammern [] mit Betonungsangabe (['] = Hauptton, [ˌ] = Nebenton). Die wesentlichen Abweichungen zwischen deutschen, englischen und amerikanischen Lauten sind im folgenden zusammengestellt.

A. Vokale

Zeichen	*Schreibung*	*AE Aussprache*	*dt. Beispiel*	*Erläuterungen*
ː				Zeichen für lange Vokale
iː	sheep	[ʃiːp]	lieb	langes, offenes *i*
ɪ	ship	[ʃɪp]	Schiff	kurzes *i*
e	bet	[bet]	Bett	kurzes, offenes *e*
eɪ	make, day	[meɪk], [deɪ]'	Make-up	*e* plus *i*
ə	about	[əbaʊt]	bitte	unbetontes, reduziertes *e*

ɜ	bird, murder	[bɜrd], [mɜrdər][3]	fehlt i. Hochdt., ahnlich wie „Mörder“	wie dt *ö* ohne Lippenrundung
æ	bad, fast	[bæd], [fæst][2]	fehlt i. Hochdt., ähnlich wie „Käse“	offenes *ä*
ɑ	farm, got	[fɑrm][3], [gɑt][4]	Arm	kurzes, offenes *a*
ɑː	father, calm	[fɑːðər], [kɑːm]	Ahnung	langes, offenes *a*
aʊ	house	[haʊs]	Haus	Doppellaut *au*
aɪ	high	[haɪ]	Hai, Ei	offenes *a* plus *i*
ʌ	lunch	[lʌntʃ]	fehlt i. Hochdt.	Laut zwischen *a* und *ö*
ɔ	form	[fɔrm][3]	Form	kurz, offen, zwischen *a* u. *o*
ɔː	saw	[sɔː]	fehlt i. Hochdt., etwa bayr. „Maß“	langes [ɔ]
ɔɪ	boy	[bɔɪ]	ahoi, Heu	offenes *o* plus *i*
oʊ	toast, home	[toʊst], [hoʊm]'	fehlt, „Toaster“	*o* plus *u*
ʊ	look, put	[lʊk], [pʊt]	Luft	kurzes *u*
uː	you, dew	[juː], [duː][5]	du, Schuh	langes *u*

Abweichungen von AE und BE:

[1] Bei den Doppellauten [eɪ] und [oʊ] fällt im AE oft der 2. Laut weg, so daß *make-up, toast* ähnlich wie im Deutschen klingen [meːkɑp], [toːst]. Im BE bleibt der 2. Laut erhalten, ferner wird [oʊ] eher wie [əʊ] ausgesprochen.

[2] Im BE entspricht dem [æ] des AE [fæst] ein langes [ɑː], ebenso in Wörtern wie *glass, half, can't, path*. Das AE hat eine generellere [æ]-Aussprache für den Buchstaben *a* als das BE; jedoch nicht bei *father, calm*.

[3] Das AE spricht das geschriebene *r* immer aus, im BE entfällt das *r* nach Vokalen, dafür tritt Längung des Vokals ein: *form* BE [fɔːm], bzw. es kommt der Gleichlaut [ə] zusätzlich hinzu: *beer* AE [bir], BE [bɪə].

[4] Die Schreibung „*o* plus Konsonant“ hat im BE meist die o-Färbung anstelle von AE [ɑ], also *got* BE [gɔt]; ebenso *not, on, Tom*.

[5] Ein u-Laut nach Dentalen (d, t, n) wird im BE meist als [ju] gesprochen, *news* AE [nuːz], BE [njuːz], ebenso bei *Tuesday, due* etc.

B. Konsonanten

Zeichen	*Schreibung*	*AE Aussprache*	*dt. Beispiel*	*Erläuterungen*
r	red	[red]	rot	Zungenspitze gegen Gaumen
ŋ	ring	[riŋ]	Ring	wie dt. *ng*
j	yes	[jes]	ja	wie dt. *j*
f	fat, laugh	[fæt], [læːf]	fett	wie dt. *f*
v	very	[verɪ]	Vanille, Wasser	wie dt. *w*
w	well	[wel]	fehlt i. Hochdt., „Swing"	*u* plus *w* mit beiden Lippen gerundet
s	sun, rice	[sʌn], [raɪs]	naß	stimmloses *s*
z	zone, rise	[zoʊn], [raɪz]	weise	stimmhaftes *s*
ʃ	ship	[ʃɪp]	Schiff	wie dt. *sch*
ʒ	television	[telɪvɪʒən]	Genie	stimmhaftes *sch*
tʃ	chip	[tʃɪp]	Rutsche, „Chip"	wie dt. *tsch*
dʒ	gin, jazz	[dʒɪn], [dʒæz]	„Gin", „Jazz"	stimmhaftes *dsch*
θ	thin	[θin]	fehlt, „Thatcher"	Lispellaut: Zunge an obere Schneidezähne, kein [s]-Laut!
ð	the, then	[ðə], [ðen]	fehlt	wie [θ], aber stimmhaft

b, d, g, h, k, l, m, n, p, t werden wie im Deutschen gesprochen. Die Lautschrift ist mit dem geschriebenen Buchstaben identisch.

Abweichungen von AE und BE:

Bei den Konsonanten gibt es im gesamten englischsprachigen Bereich in der Standardsprache kaum Unterschiede. Erwähnenswert ist die weiche Aussprache von *-t-* oder *-tt-* zwischen Vokalen wie AE: *better* [bedər], so daß sich *writer* (Schriftsteller) [raɪdər] meist wie *rider* [raɪdər] (Reiter) anhört. Siehe außerdem die Anmerkung zu *r*, S. 9.

C. Betonung

Im AE ist die Zusammenziehung u. Reduktion von Silben nicht so ausgeprägt wie im BE, so daß bei langen Wörtern sogar eine zusätzliche Betonung neben dem Hauptton möglich ist: *necessary* im AE ['nesəˌseri], im BE ['nesəsri].

Amerikanisches Buchstabieralphabet

A	[eɪ]	wie Abel ['eɪbl]	N	[en]	wie Nan ['næn]
B	[biː]	wie Baker [beɪkər]	O	[oʊ]	wie Oboe ['oʊboʊ]
C	[siː]	wie Charlie [tʃɑːrlɪ]	P	[piː]	wie Peter ['piːtər]
D	[diː]	wie Dog [dɔːg]	Q	[kjuː]	wie Queen ['kwiːn]
E	[iː]	wie Easy ['iːzɪ]	R	[aːr]	wie Roger ['radʒər]
F	[ef]	wie Fox ['fɑks]	S	[es]	wie Sugar ['ʃʊgər]
G	[dʒiː]	wie George ['dʒɔːrdʒ]	T	[tiː]	wie Tare ['teər]
H	[eɪtʃ]	wie How ['haʊ]	U	[juː]	wie Uncle ['ʌŋkl]
I	[aɪ]	wie Item ['aɪtəm]	V	[viː]	wie Victor ['vɪktər]
J	[dʒeɪ]	wie Jig ['dʒɪg]	W	[dʌbljuː]	wie William ['wɪljəm]
K	[keɪ]	wie King ['kɪŋ]	X	[eks]	wie X [eks]
L	[el]	wie Love ['lʌv]	Y	[waɪ]	wie Yoke ['joʊk]
M	[em]	wie Mike ['maɪk]	Z	[ziː]	wie Zebra ['ziːbrə]

Wenn nicht anders angegeben (z. B. ↑*AMEX*, ↑*NOW*, ↑*SALT*), werden Abkürzungswörter mit diesen Buchstabennamen (immer endbetont) ausgesprochen: *DAR* [diːeɪ'ɑːr], *MIT* [emaɪ'tiː], *POW* [piːoʊ'dʌbljuː] etc.

3. Index der deutschen Stichwörter

Wissenswertes über Land und Leute von A bis Z

A

A. Note eins, ‚sehr gut'; *an A* ‚ausgezeichnet'; *straight A's* lauter Einsen (im Zeugnis). ↑*Notengebung*, ↑*points system*.

A-, *atomic.* Atom-; z. B. *A-day* Tag f. Atomangriff, *A-bomb* Atombombe. Die 1. A-Bombe wurde am 16. 7. 1945 in Alamogordo, NM, gezündet u. ein paar Wochen später (6. 8.) auf Hiroshima u. Nagasaki abgeworfen (ca. 100000 Tote). ↑*Abrüstung*.

AAA, *American Automobile Association.* Gesprochen *triple A* [ˌtripl'eɪ]; Automobilklub.

ABA, *American Basketball Association* (↑*basketball*) o. *American Boxing Association.*

ABC, *American Broadcasting Companies Inc.* Eine der 3 großen Fernsehgesellschaften (↑*network*) mit über 200 angeschlossenen (↑*affiliated*) lokalen Sendern *(TV stations)* u. einer Radiogesellschaft mit über 1700 angeschlossenen Radiosendern.

Abkürzungen. Das AE bevorzugt mehr als das Deutsche sog. Akronyme, neue Wörter, die aus den ersten Buchstaben von längeren Begriffen u. Wörtern gebildet werden, z. B. *NOW: National Organisation of Women*, u. sich somit gut für polit. Slogans eignen (now = jetzt). Die Mehrzahlform wird meist durch Anhängung eines „s" oder auch „'s" gebildet *(LPs, UFO's)*, bei einigen A. durch Verdopplung des Buchstabens *(p=page, pp=pages)*. Manche A. variieren, z. B. heißt ein ↑*bachelor's degree* von Harvard *A.B.*, sonst aber *B.A.* Im AE haben abgekürzte Titel meist einen Punkt *Mr., Mrs., Dr.* Man sagt entweder *Dr. Smith* o. *Prof. J. R. Smith*, aber nicht Prof. Dr. J. R. Smith. ↑*Anrede/Anschrift*, ↑*Wortbildung*, ↑*nickname*.

ABM, *Anti-Ballistic Missile.* ‚Antiballistikrakete'. ↑*Abrüstung*.

abolitionism. Die Anti-Sklaverei-Bewegung des 19. Jh., die mit eine Ursache für den Bürgerkrieg war, mit dem Erfolg, daß 1863 von Lincoln die Proklamation zur Sklavenbefreiung (↑*Emancipation Proclamation*) verkündet wurde. Sie wurde vor allem durch religiöse protestantische Gruppen wie Quäker (im Norden) getragen. Publizistisch wurde sie z. B. durch das Buch „Onkel Toms Hütte" v. Beecher-Stowe unterstützt.

Abrüstung. Die Liste der Verträge u. Verhandlungen zwischen USA u. UdSSR bzw. jetzt Rußland begann mit dem eingeschränkten Stopp von Atomversuchen (*Test Ban Treaty*, 1963). Dann kam der Vertrag über die

Nichtverbreitung von Atomwaffen (*Nuclear Nonproliferation Treaty*, 1968), der auch Großbritannien mit einschloß. Es folgten die eigentlichen Abrüstungsverträge: 1972 SALT I *(Strategic Arms Limitation Treaty)*, ein Interimsabkommen über die Beschränkung offensiver Atomraketen, das 1974 durch den ABM-Vertrag (*Anti-Ballistic Missile*, Antiballistikraketen) ergänzt wurde, der eine spezielle Obergrenze für defensive Interkontinentalraketen festlegte. SALT II (1979) legte Obergrenzen für offensive Interkontinentalraketen fest *(ICBMs-Intercontinental Ballistic Missiles* u. *SLBMs-Submarine-Launched Ballistic Missiles)*. Das Abkommen leitete danach zum Vertrag über die Begrenzung von Mittelstreckenraketen über, dem INF-Vertrag *(Intermediate Range Nuclear Forces)*; 1987 u. 1993 folgten schließlich die ersten Verträge zur Reduzierung von Atomwaffen um ca. 30% gemäß START I *(Strategic Arms Reduction Treaty)* bzw. auf ein Drittel des Restbestands gemäß START II (abgeschlossen mit Rußland). Voraussetzung für die Ratifizierung dieser Verträge ist jedoch, daß die anderen atomaren Nachfolgerstaaten der UdSSR (Kasachstan, Ukraine, Weißrußland) ihre atomaren Waffen Rußland übergeben, das somit in diesem Bereich zum alleinigen Nachfolger der UdSSR wird.

Abscam ↑scam.

Abstract Expressionism. Am. Kunstrichtung der 40er Jahre, die mit nichtgegenständlicher Form u. Farbe experimentierte. Jackson Pollock hat als erster Farbe direkt auf die Leinwand gespritzt, um eine unbewußte künstlerische Vorstellung auszudrükken.

Abtreibung *(abortion)* ist seit 1973 (Oberstes Gericht: Roe vs. Wade) legal (in einigen Staaten schon seit 1967) bis zu dem Zeitpunkt, an dem das Ungeborene außerhalb des Mutterleibs lebensfähig wäre (ca. 24–28 Wochen nach Empfängnis). Die Abtreibungsgegner (Kathol. Kirche, ↑*pro-family*, ↑*right-to lifers*, ↑*fundamentalism*) versuchen einen neuen Entscheid herbeizuführen, da das Argument „lebensfähig“ *(viable)* schon bei der Empfängnis gelte. Bei A. darf nach einer Entscheidung des Obersten Gerichts staatliche Krankenbeihilfe (↑*Medicaid*) verweigert werden. Das Gericht bestätigte Einzelstaaten auch das Recht, z.B. Wartezeiten von 24 Stunden vor der Abtreibung zu verlangen (1992). Andere von der Regierung Reagan eingeführte Restriktionen in der Beratung Schwangerer wurden von der Regierung Clinton wieder aufgehoben. Der Zugang zu Abtreibungskliniken, der von Abtreibungsgegnern häufig blockiert wurde, darf in einem Umkreis von 12 m nicht durch Demonstrationen behindert werden.

AC. 1. *air conditioning* Klimaanlage (↑*home*); 2. *Alternating Current* Wechselstrom.

Academy Awards ↑Oscar.

accreditation. Die Anerkennung von Schulen, Hochschulen u. Studiengängen innerhalb USA. Da die Qualität der Institutionen sehr unterschiedlich ist, sind bestimmte Kriterien für die a. wichtig. Die Anerkennungsgremien sind privat, werden aber vom *U.S. Office of Education* anerkannt.

Achtziger Jahre ↑ASCII, ↑CNN, ↑cold war, ↑New Right, ↑Reagan, R. W., ↑yuppies.

acid rock. ‚LSD-Rockmusik'; sehr laute u. elektronisch verzerrte ↑*rockmusic* der 60er Jahre, die den Zug zu Drogen symbolisierte, bes. LSD, das als Halluzigen die Sinne erweiterte. Typischer Vertreter: *Jefferson Airplane.*

ACLU *(American Civil Liberties Union).* Organisation, die sich die Verteidigung der Grundrechte (↑*Bill of Rights*) zum Ziel gesetzt hat u. juristische Hilfe bei Fällen gewährt, die ein Grundrecht tangieren; wendet sich z.B. gegen das Schulgebet, weil Atheisten dadurch beeinträchtigt werden.

act. Gesetz, das vom Präsidenten unterzeichnet ist. Dieser hat jedoch ein Vetorecht gegen ein vom ↑*Congress* gebilligtes Gesetz (↑*bill*, ↑*veto*).

ACT, *American College Test.* Entspr. in Anforderungen u. Geltung dem ↑*SAT.*

ad. Ugs. Abk. für *advertisement,* Werbeanzeige, Inserat, Annonce.

Administration. Regierung (entspr. nicht dt. ‚Administration'!) z. B. die *Reagan Administration.* Der Begriff ist passend, weil die Regierung eigentlich nur die Exekutive/Verwaltung darstellt u. Gesetze nicht selbst einbringen darf, sondern nur indirekt über einzelne Abgeordnete (↑*bill*). Der A. unterstehen alle ↑*Bundesbehörden* (Personal: ca. 3 Mill.), von denen mit jeder neuen A. (nach der Präsidentenwahl) ca. 2000 Patronage-Positionen in Washington ausgetauscht werden (↑*plum book,* ↑*civil service*). Manche regulativen Bundesbehörden sind unabhängig (z.B. ↑*FED,* ↑*commission*); das Kabinett (↑*cabinet*) ist an die Anweisungen des Präsidenten gebunden.

adobe [ə'doʊbɪ]. Baustil der spanischen Missionare, die das Material a. vom Stil der ↑*Pueblos* übernahmen: luftgetrocknete (Lehm-)Ziegel. Der Stil bestimmt das Aussehen der Missionsstationen im Südwesten *(missions)* aus dem 18. Jh. Das Material wird heute aber auch zum Verkleiden von Holzhäusern im Südwesten eingesetzt, daher steht a. auch allg. für ein Haus aus Adobeziegeln. Ein frühes Zeugnis indian./spanischer Bauart ist der Gouverneurspalast in Santa Fé (1614). Hauptmerkmal des Stils sind fensterarme Fassaden u. abgerundete Kanten.

advanced placement courses. ↑*High-school*-Kurse, die wegen ihres hohen Niveaus für das ↑*College* angerechnet werden. Im College müßte man für solche Kurse Studiengebühren (↑*tuition*) bezahlen.

AEC, *Atomic Energy Commission.* Atomenergiebehörde.

AFDC ↑Aid to Families with Dependent Children, ↑ AFDC-mothers.

AFDC-mothers. Alleinstehende Mütter, die vom staatlichen Unterstützungsgeld für die Kinder leben (↑*Aid to Families with Dependent Children*).

affiliated (company). Zweig- o. Tochter-Gesellschaft. Im Medienbereich (↑*Radio*, ↑*Fernsehen*) sind die a. c. unabhängige lokale Sender, die jedoch von den großen Mediengesellschaften wie ABC, CBS, NBC per Vertrag einen bestimmten Anteil an Sendungen übernehmen; z. T. sind sie natürlich auch im ‚Besitz' dieser Gesellschaften. ↑*network*.

affirmative action. Programm, das die Diskriminierung von Minderheiten u. Frauen in Beruf u. Schule/Hochschule bekämpft, indem es eine höhere, wenn möglich proportionale Vertretung dieser Gruppen fordert. Bei etwa gleichen Voraussetzungen soll dem Bewerber aus einer unterrepräsentierten Gruppe der Vorrang bei der Einstellung gegeben werden. Das Oberste Gericht (↑*Justiz*) hat bis jetzt die Festlegung von Quoten versagt, aber dieses von der Johnson-Regierung 1965 gestartete Programm für rechtens erklärt, wenn in einem Betrieb o. in einer Bildungsinstitution eine solche Maßnahme von beschränkter Dauer ist u. nur dazu dient, eine dort verursachte „ungeheuerliche Diskriminierung" (*egregious discrimination*) zu beseitigen (1986; 1995). Im Einzelfall hat es einem Weißen recht gegeben, der die Bevorzugung als ↑*reverse discrimination* der Mehrheit verklagte (*Bakke Case* 1978). ↑*Verfassung*.

AFL/CIO, *American Federation of Labor/Congress of Industrial Organisations.* Größter am. Gewerkschaftsdachverband, der sich 1955 aus zwei Einzel-Dachverbänden (AFL u. CIO) zusammengeschlossen hat (↑*Gewerkschaften*).

AFN, *American Forces Network.* Soldatensender der US-Streitkräfte in Deutschland (↑*Radio*).

African Americans ↑Schwarze.

agency. Polit.: Exekutivbehörde. Behörden, die der Exekutive, d. h. dem Präsidenten, direkt unterstellt sind wie Raumfahrtbehörde (NASA) u. Informationsdienst (USIS).

agreement. Vereinbarung, die der Präsident international ohne Zustimmung des Senats treffen kann (↑*treaty*).

Aid to Families with Dependent Children (AFDC). Kindergeld für bedürftige Familien; wird gewährt, wenn nur ein Haushaltsvorstand (meist Mutter) vorhanden ist, der selbst wegen der Kinderbetreuung keine Arbeit annehmen kann; ein Programm, das während des ↑*New Deal* geschaffen wurde. Heute kommt es aber oft alleinstehenden schwarzen Teenager-Mädchen zu, die immer mehr Kinder bekommen, von deren Unterstützungsgeld sie dann selbst leben. Diese Situation, die von schwarzen wie weißen Politikern als unhaltbar angesehen wird, hängt eng mit dem Ghettodasein zusammen (↑*underclass*). Gegenwärtig fällt etwa die Hälfte aller von schwarzen Frauen geführten Haushalte unter die Armutsgrenze (↑*poverty line*) u. hat, soweit Kinder da sind, Anspruch auf AFDC-Unterstützung.

AIDS [eɪdz], *acquired immunity deficiency syndrome* ‚erworbene Immunschwäche'. Von 1985 (Beginn der Zählung) bis 1993 sind ca. 300000 Personen an der Krankheit erkrankt u. ca. 200000 daran gestorben. Die Infektionsrate stieg im Jahre 1992 von 50000 (1991) auf das Doppelte. Betroffen sind v.a. homosexuelle Männer (bes. in Zentren wie ↑*San Francisco*) u. Drogensüchtige, aber die Infektionsraten bei heterosexuellen Personen verdoppeln sich jährlich. Die Regierung bietet vertrauliche Beratung über eine *Hotline* an, unterstützt die Erforschung von Gegenmitteln, aber direkte staatliche Hilfen für Kranke sind umstritten. Einwanderer, militärisches u. diplomatisches Personal müssen sich einem Aids-Test unterziehen.

air coach. Touristenklasse im Flugverkehr, auch ↑*economy* genannt (↑*Flugzeug*, ↑*coach car*).

Air Force One. Bez. f. das komfortabel eingerichtete Flugzeug des Präsidenten, auch symbolisch f. das Amt. Es ist zu unterscheiden vom *„Doomsday Plane"* (Flugzeug des Jüngsten Tages), von dem aus der Präsident bei einem Nuklearangriff den Gegenschlag befehlen kann.

Alamo ['æləmoʊ]. Franziskaner-Mission in San Antonio, ↑*Texas*, in der sich die Texaner bei ihrer Revolution gegen Mexiko bis zum letzten Mann verteidigten u. die Schlacht verloren (3. 3. 1836). Kurze Zeit später erlangten sie dann unter Sam Houston die Unabhängigkeit. A. steht für den Unabhängigkeits- u. Durchhaltewillen der Texaner: *„Remember the Alamo"*.

à la mode [ˌæləˈmoʊd], adj. Bez. für ein Dessert mit Speiseeis, z.B. *pie à la mode*.

Alaska [əˈlæskə]. Der größte Staat der USA (↑*statehood* 1959 zusammen mit Hawaii; Kauf des Territoriums von Rußland 1867), ist zwar reich an Bodenschätzen (↑*gold rush*) u. ein bedeutender Erdöllieferant (*Alaska Pipeline*), aber die zahlenmäßig geringe Bevölkerung ist – ähnlich wie im Nordwesten der USA – sehr an der Erhaltung der natürlichen Umwelt (als letzter „↑*frontier*") interessiert (*environmentalists*).

Alcatraz ['ælkətræz]. Kleine Insel vor San Francisco, die bis 1963 als Gefängnis für gefährliche Kriminelle benützt wurde; heute ein Museum; A. geriet 1970 in die Schlagzeilen, als es durch ↑*Indianer*, die auf die Notlage ihrer Stämme aufmerksam machten, besetzt wurde.

Alkohol u. Gesetz. Trotz Abschaffung der ↑*Prohibition* ist die Abgabe von A. je nach Bundesstaat (bes. Südstaaten) o. Landkreis *(County)* o. Gemeinde zu bestimmten Zeiten u. Orten eingeschränkt (z. B. nicht am Sonntagmorgen o. in der Nähe einer Kirche, Ausschank von Spirituosen nur in speziellen ↑*liquor stores* mit kurzen Öffnungszeiten). Alkoholgenuß im Freien (Parks, Picknickplätze) ist meist verboten. Manche Bars haben nur Lizenz für Bier und Wein. Orte, in denen kein A. (außer in Privatklubs) verkauft werden kann o. nur Getränke bis etwa 3,2 % (Bier), heißen *dry* (trocken), das Gegenstück ist *wet* (kein Verbot). Manche Bars fördern den A.-Konsum durch die sog. ↑*happy hour,* eine Zeit, in der der Preis für alkohol. Getränke reduziert ist, o. sie erlauben das ‚Ankreiden' (*run a tab*) mit späterer Bezahlung (meist früher Abend). ↑*drinking age.*

Aleutian Islands. Zu USA gehörige Inselgruppe an der Küste von Alaska.

Alger ['ældʒər], **Horatio** (1832–1899). Schriftsteller, dessen Geschichten den Aufstieg von armen Jungen zu Erfolg und Reichtum beschreiben. Gemäß dem ↑*American dream* basiert der Erfolg auf harter Arbeit u. entschlossenem Ergreifen einer günstigen Gelegenheit. ↑*from rags to riches.*

Ali, Muhammad (geb. 1942). Boxweltmeister, der dreimal (1964, 1974, 1978) den Titel im Schwergewicht gewann. International bewundert auch wegen seines Selbstvertrauens („I'm the greatest") u. seiner markanten Redeweise; Vorbild für schwarze Jugendliche. Als er zu den ↑*Black Muslims* übertrat, änderte er seinen Namen Cassius Clay zu M.A.

alien. Ein Ausländer, der noch nicht eingebürgert ist (man hat auch als Einwanderer eine *alien registration card*). Der Begriff *alien* ist genauer als *foreigner* (Ausländer allgemein), aber durch seine 2. Bedeutung ‚außerirdisch' schafft er ungewöhnliche Assoziationen. ↑*citizenship.*

all-American *(adj).* 1. (Wörtlich) jemand, der all die Eigenschaften hat, die von Amerikanern bewundert werden (freundlich, offen, hart arbeitend, erfolgreich); 2. meist bezogen auf den Sport: *a. players:* die besten Spieler (aus verschiedenen Mannschaften), auch *all-star players* genannt.

All Volunteer Force (AVF). ‚Freiwilligen-Streitkraft'; seit 1973 Bez. f. die Streitkräfte der USA (↑*Armed Forces,* ↑*Selective Service,* ↑*Militär*).

Allen, Woody (geb. 1935). Filmemacher, Regisseur von humoristischen Filmen (oft über New York), in denen er meist selbst eine Hauptrolle spielt wie ‚Annie Hall', ‚Manhattan', ‚Hannah and her Sisters'.

alumnus [ə'lʌmnəs] *m, alumna* [-ə] *f, alumni* [-aɪ] *mpl, alumnae* [-iː] *fpl.* ‚Ehemalige(r)' einer Hochschule. Der Kontakt zur ‚alma mater' wird sehr gepflegt, auch von den Institutionen (↑*homecoming*), weil die ehemaligen Studenten eine Haupteinnahmequelle sind (↑*Hochschulverwaltung*).

a. m. ↑Zeit- u. Datumsangaben.

AM, *amplitude modulation.* Mittelwelle beim Radio (*radio band*), bringt meist Popmusik (z. B. *top 40*) u. Nachrichten im Telegrammstil (*headlines*) zur vollen Stunde. Daneben gibt es noch die anspruchsvolleren ↑*FM*-Sender.

amendment. Zusatzartikel zur Verfassung; sie müssen heute von 38 Staaten ratifiziert werden. Die ersten 10 Zusatzartikel sind die Bestimmungen über die Grundrechte (↑*Bill of Rights*), der letzte (26.) Zusatz setzt das Wahlrecht auf 18 Jahre herab.

America. 1. In Europa wird die Bez. A. meist auf die ↑*United States of A.* bezogen, obwohl auch Nord- bzw. Nord- u. Südamerika gemeint sein kann. In USA ist die Bez. A. seltener, meist steht dafür *the US(A), the States.* Südamerikaner nennen die US-Amerikaner häufig ↑*yankee.* Spanischsprechende US-Amerikaner verwenden den Begriff ↑*Anglo* für die englischsprachigen US-Amerikaner. Ein ↑*nickname* für USA ist auch ↑*Uncle Sam.* – 2. *„America"*, Titel eines patriotischen Liedes, das nach der Melodie der britischen Nationalhymne gesungen wird. Der Anfang lautet: *„My country, ‚tis of Thee ..."*; ähnlich die häufig als Zitat verwendete heimliche Nationalhymne „America the Beautiful" mit dem Anfang: *„O Beautiful for spacious skies...* (Text 1893 von Katherine L. Bates, Melodie von Samuel A. Ward, ↑*Staatssymbole*).

American breakfast. Das am. Frühstück ist als reichhaltiges u. variables Mahl fast nie im Hotelpreis inbegriffen. Oft gibt es neben den Motels extra Frühstücksgaststätten (z. B. *Pancake House*). Das A. b. enthält eine Mischung o. Auswahl von Süßem u. Pikantem: Schinken, Eier, *pancakes* (Pfannkuchen), ↑*Brot u. Gebäck*, Waffeln, Cornflakes, Toast, Saft, Marmelade, ↑*maple syrup* (Ahorn-Sirup, heute kaum noch Natur!), kleine Würstchen, Bratkartoffeln *(hash browns). Southern breakfast* ist noch reichlicher (Fleischspeisen). Auch Kuchen kann zum Frühstück gegessen werden, ↑*coffee cake.* Das europäische Frühstück heißt ↑*continental breakfast.* ↑*Essen in USA.*

American Civil Liberties Union. Bürgerrechtsvereinigung, 1920 gegründet, setzt sich für den Schutz der verfassungsmäßigen Rechte des einzelnen ein.

American dream. Der Traum der Einwanderer vom wirtschaftl. Erfolg in Amerika unter Wahrung der persönl. Freiheit. ↑*from rags to riches,* ↑*Alger, Horatio.*

American eagle. Der als *bald eagle* (Weißkopfseeadler) bekannte amerikanische Adler wurde 1782 vom US-Kongreß zum nationalen Emblem (↑*Staatssymbole*) erwählt. Rechts trägt er Pfeile als Symbol der Waffengewalt, links Efeu als Friedenssymbol in seinen Krallen, im Schnabel den Wahlspruch ↑*e pluribus unum.* Der Adler erscheint so auf dem Staatswappen wie auch auf Münzen u. Medaillen. – Der vom Aussterben bedrohte Adler hat sich aufgrund des besonderen Schutzes wieder vermehrt.

American football ↑football

American League. Profi-Liga im ↑*Baseball.* Sie besteht aus 2 Gruppen: 1. *Eastern Division:* Baltimore Orioles, Boston Red Sox, Cleveland Indians, Detroit Tigers, Milwaukee Brewers, New York Yankees, Toronto Blue Jays; 2. *Western Division:* California Angels, Chicago White Sox, Kansas City Royals, Minnesota Twins, Oakland Athletics, Texas Rangers, Seattle Mariners.

American plan. Hotelübernachtung mit Vollpension (↑*motel*).

America's Cup. Internationale Regatta für Yachten von 12 m Länge, die alle drei Jahre in den Gewässern des vorherigen Gewinnerlandes abgehalten wird. Der Pokal war von 1951–1983 in USA, ging dann an Australien ‚verloren', wurde aber 1986/87 unter großer Anteilnahme wieder ‚zurückgeholt'. Auch 1988 u. 1992 blieb er in den USA.

Amerikanismus *(americanism)*. 1. Wörter, die typisch für den Gebrauch in USA/Canada sind, wie AE *condo* = BE *flat* (↑*Am. Englisch*, ↑*Wortschatz*); 2. US-amerikanische Lebensart als Vorbild in anderen Staaten, u.a. in Europa, z.B. lässige ↑*Umgangsformen.* Der zunehmende am. Einfluß auf Politik, Wirtschaft, Massenkultur nach dem 2. Weltkrieg wird auch als US-Imperialismus kritisiert.

Amerikanisches Englisch (AE). Die USA stellt mit ca. 250 Mill. Menschen die Mehrzahl der etwa 350 Mill., deren Muttersprache Englisch ist. Das AE wird von Sprechern anderer Varianten trotz seiner Besonderheiten in der ↑*Aussprache* ohne Schwierigkeit verstanden u. weicht in ↑*Schreibung* und ↑*Grammatik* nur unwesentlich vom Britischen Englisch (BE) ab, im ↑*Wortschatz* gibt es eine Reihe von Wörtern mit abweichender Bedeutung. Regionale Unterschiede innerhalb der USA sind weniger als im BE von Bildung u. Status bestimmt; überhaupt fehlt ein der „Received Pronounciation" vergleichbarer Standard-Akzent. Das *General American*, auch als ↑*network English* bekannt, das weithin gesprochen wird, ist eigentlich ein regionaler Akzent des mittl. Westens u. Westens, ein Hauptakzent neben denen von ↑*Neuengland* u. den ↑*Südstaaten.* Das AE gewann bes. seit dem 2. Weltkrieg mit dem Aufstieg der USA zur Weltmacht immer mehr an Einfluß (in Politik, Wirtschaft, Handel); moderne Ausdrücke aus dem AE werden in viele Sprachen übernommen. Kritiker sprechen vom amerik. Kulturimperialismus (*cultural imperialism*). AE ist die vorherrschende Variante in Asien u. Südamerika. Die Amerikaner selbst lernen bevorzugt Spanisch, Französisch, Deutsch. Viele Einwanderer sprechen AE nur als Zweitsprache, aber ↑*bilingualism* ist verpönt. Indianer, Mexicaner/Puertoricaner sind wegen ihrer nichtenglischen Muttersprachen schwierig einzugliedern. Für Schwarze, die oft noch ↑*Black English* sprechen, ist der Aufstieg schwierig. Interessant ist aber, daß AE bis jetzt nur in einzelnen Bundesstaaten als offizielle Sprache anerkannt worden ist (z.B. Ohio), nicht aber auf nationaler Ebene (↑*ELA*). Das AE zeichnet sich noch mehr als das BE durch Informalität u. Flexibilität in der ↑*Wortbildung* aus sowie durch werbewirksame Abwandlungen der Schreibung. Das AE hat Wörter aus vielen Einwanderersprachen aufgenommen u. mußte neue Wörter entsprechend den neuen Lebensbedingungen (↑*Tiere u. Pflanzen*, ↑*Einwanderung*) prägen. Die Amerikaner sind wegen der Vielfalt der eigenen Varietäten i. allg. den Sprachschwierigkeiten von Ausländern gegenüber sehr verständnisvoll. ↑*Slang*, ↑*Dialekte u. Akzente*, ↑*Ortsnamen*, ↑*Rassismus u. Sprache*, ↑*Sexismus u. Sprache*, ↑*Umgangsformen*, ↑*Takt u. Tabu*, ↑*sports language*.

AMEX ['æmәks], *American Stock Exchange*. Zweitgrößte Börse in USA (nach ↑*NYSE*), in der ↑*Wall Street* (New York).

Amish People ['ɑːmɪʃ...]. Die ‚Amischen' sind eine konservative religiöse, aber auch ethnische (deutsche) Gruppe der Mennoniten (↑*Mennonites*), die man zu den utopischen Gemeinschaften rechnet (↑*utopian communities*). Sie sprechen „Pennsylvaniendeutsch" *(Pennsylvania Dutch)*, kleiden sich noch in der Tracht ihrer Einwanderer (18. Jh., Männer mit breitem, schwarzem Hut, Bart, knopflosen Kleidern, Frauen mit Häubchen u. langem Haar, ohne Schmuck). Sie betreiben Landwirtschaft v. a. im Osten Pennsylvaniens, lehnen moderne Technik (Elektrizität, Auto) u. Militärdienst ab.

Amtrak ['æmtræk]. Akronym aus *American track* (*track* = Gleis, Zug). Name der *National Railroad Passenger Corporation*, 1971 auf Druck der Regierung entstandener Zusammenschluß von 13 privaten ↑*Eisenbahn*-Gesellschaften zu einer nationalen Gesellschaft, die die Züge besitzt u. den Personenverkehr organisiert; die Gleise werden weiter unterschiedlich gut durch die privaten Gesellschaften betrieben. Das Defizit der A. wurde bisher vom Kongreß subventioniert, aber viele Strecken mußten stillgelegt werden.

anchor, auch *anchorman* u. neuer: *anchorwoman, anchorperson.* Person, die eine Schlüsselposition (‚Anker') inne hat; bes. Moderator(in), Nachrichtensprecher(in); der bekannteste a. war Walter Cronkite, der mit seiner väterlichen Art Glaubwürdigkeit u. Gelassenheit ausstrahlte.

angel (food) cake. Eine leichte, lockere einheimische Torte; Gegenstück ↑*devil's food cake.*

Anglo-Saxon. Angelsächsisch; bezieht sich meist auf die Amerikaner mit britischer o. sogar noch kolonialzeitlicher Abstammung. ↑*WASP*, ↑*Brahmin.*

Anglo. Bezeichnung für englisch sprechende Nordamerikaner durch spanisch sprechende Amerikaner.

Annapolis [ә'næpәlɪs]. Hauptstadt von Maryland. Sitz der Eliteakademie der US-Marine (↑*Militärakademien*) besitzt historische Gebäude im Kolonialstil (↑*colonial*).

Anrede/Anschrift (*address*). Die in USA übliche Anrede o. persönliche Vorstellung mit Vornamen schon bei der 1. Begegnung ist für den Europäer ungewöhnlich. Die direkte höfliche Anrede ist: Titel + Nachname: Mr. Linder, Dr. Linder, Mrs. Linder, Miss Linder o. falls gewünscht auch Ms. Linder [mɪz] (eine Mischung aus *Mrs.*

u. *Miss*, gilt sowohl für verheiratete wie unverheiratete Frauen). Anreden ohne Nachname sind: *sir, ma'am (madam)*, in Briefen *„dear sir/madam"*. Die schriftliche Anrede einer verheirateten Frau ist formal noch mit dem Vornamen des Ehemannes verbunden „Mrs. Thomas J. MacNeill", doch die Medien bevorzugen „Mrs. Jane MacNeill". Bei Anschriften kommt die Straßennummer vor der Straße, die Postleitzahl (↑*ZIP-code*) nach dem Staat: „California 94226".

ante-bellum mansion. Vornehmes Privathaus aus der Zeit vor dem Sezessionskrieg (1860), dessen Vorderfront mit Säulen o. Säulenhallen nach altgriech. Muster verziert ist.

Antifederalists. Politiker, die sich 1787 in der Verfassungsversammlung gegen eine starke zentrale Exekutive stellten. Ihre Linie wurde später von den Vertretern der ↑*states' rights* (Südstaatler) weitergeführt.

anti-trust laws. Es gibt frühe Gesetze gegen Monopolbildung, wie z.B. das *Sherman a. l.* von 1890 sowie eine ständige staatliche Überwachungskommission, die *SEC (Securities and Exchange Commission);* diese ist aber bei der heutigen Größe von international tätigen Konzernen wie IBM oder Microsoft nicht immer effektiv.

AP, *Associated Press.* Die größte Nachrichtenagentur der USA (↑*Nachrichtenmedien*) vor ↑*UPI.*

Apache [ə'pætʃi]. Nomadischer, am meisten gefürchteter Indianerstamm des Südwestens (AZ, NM), der auch friedliche ↑*Pueblos* überfiel. Unter ihrem Führer ↑*Geronimo* leisteten die A. erbitterten Widerstand gegen die US-Armee nach 1860, kapitulierten erst 1886 u. wurden in Reservate in Oklahoma, Neumexiko u. Arizona gewiesen. ↑*hogan;* s. Karte 6.

apartment. Gemietete Etagenwohnung (BE *flat*); *a. house* Wohnhaus mit mehreren Wohnungen; *a. hotel* Eigentumswohnanlage, bei der die einzelnen Wohnungen bei Abwesenheit der Eigentümer als Hotelsuiten vermietet werden können. Das möblierte Zimmer heißt ebenfalls a. (↑*efficiency*). Wohnungen, die man ohne Aufzug erreichen muß, nennt man ↑*walk-ups.* Bei der Postzustellung wird die Apartmentnummer so gekennzeichnet: #303 = Nummer 303; im Erdgeschoß beginnen die Zimmernummern mit ‚100', da dies im Am. der erste Stock ist (↑*first floor*). ↑*condo.*

Apollo program. Das ↑*Raumfahrt-*Programm, das den ersten Menschen zum Mond brachte (Neil ↑*Armstrong,* 1969).

Appalachia [ˌæpə'leɪtʃ(ɪ)ə]. Gebiet der Appalachen, das Teile von 13 Staaten umfaßt; bes. arm, v. a. im Bereich der Südstaaten, wo früher Erze im Tagebau gefördert wurden (z.B. West Virginia), heute werden die Minen geschlossen. Die Menschen dort gelten als Hinterwäldler (↑*hillbilly*). Der U.S. Congress hat 1965 beschlossen, das Gebiet bes. zu fördern, aber der Lebensstandard ist auch heute noch sehr niedrig. Historisch waren das Appalachen-Gebirge die Barriere, die bis zum Ausbau der ↑*Eisenbahn* um 1840 die Besiedlung des Westens verhinderte.

Appalachian [æpəˈleɪtʃ(ɪ)ən] **Trail.** Der längste Bergwanderweg der Welt. Er erstreckt sich über 3200 km von Georgia bis Maine.

appellate courts [əˈpelət ...]. Berufungsgerichte (↑*Justiz*).

apple pie. Der typ. am. Kuchen: (warmer) gedeckter Apfelkuchen; *in a. p. order* steht allg. für ‚alles in bester Ordnung'; vgl. auch die Redensarten *„as American as a. p."* o. *„as easy as a. p."*.

Appleseed, Johnny. John Chapman, 1774–1847; legendärer Pflanzenzüchter der Pionierzeit, aus dessen Samen u. Setzlingen ganze Obstgärten entstanden.

Arbitron ↑rating.

Arbor Day. Tag des Baumes; ein inoffizieller Feiertag im Frühling in verschiedenen Staaten u. zu unterschiedlichen Terminen: Schulkinder pflanzen Bäumchen.

Arches National Park. Nationalpark im Osten Utahs mit wunderschönen Sandsteinbögen.

area code. Dreistellige Telefon-Vorwahlnummer in USA u. Kanada (s. Karte 5). Gespräche mit der Vorwahl ‚800' *(toll-free numbers)* sind kostenlos.

Arlington National Cemetery. Nationalfriedhof mit Grab des Unbekannten Soldaten, seit 1921 (↑*Staatssymbole*).

Armed Forces, U.S. ~ ↑Militär.

Armstrong, Louis (1900–1971). Jazz-Musiker, Bandleader u. Sänger der frühen Jahre des Jazz in New Orleans, der wegen seiner Virtuosität auf der Trompete u. seiner rauhen Stimme international beliebt war.

Armstrong, Neil (geb. 1930). Der Astronaut, der als erster Mensch im Rahmen des Apollo-Programms 1969 den Mond betrat (↑*Raumfahrt*).

Armutsgrenze ↑poverty line.

arraignment ↑Gerichtsverfahren.

Art Deco *(Miami Beach).* Der A.D. Stil war in den 20er Jahren populär, als man mit einfachen geometrischen Formen auf viktorianische Verziertheit reagierte. Das Innere der *Radio City Music Hall* (Rockefeller Center, N.Y.) ist ein bekanntes Beispiel. Am eindrucksvollsten ist jedoch der A.D. Bezirk von Miami Beach, wo viele der 1930 erbauten Hotels (ca. 800 Gebäude) trotz Renovierung den alten Stil beibehielten.

Articles of Confederation. Verfassungsartikel f. eine Föderation, 1781. Vorstufe der ↑*Verfassung* von 1787, aber mit geringer Funktion der Bundesregierung u. Betonung der Souveränität der Einzelstaaten (↑*states' rights*).

ASA, *American Standards Association.* Am. Normenbehörde u. Normenangabe, vergleichbar mit DIN.

ASAP, *as soon as possible.* ‚So schnell wie möglich' (z. B. in Briefen).

ASCII ['æski:], *American standard code for information interchange.* Seit den 80er Jahren weit verbreiteter Computer-Code zur Datenübertragung.

Ashcan School. New Yorker Malergruppe, die in realistischer Manier schon 1908 Alltagsgegenstände des Lebens in einer Großstadt den damals üblichen dekorativen Objekten vorzog (*ashcan* ‚Aschenbecher'). Hauptvertreter sind die „Acht": A. Davies, W. Glackens, E. Lawson, E. Shinn, G. Luks, M. Prendergast, R. Henri u. J. Sloan.

Asiaten (*Asians, Asian Americans* auch *orientals*). Einwanderer aus asiatischen Ländern, v. a. Japaner, Chinesen, Vietnamesen, Filipinos, Koreaner, die neben den Mexikanern gegenwärtig zur größten Einwanderergruppe gehören u. Los Angeles zum neuen Einwanderertor machten (↑*Ellis Island*). Es sind meist Flüchtlinge aus den Kriegen in Indochina o. Menschen aus den mit USA verbündeten Ländern, die nach Abschaffung der Quotenregelung (1965) mehr Möglichkeiten der Zuwanderung haben. Interessant ist der soziale Aufstieg der A., die sich aufgrund ihrer Leistungen Zugang zu den besten Hochschulen verschafft haben u. trotzdem als ethnische Gruppen (v. a. im Westen u. Hawaii) ihren Zusammenhalt bewahrt haben. Zeitweise waren *orientals* von der Einwanderung o. von den Bürgerrechten ausgeschlossen (z. B. Einweisung in *detention camps* von Bürgern japanischer Abstammung während des 2. Weltkriegs); *„oriental laws"* hatten diese Minderheit jahrelang diskriminiert (↑*civil rights,* ↑*Bürgerrechtsgesetzgebung*).

assembly. Das Unterhaus in einem Einzelstaat, vergleichbar dem Repräsentantenhaus in Washington (↑*House*). Daneben gibt es wie beim Bund auch einen Senat (↑*senate*). ↑*statehouse.*

associate's degree ↑community college, ↑junior college.

Astaire, Fred (1899–1987). Eleganter Tänzer, Sänger u. Schauspieler, der mit verschiedenen Partnerinnen, bes. aber mit Ginger Rogers, in vielen Filmen auftrat („Top Hat", 1935; „Swing Time", 1938; „The Band Wagon", 1952; „Funny Face", 1957).

astronaut. Astronaut(in), Weltraumfahrer(in); der Name wurde in USA 1959 für die Weltraum-Testpiloten geprägt; Gegenbegriff dazu ist der sowjetische „Kosmonaut". Der bekannteste a. ist wohl Neil ↑*Armstrong* (↑*Raumfahrt*).

Asylanten *(refugees, asylees).* Die USA hat die Anerkennung als Flüchtling bzw. als politischer Asylant eingeschränkt. In den 90er Jahren wurden jährlich ca. 110000 Menschen als Flüchtlinge u. ca. 20000 als Asylanten zugelassen. Zur Vermeidung langwieriger Verfahren werden offensichtliche Wirtschaftsflüchtlinge schon vor dem Betreten am. Bodens abgewiesen.

Atlantic Charter. Atlantik-Charta von 1941, in der von Roosevelt u. Churchill die „vier Freiheiten" (↑*Four Freedoms*) u. das Selbstbestimmungsrecht als Prinzipien f. die Neuordnung nach dem 2. Weltkrieg aufgestellt wurden, die dann auch in die Deklaration der Vereinten Nationen eingingen (1942).

Atlantic City. Seebad in New Jersey, bekannte Casino- u. Tagungsstadt des Ostens, deren Straßennamen in das Monopolyspiel eingingen. Austragungsort des jährlichen ↑*Miss America*-Wettbewerbs im Sept.

ATM, *Automated Teller Machine,* auch *auto-teller.* Bankautomat.

AT&T. Größte private U.S.-Telefongesellschaft, nachdem das Monopol der *Bell Telephone Company* durch Aufsplitterung in kleinere Gesellschaften gebrochen wurde (↑*Telefon*).

attorney (-at-law) [ə'tɜrniː]. Rechtsanwalt. Da das am. ↑*Rechtswesen* die Rechte des einzelnen sehr betont u. diese wegen der Verschiedenheit der Bevölkerungsgruppen immer wieder neu definiert werden müssen, gibt es in USA sehr viel mehr a. als etwa in Europa, sie haben als *„professionals"* neben den Ärzten das höchste soziale Prestige (↑*professional schools,* ↑*counselor*).

attorney general. ‚General-Staatsanwalt', der zugleich Justizminister (↑*cabinet*) u. Berater des Präsidenten ist; ihm unterstehen das ↑*FBI* u. die Einwanderungsbehörde; er verfolgt Verstöße gegen Bundesgesetze. Es ist bei diesen vielfachen Aufgaben kein Wunder, daß der a. g. bei Skandalen um den Präsidenten (↑*Watergate,* ↑*Iran-Contra-Affäre*) immer mit ins Zwielicht gerät.

Außenpolitik. Während die am. A. im 19. Jd. bestrebt war, eine Einmischung von außen (Europäer) in am. Angelegenheiten zu verhindern, um so eine innere Konsolidierung zu ermöglichen (↑*isolationism,* ↑*Monroe Doctrine*), wurden die USA im 20. Jd. zunehmend in die Probleme der Welt verwickelt u. übernahmen nach dem 2. ↑*Weltkrieg* eine Führungsrolle (↑*big stick,* ↑*Four Freedoms,* ↑*Atlantic Charter,* ↑*containment,* ↑*cold war,* ↑*detente,* ↑*Militäraktionen,* ↑*Kriege*).

Aussprache. Die A. des *General American English* (AE) unterscheidet sich vom BE in einigen Punkten: 1. ‚r' vor Konsonant u. am Wortende wird gesprochen: *here* [hɪər]; 2. intervokalisches ‚t(t)' klingt wie [d], *letter* [ledər]; 3. das [j] in Wörtern wie *dew* BE [djuː] entfällt: AE [duː], *news* [nuːz]; 4. bei [e] u. [æ] vor [r] besteht kaum ein Unterschied: *merry, Mary, marry* werden gleich ausgesprochen; 5. in Wörtern mit 4 o. mehr Silben kommt ein 2. Akzent hinzu, z. B. *contemporary* [kən'tempəˌræriː]; 6. Vokalabweichungen: BE [ɑː] *glass* [glɑːs] = AE [æ] [glæs], BE [ɔ] *hot* [hɔt] = AE [ɑ] [hɑt]; ferner gibt es Abweichungen bei bestimmten Wörtern z. B. *either:* BE ['aɪðə], AE ['iːðər]. Vgl. S. 8 f.

Auto. AE *auto* o. *automobile* stehen oft für *car.* Das A. ist in USA das Hauptverkehrsmittel; den Führerschein kann man meist schon mit 16 Jahren bekommen. A. sind überall leicht zu mieten (*renting*); man kann auch durch Überführung fremder Autos (↑*drive-away cars*) praktisch umsonst eine größere Reise machen. Am. A. sind größer u. serienmäßig mit mehr Komfort ausgerüstet als europäische Wagen, z.B. mit *cruise-control* (Temporegler), Klimaanlage, elektr. Fensteröffner. Sie haben je nach Größe verschiedene Bezeichnungen (↑*car size*). Eine Klasse für sich bilden die übergroßen am. LKW (↑*trucks*). Manche Bez. für Autoteile weichen vom BE ab: AE *hood*=BE *bonnet* Motorhaube; *trunk*=*boot* Kofferraum; *muffler*=*silencer* Auspufftopf; *flat*=*puncture* Reifenpanne; *shocks*=*absorbers* Stoßdämpfer. In manchen Staaten gibt es weder eine vorgeschriebene Inspektion (TÜV) noch eine Haftpflichtversicherung, was bei Unfällen kostspielig werden kann. Hinzu kommt, daß die Straßen wegen der geringen Einnahmen der Städte aus der nur geringfügigen Autosteuer oft nicht rechtzeitig repariert werden. – Die ↑*Verkehrszeichen* verlangen mehr Schrift- als Symbolkenntnisse, bei den Verkehrsregeln fällt vielen die allgem. Geschwindigkeitsbegrenzung auf 55 Meilen/88 km/h schwer, von der inzwischen die ↑*interstates* (Bundesautobahnen) mit ihrem Limit von 65 Meilen eine gewisse Ausnahme bilden. Soziologen teilen am. Städte ein in solche vor der Erfindung des A. (*pre-car*) wie Boston, San Francisco mit ihrer europäischen Unregelmäßigkeit u. in die für die Autokultur geschaffenen Städte (*post-car*) wie Los Angeles (L. A.) o. Phoenix.

Autobahn. Die autobahnmäßig ausgebauten 4- bis 8spurigen Straßen laufen unter verschiedenen Namen: *expressway, freeway,* ↑*highway, superhighway, thruway.* Die ↑*interstates* (Bundesfernstraßen) sind mit diesen z.T. identisch. *Toll roads/tollways* o. *turnpikes* sind ebenfalls autobahnmäßig ausgebaut, verlangen aber Maut (*toll*). Minimumgeschwindigkeit ist 40 Meilen/64 km, Höchstgeschwindigkeit 55 Meilen/88 km.

Autobus. Die Fern-Autobus-Systeme *Greyhound* u. *Trailways* bieten eine billigere, vollständigere Verbindung zwischen einzelnen Orten in USA als Flugzeug o. Eisenbahn. Sie werden bes. von der Unterschicht benützt. Ihre *terminals* o. *depots* sind in der Stadtmitte. ↑*Verkehr.*

Autoindustrie. Sie ist die führende Industriebranche in USA, die um ↑*Detroit* konzentriert ist, wo die großen drei: *General Motors* (↑*GM*), *Ford* u. *Chrysler* ihren Sitz haben. Mit dem berühmten ↑*Model T* führte Ford 1908 als erster Autohersteller die Massenproduktion ein.

automat. Restaurant, in dem man fertige Mahlzeiten aus Münzautomaten herausholen kann (↑*Essen in USA*).

auto-teller ↑ATM.

avenue ['ævənuː]. Boulevard-Straße, die in einer bestimmten Richtung verläuft im Gegensatz z. B. zu *street;* vgl. ↑*grid pattern.*

AWACS ['eɪwæks] *(Airborne Warning and Control System).* Militärisches Aufklärungsflugzeug, das den Bodentruppen auch direkte Hilfen für den gezielten Einsatz gibt.

AWOL ['eıwɔːl] *(Absence Without Leave).* Fahnenflucht. Beim ↑*Vietnamkrieg* war die Zahl der *AWOLs* ziemlich hoch. Nach dem Krieg wurde von der allg. Wehrpflicht (↑*Selective Service*) auf eine Berufsarmee umgestellt (↑*Militär*).

Aztec Ruins. Ruinen aus der Kultur der Anasazi, der Vorfahren der ↑*Pueblos* (2) an der Grenze zwischen Neumexiko u. Colorado, sie wurden fälschlich als Aztekenruinen gedeutet. Bemerkenswert sind die vielstökkigen ↑*Adobe*-Häuser.

B

B. A. ↑bachelor's degree.

Babbitry. Benehmen eines selbstzufriedenen Spießbürgers, nach *Babbit*, der Hauptfigur in Sinclair Lewis' gleichnamigem Roman.

baby-boomers. Die Generation, die z.Zt. des Babybooms 1946–1964, bes. in den 50er Jahren, geboren wurde, als Amerika noch im Überfluß lebte; sie hat Werbung u. Kultur mit fortschreitendem Lebensalter immer neu bestimmt (↑*Beat Generation*, ↑*hippies*, ↑*yuppie*).

bachelor's degree (B. A. o. **A. B.**) ['bætʃələrz...]. Erster akadem. Grad, der nach Abschluß des 4jährigen College-Studiums erteilt wird (↑*Hochschulen*).

backlash. Gegenschlag, heftige Gegenreaktion. Gemeint ist oft *White b.*, der Widerstand konservativer Weißer (bes. Arbeiter) gegen die Integration der Schwarzen (1965–1975).

back-to-basics. „Zurück zum Wesentlichen"; Hauptslogan der Gegenbewegung in der Grund- u. Sekundarschulerziehung seit Ende der 70er Jahre (1976-Gegenwart) gegen sinkendes Niveau u. Verwässerung der Ausbildung u. – aus dieser Sicht – unnötige Kurse wie „Puppenmachen". In Anbetracht der schlechter gewordenen Ergebnisse bei den College-Aufnahmetests (↑*SAT*, ↑*standard-tests*) wird wieder eine verstärkte Ausrichtung auf die ↑*Three R's* gefordert. Anstelle einer *„informal education"* sollen wieder Disziplin, Leistung u. Patriotismus einkehren.

bagel ['beıgəl]. Beliebtes ringförmiges Brötchen jüdischen Ursprungs.

Bakke Case ↑affirmative action.

Balanced Budget Bill. Zur Behebung des langjährigen Haushaltsdefizits der USA (ca. 300 Milliarden Dollar für 1995), das die am. ↑*Wirtschaft* und den Kurswert des Dollars schwächt, haben sowohl der republikanisch dominierte Kongreß wie auch Präsident Clinton Gesetzesvorlagen (↑*bill*) zu einem stufenweise bis zum Jahre 2002 bzw. 2005 ‚ausgeglichenen Haushalt' vorgeschlagen. Im Gespräch ist auch ein Verfassungszusatz (↑*amendment*), der zukünftige Regierungen zu einem jährlichen Ausgleich verpflichtet.

ballad. Ballade; Gedicht- o. Erzählform der ↑*folk music*. In der ↑*pop music* bezeichnet b. die weichere Liedform im Gegensatz zu einer harten Rocknummer. ↑*surf sound*.

ballet [bæ'leɪ]. Das klassische Ballett wurde in den 30er Jahren vor allem in New York durch G. Balanchine aktualisiert, der durch Mischung mit dem damals neu entstandenen ↑*modern dance* einen neuen Kunsttanz schuf. Es entstand ein eigenständiges am. b.

ball (game). Ballspiel; im AE hauptsächlich Bez. f. ↑*baseball* als typisch am. Ballspiel (↑*Sport*); *„to play ball"* ist bezeichnenderweise das am. Äquivalent von BE *„to play cricket"* ‚mitmachen, miteinander auskommen, zusammenarbeiten'.

ball park. Baseball-Stadion; ↑*ball (game)*, ↑*baseball*.

Banditen *(outlaws)* ↑Westernhelden u. Banditen.

Bankensystem. Das am. B. war bis vor kurzem als Folge der Gesetzgebung nach dem Börsenkrach von 1929 (↑*Black Friday*) noch sehr eingeschränkt. Die Banken durften über den Bundesstaat hinaus, in dem sie tätig waren, keinerlei Filialen unterhalten, u. nur wenige B. hatten eine internationale Abteilung. Schecks wurden (u. werden vielfach) nur von Geschäften im Einzugsbereich einer bestimmten Bank angenommen (keine Euroschecks!). Die Bezeichnung *national bank* war u. ist oft noch irreführend, denn das einzige nationale Zahlungsmittel ist die ↑*credit card*, die von in ganz USA tätigen Gesellschaften getragen wird. Erst 1978 u. 1987 wurden weitere strenge Bestimmungen aus der Zeit nach dem Börsenkrach gelockert. Bis dahin durften die Banken nicht an der Börse tätig werden, obgleich selbst viele einfache Amerikaner die Börse als Geldanlage nutzten. Während die Banken nur einen Höchstzinssatz von 5¼% geben konnten, brachte die Börse oft ein mehrfaches dieses Ertrags. Nach der Lockerung der Höchstzinssatzbestimmung konnten die Banken mit neuen Anlagemöglichkeiten (↑*Certificates of Deposits*) mit der Börse konkurrieren. Aber die kleinen Banken, v.a. Sparkassen, machten nun auch mehr Fehler in der allzu großzügigen Geldausleihe, was zwischen 1989 und 1991 zum Zusammenbruch vieler lokaler Sparkassen *(Savings and Loan banks, S&L banks)* führte. Da die Verluste durch die Zentralbank der USA (↑*Federal Reserve Bank*), die das B. verwaltet, abgesichert waren, mußte die US-Regierung aus dem defizitären Staatshaushalt 105 Milliarden Dollar zur Stützung der Sparer bereitstellen. Der Kongreß schuf darauf ein neues Bankengesetz, das die bisherige Beschränkung von Banken auf einen Bundesstaat aufhebt u. die Banken gegenüber Anlegern auf den Geldmärkten wettbewerbsfähiger macht. Das B., das auf ein Gesetz von 1913 zurückgeht (*Federal Reserve Act*), wurde somit erst nach zwei empfindlichen Zusammenbrüchen (1929; 1991) reformiert. ↑*Wirtschaft*, ↑*Dollar*, ↑*Geld*.

Baptisten. Größte protestantische Konfession in USA mit der zentralen

Idee der persönlichen religiösen Erweckung (↑*revival*). Im Süden u. Mittelwesten sehr stark u. konservativ (↑*fundamentalism*). Die Mitglieder gehören eher (aber nicht ausschließlich, vgl. Präsident Jimmy Carter) den unteren Schichten an. Die *Black Baptists* sind bis heute rassisch von den weißen B. getrennt (↑*Schwarze u. Religion*).

bar. 1. Allg. Bez. für Gericht, Rechtswesen; *Bar Association* = Vereinigung der Rechtsanwälte; 2. billiges Trinklokal, meist von Männern besucht (auch *tavern*). *Hotelbar* ist die Theke, an der es Getränke o. auch einen Imbiß gibt; sie wird auch als *Cocktail Lounge* bezeichnet.

barbecue, auch *bar-b-cue/b-q.* Holzkohlegrill; *to b.* über Holzkohle braten. Häufig Bez. f. Picknick im Freien (↑*cookout*).

barrel. Rohölmaß: 1 *b.* (Faß) = 159 l.

baseball. Das nationale Ballspiel im Sommer (↑*sports*). Viele Begriffe sind mit dem englischen *cricket* verwandt (AE *inning,* BE *innings;* AE *batter,* BE *batsman*), b. ist im 19. Jhd. aus einer Mischung von *cricket* und *rounders* entstanden. Es gibt seit 1865 nationale Teams; Endspiele (↑*World Series*) zwischen Profi-Mannschaften der ↑*American League* u. der ↑*National League* fanden zuerst 1903 statt. Die beiden Ligen sind in je zwei Gruppen (↑*divisions*) unterteilt. Die *teams* bestehen aus je 9 Spielern. Das Spielfeld ist unterteilt in ein viereckiges Innenfeld (*infield* o. *diamond*), an dessen Ecken sich Zielpunkte (*bases*) befinden, u. ein Außenfeld (*field*), siehe Skizze.

Der *batter* (Schläger) einer Mannschaft tritt jeweils allein gegen die Spieler der Gegenmannschaft an. Er wartet außerhalb des Spielfelds auf den Ball, den der gegnerische *pitcher* (Werfer) nach festgelegter Art von einer Erhöhung im Innenfeld auf ihn

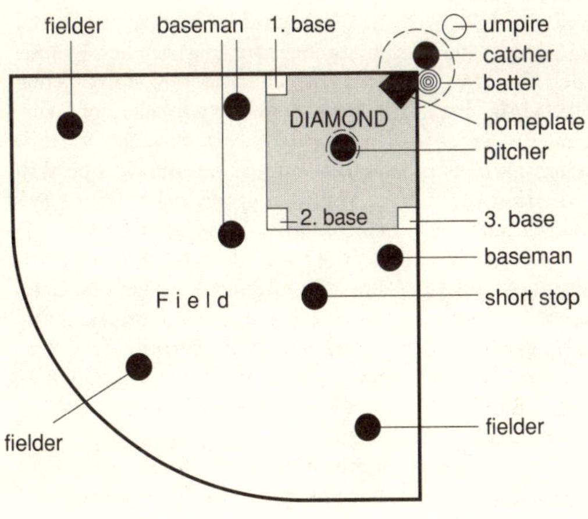

zuwirft. Hinter dem *batter* steht der *catcher* (Ballfänger, mit Maske u. großem Handschuh); er berät den *pitcher*, wie er werfen soll bzw. fängt den Ball. Hinter dem *catcher* steht der *umpire* (['ʌmpaɪər], Schiedsrichter), der über die Regelrichtigkeit des Wurfes entscheidet. Es kommt nun darauf an, ob der *batter* den vom *pitcher* geworfenen Ball mit seinem Schläger *(bat)* treffen u. in das Außenfeld hinausschlagen kann. Damit gewinnt er Zeit, um seinen Schläger fallenzulassen u. von der *homeplate* aus schnell zu den einzelnen *bases* zu laufen u. Punkte zu sammeln. Das ist nicht leicht, da die Gegenspieler im Außenfeld (*fielders*, darunter der *short stop*, der den Raum zwischen 2. u. 3. *base* abdeckt) den Ball schnell fangen u. an ihren Mannschaftskameraden an der jeweiligen *base* zurückwerfen. Hat nun der *baseman* den Ball u. gleichzeitig seinen Fuß auf der Platte, bevor der *batter* diese *base* erreicht hat, so ist der *batter* ‚*out*' u. wird durch einen anderen Mannschaftskameraden ersetzt. Umgekehrt, wenn der *batter* zuerst die Platte erreicht, erzielt er für seine Mannschaft einen Punkt, evtl. sogar einen *home-run*, wenn er eine Runde um das ganze Innenfeld schafft, weil der Ball nicht rechtzeitig zurückgeworfen werden konnte. Wenn drei Schläger *out* sind, ist ein *inning* vorbei, u. die Mannschaften tauschen die Rollen, die jeweils andere Seite stellt den *pitcher* u. die *batters*. Das Spiel hat 9 *innings*.

Die Punktezählung ist kompliziert: *innings pitched* („*ip*"), die *hits* („*h*"; Ball vom Schläger getroffen), die *runs* („*r*") zu den einzelnen *bases*, die *strike-outs* („*so*"; Ball vom Schläger nicht getroffen) u. a. werden zum Stand der Mannschaft (*standings*) angegeben. Viele Begriffe aus dem b. sind in die am. Umgangssprache eingegangen: z. B. *bunt* (kurzer, leichter Schlag), *pop-up* (sehr schneller Schlag), *line-drive* (Schlag, der den Ball liniengerade, aber tief fliegen läßt) können auch in einem übertragenen Sinn benutzt werden.

Basie, William (Count) (1904–1984). Jazz-Pianist u. bekannter Bigbandleader der ↑*swing*-Periode.

basketball. Der populärste Hallensport in USA, auch von einem Amerikaner (Dr. James A. Naismith) erfunden (1891). Das bekannteste Team sind wohl die *Harlem Globetrotters*. Die verschiedenen Profi-Ligen haben sich zur *American Basketball Association* (*ABA*) zusammengeschlossen.

batter ↑baseball.

Battle Hymn of the Republic. Patriotisches Lied, das von den Unionstruppen während des Bürgerkriegs (1861–1865) zur Melodie von „John Brown's Body" gesungen wurde; verbreitet auch als *protest song* während der Bürgerrechtsbewegung 1968 (↑*civil rights*, ↑*Staatssymbole*).

Baustile ↑Pueblo, ↑Vieux Carré, ↑adobe, ↑colonial, ↑Georgian, ↑antebellum mansion, ↑Monticello, ↑ranch house, ↑brownstone, ↑clapboard, ↑frame houses, ↑skyscrapers, ↑postmodernism.

bayou. In Louisiana übliche Bez. f.

sumpfige Flußarme bes. im Mississippi-Deltagebiet (aus Frz. *boyou*).

Beach Boys. Popgruppe der 60er Jahre; Hauptvertreter des ↑*Surf*-Sound mit vielen wohlklingenden Songs über Kalifornien („California Girls"), die heute noch beliebt sind.

Beacon Hill. Alter, aber heute vornehmer Bezirk von ↑Boston.

Beale Street ↑Memphis.

bear. ‚Bär'; wirtsch. Bez. f. Baisse; adj. *bearish* (zur Baisse tendierend); das Gegenstück ist ↑*bull.*

beat. 1. Beat(musik), verwandt mit ↑*jazz* u. ↑*pop music*; 2. Lebensgefühl der Beatniks der 50er Jahre, die die Anpassung an die Wohlstandsgesellschaft nicht mehr aushielten (b. = ugs. ‚fix u. fertig/total erschlagen'); es fand literarischen Ausdruck in den Gedichten u. Romanen der ↑*Beat Generation.*

Beat Generation. Gesellschaftl.-literarische Bewegung der 50er Jahre, überwiegend Jugendliche (*beatniks*), die in ekstatischer Lebensführung (Hasch, Sex, Jazz) gegen die bürgerliche Gesellschaftsmoral protestierten (J. Kerouac, „On the Road", A. Ginsberg, „Howl"). ↑*beat.*

bebop/bop ['bi:bɒp]. Der Be-bop war eine Form des ↑*jazz,* die nach dem 2. Weltkrieg entstand u. vorwiegend von Schwarzen gespielt wurde; begründet von Dizzie ↑*Gillespie* u. Charlie ↑*Parker,* die vom gefälligen ↑*swing* wegwollten u. mehr Improvisation u. Verfeinerung suchten.

Beerdigung/Bestattung ↑funeral parlor.

Begrüßung. Händeschütteln zur B. gibt es gewöhnlich nur zwischen Männern, u. auch nur dann, wenn sie einander vorgestellt werden o. sich lange nicht gesehen haben; Frauen geben sich untereinander nicht die Hand, können bei einer Vorstellung jedoch einem Mann die Hand geben. *Hi* als Begrüßungsformel ist fast schon international geworden. Das formelle BE *How do you do*? ist selten. *Hello* anstelle von *hi!* ist durchaus verwendbar, aber eher typisch für Telefongespräche. Informellere B.-Formeln sind: *How've you been?; How ('re) you doing?; How's life?,* auch *Howdy* (eher typisch für den Westen) bzw. *Hey!* oder *Hey, what's up?* (im Süden, junge Leute). Die Antwort ist immer positiv: z. B. *Fine; Pretty good.*

bell-boy, auch *page boy,* ugs. *bellhop.* Hotelpage.

Berkeley ['bɜrkli]. Bekannte u. angesehene Universitätsstadt an der Bucht von San Francisco, an der 1964 die Studentenbewegung begann, die in den 60er u. 70er Jahren zum gesellschaftl. Umbruch führte. ↑*counterculture,* ↑*yippie.*

Bernstein, Leonard (1918–1990). Dirigent u. Komponist, der das beliebte Musical ‚West Side Story' (1957) komponierte u. als Dirigent des *New York Philharmonic Orchestra* (1958–1969) Weltruhm erlangte. Bemerkenswert ist auch seine Lehrtätigkeit für junge Komponisten u. Dirigenten.

best man. Freund des Bräutigams, der bei der Trauung als Trauzeuge fungiert.

Bevölkerung. Die B. wurde für den 1. 4. 1994 auf 261,7 Mill. geschätzt (basierend auf der Volkszählung von 1990; ↑*census*). Davon sind 26 Mill. (9,9 %) ↑*Latinos* (mexikan./südamer./karibischer Herkunft), 9 Mill. (3,5 %) ↑*Asiaten*, 32 Mill. (12,5 %) ↑*Schwarze (African Americans)*, 2,2 Mill. *Native Americans* ↑*Indianer*, Eskimos, Aleuten); 192 Mill. (74,1 %) bezeichneten sich als nicht-hispanische Weiße. Von der gesamten B. wurden ca. 20 % im Ausland geboren. Seit 1991 wurden jährlich ca. 900 000 Einwanderer zugelassen (diese Zahl soll ab 1995 auf 700 000 reduziert werden (↑*Einwanderung*).

Die ↑*Bürgerrechtsbewegung* hatte 1964/65 eine Änderung der Gesetze u. Gleichstellung aller Amerikaner erzielt. Durch ↑*affirmative action*-Programme wurde bei der Vergabe von Stellen eine Bevorzugung von Minderheiten u. Frauen bei gleichen Qualifikationen eingeleitet. Schwarze u. Hispanics bemühen sich nun um eine Gleichstellung ihrer Kultur (↑*multiculturalism*).

Die Volkszählung von 1990 ergab u.a. auch: Zwei Drittel aller über 16jährigen Amerikaner stehen in einem Arbeitsverhältnis, 74 % aller Männer, 58 % aller Frauen; ca. 80 % aller Amerikaner wohnen in Großstädten (↑*urban area; metropolitan area*); mehr als die Hälfte der B. wohnt im Westen u. Süden (↑*Regionen*, ↑*sunbelt*) ca. zwei Drittel wohnen im eigenen Heim. Mehr als 80 % haben einen Sekundarschulabschluß (↑*high school*), 22 % einen Hochschulabschluß (↑*college*); ca. 37 Mill. (14,5 %) fallen unter die Armutsgrenze, 33 % aller Schwarzen; 29 % aller Hispanics, 11 % aller Weißen (↑*poverty line;* ↑*Aid to families with dependent children*); 85 % aller Amerikaner haben eine ↑*Krankenversicherung (Health insurance)*; ca. 27 % aller Vorschulkinder sind in Kindergärten oder Kindertagesstätten (↑*child care).* ↑*salad bowl,* ↑*meltingpot,* ↑*class,* ↑*underclass,* ↑*Gesellschaft,* ↑*Religionen.*

Beverly Hills. Stadt innerhalb von Los Angeles, in der viele ↑*Hollywood*-Schauspieler/innen wohnen.

Bible belt. Fast ausschließlich protestantische Gebiete im Süden (↑*Deep South*), im Appalachen-Gebiet (↑*appalachia*) u. Mittleren Westen, wo die wörtliche Auslegung der Bibel besondere Geltung hat. ↑*fundamentalism.*

Bier (*beer*). Es gibt helles (*light*) u. dunkles (*dark*) B., meist wird es mit dem Markennamen bestellt, *„a Bud" (Budweiser)*, u. sehr kalt getrunken; ↑*lite beer* (kalorienarmes) B. mit niedrigem Alkoholgehalt ist neu, aber nicht sehr geschmackvoll.

Big Apple, the ~. Spitzname f. die Stadt ↑*New York*, übernommen aus dem Englisch der schwarzen Zuwanderer, in dem der Ausdruck etwas ungewöhnlich Großes bezeichnet.

big band. Big Band *f*, großes Orchester (16 Musiker). Die Tanzmusik der b. b. machte in den 30er Jahren den

↑*swing*, eine bes. Form des ↑*jazz*, in der ganzen Welt beliebt. Bekannt sind die Bands von Count ↑*Basie*, Duke ↑*Ellington*, Glenn ↑*Miller*, Benny ↑*Goodman*; neben schwarzen Bands erlangten zum ersten Mal auch weiße Bands Berühmtheit im Jazz. Die Musik paßte zur Tanzfreude der Amerikaner nach ↑*Prohibition* u. wirtschaftl. Depression.

Big Blue. Spitzname f. *„IBM" (International Business Machines, Inc.)*, deren Aktien als ↑*blue chips*, erstklassig u. absolut sicher gelten.

Big Board. (New Yorker) Börse (↑*NYSE*, ↑*Wall Street*).

big boy. 1. Kellner in einer MacDonald's-Schnellgaststätte (↑*fast food*); 2. *hamburger-sandwich* (mit Frikadellen-Einlage). ↑*Essen in USA*.

big business. Großkonzerne haben v.a. als Multis die am. ↑*Wirtschaft* beherrscht, stehen aber gegenwärtig wegen ihrer schwerfälligen Bürokratie (↑*corpocracy*) unter Kritik.

big government. Die kritische Bez. f. die immer größer werdende Rolle der Regierung (v.a. Bundesregierung) im Leben des einzelnen, z.T. zum Schutz von Minderheiten u. Benachteiligten. V.a. der Süden wehrte sich lange gegen Auflagen zur Gleichbehandlung von Schwarzen, u. allg. sind viele Am. gegen Sonderprogramme der Regierung für einzelne Gruppen (↑*Demokratie*). Als parteipolitisches Schlagwort wird „b. g." von der ↑*Republican Party* gegen die ↑*Democratic Party* benutzt, welche den Republikanern umgekehrt ihre Verbindung zum ↑*big business* vorwirft.

Big League, auch *Major League*. Die ↑*Baseball*-Profi-Liga; im Gegensatz zu *Little League*, der Kinder- u. Schülerliga.

big stick (policy). Politik der Stärke (Drohung mit dem „dicken Stock"); bez. v. a. die imperialistische am. Politik des Präsidenten Teddy Roosevelt (1901–1909) um die Jahrhundertwende, die nach Abschluß der Ausdehnung nach Westen (1890) zur Einverleibung außeram. Gebiete führte (↑*Spanish-American War*).

Big Ten. Gruppe von 10 Universitäten im Mittleren Westen, die in verschiedenen Sportarten eine eigene Liga bilden.

Big Three. Die große Autofirmen der USA: General Motors, Ford u. Chrysler.

Bildungswesen. Das am. B. erscheint dem Ausländer als sehr kompliziert u. durcheinander, ist aber in seiner Vielfalt recht flexibel, etwa beim Schulwechsel (von System zu System, ↑*Schulsystem*) o. beim Eintritt in einen (neuen) Beruf. Seit der Zeit der Progressivisten (↑*progressivism*) wird die „Schule für alle" propagiert; sie hat sich auch früher als anderswo im Sekundarbereich durchgesetzt (↑*high school*, 1918). Die Reformer betonten von Anfang an eher Prinzipien wie Gleichheit, Kooperation u. Erziehung zum guten am. Staatsbürger (was wegen der Vielfalt der Einwanderer auch notwendig war) als Fächerinhalte. Sie ließen auch eine größere Freiheit bei der Wahl von Kursen zu (↑*elective system*, ↑*extra-curricular activities*) u. behandelten alle Fächer gleich (↑*Carnegie unit*). Dies hat immer wieder zur Kritik am niedrigen intellektuellen Niveau der *high school* geführt (Vernachlässigung von Mathematik, Fremdsprachen, Weltgeographie; Leseschwächen; Beschränkung auf USA; vgl. ↑*sputnik shock*, ↑*back-to-basics*). Notwendige Reformen wurden auch durch die in den 60er Jahren erfolgte Gleichstellung von Benachteiligten u. Minoritäten (↑*busing*, ↑*Brown v. Board of Education*) verhindert. Die Gleichheit für alle im B. wird durch die ↑*Privatschulen* u. vor allem die in der Mehrzahl privaten Universitäten (↑*university*) u. ↑*Hochschulen* eingeschränkt, die mit hohen Studiengebühren (↑*tuition*) u. durch bessere Ausstattung eher die Wohlhabenderen ansprechen. Untervertreten sind v.a. die Minoritäten (↑*Rassenproblem im Bildungswesen*), was sich bei der am. Gleichung: bessere Bildung = bessere Berufschancen nachteilig auswirkt. Hier schalten sich seit 1945 immer mehr die Bundesregierung u. das oberste Gericht ein, um Integration u. Chancengleichheit zu ermöglichen. Bildung ist eigentlich Sache der Einzelstaaten, die die Verantwortung jedoch den örtlichen Schulbezirken (↑*school districts*) übertragen haben. Die Finanzierung der Schulen durch kommunale Steuergelder schuf ebenfalls eine Teilung in reiche u. arme Bezirke.

Die nationale Diskussion wurde neu entfacht durch den Schulreformplan *(Education 2000)*, den Präsident Bush zusammen mit den Gouverneuren der Einzelstaaten 1989 initierte u. der unter der Regierung Clinton weitergeführt wird. Danach sollen neben einem verbesserten Evaluationssystem für jede Schule mehr Pflichtfächer sowie größere Effizienz (weniger Verwaltungskräfte, mehr u. besser bezahlte Lehrkräfte) eingeführt werden. Falls Änderungen im System kommen, so wird an erster Stelle ein verbesserter Wettbewerb zwischen den Schulen angestrebt, der den Eltern die Wahl der ‚besseren' Schule erlaubt (ähnlich wie schon jetzt beim ↑*college*), ferner eine Verbesserung der beruflichen Bildung sowie ein nationales Curriculum. Dieses ist jedoch bes. in den geisteswissenschaftlichen Fächern umstritten, da verschiedene ethnische Gruppen (bes. ↑*Schwarze*) ein nach Kulturen getrenntes Curriculum fordern (↑*multiculturalism*), andere (bes. ↑*Latinos*) bilingualen Unterricht verlangen (↑*bilingalism*, ↑*English Only*). ↑*political correctness.*

Bei aller Praxisorientierung der *high schools* fehlt es an spezieller Berufsschulausbildung (↑*vocational schools*). Hinzu kommt die Verunsicherung vieler der traditionell religiösen Amerikaner durch die Entscheidungen des Obersten Gerichts für Sexualerziehung, gegen Schulgebet (↑*school prayer*) u. die unterrichtliche Behandlung der Erschaffungslehre der Bibel (↑*creationism*). Trotz dieser durch einen ernstgenommenen Pluralismus bedingten Probleme haben 60%–90% aller 18jährigen einen Sekundarschulabschluß (↑*diploma*). Danach besuchen ca. 50% die über 3000 Hochschulen (↑*college*).

bilingualism. Zwei-, auch Mehrsprachigkeit. Am. Schulbezirke wehren sich zusehends gegen die Finanzierung von Grundschulunterricht in einer nichtenglischen Muttersprache, bes. Spanisch; ihr Ziel ist die Assimilierung der Einwanderer, nicht die Förderung der Eigenständigkeit ihrer Kultur. Allerdings haben nur wenige Staaten bis jetzt Englisch als „Nationalsprache" erklärt. Davon unberührt bleibt der zusätzliche Fremdsprachenunterricht. ↑*ELA*, ↑*English Only.*

bill. Gesetzesvorlage, Gesetz, das noch nicht vom Präsidenten unterschrieben ist. Gesetze können nur von Abgeordneten (nicht vom Präsidenten) in den beiden Häusern eingebracht werden (Haushaltsgesetze zuerst im Repräsentantenhaus!), gehen dann in die Ausschüsse bzw. in den Vermittlungsausschuß zwischen beiden Häusern, wenn die in den Hearings genehmigten Versionen nicht übereinstimmen. Der Präsident hat ein Vetorecht (↑*veto*, ↑*act*).

billion = 1000000000 (= 1 Milliarde) im AE; im BE bedeutet b. eine Billion (= 1000000000000).

Bill of Rights. Bez. f. die 1791 in Kraft getretenen 10 ersten Zusatzartikel zur ↑*Verfassung* von 1787 (↑*Constitution*, ↑*amendment*), die als Gesamtheit die Grundrechte der Amerikaner betreffen. Zur aktuellen Diskussion der Grundrechte vgl. ↑*Abtreibung*, ↑*privacy right*, ↑*affirmative action*, ↑*pornography*, ↑*due process*, ↑*Homosexualität*, ↑*first amendment*, ↑*establishment*, ↑*Bürgerrechtsgesetzgebung.*

Billy the Kid. William H. Bonney (1859–1881), Bandit im Wilden Westen, der nach kurzem kriminellen Leben von Sheriff Pat Garrett niedergeschossen wurde (↑*Westernhelden u. Banditen*).

Birmingham. Größte Stadt in Alabama, wegen ihrer Stahlindustrie bekannt als Pittsburgh des Südens; symbolisiert seit der Niederschlagung der Rassenaufstände von 1963 den weißen Widerstand gegen die Rassenintegrierung (↑*integration*). Heute gibt es schwarze u. weiße Abgeordnete im Stadtrat.

Black Art, auch *Afro-American art.* Kunst der Schwarzen in USA, die in verschiedenen Stilrichtungen Proteststimmung gegen Unterdrückung o. Suche nach eigener Identität zum Ausdruck bringen.

black bottom. Tanz der 20er Jahre, der Hüftverrenkungen abverlangt u. stark vom ↑*jazz* beeinflußt ist (↑*Tanz*).

black church ↑Schwarze.

black English. Von vielen ↑*Schwarzen* in USA gesprochenes Englisch. B. E. ist ein Ethnolekt, eine stark von der Standardsprache (↑*Am. Englisch*) abweichende Sprachvariante, die gegenwärtig außerhalb der Ghettos sozial stigmatisierend wirkt. Die Sprecher gehören der untersten Sozialschicht an, die Kinder haben Schwierigkeiten in der Schule. Aufgrund des Wegfalls vieler grammatikal. Endungen *(I talk* für *I talked, two rabbit* für *two rabbits),* der Vereinfachungen in der Aussprache ([las] für *last*, [sik] für *sick* u. *six*) sowie des Zusammenfalls von verschiedenen Lauten des Standard-Englisch (*sure* klingt wie *shore*, *all* wie *awe*, *beer* wie *bear*) geht die Sprachwissenschaft heute davon aus, daß im b. E. Strukturen einer afrikan. Sprache enthalten sind. Diese Mischsprache ist mit dem b. E. der Karibik eng verwandt.

Black Friday. ‚Schwarzer Freitag' (29. Okt. 1929); Börsenkrach *(Great Crash)* in New York, der zur Weltwirtschaftskrise führte.

Black Hills. Gebirgskette in Süddakota u. Wyoming, in der sich das Mt. ↑*Rushmore*-Denkmal befindet. Die Öffnung dieser goldreichen, aber für die ↑*Sioux*-Indianer heiligen Bergkette für weiße Besiedlung führte zur Schlacht am ↑*Little Bighorn* (1874).

black literature. Die Literatur der ↑*Schwarzen* in USA, die in verschiedenen Genres (Autobiographie, z. B. des ↑*Malcolm X*, Essays u. Romane von Baldwin, Dramen von Amiri Baraka/Leroy Jones u. vielen Gedichten z. B. v. L. Hughes) ihren Protest gegen die Unterdrückung der Schwarzen bzw. die Suche nach eigener Identität ausdrücken. B. l. ist oft Teil der neuerdings geschaffenen *Black Studies*-Abteilungen an den Hochschulen. Neu ist die starke Entwicklung einer schwarzen Frauenliteratur, die bereits auf Zora N. Hurston (1901–1960) zurückgeht u. jetzt durch Tony ↑*Morrison* den Nobelpreis gewonnen hat (1993).

Black Muslims o. **Nation of Islam.** Die Schwarzen Moslems; bekannteste Bewegung von schwarzen Nationalisten, die die ↑*Integration* der Schwarzen in die am. Gesellschaft ablehnen. ↑*Malcolm X*, der lange der bekannteste Repräsentant dieser Gruppe war, wurde von dem Führer Elijah Mohammad ausgeschlossen; 1965 erschossen. ↑*Black power.*

Black Panthers ↑black power.

black power. In den 60er Jahren der Slogan für die Zielsetzung radikaler schwarzer Gruppen, die nicht mehr moderat u. gewaltlos die Aufhebung der Rassenschranken forderten, sondern sie wenn nötig mit Gewalt durchsetzen wollten. Der Slogan wurde von der sog. *Black Panther Party* (‚Schwarze Panther') 1966 übernommen, deren Ziele dem Radikalismus der ↑*Black Muslims* glichen. Beide verloren in den 70er Jahren an Bedeutung.

Black Monday. Bez. f. den Börsensturz an der ↑*Big Board* in New York (500 Punkte des ↑*Dow Jones Index*) am 19. Okt. 1987, der wegen seiner Vergleichbarkeit zum ↑*Black Friday* (1929) große Befürchtungen auf den internationalen Finanzmärkten auslöste, die inzwischen jedoch überwunden sind, nachdem die *SEC* (↑*commission*) den Handel über den Computer eingeschränkt hat (↑*over the counter*).

Blackfeet. Kriegerische Prairie-Indianer (Montana), die als besonders gute Reiter u. als „gefährlich" galten. Ihren Namen ‚Schwarzfuß' erhielten sie wegen ihrer aschfarbenen Mokassins. Sie wurden durch eine Pockenepidemie, Kriege mit Weißen u. den Verlust der Büffelherden dezimiert. S. Karte 6.

blacks ↑Schwarze.

blind date. Rendezvous mit einer unbekannten Person (↑*dating*).

blizzard. Eisiger Wintersturm, der v. a. im Mittleren Westen Flugplätze u. Straßen blockieren kann. Wegen des Windes erscheint einem die Temperatur niedriger, als sie tatsächlich ist. ↑*Stürme u. Winde.*

block. (Häuser-)Block, AE ‚Straße' in einer Stadt, z. B. *two b.s from here* ‚2 Straßen weiter' (↑*grid pattern*).

blockbuster. Spekulant, der den Einwohnern einer weißen Gegend einredet, daß die ganze Gegend von Schwarzen durch Aufkauf von Häusern übernommen wird u. der so den Verkaufspreis zu drücken sucht; *blockbusting* bedeutet eigentlich ‚einen Knüller schaffen'.

Bloody Mary ↑cocktails.

blue books. 1. Hefte mit blauem Umschlag, die für Prüfungen/Tests verwendet werden; 2. *Blue Book:* Verzeichnis prominenter Persönlichkeiten u. der Familien der oberen ↑*Gesellschaft.*

blue chip. Erstklassiges Wertpapier, z. B. von IBM, einem Konzern, der auch als ↑*Big Blue* (absolut sichere Aktien) gilt.

blue collar. Arbeiter, der manuelle Arbeit verrichtet; im Gegensatz zum Angestellten *(white collar).* ↑*pink collar.*

Blue Cross. Größte private Krankenversicherung; eine weitere bekannte ist *Blue Shield.*

blue jeans. ‚Jeans', eine Erfindung von Levi Strauss (aus Bayern), der 1848 auswanderte und bei den Goldgräbern (↑*gold rush*) sah, daß sie eine strapazierfähige Hose mit festen Taschen benötigten, die er dann aus Segeltuch (für Planwagen) schneidern ließ (1850–1855). Erst weit nach seinem Tode (1902) wurden die b.j. auf der ganzen Welt beliebte Kleidungsstücke.

blue laws. Gesetze, die die Moral der Bürger festlegen in bezug auf Sex, Rauchen, Alkohol, Sonntagsarbeit.

blue movie. Sexfilm.

bluegrass. Traditionelle Country-Music, die ohne elektronische Verstärker, aber mit polyphonen Klängen einen intensiven Rhythmus erzielt. Sie entstand in den 30er Jahren, vor allem durch Bill Monroe mit seinen *Bluegrass Boys* u. Earl Scruggs als Banjo-Spieler (↑*country and western*).

blues. Blues *m*; Musik- u. Liedform, die ihren Namen von *to feel blue* ‚bedrückt, traurig sein' bezog. Sie ist die weltliche Entsprechung zu den ↑*spiritual* o. ↑*gospel songs* der schwarzen Sklaven, die darin ihre Klagen über Unterdrückung u. Unrecht, Einsamkeit, Unglück, Verrat, Verzweiflung ausdrückten. Der b. wurde schon vor dem 1. Weltkrieg bekannt u. erreichte durch Bessie Smith in den 20er u. 30er Jahren Berühmtheit. Musiker wie L. Armstrong haben b.-Rhythmen in Jazz-Improvisationen eingebaut. Nach dem 2. Weltkrieg lebte der b. erneut auf als ↑*rhythm and blues,* dem Vorläufer von ↑*rock* u. ↑*soul music.*

Bogart, Humphrey (1899–1957). Berühmter Filmstar („Casablanca", „The African Queen"), dessen Szenen u. Erscheinungsbild (Trenchcoat, eleganter Hut, Zigarette) immer wieder zitiert werden.

Bohunk ↑*Rassismus u. Sprache.*

bonds. Wörtl. ‚Bande, Fesseln'; öffentliche Staatsanleihen, Pfandbriefe, Obligationen. ↑*junk bonds.*

boogie (woogie). Eine Form des ↑*jazz,* Blues-Rhythmen auf dem Klavier; über einem ständig wiederholten Baß-Motiv wird die Melodie schwungvoll variiert; beliebt in den zwanziger Jahren.

Bonny and Clyde. Clyde Barrow u. Bonnie Parker, ein Gaunerpärchen, das in den 30ern in mehreren Staaten des Westens Banken ausraubte. Heute bekannt wegen des 1967 über sie gedrehten Filmes, der sie als antiautoritäre Ausbrecher aus der Gesellschaft charakterisiert.

Boone, Daniel (1734–1820). Wurde als einer der ersten Pioniere, die die ↑*Appalachia* überquerten, zum Volksheld (bes. Kennzeichen: seine Waschbärmütze); er ließ sich schließlich in Kentucky nieder.

boosterism. Anpreisendes u. insistierendes Werben (um Unterstützung von Geschäftsvorhaben u. Business allgemein).

boothill. ‚Stiefelhügel', Friedhof im Wilden Westen (↑*Westernhelden*). ‚In den Stiefeln sterben' war die typische Todesart für die Männer des Westens; begraben wurden sie auf einem Hügel, wo sie ‚dem Himmel näher' waren. ↑*Dodge City.*

bootlegging. Illegal hergestellte o. verkaufte Spirituosen; Spirituosenschmuggel, typisches Mafia-kontrolliertes Verbrechen während der ↑*Prohibition.* Auch heute ist der Transport über die Staatsgrenze noch verboten. Neue Bedeutung: illegale Aufnahme u. Vertrieb von Cassetten, Disketten u. ä. *(„bootlegs").*

born-again (Christians). Bewegung von Christen, die selbst eine religiöse Erweckung (↑*revival*) erlebt haben; unterstützt politisch die Forderungen der ↑*Moral Majority.*

borough ['bɜroʊ]. Stadt/Gemeinde o. Stadtbezirk; vgl. ↑*township.*

bourbon ['bɜːrbən] ↑whiskey.

Bourbon Street. Straße im *French Quarter* von ↑*New Orleans,* bekannt wegen der verzierten spanischen Balkone.

Boston ['bɔːstən/'bɑstən]. Gilt als die Hauptstadt des gelehrten ↑*New*

England mit seinen vielen hervorragenden Universitäten; Spitzname „*the Hub*" ‚der Nabel, Mittelpunkt'. B. teilt die Probleme anderer Großstädte: Rassenkonflikte, Armut neben *high tech* (↑*Route 128*). Von B. ging der Unabhängigkeitskrieg (↑*Revolutionary War*) aus (*Boston Tea Party*).

box car. Güterwagen der Eisenbahn.

Bowery ['bauərı]. Nahe an der Spitze von ↑*Manhattan* gelegenes heruntergekommenes Stadtgebiet mit vielen Obdachlosen und Arbeitslosen. Heute auch Mittelpunkt der Punkszene.

bowl [boul] **games.** Am. Colleges bilden im Football regionale Gruppen, deren Endspiele um Weihnachten/Neujahr in einem bestimmten Stadion (*bowl*) stattfinden: Sugar Bowl (New Orleans), ↑*Rose Bowl* (Pasadena, CA), Orange Bowl (Miami, FL), Gator Bowl (Jacksonville, FL), Cotton Bowl (Dallas, TX).

Brady Bill (1994). Bundesgesetz zur Beschränkung des Gebrauchs von Handwaffen (↑*Waffentragen*). Benannt nach James Brady, dem Sekretär von Ronald Reagan, der beim Attentatversuch auf den Präsidenten (1981) lebensgefährlich verletzt wurde und sich seitdem für eine Beschränkung des Waffentragens einsetzt.

brahmin ['bra:min]. Bezeichnung für Mitglieder alteingesessener Familien in ↑*New England*, die sich auch durch einen besonderen Akzent von weniger „aristokratischen" Gruppen absetzen; ironisch: eingebildeter Intellektueller.

brand name. Markenbezeichnung (↑*TM*).

broadcast. Radio- oder Fernsehsendung; als *vb.* ‚über Radio o. TV übertragen'. Neu sind die Begriffe *telecast* (aus *tele* u *[broad]cast*) ‚(nur) über TV übertragen' (*n.* u. *vb.*); *newscast* ‚Nachrichtensendung' (meist mit Kommentar) über Radio o. TV, der Reporter heißt dann *newscaster*; *cablecast* ‚Sendung übers Kabelfernsehen' (↑*cable television*). ↑*Radio*, ↑*Fernsehen*.

Broadway *m.* Hauptstraße u. Theaterzentrum von ↑*New York* u. USA. Der B. (40.–53. Straße), v. a. um den ↑*Times Square*, der wegen seiner Neonbeleuchtung auch „*The Great White Way*" (der große weiße Weg) genannt wird, steht mit seinen 37 (konventionellen) Theatern symbolhaft für das Theaterschaffen in USA wie Hollywood für das Kino. Ziel aller am. Theater ist ein Broadwayhit. Doch das eigentlich avantgardistische Theater findet man in den ↑*off-B.*- u. *off-off-B.*-Theatern der ↑*lofts* des Künstlerviertels von ↑*SoHo* u. in den Theaterabteilungen von Hochschulen. B. bezieht heute viele Neuaufführungen von London.

broiled. AE ‚auf dem Rost gegrillt' (nicht ‚in der Bratpfanne gebraten' wie im BE).

bronc(o). Wildes Pferd im Westen der USA, *bronc-riding* ist eine Teilübung des ↑*rodeo*.

Bronx. Einer der fünf Stadtteile (↑*borough*) von ↑*New York.*

Brooklyn. Einer der Stadtteile (↑*borough*) von ↑*New York,* der durch seinen besonderen Akzent bekannt ist *(toidy-toid* für *thirty-third).* ↑*Manhattan* ist mit B. durch die *B. Bridge* verbunden, die 1883 mit ihren spinnenwebartigen Hängekabeln eine Pionierleistung im Brückenbau darstellte.

Brot u. Gebäck. Neben dem weichen Toastbrot gibt es in den großen Supermärkten, bedingt durch die Vielfalt der Einwanderer, sehr viele Brotsorten *(Jewish, German, Italian, Viennese) rye* (Roggen) u. *white bread; brown bread* ist eine Art Honigkuchen in der Bostoner Gegend. Kekse gibt es süß als *cookies* u. pikant als *crackers.* Weiche Brötchen zum Frühstück u. Dinner heißen *buns* (meist warm serviert), die harten *rolls,* länglich auch ↑*bagels*; am. *biscuits* sind eher wie Teegebäck *(muffins);* Danish *(pastry)* steht für Blätterteiggebäck. *Doughnut/donut* sind ringförmige Krapfen o. „Berliner"; *pancakes,* auch *hot cakes* genannt, sind dicker als *crêpes* (Pfannkuchen) u. kleiner; sie werden zum Frühstück übereinandergeschichtet u. mit Sirup begossen. Obstkuchen (Kuchenboden mit Obst beschichtet) ist selten, meist als *‚upside-down'-cake,* (‚gestürzt'); typisch sind die *short cakes* (Mürbeteig) mit Früchten u. Schlagsahne als Nachspeise serviert. Torten *(cakes)* sind für besondere Anlässe *(wedding cake).* Einheimische Torten sind ↑*angel food cake* u. davon abgeleitet *devil's food cake.* Symbolhaft für Amerika steht ↑*apple pie* o. ↑*pie* überhaupt als gefüllter Kuchen.

Brown, Charlie. Hauptcharakter in „Peanuts", einem Comic strip von Charles Schulz. C.B. ist gewöhnlich erfolglos, ohne Freunde, nicht selbstbewußt u. somit ganz anders als der typische *all-American boy.* Er hat einen Hund namens Snoopy.

Brown, John (1800–1859). Ein fanatischer Bekämpfer der Sklaverei (↑*abolitionism*), der nach mehreren Gewaltakten wegen Hochverrats gehängt wurde. Im Bürgerkrieg wurde er von Gegnern der Sklaverei oft zum Märtyrer erhoben, dessen Geist noch weiterlebe (daher das Lied: „J. B.'s body lies a-mouldering in the grave, but his soul goes marching on").

Brown v. Board of Education. Bekannte Entscheidung des Obersten Gerichts von 1954, die die „Farbenblindheit" der am. Verfassung betont u. die Trennung von Kindern in Schulen für ↑*Schwarze* u. solche für Weiße verbietet. Eine Umkehr der *Separate-but-equal*-Entscheidung aus dem Jahre 1896 (↑*Plessy v. Ferguson*), wonach getrennte Erziehung erlaubt war. B. leitete eine Reihe von Entscheidungen u. Gesetzen ein, die zur juristischen Gleichstellung aller Am. führten (↑*civil rights,* ↑*Rassenproblem im Bildungswesen*).

brownie. Kleines Plätzchen mit Schokoladegeschmack.

brownstone (houses). Häuser, meist Reihenhäuser, aus rötlich-braunem Sandstein, typisch für das ↑*New York* des frühen 20. Jh., damals nobel, jetzt aber in viele kleine Wohnungen aufgeteilt (z.B. in Yorkville um die 86. Straße). ↑*Baustile.*

brunch. Aus ↑*breakfast* u. ↑*lunch;* ein spätes, reichliches Frühstück mit Frühstücks- u. Lunch-Gerichten; typisch für Geschäftsleute in USA, die gern Geschäfte am späten Morgen beim b. im Restaurant besprechen.

Bryce Canyon National Park. Nationalpark in Utah mit ungewöhnlichen Sandstein-Formationen.

BTU o. **Btu,** *British Thermal Unit.* Wärmeeinheit, 1 BTU ist die Wärmemenge, die notwendig ist, um *1 pound* (454 g) Wasser um 1 Grad Fahrenheit zu erwärmen. Als Maßeinheit ist BTU z.B. wichtig bei im Fenster eingesetzten Klimaanlagen. *1 BTU/hour*=ca. 0,3 Watt.

bubble gum. 1. Bubble-gum *m*, Blasenkaugummi; 2. in der ↑*pop music* die Musik, die sich ab Ende der 60er Jahre an die Jugend unter 13 J. wandte, deshalb auch *teeny-bop music* genannt, z.B. von *The Monkies* o. *David Cassidy* (↑*teeny-bopper*).

buck ↑*cash.*

buckaroo. Aus span. *vacquero;* anderes Wort für ↑*cowboy.*

Buffalo Bill show. Buffalo Bill ist der Künstlername von William F. Cody, 1846–1917, dem legendären Pfadfinder des Wilden Westens, Büffeljäger u. Pony-Express-Reiter. Er führte ab 1872 sog. Wild-West-Shows in USA u. in Europa auf. Szenen u. Heldentaten waren meist erfunden. Sie gelten als Vorläufer der Western (↑*Cowboy*).

Büffel. Inkorrekter Name für den am. *bison,* der die Lebensgrundlage der Prairie-Indianer bildete (Nahrung, Kleidung, Schuhe, Matte, Tipi-Dach); war wegen der Jagd durch Weiße um 1900 fast ausgestorben. Heute gibt es größere geschützte Herden in den Nationalparks des Westens.

bull. ‚Stier'; wirtsch. Bez. f. „Hausse", adj. *bullish* ‚zur Hausse tendierend'; der Gegenbegriff ist ↑*bear.*

bumper stickers. Humorvolle oder religiöse/politische Aufkleber auf den Autoschildern.

Bundesbehörden sind der Exekutive zugeordnet (↑*executive,* ↑*administration*), z.T. als unabhängige Behörden (↑*commission*), aber auch als direkte Berater des Präsidenten (Stabschef, ↑*National Security Council*), als Kabinettsmitglieder (↑*cabinet*) o. Leiter eines Ministeriums (↑*department*); als solche können sie vom Präsidenten jederzeit entlassen werden.

Bundesstaat. 1. Ein Einzelstaat, ↑*state;* 2. der Bund, ↑*federalism,* ↑*union.*

bunkhouse. Schlafraum der ↑*Cowboys. Bunkbeds* waren die aus Platzmangel nötigen Etagenbetten.

Bunyan, Paul. Legendärer Holzfäller der Pionierzeit; Hauptperson von übertriebenen u. unglaubwürdigen

Geschichten. *Paul Bunyan-size* bedeutet auch heute noch ‚das Größte, Stärkste', das es je gegeben hat. P. B. soll z. B. den *Grand Canyon* ausgegraben haben. Sein Helfer, *Babe,* ein blauer Ochse, war so groß, daß man ein Fernglas brauchte, um von seinem Kopf aus den Schwanz zu sehen. Die ersten Geschichten wurden 1914 niedergeschrieben, gelebt haben soll P. B. um 1800.

buppie. Zusammengesetzt aus *black* u. ↑*yuppie*, also *black urban professionals;* bezeichnet ↑*Schwarze* mit Collegeausbildung, die gute Jobs in der Stadt haben, in den Vorstädten wohnen u. bereits zur am. Mittelschicht gehören.

Bureau of Indian Affairs (BIA). Regierungsbehörde in Washington, die seit 1824 Angelegenheiten (Schule, Fürsorge u. Rechtswesen) der ↑*Indianer* in den Reservaten verwaltet; sie stand wegen Korruption öfters unter Kritik.

Bürgerkrieg ↑Civil War.

Bürgerrechtsgesetzgebung. Basis f. die B. ist die ↑*Bill of Rights* (erste 10 Zusatzartikel zur Verfassung mit der Auflistung der Grundrechte), weitere Zusatzartikel betrafen die Ausdehnung der Rechte auf ↑*Schwarze* u. Frauen (↑*Frauenbewegung,* ↑*ERA*) bzw. die Abschaffung von diskriminierenden Gesetzen (↑*Jim Crow laws*); die endgültige Gleichstellung aller erfolgte durch die B. von 1964 *(Civil Rights Acts)* u. 1965 *(Voting Rights Act)* sowie Ausführungsrichtlinien wie ↑*affirmative action.*

Bush, George (geb. 1924). Der 41. Präsident der USA (1989–1993), ein Republikaner, der als Vizepräsident schon unter der ↑*Reagan*-Regierung tätig war. Seine bedachte Außenpolitik trug in Zusammenarbeit mit Präsident Gorbatschow zum Ende des Kalten Krieges (↑*Cold War*), zur Auflösung der Sowjetunion u. Vereinigung Deutschlands bei, wobei ihm seine Zurückhaltung bei der Befreiung der baltischen Staaten von Rußland u. bei der brutalen Niederschlagung einer friedlichen Demonstration durch China als Kritik angerechnet wird. In den USA wurde er nach dem ↑*Golfkrieg* (1991) als Führerpersönlichkeit gefeiert, die einen Tyrannen zur Rechenschaft zog. Die darauffolgende wirtschaftliche Krise in USA u. das stetig steigende Haushaltsdefizit verhinderten jedoch seine Wiederwahl.

bushel (bu) [bʊʃl]. ‚Scheffel'; Trokkenmaß z. B. für Weizen; 1 bu = 35,24 l; (Brit.: 1 bu = 36,37 l). Ugs. auch ‚ein großer Haufen'.

busing ['bʌsiŋ]. Der tägliche Transport von Schulkindern in eine gemeinsame Schule für schwarze u. weiße Kinder durch Schulbusse, meist jedoch nur von schwarzen Kindern in die weißen Vorortschulen; wurde 1971 als Integrationsmaßnahme vom Obersten Gericht genehmigt. ↑*Rassenproblem im Bildungswesen,* ↑*Schwarze.*

BYO, *Bring your own (bottle).* Hinweis auf informellen Einladungen, für Getränke usw. selbst zu sorgen.

C

CAB, *Civil Aeronautics Board* ↑commission, ↑deregulation.

cab. Ugs. für *taxi* ‚Taxi'.

Cabbage Patch doll. Puppe, die wie ein dickes Kind aussieht (eingetr. Warenzeichen).

cabinet. Die Minister (*secretaries*) des Kabinetts sind eigentlich nur Mitarbeiter des Präsidenten (↑*President*) u. weisungsgebunden; keine Berufspolitiker (dürfen keinen Sitz im Parlament haben), sondern Fachleute, die jederzeit vom Präsidenten entlassen werden können.

cable ↑Telegramm.

cable cars. Seilbahn von San Francisco, die als Touristenattraktion unter Denkmalschutz steht (↑*Nahverkehr*).

cable cast ↑cable television.

cable television. Kabelfernsehen, ursprünglich gedacht für empfangsarme Gebiete (↑*CATV*), heute überall beliebt wegen der vielen Kanäle u. des guten Empfangs auch von Musikprogrammen, z.T. direkt vom Satelliten, allerdings gebührenpflichtig im Unterschied zum gebührenfreien *commercial TV.* Das bekannteste Kabelprogramm ist ↑*CNN*, ein Nachrichtenprogramm; daneben gibt es spezielle Sport- u. Musikkanäle *(SC-Sports Channel; MTV-Music Television),* Kanäle mit Familienprogramm *(DIS-The Disney Channel; The Family Channel),* einen Filmkanal, einen Unterhaltungskanal für Schwarze u.a. Die Kanäle werden oft von besonderen Unterhaltungsgesellschaften wie ↑*HBO* beliefert. Zur Zeit gibt es 11 Kabelsysteme, die bereits in über 60% aller Haushalte zur Verfügung stehen. ↑*Fernsehen,* ↑*network.* ↑*HBO.*

cafeteria. Selbstbedienungsrestaurant ohne Alkoholausschank.

Cage, John (1912–1992). Komponist, der von Gegenständen erzeugte Geräusche mit den Klängen klassischer Instrumente (u.a. Klavier) durch Improvisation zu einer neuen Musik verband.

Cajun ['keidʒən]. Von *acadien* abgeleitete Bez. f. die Nachkommen der Franko-Kanadier, die 1755 von den Briten aus Akadien (Nova Scotia) vertrieben wurden u. sich im Deltagebiet von Louisiana niederließen; heute ca. 250000. Sie sprechen ein archaisches franz. *patois,* mit Lehnwörtern aus dem Spanischen u. Indianersprachen. Gegenwärtig sind C.-Speisen ‚in'. ↑*Creole.*

California (Kalifornien). Bevölkerungsreichster Bundesstaat an der Pazifikküste. Die Hauptstadt ist Sacramento, aber die wichtigsten Städte sind Los Angeles (↑*L.A.*) u. ↑*San Francisco.* Während des ↑*gold rush* strömten die Siedler zuerst nach C., das daher auch den Beinamen *the Golden State* bekam. C. ist ständig von Erdbeben bedroht (↑*San Andreas Fault*). Wirtschaftlich ist C. sowohl im Agrarbereich (Zitrusfrüchte, Wein [↑*Napa Valley*]) wie auch im Technologiebereich (↑*Silicon Valley*, Flugzeugindustrie) führend. Der Agrarsektor erfordert allerdings ein ausgeklügeltes Bewässerungssystem. Die geringen Niederschläge im Süden führen in den Städten zu einer strengen Wasserbewirtschaftung; Trinkwasser muß hier aus großer Entfernung (z.B. ↑*Colorado River*) herbeigeleitet werden. C. war die Heimat der ↑*hippies*; es gilt als Sonnen- und Freizeitparadies *(„where life is a beach")*, das immer neue Trends setzt (z.B. Frisbee, Surfen, ↑*Roller-Blades*); die Pop-Gruppe Beach Boys (↑*surf sound*) verkörperte in den 70er Jahren dieses Image. Heute ist der Staat bes. durch starke Zuwanderung aus Asien u. Mexiko (je ca. 2,5 Mio. in den 80er Jahren) sowie durch illegale Zuwanderung (↑*undocumented immigrants*) in häufige Rassenkonflikte verwickelt u. wehrt sich gegen Überfremdung (↑*Proposition 13 u. 187*).

California Trail. Die Route, die 1850 während des ↑*gold rush* nach Kalifornien führte. Sie folgte zunächst dem ↑*Oregon Trail* u. zweigte dann bei Fort Hall ab durch Nevada, wobei Wüsten zu durchqueren u. Bergketten zu überwinden waren, was den C.T. zu einer Schreckensgeschichte machte.

call letters. Kennbuchstaben von Radio- o. Fernsehsendern, bestehend aus 4 Buchstaben, wobei die Sender aus dem Osten meist mit ‚*W*' beginnen (Ausnahme *KDKA* Pittsburgh), z.B. *WBCN* (Boston), die Sender des Westens mit ‚*K*', z.B. *KFWB* (Los Angeles).

calumet. Zeremonielle Friedenspfeife der Indianer, die zu besonderen Anlässen wie Friedensverträgen u. Freundschaftsbekundung geraucht wurde.

Cambridge, Mass. Sitz der Harvard University u. des ↑*M.I.T. (Massachussetts Institute of Technology)*; oft Synonym f. Harvard.

Camp David. Erholungsort des am. Präsidenten; eine Art „Waldlager" mit Blockhütten in den Catoctin-Bergen von Maryland, benannt nach David, dem Enkel des Präs. Eisenhower; heute wegen des C.D.-Abkommens bekannt, das dank am. Vermittlung zur 1. Vereinbarung zwischen Israel u. Ägypten wurde (1979). Dem Ort C. D. haftet immer noch dieses friedenstiftende Image an.

campus. Gesamtanlage einer ↑*Hochschule* (↑*college*, ↑*university*), einschließlich der Unterkünfte *(dormitories/dorms)* Mensen, Sportstätten u. studentischen Einrichtungen, die sich meist alle auf einem zusammenhängenden Gelände (oft außerhalb der Stadt) befindet; c. steht daher oft für Hochschule. ↑*Hochschulverwaltung*.

Canuck [kə'nʌk] ↑Rassismus u. Sprache.

canyon. Tiefes von einem Fluß durchzogenes Tal. Schlucht (↑*Grand Canyon*).

cap and gown. Barrett u. Talar; die in USA bei Schul- u. Hochschulabschlußfeiern übliche Kleidung der Graduierten.

Cape Canaveral [...kəˈnævrəl]. Vorsprung auf der Halbinsel Florida, der als Zentrum u. Abschußstelle für Weltraumflüge der ↑*NASA* ausgebaut ist; zeitweilig (1963–1973) als *Cape Kennedy* bekannt.

Cape Cod. Fischhakenförmige Halbinsel an der Atlantikküste von Massachussetts. Bekanntes Erholungsgebiet, das neben Nantucket und ↑*Martha's Vineyard* die schönsten Strände Neuenglands besitzt.

Cape Hatteras. Kap auf der Insel Hatteras (eine der Nordkarolina vorgelagerten Inseln), vor dem mehr als 600 Schiffe gestrandet sind; bekannt als „Friedhof des Atlantiks". Heute befindet sich ein Nationalpark auf der Inselgruppe, die auch das ↑*Wright Brothers National Memorial* beherbergt mit einem nachgebauten ↑*Kitty-Hawk*-Flugzeug.

Capitol Hill [ˈkæpɪtl...]. Hügel, auf dem sich in Washington das Kapitol befindet; steht oft übertragen für die Legislative (↑*Parlament*).

Capone, Al (1899–1947). Mafia-Boß in Chicago während der ↑*Prohibition* 1925–1931, wurde mangels anderer Beweise wegen Steuerhinterziehung mit Gefängnis bestraft.

car hop. Bedienung in einer Schnellgaststätte für Autofahrer, meist Mädchen. ↑*drive-in.*

car sizes. US-Fahrzeugtypen: *sedan* größeres Auto, Limousine; *station wagon* Kombiwagen; *compact* am. Kleinwagen (europ. Mittelklassewagen); *sub-compact* Kleinstwagen, etwa VW Golf; *economy* u. *mid-size* sind nach europ. Maßstab bereits große Autos. Die meisten Autos haben Automatik-Schaltung. *RVs (recreational vehicles)* sind Wohnwagen, -anhänger *(trailer)* o. Wohnmobile *(motor homes).* ↑*Auto.*

car pool ↑Nahverkehr.

CARE *(Cooperative for American Relief to Everywhere).* Hilfsorganisation, die Nahrung, Medizin u. Kleidung in die Notstandsgebiete der Welt in ihren speziellen *CARE-packages* verschickt.

Carlsbad Caverns. Die Tropfsteinhöhlen (40 km lang, Haupthöhle bis 100 m hoch) mit großartigen Stalaktiten u. Stalagmiten in der Nähe von Carlsbad, N. Mex., zählen zu den ↑*Naturwundern* in USA.

Carnegie, Andrew (1835–1919). Stahlmagnat u. Philanthrop, der den Großteil seines Vermögens verschenkte. In seinem Aufsatz „The Gospel of Wealth" bezeichnete er die Verteilung des Überflusses als Aufgabe der Reichen.

Carnegie unit [kɑrˈneɪgi/ˈ- -...]. Einheit zur Berechnung der an der ↑*high school* abgeleisteten Schulzeit. Eine Einheit entspricht einer Unterrichtsstunde täglich (Montag–Freitag) während des gesamten Schuljahres (Ende August–Ende Mai, mindestens 180 tatsächliche Unterrichtstage). Zur ↑*graduation* (Abschluß) braucht ein *high school*-Schüler für vier Jahre mindestens 16 *units.*

carpetbagger. Bez. f. die Spekulanten aus dem Norden in der Zeit nach dem Bürgerkrieg (↑*Reconstruction*).

Carter, James Earl Jr. (Jimmy) (geb. 1924). US-Präsident (1977–1981) aus dem Staate Georgia, wo er Gouverneur war (Mitglied der ↑*Democratic Party*) u. auch eine Erdnuß-Farm betrieb. Ein überzeugter Baptist (↑*born-again Christian*), der eine liberale Rassenpolitik verfolgte u. seine Wahl zum Präsidenten auch den Stimmen der Schwarzen verdankte. Er zeigte großes Vermittlungstalent im ↑*Camp David*-Abkommen zwischen Israel u. Ägypten, konnte im republikanisch dominierten Kongreß allerdings nur wenige Gesetze durchbringen. Die ↑*Iran-Geiselkrise* (1979/80) trug ebenfalls zum Bild einer schwachen Präsidentschaft bei. Heute ist er ein vielgefragter Vermittler in den internationalen Krisengebieten.

cartoon. Oberbegriff für die Zeichentrick-Illustrationen, die als Teil der am. ↑*Popkultur* (mit o. ohne Sprechblasen) in allen Medien immer mehr Zugang finden: 1. die politische Karikatur (Ein-Feld-Illustration mit Textpointe), 2. die gezeichnete Bilderserie (Bilderfortsetzungsgeschichte), die in den ↑*Zeitungen* auch ↑*funnies* o. *comic strip* (↑*comics*) heißt, bei Büchern o. Heften *comic books*, 3. die Zeichentrickfilme *(animated cartoons,* o. einfach *cartoons),* die täglich u. bes. am Samstagmorgen das Fernsehprogramm füllen (↑*Fernsehen*). Die c. entstanden eigentlich zus. mit den Massenblättern in USA, haben inzwischen aber internationale Verbreitung gefunden.

cash. ‚Bargeld'; die am. Währungseinheit ist der ↑*dollar* (US $, ↑*Dollarzeichen*) = 100 *cents (c).* Folgende Münzen sind im Umlauf: *penny* (1 *c*; aus Kupfer), ↑*nickel* (5 *c*; silbrig), ↑*dime* (10 *c*; aus Silber), *quarter* (25 *c*; auch *quarter dollar* ‚¼-Dollar' aus Silber), *half dollar* (50 *c*), selten ↑*Susan B. Anthony dollar* (1 $). Die Banknoten (↑*bills*) gibt es im Wert von $ 1, $ 5, $ 20; $ 50, $ 100; sie haben alle die gleiche Farbe u. Größe (!) und unterscheiden sich neben dem Geldwert nur durch den abgebildeten Staatsmann (meist ein Präsident).

Die Geldbezeichnungen *penny, dime, nickel, quarter* werden als normale Ugs. empfunden, während folgende (häufig gebrauchte) Bez. eher als *„slangy"* gelten: *buck* (‚Bock' = $ 1), *smacker(s)* (meist Pl. für *dollars,* wörtlich ‚Schmatz' ‚Kuß', entspr. BE Slang für £), *sawbuck* (= $ 10, nach den überkreuzten Holzstämmen des ‚Sägebocks', die einem X [römische Zahl 10] gleichen), *fin* (‚Flosse', $-5-Note). Bei gemischten Geldwerten spricht man entweder *dollars* u. *cents* aus oder läßt beides weg: $ 3.50 = *three dollars and fifty cents* o. *three fifty* (Ausnahme: $ 1.50 = *a dollar fifty*). Bei Preisangaben in der Bed. *at (the cost of), each* ‚zu, je' benutzt man das Symbol @: *CDs* @ $ 14.00 (CDs zu 14 Dollar pro Stück).

CATV, *Community Antenna Television.* Erstes Kabelfernsehen mit heute über 100 Kanälen (↑*cable television*).

caucus ['kɔːkəs]. Wahlversammlung einer kleinen Gruppe von Parteimitgliedern zur Benennung von Delegierten für die eigentliche Wahlversammlung im Einzelstaat o. auf Bundesebene (*state/national* ↑*convention*). Die Delegierten, die auf einem c. für einen bestimmten Kandidaten verpflichtet werden, sind dann auf der *convention* nicht absolut an diese Absprache gebunden, sondern benutzen diese als Verhandlungsposition. In manchen Staaten darf der Parteiführer ohne c. die Delegierten selbst auswählen (↑*Wahlen*).

CB-Funk *(citizens band).* Neue Art des Funkverkehrs, bes. häufig benutzt zwischen Lkw-Fernfahrern (↑*trucks*), die sich gegenseitig unterhalten u. vor der Polizei (↑*smokey bear*) warnen.

CBS, *Columbia Broadcasting System, Inc.* Früher reine Fernsehgesellschaft (↑*network*), heute eine Mediengesellschaft mit Tochtergesellschaften im Schallplatten- u. Unterhaltungsgeschäft mit über 200 Fernsehsendern u. über 400 angeschlossenen Radiosendern in USA.

CD. 1. *Compact Disc:* digitalisierte ‚Kompaktschallplatte', CD; 2. ↑*Certificate of Deposit.*

census. Volkszählung; wird alle 10 Jahre durch das *U.S. Census Bureau* (Bundesbehörde seit 1790) verfassungsgemäß zur Bestimmung der Wahlkreise (↑*precinct*) durchgeführt, die proportional zur Bevölkerung festgelegt werden müssen. Der c. hat darüber hinaus auch demoskopische Bedeutung; 1980 stellte man bes. eine Umschichtung von Norden nach Süden fest (↑*sun belt,* ↑*frost belt*).

centigrade. AE Bez. f. ‚Celsius', in USA gilt allerdings Fahrenheit (s. Anhang S. 254).

Central Park. Ein großer Park in der Mitte von ↑*Manhattan*, der wegen seiner Freiluftkonzerte bekannt ist; sollte nachts wegen der hohen Kriminalität gemieden werden.

CEO(s). Abk. für *Corporate Executive Officer(s);* typ. Bez. f. Wirtschaftsmanager.

cereals ['sɪərɪəlz]. Sammelbez. f. die Vielzahl von Frühstücks-Getreideflocken (aus Mais, Reis, Weizen, Hafer), die in USA seit deren Erfindung durch W. H. Kellogg u. C. W. Post (im 19. Jh.) entwickelt wurden. ↑*American breakfast.*

Certificates of Deposits (CDs). Depotscheine (ausgegeben von Banken). Banken besorgen sich so durch Verteilung von Anteilscheinen über die Börse Geld, da das normale Sparen höchstens mit 5¼% honoriert werden darf. (↑*Wirtschaft*).

certified mail. Neben ↑*registered mail* die preisgünstigere Art von Einschreiben, bei der das ausliefernde Postamt einen Beleg behält, nicht das Absender-Postamt; es gibt allerdings keine Versicherung bei Verlust.

chain. Kette; bes. der Zusammenschluß verschiedener Dienstleistungsbetriebe (Supermarkt, Schnellgaststätten, Medien), vgl. ↑*string.*

chancellor. ‚Kanzler', Rektor einer Universität o. eines College (↑*Hochschulverwaltung*).

chaser. Ugs. ein Schluck zum „Nachspülen" (z. B. Whisky auf Bier, Kaffee trinken).

check. 1. AE Schreibung für BE *cheque* ‚Scheck'. Persönliche Schecks werden außerhalb des Bankgebietes kaum, Euro-Schecks fast nie eingelöst (↑*Bankensystem*). Reiseschecks *(traveler's checks)* in $ US gelten jedoch meist wie Bargeld, weil sie abgesichert sind. Man kann sie auch mit der Kreditkarte (↑*credit card*) ausstellen lassen. 2. Rechnung im Restaurant (BE *bill*).

check-in. 1. Anmeldung im Hotel/ Motel (↑*motel*). Telefonische Voranmeldungen sollten vor 17.00/18.00 Uhr erfolgen, es sei denn, man hat mit Kreditkarte vorausgebucht. Die Abreise heißt entsprechend *check-out.* 2. Das „Einchecken" bzw. die Gepäckabfertigung im Flughafen.

check-out ↑check-in.

checks and balances. Gegenseitige Kontrolle der politischen Gewalten (Legislative, Exekutive, Jurisdiktion) zur Vermeidung von Machtmißbrauch – das Hauptprinzip der am. ↑*Verfassung*, die stärker als parlamentarische Verfassungen die Trennung von Legislative (↑*Congress*) u. Exekutive (↑*President*) betont.

cheerleaders. Einpeitscher, die die Fans zur Unterstützung des eigenen Teams anfeuern. Beim College-Sport (↑*college football*) sind dies meist Mädchen u. junge Männer, die akrobatische Kunststücke vorführen, bei Profispielen hübsche, kurzröckige Mädchen mit showähnlichen Darbietungen. Die Massen singen u. klatschen die Parolen mit, schreien „*Go, go, go*"!

Cherokee ['tʃerəkiː]. Die Ch. sind einer der ↑*five civilized tribes*, die 1838 im ↑*Trail of Tears* aus dem Südosten der USA (GA, NC, SC) nach Oklahoma vertrieben wurden; sie galten als zivilisiert wegen ihrer Friedfertigkeit u. fortschrittlichen Kultur. 1821 wurde von dem Ch. Sequoya auf der Basis des lateinischen Alphabets ein Silbenalphabet für die Ch.-Sprache entwickelt, mit dem eine eigene Zeitung veröffentlicht wurde (*Ch. alphabet).* S. Karte 6.

Cheyenne [ʃaɪ'æn]. Nomadische u. kriegerische Prärie-Indianer (↑*Plains Indians*), die nach 1860 in ständige Auseinandersetzung mit der US-Armee gerieten; es gelang ihnen zusammen mit den ↑*Sioux*, der Armee unter General Custer am ↑*Little Bighorn* eine Niederlage beizubringen, aber schließlich wurden sie ins Reservat nach Oklahoma vertrieben. S. Karte 6.

Chicago [ʃɪ'kɑːgoʊ]. Heute nur drittgrößte Stadt nach ↑*New York* u. ↑*L. A.;* abwertender Spitzname: *the Windy City* (wörtlich u. im Sinne von „Schaumschläger"). Verkehrszentrum der USA (↑*heartland*), bekannt wegen seiner Wolkenkratzer (den ersten überhaupt), seiner Schriftsteller (Dreiser, Sandburg, Bellow), der monetaristisch orientierten Wirtschaftsschule (*Chicago School,* ↑*monetarism*). C. war lange in Verruf wegen der politischen Korruption u. des Gangstertums *(*↑*machine politics,*

↑*racketeering*). Typisch f. C. ist einerseits die Mentalität des agrarischen ↑*Midwest*, andererseits gehört es aufgrund seiner Industrien zum ↑*rust belt* u. zu den mit wirtschaftlichen u. sozialen Problemen behafteten Großstädten des Nordostens (↑*inner city*).

Chicano [tʃɪ'kɑːnoʊ]. Amerikaner mexikanischer Abstammung. C. war ursprünglich ein abwertender Spitzname, abgeleitet vom häufigen Vornamen „*Chico*". Aber wie bei „*black*" wurde durch die stolze Identifizierung der mexikan. Amerikaner mit diesem Begriff – u. mit der mexikan. Kultur – eine positive Umwertung erzielt. Im 19. Jh. waren die C. die Mehrheit in den an Mexiko angrenzenden Staaten, von denen die meisten im ↑*Mexican War* (1848) hinzugewonnen wurden. Sie stellen auch heute die größte Minderheit in diesen Gebieten dar u. zusammen mit den anderen ↑*Latinos* nach den ↑*Schwarzen* die zweitgrößte Minderheit in USA überhaupt. Die Anzahl der C. wuchs v.a. in den letzten Jahren durch die vielen illegalen Einwanderer (3–6 Mill. ↑*undocumented immigrants*), denen allerdings durch ein Gesetz von 1987 die Arbeitsmöglichkeit erschwert wird (Arbeitgeber von „*illegals*" werden bestraft, aber „*illegals*", die vor 1982 kamen, erhalten Amnestie). Ebenfalls erschwert wird durch lokale Verordnungen der bilinguale Spanisch-Unterricht (↑*bilingualism*, ↑*English Only*). Als Erntearbeiter haben die C. unter ihrem Führer C. Chavez eine eigene Gewerkschaft aufbauen können, die meisten jedoch leben noch in den Slums von Los Angeles u. anderen Großstädten. Die mexikan. Küche (↑*Mexican-American food*) hat seit kurzem auch die Schnellgaststätten der Weißen erobert.

Chief Executive [...ɪg'zekjətɪv]. Bez. f. den US-Präsidenten, der praktisch allein die Verantwortung für die Exekutive (Durchführung von Gesetzen) hat (↑*President*).

Chief Joseph (1840–1904). Indianerhäuptling der Nez Perce, der sich mit seinem Volk gegen die Abschiebung in ein Reservat wehrte u. sich große Sympathien auch unter Weißen erwarb (↑*Indianer*, ↑*Persönlichkeiten in Geschichte u. Legende*).

Chief Justice. Vorsitzender Richter des Obersten Gerichts (↑*Supreme Court*), dessen Richter alle ↑*justice* heißen.

Chief Seattle [sɪ'ætl] (1786–1886) wurde berühmt durch seine Rede an den am. Präsidenten Peirce (1855) „Die Erde ist uns heilig" (Veröffentlichung 1887; vgl. ↑*Indianerreligionen*). C. S. war Häuptling der Suquamish u. Duquamish im heutigen Staat Washington.

child care. Kinderbetreuung. Die Mehrzahl der noch nicht schulpflichtigen Kinder wird zu Hause betreut (67%), häufig auch durch Hauspersonal. Ein neues Gesetz (*Family and Medical Leave Act*, 1993) erlaubt den Eltern einen Urlaub zur Betreuung der Kinder (↑*Familie*). Etwa ein Drittel der Kleinkinder wird in überwiegend privaten *day-care centers* betreut.

Chinatown. Chines. Viertel in ↑*San Francisco.* Die größte und faszinierendste der chinesischen Enklaven außerhalb Asiens, touristisches Zentrum, das für seine unverfälschte chinesische Küche und die einwöchige Neujahrsfeier bekannt ist.

Chinese food. Die chinesisch-amerikan. Küche lehnt sich eher an die schwerere Küche von Szechuan an als an die in Europa übliche kantonesische Küche. Bekannt ist der Brauch, dem Kunden ein *fortune cooky* zu überreichen (Oblate, mehrfach gefaltet mit eingelegtem Zettel, auf dem ein Glücksspruch [*fortune*] steht).

chips. 1. *pl* AE (Kartoffel-)Chips, nicht Pommes frites! (↑*Kartoffel*); 2. *sg* Spielmarke; 3. *sg* (Computer-) Chip.

Chisholm Trail. Berühmteste aller Viehtriebstrecken (*cattle drives;* ↑*Cowboy*) von Texas nach Abelene, Kansas (1600 km), wo die ↑*Longhorns* in die Eisenbahn zu den Schlachthöfen von ↑*Chicago* verladen wurden. Hauptperiode: 1867–1877.

chowder [tʃaʊdər]. Dicke Suppe aus Meeresfrüchten (↑*seafood*).

Christian Coalition. Christliche (katholische / protestantische / orthodoxe) fundamentalistische Vereinigung, gegenwärtig unter der Leitung des Predigers Pat Robertson, die ähnlich fundamentalistische Ziele in der am. Politik durchsetzen will wie die Bewegung ↑*Moral Majority*: Abschaffung der Abtreibung, Einführung des Schulgebetes; keine Aufwertung der Homosexualität u. des Feminismus. Die C.C. gibt sich jedoch moderater und bürgernah, weil sie nicht so sehr den Widerstand gegen allzu liberale Politik, sondern die Befürwortung einer familienfreundlichen Politik in den Vordergrund stellt.

Christian Science. Religiöse Bewegung, die überzeugt ist, daß der Glaube auch Krankheiten heilt u. deshalb keine Bluttransfusion zuläßt. Die Gerichte haben bis jetzt verneint, daß Eltern solche Glaubenssätze auch auf ihre kranken Kinder anwenden können, aber generell achten am. Gerichte das ↑*first amendment* (↑*Religionsfreiheit,* z. B. Ablehnung von Schulzwang, Eid, Militärdienst) mehr als andere Gesetze. ↑*Religionen,* ↑*utopian communities.*

Christmas Day. Da Weihnachten neben seinem religiösen Gehalt im Land der Trennung von Staat u. Kirche auch weltliche Züge hat, wird es als nationaler Feiertag akzeptiert: Am Morgen des Weihnachtstages werden die Geschenke aufgemacht, die ↑*Santa Claus* während der Nacht (durch den Kamin) gebracht hat. Vor Weihnachten werden Weihnachtsbäume aufgestellt, *Christmas cookies* gebakken, viele Weihnachtskarten geschrieben. Das *Christmas dinner* (häufig Truthahn oder Schinken) ist nicht so festgelegt wie an ↑*Thanksgiving.* Am 26. Dez. (kein Feiertag) gibt es in den Läden viele Sonderangebote, Geschenke werden umgetauscht.

chuck steak ↑steak.

chuck wagon. 1. Im am. Westen Proviantwagen für Cowboys u. Farmarbeiter; 2. Hinweis auf ein Restaurant mit Buffet (u. a. Salate), wo man zu einem festen Preis soviel essen kann, wie man mag; gleichbedeutend mit den Hinweisen „*Smorgasbord*" o. „*All you can eat*".

CIA, *Central Intelligence Agency.* Bundesnachrichtendienst, dessen Aufgabe es ist, im Ausland Informationen zu sammeln, die inneram. Nachrichten zu koordinieren u. den Präsidenten zur nationalen Sicherheit zu beraten. Die 1947 gegründete Behörde wurde wegen der mißlungenen U-2-Satellitenaufklärung über der Sowjetunion (1960) u. der Bay of Pigs-Invasion gegen Cuba (1961) auch in USA kritisiert. Sie geriet in den 70er Jahren besonders wegen Spionage gegen US-Bürger im eigenen Land unter Beschuß, wurde 1975 neu organisiert, war aber 1986 erneut in illegale Geldverschiebung in der ↑*Iran-Contra-Affäre* verwickelt. *Langley,* ihre große Forschungszentrale, steht oft als Bez. für die CIA. ↑*FBI.*

circuit court. Berufungsinstanz bei Bundesgerichten. Das Land wird grenzüberschreitend in 11 U.S. c. c. eingeteilt mit insgesamt 94 ↑*district courts* (Bezirksgerichten).

citizenship. Staatsbürgerschaft; im Gegensatz zu *nationality* (Volkszugehörigkeit) die juristische Erfassung der Staatsbürger. U.S. c. liegt vor, 1. wenn jemand auf am. Boden (auch Schiffen) geboren ist; 2. wenn zumindest ein Elternteil Amerikaner ist u. in USA wohnt o. wenn er/sie selbst zwischen dem 13. u. 21. Lebensjahr fünf Jahre lang in USA gelebt hat; 3. wenn eine Einbürgerung stattgefunden hat (↑*naturalization*): „*naturalized citizen*".

city. Stadt; neben ↑*town,* ↑*township* die juristische Untereinheit der ↑*county* (Kreis). Das ‚Parlament' des jeweiligen Bundesstaates *(state legislature)* legt fest, wann sich eine mittlere Gemeinde eine Stadtverfassung (↑*city charter*) geben kann. Diese kann verschiedene Regierungsformen (↑*city government*) vorsehen. Es gibt aber keine zusätzlichen Rechte wie in England.

Die *big cities* (Großstädte) haben heute vielfach Probleme mit den Innenstädten (Ghettos im Zentrum). Die Industrie zieht aus den c. (↑*frost belt*) u. wegen ihrer finanziellen Benachteiligung gegenüber den Vorstädten (↑*suburbs*) an den Stadtrand o. gleich in den Süden, wo Energiekosten u. Löhne niedriger liegen (↑*sun belt*). Die am. c. ist besonders gekennzeichnet durch ihr stereotypes Stadtbild ohne Zentrum, mit schachbrettartiger Anlage (↑*grid pattern*) u. dem Vorherrschen der überall gleichen Warenhäuser, Tankstellen usw., aber auch durch die *skyline* u. ihre Wolkenkratzer ↑*boroughs,* ↑*metropolis,* ↑*SMSA.*

city charter. Die individuelle Stadtverfassung einer ↑*city,* die durch den jeweiligen Staat genehmigt wird. Sie legt die Regierungsform (↑*city government*) fest.

city government. Es gibt verschiedene Arten von Stadtverwaltungen für am. Städte: 1. Das *mayor/city council government* ist der Regierungsform des Bundes ähnlich: Exekutive: *mayor* Bürgermeister (entspr. ↑*President*); Legislative: *city council* Stadtrat (entspr. ↑*Congress*), wobei es noch einen „starken" *mayor* (kann Abteilungschefs ernennen) u. einen „schwachen" gibt. 2. Beim *council-manager plan* steht ein Geschäftsführer an der Spitze, der dem *city council* verantwortlich ist u. wie in einem Großunternehmen jederzeit eingestellt u. entlassen werden kann. Ein zusätzlicher *„mayor"* hat zeremonielle Aufgaben. Der Manager muß sich aus der Politik heraushalten. 3. Der ↑*commission plan*: Legislative u. Exekutive sind in einer Körperschaft; ca. 5 *commissioners* werden für die einzelnen städtischen Abteilungen *(departments)* gewählt (Polizei, Finanzen etc.), von denen jeder für seine Abteilung verantwortlich ist, die aber Verordnungen nur als Körperschaft beschließen. Sie gehören z.T. unterschiedlichen politischen Parteien an.

civil disobedience. Ziviler Ungehorsam, Widerstand gegen die Staatsgewalt. Die absichtliche Verletzung von Gesetzen, die auf eine Ungerechtigkeit aufmerksam machen will, hat in USA eine feste Tradition. Sie geht auf die Haltung u. die Ideen von H. D. Thoreau zurück (bes. sein Buch *„On Civil Disobedience"*, 1849), der selbst wegen Steuerverweigerung aus Protest gegen den ↑*Mexican War* ins Gefängnis ging. Die Tradition wurde von so verschiedenen Gruppen wie den ↑*suffragettes*, der Bürgerrechtsbewegung (↑*civil rights*) u. den Vietnamkriegsgegnern fortgesetzt. Die staatliche Autorität wird in USA nicht so absolut gesehen wie in Europa, wie die mutigen Aufdeckungsaktionen zum Fehlverhalten von Staatsorganen (↑*Watergate*, ↑*Iran-Contra-Affäre*) beweisen. Man kann umgekehrt mit dem Staat auch verhandeln, z.B. vor Gericht durch ↑*plea bargaining*.

civil rights. Bürgerrechte, wie sie in der ↑*Bill of Rights* (Grundrechte) festgelegt sind, die den einzelnen vor staatlicher Willkür o. vor Diskriminierung schützen. Sie wurden in USA f. ↑*Minderheiten* erst im 20. Jh. bes. in den 50er u. 60er Jahren verwirklicht (↑*Bürgerrechtsgesetzgebung*).

civil service. Staatsdienst (Richter, gewählte o. polit. Beamte, keine Militärs), d.h. alle öffentlichen Angestellten, die aufgrund von Eignungsprüfungen ihre Qualifikation für ein Amt nachgewiesen haben (bei Bund, Einzelstaat, Gemeinde). Der umfassendere Begriff lautet *Public Service*, er schließt auch „gemeinnützige" Unternehmen mit ein. Den c. s. mit Eingangstest gibt es erst seit 1883 *(Pendleton Act)*. Zuvor wurden öffentliche Ämter einfach an polit. Freunde für deren Wahlhilfe verteilt; dieses „Beutesystem" *(spoils system)* war 1828 sogar offiziell von Präsident A. Jackson eingeführt worden. Die Ämterpatronage hat auch im 20. Jh. noch zur Beherrschung ganzer Großstädte durch bestimmte Parteiapparate geführt (↑*machine politics*); sie gilt heute immer noch für eine Vielzahl polit. Ämter: bei einem Präsidentenwechsel z.B. findet bei ca. 5000 Positionen (↑*plum book*), vom Minister bis zur Sekretärin, ein Ämtertausch statt.

Civil War. Bürgerkrieg, in den Südstaaten als „*War Between the States*" bekannt (1861–1865). Die 11 sklavenhaltenden Südstaaten, die in mehreren Kompromissen (↑*Missouri Compromise*) mit den Nordstaaten ein Gleichgewicht in der Sklavenfrage vereinbart hatten, traten schließlich 1860 aus der Union aus in der Befürchtung, der agrarische Süden würde durch die Politik der Sklavenabschaffung des industrialisierten Nordens wirtschaftlich unfähig. Präsident Lincoln u. dem Norden ging es v.a. um die Erhaltung der Union, die nun durch die Schaffung der ↑*Confederate States of America* gespalten war. Der blutige Krieg (600000 Tote) endete mit der bedingungslosen Kapitulation des Südens, er brachte den Untergang der südstaatlich-aristokratischen Kultur auf den Plantagen (↑*ante-bellum mansion*), die Sklavenbefreiung (↑*Emancipation Proclamation*), die Besetzung des Südens (↑*scalawags*, ↑*carpetbaggers*), der sich nur langsam in der ↑*Reconstruction*-Periode wieder erholte. Die „freien" Schwarzen wurden weiterhin unterdrückt (↑*Jim Crow laws*) u. verarmten noch mehr. Die Vorrangstellung des Bundes gegenüber den Einzelstaaten (↑*states' rights*) war jedoch endgültig etabliert.

clambake ['klæmbeɪk]. Heute allg. Picknick (am Strand, wie ↑*cookout*), urspr. ein Picknick, bei dem *clams* (Muscheln) o. *lobster* (Hummer) u. *corn* (Mais) auf Steinen im Boden gebacken werden. Bekannt ist das *Field Day and Clam Bake*-Fest in Rhode Island im August, das auch Wettkämpfe mit einschließt. ↑*Volksfeste.*

clapboard (house). Mit Schindeln verkleidetes Haus. Da die Am. häufig ihre Häuser aus Holz bauen (↑*frame houses*), werden diese zusätzlich nach außen verkleidet, mit rötlichen Ziegeln o. Schindeln. ↑*Baustile.*

class. Die meisten Amerikaner stufen sich selbst als „*middle class*" ein, aber eigentlich gibt es in USA kein Klassensystem im Sinne einer vorgegebenen u. bleibenden Zuordnung einer Person zu einer bestimmten Schicht, die Gesellschaft war schon durch die Erfahrung der Grenzerzeit von Mobilität geprägt. Die Möglichkeit des Aufstiegs gehört zum am. Traum, es existieren keine institutionellen Barrieren. Trotzdem gibt es Gruppen u. Schichten (↑*Gesellschaft*), v. a. Unterprivilegierte (↑*underclass*), denen die gesetzliche Gleichheit noch nichts gebracht hat; ethnische Gruppierungen mit festen Wohngebieten lösen sich immer mehr auf (↑*melting pot*), wirtschaftliche Faktoren werden wichtiger. Man zieht um, z.B. in einen Bezirk mit „besseren" Schulen (↑*school district*), wenn man einen Job mit höherem Prestige bekommt.

Clinton, William J. (Bill) (geb. 1946). Der Gouverneur von Arkansas (Mitglied der ↑*Democratic Party*) wurde 1992 trotz einer Frauenaffäre zum US-Präsidenten gewählt, weil er die Wähler mit seinen Plänen zugunsten der Unter- u. Mittelschicht beeindruckte. 1994 verlor er jedoch die

Mehrheit des Kongresses an die konservative ↑*Republican Party.* Dadurch wird seine außenpolitische Unterstützung von UNO-Einsätzen u. Rußland in Frage gestellt, innenpolitisch deutet sich eine Verschiebung von staatlichen zu privaten Maßnahmen u. zu Kürzungen im Haushalt an. Die ↑*First Lady,* Hilary Clinton, eine Rechtsanwältin, war mit dem (gescheiterten) Projekt einer nationalen ↑*Krankenversicherung* betraut.

cloakroom talk. „Gespräch" im Garderoberaum (bes. des ↑*Congress*), gleichbedeutend mit Lobbyismus (↑*lobbyism*).

closed shop. Gewerkschaftsbeitrittspflicht für einen Betrieb; wurde in USA 1947 durch die *Taft-Hartley Act* im zwischenstaatlichen Handel (=Zuständigkeit der Bundesregierung) verboten. Heute sind im Durchschnitt nur noch 25 % der Arbeitnehmer Gewerkschaftsmitglieder. Erlaubt ist jedoch der ↑*union shop* (Gewerkschaftspflicht f. Neueingestellte). ↑*Gewerkschaften.*

cloture ['kloʊtʃər]. AE f. *closure* Abschluß; polit.: (Antrag auf) Debattenschluß.

club car. Salonwagen, luxuriös eingerichteter Eisenbahnwagen mit Sesseln, Tischen, Büfett. ↑*parlor car,* ↑*coach car.*

clubs. Die *social c.,* Gesellschaftsclubs, sind bisher meist Männerclubs wie der *Bohemian Club* o. *Century Club,* denen die führenden Politiker u. Manager in den USA angehören, die in der Informalität der c. Geschäfte anbahnen u. polit. Entscheidungen planen. Wegen dieses enormen gesellschaftlichen Einflusses der c. hat das Oberste Gericht 1988 den Ausschluß von Frauen für rechtswidrig erklärt. Als letzte männliche Domäne bleiben noch einige wenige exklusivere ↑*country clubs* bzw. *golf clubs,* andererseits nehmen gleichzeitig die traditionellen elitären Frauenclubs der besseren ↑*Gesellschaft* immer mehr ab. Ein festes Vereinswesen (e.V.) gibt es in den USA nicht. Die meisten der allg. c. sind eher informelle Vereinigungen, z.B. „parents-without-partners" (Alleinerziehende).

CNN, *Cable News Network.* Ein Kabelfernsehprogramm, das sich auf Nachrichten spezialisiert hat u. international zum größten Programm dieser Art geworden ist. Es wurde 1980 von Ted Turner in Atlanta, GA gegründet.

c/o, *care of, at the address of.* In Briefanschriften: ‚zu Händen von' (z.Hd.), auch ‚bei'.

coach car. *Coach* ist im AE die Bez. f. die niedrigste Tarifgruppe im Eisenbahn- u. Flugverkehr; c. c. ist also billiger als ↑*club car* o. ↑*parlor car*; im Flugzeug entspricht ↑*air coach* o. ↑*economy* der Touristenklasse im Gegensatz zu *first class.*

Cochise [koʊ'tʃiːs] (ca. 1815–1874). Apatschenhäuptling, der sich 10 Jahre in den Bergen von Arizona gegen US-Soldaten verteidigte, bis er 1871 bereitwillig ins Reservat ging.

cocktail party. Stehparty, meist zwischen 17.00 u. 19.00 Uhr, bei der ↑*cocktails* gereicht werden.

cocktails. 1. Appetitanregende Vorspeisen *(appetizers)* aus einer Mischung von Meeresfrüchten u./o. verschiedenen Fruchtsorten *(fruit c.)*. 2. Kühle Mischgetränke aus Spirituosen, Säften u. Geschmackszutaten; sie sind viel beliebter als in Europa u. werden als Aperitif o. als *drinks* auf Parties gereicht. Es gibt Hunderte von Variationen u. Namen.

Die bekanntesten sind wohl: *highball* (jede Mischung aus Spirituose und Soda), *Manhattan* (Wermut u. Whisky), *martini* (Gin u. Wermut; *„dry" martini* etwa ¾ Gin; beliebtester Cocktail); *mint julep* ['dʒuːləp] (Bourbon, Bitter, Zucker, Zitrone), *screwdriver* (Wodka, Orangensaft), ↑*whiskey sour* (Bourbon, Zitrone, Zucker), *Old Fashioned* (Whisky, Bitter, Wasser, Zucker), *Tom Collins* (Gin, Zitronensaft, Soda; beliebt im Sommer), *daiquiri* ['dækəriː/'dai...] (Rum, Limonensaft, Zitrone, Zucker; Name nach kubanischer Stadt), *Bloody Mary* (Tomatensaft, Zitrone, Tabasco, Wodka, Salz). ↑*liquor.*

C.O.D., *cash on delivery.* „per Nachnahme".

coed, a ~ ['koʊed]. Aus *coeducational school* ‚gemischte Schule'; im AE Bez. f. Studentin im *college* (↑*undergraduate*) o. auch *high-school*-Schülerin.

coffee cake. Süßes Rosinenbrot, -kuchen, wird mit Kaffee zum Frühstück gegessen (↑*American breakfast*).

coffee shops. Restaurants, nicht so anspruchsvoll wie die internationalen Restaurants, sondern mehr auf der Ebene der ↑*family restaurants* o. ↑*fast food chains*, oft nur mit Eßbar ausgestattet, aber immer mit einer gewissen Speisenauswahl, z.T. auch mit Alkoholausschank.

coke. 1. Ugs. Abk. f. Coca-Cola; 2. ugs. Abk. f. *cocain*, das reine Kokain im Gegesatz zu ↑*crack (*↑*Drogen*).

cold duck. „Kalte Ente", Mischgetränk aus rotem u. weißem Schaumwein.

cold war. Kalter Krieg; Periode der Spannungen zwischen Ost u. West nach dem 2. Weltkrieg (bes. 1947–1962), in der die Supermächte mit ihren Alliierten immer kurz vor einem offenen Krieg standen (Berlinkrise 1948–1949, Ungarnaufstand 1956, Kubakrise 1962, ↑*containment*). Die Bemühungen um ↑*detente* lösten die Spannungen in den 60er u. 70er Jahren. In den 80er Jahren verschärfte sich die Situation zunächst durch die sowjetische Aufrüstung, die zum NATO-Doppelbeschluß u. zur Stationierung neuer Raketen führte. Reagan sprach von der Sowjetunion als dem *„evil empire"*. Die Wende kam mit Gorbatschow, der 1987 den ↑*INF*-Vertrag unterzeichnete, 1989 die Loslösung der osteuropäischen Staaten von der UdSSR zuließ (Öffnung der Mauer in Berlin, Vereinigung Deutschlands) u. 1991 die Sowjetunion selbst auflöste. Damit war der Kalte Krieg zu Ende. ↑*Geschichte.*

collect call. ‚R-Gespräch' (↑*Telefon*).

college. Bez. f. die gewöhnlich 4jährige Hochschulausbildung, die sich an die Sekundarschule anschließt u. zum ↑*bachelor's degree* führt; ferner die Institution für diese Ausbildung selbst. Im allg. Sprachgebrauch entspricht *I'm going to c.* dt. ‚Ich gehe auf die Uni' (↑*university*). C. ist der ältere Begriff (mit England gemeinsam) u. bezieht sich auf den großen Teil an Allgemeinbildung, der nach mittelalterlicher Tradition noch in dieser tertiären Institution gelehrt wird (↑*liberal arts c.*), während *„university"* spezialisiertes u. forschungsorientiertes Studium mit einschließt (Tradition des 19. Jh.). Die c. mit zweijährigem Bildungsangebot heißen meist ↑*community c.*, ↑*junior c.* Zu den elitären c. zählen die ↑*seven sisters* u. die College-Abteilungen der *ivy-league*-Universitäten (↑*Elite-Hochschulen*), die wie viele ältere c. durch den Aufbau einer ↑*graduate school* zu Universitäten wurden. – C. kann auch die Bez. f. eine spezielle Fakultät bzw. einen Fachbereich sein, z. B. *C. of Agriculture*, wofür gewöhnlich das Wort ↑*school* (z. B. *Law School*) steht.

college football. Am. ↑*football*, wie er von College-Teams mit eigenen Hochschul-Ligen gespielt wird. Die Hochschulspiele erregen in USA nationales Interesse u. werden durch showähnliche Einlagen zusätzlich interessant gemacht (hübsche ↑*cheerleaders, marching bands* ‚Blaskapellen'). Häufig werden Studenten trotz mäßiger Leistungen im Studium an Universitäten mit hohem akademischem Niveau aufgenommen, wenn sie den nationalen Ruf der Hochschule durch ihre sportlichen Fähigkeiten fördern können. Sie bekommen dann spezielle Stipendien *(scholarships).*

colonial *adj.* 1. Bez. f. die Kolonialperiode bis zur Unabhängigkeit; 2. Baustil (Möbel u. Bauten), der im 18. Jh. vor dem Unabhängigkeitskrieg typisch war, bes. das rechteckige, um einen gemauerten Kamin herumgebaute Holzhaus.

Colorado River. Fluß, der über Millionen von Jahren den ↑*Grand Canyon* geschaffen hat. Heute auch Wasserquelle für den Südwesten, einschließlich ↑*L. A.*

Columbus Day [kə'lʌmbəs...]. Nationalfeiertag zu Ehren von Christoph Columbus, dem offiziellen Entdecker Amerikas (1492, ↑*Entdekkung Amerikas*). Staatlicher ↑*Feiertag* in vielen Bundesstaaten; seit 1971 wie ↑*Washington's Birthday* u. ↑*Memorial Day* auf einen Montag verlegt (2. Montag im Okt.), besteht aber eigentlich schon seit 1792. Der Feiertag wird auch in manchen Staaten als *Discovery Day* oder *Pioneers Day* gefeiert, um die Erschließung Amerikas nicht nur auf Columbus zu beschränken. Der 500. Jahrestag der Entdekkung Amerikas verursachte eine öffentliche Auseinandersetzung über deren Folgen, unter denen bes. die Ausbeutung der ↑*Indianer* durch die Weißen hervorgehoben wird. In den neueren Schulbüchern wird seither viel ausführlicher über die amerikanische Welt vor Columbus unterrichtet.

↑*multiculturalism;* ↑*America,* ↑*Feiertage.*

colt. Ein Trommelrevolver *(six-shooter),* der um 1836 von Samuel Colt erfunden u. schnell zur typischen Waffe des Wilden Westens wurde. ↑*Cowboy.*

column ['kɑləm]. Kolumne o. Zeitungskommentar, der immer an der gleichen Stelle erscheint u. meist durch ein Syndikat (↑*syndicate*) an verschiedene ↑*Zeitungen* vertrieben wird. Die c. kann im Gegensatz zum lokalen Leitartikel (↑*editorial*) die verschiedensten Themen des Alltags u. der Politik locker (oft in Gesprächsform) behandeln. Auf der *opinion-page* (↑*op-ed page*) stehen gleichzeitig die verschiedensten, oft sich widersprechenden c., eine sicherlich nachahmenswerte Sache.

columnist ['kɑləm(n)ɪst]. Autor einer Zeitungskolumne (↑*column*), Kolumnist, der regelmäßig, meist aus Washington, kommentiert.

Comanche [kə'mæntʃi]. Ein nomadischer Indianerstamm, der um 1860 die südliche Prärie beherrschte. Die C. waren die besten u. gefürchtetsten Reiter. Nach 1870 wurden sie in das Reservat in Oklahoma vertrieben. S. Karte 6.

comic strip ↑comics, ↑cartoon.

comics *pl.* Von *comic (strip)*; ‚Comics'; Bildergeschichten mit Sprechblasen als Monatshefte *(comic book)* o. als *strips* (schmale Streifen von kurzen Bilderfortsetzungsgeschichten) in der Zeitung (auch ↑*funnies* genannt). Die Abenteuerhefte („Superman", „Batman") sind heute noch so beliebt wie bei ihrem Erscheinen in den 30er Jahren, die Helden sind etwas menschlicher geworden. Die c. sind ein wesentlicher Teil jeder Zeitung. Sie haben sich aus den europäischen satirischen Karikaturen (↑*cartoon*) entwickelt, aber der Inhalt ist in USA fast unbegrenzt (Horror, Abenteuer, Alltagsgeschichten, Humor, Sex, Religion, Science-fiction). ↑*Literatur.*

commander-in-chief. Oberbefehlshaber der Streitkräfte, in USA der Präsident selbst (↑*President*).

commencement [kə'mensmənt]. Abschlußfeier an ↑*high school* bzw. ↑*college/university* für die Absolventen (in Universitätstracht: *gowns and caps*) mit Abschiedsreden (↑*valedictorian*), Diplom-Austeilung u. großen Bällen (↑*proms*). Das Wort c. mit seiner an sich entgegengesetzten Grundbedeutung ‚Anfang' bezieht sich wohl auf den Beginn einer neuen Lebensstufe.

commercial (spot). Werbe-Spot. Bezieht sich auf die in allen Fernsehsendungen (alle 10–15 Minuten) eingeblendeten Werbesendungen („*message from our* ↑*sponsor*"), die Produktion der Fernsehsendungen ist meist zeitlich u. auch inhaltlich (mit Höhepunkt *nach* dem Spot!) auf die *commercials* zugeschnitten. Der Begriff c. meint auch das am. Fernsehen u. Radio überhaupt, weil es kommerziell, auf privaten Profit ausgerichtet ist. Daneben gibt es jedoch ↑*public broadcasting* ohne Werbung.

commission. Kommission. Es gibt eine Reihe von c., die als unabhängige Behörden an die Exekutive (d.h. Präsidentenamt) angeschlossen sind u. weitreichende Funktionen ausüben, bes. die Kontrolle der privat geführten, aber für die Öffentlichkeit wichtigen Wirtschaftsfunktionen. Handel u. Verkehr: ↑*Interstate Commerce Commission (ICC)*; Medien: *Federal Communications Commissions (FCC)*, die von sich aus 1987 die ↑*fairness doctrine* (Recht auf Gegendarstellung) im Medienbereich abschaffte; Börse: *Securities and Exchange Commission (SEC)*, die 1986 das sog. ↑*insider trading* aufdeckte; Luftfahrt: *Civil Aeronautics Board (CAB)*, das z.B. die ↑*deregulation* durchführte.

commission plan ↑city government.

committee. Die ‚Ausschüsse' des ↑*Congress* üben bei der Gesetzgebung großen Einfluß aus. Der Vorsitzende – bisher nach dem „Dienstalter" (↑*seniority rule*) als Abgeordneter gewählt u. meist konservativer Politiker – kann Gesetzesvorlagen behandeln lassen o. auch nicht. Neben den ständigen Ausschüssen gibt es die Sonderausschüsse, unter denen die Senatsausschüsse durch ihre überparteiliche Untersuchung von Regierungsskandalen (↑*Watergate*, ↑*Iran-Contra-Affäre*) internationale Anerkennung genießen (im Gegensatz z.B. zu den eher parteipolitisch orientierten deutschen Bundestagssonderausschüssen). Weniger Ruhm haben sich die politisch orientierten Unterausschüsse während der McCarthy-Periode (↑*McCarthyism*) mit ihrer Hetze gegen Liberale, Linke u. Kommunisten erworben: ↑*HUAC* u. *Senate Committee on Government Activities.*

common pleas. Zivilrechtliche Klagen (Prozesse); sie werden in den normalen ↑*trial courts*, bei kleineren Angelegenheiten auch durch die ↑*magistrate courts*, ↑*traffic courts* o. den ↑*JP* verhandelt.

common stock. Stamm-Aktie; Gewinnverteilung erfolgt erst an die Vorzugs-Aktien (↑*preferred stock*), aber da deren Rate schon beim Kauf fixiert ist, kann die Stamm-Aktie bei höherem Gewinn mehr Geld erzielen.

commonwealth. Offizieller Namensbestandteil (i.S.v. ‚Gemeinwesen') bei einigen Bundesstaaten, z.B. *C. of Pennsylvania* (ebenso Virginia, Kentucky) statt *State of P.* (ohne inhaltliche Unterschiede); ferner Zusatz bei einigen US-Territorien, die noch nicht die Anerkennung als Bundesstaat (↑*statehood*) haben, z.B. *C. of Puerto Rico* (↑*United States of America*).

Communications Act. Gesetz von 1934, das die neuen Medien (außer Zeitung) regelt u. eine Bundesbehörde, die *FCC* (↑*commission*), zur Aufsicht schuf. ↑*fairness doctrine.*

Communist Party, US ~. Die Kommunistische Partei ist offiziell erlaubt, aber völlig unbedeutend. Schon 1919 gab es 2 sowjetisch ausgerichtete kommunist. Parteien, aber das Land wurde von einer panischen Furcht vor den „Roten" beherrscht, *(Red scare)*, die sich gegen alles Radikale u. v. a. gegen Ausländer richtete, was trotz mangelnder Beweise zur Hinrichtung der Anarchisten Sacco u. Vanzetti als Mörder führte. Der Zusammenschluß der beiden Parteien zur C. P. (1929) ließ sie während der ↑*Depression* erstarken, bes. auch durch die Unterstützung vieler Schriftsteller u. Intellektueller; sie verlor aufgrund des Hitler-Stalin-Pakts an Gefolgschaft u. wurde während des ↑*McCarthyism* (1954) auch gesetzlich unterdrückt (↑*cold war*), kann sich jedoch seit 1966 wieder offen betätigen ↑*leftists*.

community college. Zweijährige öffentliche Hochschule, die das Programm der ersten 2 Jahre des vierjährigen ↑*college* (↑*Hochschulen*) anbietet, aber daneben auch zu einem Abschluß *(associate's degree)* führende technische u. berufsbezogene Ausbildungsgänge, meist auf die örtliche Bevölkerung abgestimmt (keine Wohnheime, minimale Gebühren).

compact car ↑car size.

condo(minium) ['kɑndoʊ] ↑apartment, ↑home.

Coney Island. Teil des New Yorker Stadtteils ↑*Brooklyn*, der als Badestrand und Vergnügungszentrum bekannt ist. ↑*Long Island*.

Confederacy [kən'fedərəsɪ] ↑Confederate States of America.

Confederate [kən'fedərət/-drət] **States of America,** auch *Confederacy*. Name der Republik der Südstaaten, die sich 1860/61 von der Union der USA lossagten, was dann zum Bürgerkrieg (↑*Civil War*) führte: South Carolina, Mississippi, Florida, Alabama, Georgia, Louisiana, Texas, Virginia, Arkansas, North Carolina, Tennessee. Aufständische aus Kentucky u. Missouri bildeten Exilregierungen (obwohl die Regierung dieser Staaten bei der Union blieb), so daß meist von 13 C. St. gesprochen wird.

Confederation ['kənfedə'reɪʃən] ↑Articles of Confederation.

Conference. Liga/Verband im professionellen ↑*football* u. ↑*soccer*.

conglomeration. Bez. f. die Konzentration v. a. im Medienbereich von Zeitungen, Radio- u. TV-Sendern im Besitz einer Gesellschaft, vgl. z. B. ↑*CBS*. o. *Time*. Über ein Drittel aller Zeitungsauflagen ist im Besitz von 10 Verlegern. ↑*string*, ↑*chain*.

Congregationalists. Protestantische Kirche, die sich 1957 in *United Church of Christ* umbenannte. ↑*Protestantische Tradition*, ↑*WASP*.

Congress ['kɑŋgrəs]. Der Kongreß ist oberstes gesetzgebendes Organ der USA, bestehend aus 2 Kammern, dem ↑*House (of Representatives)* ‚Repräsentantenhaus' u. dem ↑*Senate*. In USA wird das Wort Parlament vermieden, weil die Regierung (↑*President*) nicht von der Legislative, dem C., abgesetzt werden kann, auch nicht durch einen Mißtrauensantrag. Die einzelnen Mitglieder der beiden Kammern des C. gehören zwar zu einer der großen Parteien, es gibt jedoch wechselnde Mehrheiten u. keinen Fraktionszwang; selbst die

Abgeordneten der Partei des Präsidenten fühlen sich bei Abstimmungen eher ihren lokalen Anhängern u. Interessen als dem Präsidenten verpflichtet. Eine viel schwierigere Aufgabe als der jeweilige Fraktionsführer (*floor leader*) hat daher sein offiz. Stellvertreter, der „Einpeitscher" (*whip*). Gesetzesvorlagen müssen in beiden Kammern gebilligt werden, bevor sie an den Präsidenten weitergegeben werden können. ↑*Demokratie*, ↑*Parteien*, ↑*committee*, ↑*checks and balances*.

Congressional Medal of Honor. Die höchste militärische Ehrenmedaille für Soldaten, die im Kampf besonderen Mut bewiesen.

congressman/congresswoman. Abgeordnete im ↑*House* (*of Representatives*).

conservative. ‚Konservativ' bez. nicht eine Partei, sondern eine politische Einstellung, nach der die Regierung sich nicht zu sehr in die Belange der einzelnen Bürger einmischen u. keine aktive Rolle zur Eingliederung o. gar kompensatorischen Bevorzugung von wirtschaftlich u. sozial Benachteiligten (z.B. Minderheiten) übernehmen soll. Konservative Politiker findet man vor allem im Süden (↑*Republican Party* wie ↑*Democratic Party*) u. Westen (↑*sunbelt*). Der Gegenbegriff ist ↑*liberal*. ↑*Demokratie*.

Constitution ↑Verfassung.

consumer protection. Verbraucherschutz. Die USA ist heute bekannt als das Land mit den striktesten Abgas- u. Sicherheitsregelungen für Autos (*Products Safety Act*, 1972, *Truth in Lending Act*, 1968); strenge Kontrollen erfolgen bei Nahrungsmitteln durch die *National Food and Drug Administration*. Die Verbraucher verdanken viele Änderungen den Nachforschungen von einzelnen wie Ralph ↑*Nader* sowie dem Wettbewerb in der Berichterstattung (*Consumer Reports*, ↑*investigative journalism*).

containment, (policy of ~). Eindämmungspolitik, die die USA nach 1947 dem Kommunismus gegenüber überall in der Welt verfolgte; sie trug mit zur Atmosphäre des Kalten Krieges bei (↑*cold war*).

contempt of court. Mißachtung des Gerichts. Gerichte, auch ↑*JPs*, verhängen c. c. wegen vorsätzlichen Nichterscheinens, Aussageverweigerung als Zeuge, ungebührlichen Verhaltens vor Gericht etc.

continental breakfast. Europäisches Frühstück (Kaffee mit Brötchen) im Gegensatz zum ↑*American breakfast*.

Continental Congress ↑e pluribus unum.

convention. Polit.: Parteiversammlung. Die *national c.*, der Parteitag, auf dem der Präsidentschaftskandidat gewählt u. über das Wahlprogramm (↑*platform*) abgestimmt wird, findet alle 4 Jahre unter großem Aufwand bei beiden Parteien statt. ↑*unit rule*, ↑*Wahlen*, ↑*primary*.

cookie. Von holländ. *koekje*. Keks, Plätzchen (salzig o. süß), z.B. die bekannten *chocolate chip c.;* entspr. BE *biscuit.*

cookout. Grillparty, Kochen am Lagerfeuer, auch als ↑*barbecue* (für Steak, Fleisch) o. ↑*clambake* (Picknick am Strand) bekannt. Essen im Freien ist allg. sehr beliebt, bes. im Westen; auch als *potluck* (‚aufs Geratewohl'): man ißt, was jeder gerade mitbringt.

coon. Kurz f. *raccoon* ‚Waschbär'; Schimpfwort für Schwarze (↑*nigger*).

Copland, Aaron. (1900–1990). Komponist, der klassische Musik mit Jazz u. Volksmusik verband („Appalachian Spring", „The Tender Land").

CORE [kɔːr], *Congress of Racial Equality.* Schwarze Bürgerrechtsgruppe, die 1942 entstand, aber erst während der 60er Jahre Bedeutung gewann (↑*civil rights*).

corn (BE *maize*). Mais wuchs überall in der neuen Welt; wurde von dort nach Europa gebracht. Wichtiges Anbaugebiet in USA ist der *corn/soy belt* im mittleren Westen (↑*Landwirtschaft*). Viele am. Speisen werden aus Mais hergestellt: ↑*cereals, hominy grits* (Maisgrütze), verschiedene Arten von Maisbrot (*corn bread*), *corn cake, corn muffin, corn dodger* (hart gebacken), *corn pone* (einfaches Maisbrot in den Südstaaten). ↑*Brot u. Gebäck.*

corn/soy belt. Mais-Soja-Anbauzone (↑*Landwirtschaft*).

corpocracy. Zusammensetzung aus *corporation* (Konzern) u. *bureaucracy,* also etwa ‚Schwerfälligkeit von Konzernen'. Diese c. erschwert es den Großfirmen, im High-Tech-Zeitalter wettbewerbsfähig zu bleiben; anpassungsfähiger ist der am. ↑*entrepreneur* (Einzel/Familien-Unternehmer).

corporation. Kapitalgesellschaft, Aktiengesellschaft, Abk. ↑*Inc.*

Cosa Nostra. Der am. Zweig der italienischen ↑*Mafia (*↑*racketeering).*

cotton belt. Gürtel der Baumwoll-Monokulturen; heute nur noch historisch zusammenhängend: Südstaaten südlich von North Carolina bis Texas. Baumwolle wurde im 18. Jh. in dieses Gebiet gebracht, dann auf den Plantagen nach Erfindung der *cotton gin* ‚Entkörnungsmaschine' durch den Einsatz von Negersklaven verbreitet. Heute ist Soja die Hauptkultur in diesem Gebiet, das in etwa mit dem ↑*Deep South* identisch ist.

couch potato. Ugs. f. eine Person, die sich kaum körperlich bewegt, u. nur herumsitzt, v. a. vor dem Fernseher.

counselor. Anwalt, bes. Verteidiger in Strafsachen; früher von *attorney* unterschieden (wie im BE heute noch zwischen *solicitor* u. *barrister* unterschieden wird), im AE heute kaum mehr ein Unterschied.

counterculture. „Gegenkultur" der alternativen Jugend- u. Protestgruppen der 60er Jahre. ↑*SDS,* ↑*hippie,* ↑*yippie.*

country and western. Ursprünglich als *country music* bekannt, eine ländliche Volksmusik, die sich in den „↑*hillbilly*"-Gemeinden der südlichen Appalachen aus europäischen Liedern entwickelte (↑*bluegrass*). Durch das Radio wurde sie nach 1920 in ganz USA verbreitet u. nahm dabei die „Cowboy-Musik" des Südwestens auf; sie wurde so zum c., der heute auch Elemente der Pop- u. Rockmusik beinhaltet. Die meist sentimentalen Lieder werden vom Banjo, der Gitarre o. der „fiddle" begleitet. Einen Höhepunkt erreichte die Musik in den 60er u. 70er Jahren mit Loretta Lynn u. Johnny Cash. Das nationale Zentrum des c. ist das ↑*Grand Ole Opry Theater* in Nashville, Tenn. Der ↑*rock 'n' roll* der 50er Jahre verdankt nicht nur der schwarzen ↑*rhythm-and-blues*-Tradition, sondern auch dem weißen c. seinen Ursprung.

country club. Privatklubs (↑*clubs*) auf dem Lande (Sport- u. Gesellschaftsclubs); einige exklusivere c. c. diskriminieren heute noch Farbige o. Frauen. Allerdings gibt es auch besondere c. c. für Schwarze.

county. ‚Kreis' als Einheit des Bundesstaates; er teilt sich auf in ↑*town*, ↑*township* u. (nach besonderer Gesetzgebung) ↑*city*. Die Begriffe „städtisch"/„ländlich" spielen dabei keine große Rolle mehr, da 75 % der Bevölkerung bereits „städtisch" sind. ↑*urban area*.

courier service ['kʊrɪər...]. Private Kurierdienste, die mit der Post in Wettbewerb treten (↑*Postal Service*).

Cowboy. Zur Ausstattung des C. gehörte der Hut (↑*Stetson*), das Halstuch (*bandanna*) als Staubmaske, die Cowboyhosen *(chaps)*, die als Beinschützer über den Arbeitshosen (↑*blue jeans*) getragen wurden, die spitzen, langen Stiefel; dazu natürlich das Wurfseil (↑*lasso*) u. der Revolver (↑*colt*).

Historisch beschränkt sich die C.-Periode auf die Zeit von 1860–1890, als das große Vorland der Rockies (↑*Great Plains*) zwar als Weideland, aber wegen der Klima- u. Bodenverhältnisse noch nicht als Ackerland benutzt werden konnte. Das Gebiet war gleichzeitig das der nomadischen u. kriegerischen Plains-Indianer, die bis 1890 in den ↑*Indianerkriegen* immer mehr in Reservate abgedrängt wurden. Der Beruf des C. wurde nach ca. 1865 (Ende des Bürgerkrieges) notwendig, als die offene Prärie als Weideland für Rinder *(longhorns)* genützt wurde; er wurde jedoch um 1890 überflüssig, als die großen offenen Flächen von Bauern als Ackerland eingezäunt waren (Erfindung des Stacheldrahts) u. zahlreiche Eisenbahnverbindungen den Viehtrieb zur Bahnstation unnötig machten. Der C. war ein Knecht auf einem Pferd, der in harter Arbeit Rinderherden in freier Natur, ganz auf sich gestellt, betreute.

Der Mythos des C.-Helden begann zuerst mit der ↑*Buffalo Bill Show* um 1890; nach 1900 hat der ↑*Film* im „*Western*" diesen Charakterzug des Selbstvertrauens, des Kampfes mit den Fäusten, wobei jeder die gleichen Chancen hat, ausgebaut, die harte Arbeit (Brandmarken der Tiere, Viehtrieb) romantisiert u. die Schießereien zu einem Kampf von Gut u. Böse stilisiert. Die Groschenromane von

Owen Wister u. Zane Grey haben v. a. die rituellen Elemente (bes. das *shoot-out*) ausgebaut. Die Verherrlichung des Waffengebrauchs (↑*Waffentragen* ist heute noch für jeden Nicht-Vorbestraften ein Verfassungsrecht!, ↑*gun-control*, ↑*Kriminalität*) gab ebenso wie die meist negative Darstellung der Indianer Anlaß zur Kritik am Genre u. führte in den 60er Jahren zu realistischeren Darstellungen.

Der alte Westen ist in USA aber immer noch lebendig: Stiefel u. C.-Hüte sind heute noch verbreitet, bes. im Westen u. Südwesten; es gibt zahlreiche Western-Festivals u. ↑*rodeos* (C.-Wettkämpfe) sowie historische Stätten, die wegen der Schießereien aus der Wildwest-Periode (↑*frontier*) besucht werden, wie O.K. Corral in Tombstone, Ariz. (↑*Earp*, ↑*Westernhelden*). Der C.-Mythos ist lebendiger als der chronologisch vorausgehende ↑*Trapper- u. Pfadfinder*-Mythos ↑*cowgirls*, ↑*boothill*, ↑*bunkhouse*, ↑*El Dorado*, ↑*homesteader*, ↑*longhorns*, ↑*ranch*, ↑*round-up*, ↑*town*.

cowgirls. Showgirls, die in den Wildwest Shows (↑*Buffalo Bill Show* und Rodeos (↑*rodeo*) Lasso schwingend durch die Arena reiten. Sie sind keine weiblichen ↑*Cowboys*.

cowpuncher. Andere Bez. für ↑*Cowboy*.

crack. Ugs. Bez. f. das weitverbreitete Kokain-Derivat, das neben dem reinen ↑*coke* immer mehr Marihuana (↑*pot*) u. Heroin ersetzt. ↑*Drogen*.

cranberry. Am. Preiselbeere, oft als süße Sauce zum Truthahn-Gericht gereicht, bes. an ↑*Thanksgiving* (↑*Feiertage*).

Crater Lake. Populärer Nationalpark in Oregon. Ein tiefblauer, runder See, der tiefste in USA (ca. 600 m). Er entstand im ruhenden Krater des Vulkans Mazama u. ist von dem hohen Gebirgsring der Cascades umgeben.

craps. Beliebtes am. Spiel mit 2 Würfeln; wobei *crap* einen Fehlwurf mit dem Würfel bez.; die Spieler heißen *crap-shooters*.

Crazy Horse. Häuptling der Oglala-Sioux-Indianer (1840–1877), der heute noch als Held gefeiert wird, weil er General Custer 1876 am ↑*Little Bighorn* besiegte. ↑*Indianerführer*, ↑*Persönlichkeiten in Geschichte u. Legende*.

creationism. Biblische Lehre von der Weltschöpfung durch einen allmächtigen Gott; nach Ansicht vieler fundamentalistisch (↑*fundamentalism*) orientierter Am. (bes. im Süden) sollte c. im Schulunterricht zumindest gleichberechtigt neben der Evolutionstheorie unterrichtet werden, die auch eine „Religion“ darstelle (↑*secular humanism*); dies wird jedoch durch neuere Entscheidungen des Obersten Gerichts verboten, was eine Umkehr im Vergleich zum berühmten Fall des Biologielehrers Scopes (1925) bedeutet, der noch wegen der Lehre der Evolutionstheorie verurteilt worden war.

credit card. Die Kreditkarte ist als Zahlungsmittel in USA sehr verbreitet. Man hat sehr viele davon, weil Tankstellen, Supermärkte etc. ihre eigenen Karten ausgeben. Sie sind sehr nützlich bei Reservierungen, die dann verläßlich erfolgen. ↑*Geld.*

credit hour. Einheit zur Berechnung der Unterrichtszeit. Eine c. h. entspricht gewöhnlich einer Semesterwochenstunde. Ein College-Student belegt (u. bezahlt) etwa 17 c. h., für die er dann auch Noten erhält (↑*grade*, ↑*points system*).

Creole ['kri:oʊl]. Ursprüngl. Bez. f. Abkömmlinge der Spanier, Portugiesen o. Franzosen, in USA beschränkt auf Abkömmlinge der franz. ↑*Cajuns* in Louisiana (↑*New Orleans*). Ihr franz. *patois* wird ebenfalls als C. bezeichnet. *Creole food* sind ihre typ. Speisen, die („*a la Creole*") mit Tomaten, Pfeffer, Gewürzen zubereitet u. meist mit Reis serviert werden. Bes. die Fischgerichte wie *jambalaya* (ähnlich wie Paella), *gumbo* (Fischsuppe) finden zunehmend Eingang in die am. ↑*fast-food*-Ketten.

Crockett, David (1786–1836). Pionier u. Kongreß-Mitglied, über dessen Heldentaten sich Legenden bildeten; er starb bei der Verteidigung von ↑*Alamo* (Loslösung Texas' von Mexiko).

crooning. Der Schlagerstil der 30er u. 40er Jahre; von *to croon* ‚schmachtend singen'. Der Begriff bezieht sich hauptsächlich auf Lieder von Perry Como, Bing Crosby, Doris Day, Peggy Lee, Dean Martin u. Frank ↑*Sinatra*, die mit sanfter, modulierender Stimme sangen.

Crow, Jim ↑Jim Crow.

CT, *Central Time* ↑Zeitzonen.

Cumberland Gap. Der Paß über die Appalachen (↑*Appalachia*), über den die ersten Pioniere (↑*pioneers*) nach 1800 gen Westen zogen (zwischen Virginia u. Kentucky).

Currier and Ives. Lithographien aus dem 19. Jh., die den am. Alltag von damals romantisch darstellen; benannt nach Nathaniel Currier (1813–1888) u. James Merritt Ives (1824–1895). Heute auch allg. die Stilart dieser Lithographien.

Custer's Last Stand. Die Niederlage u. der Tod von US-General George Armstrong Custer am ↑*Little Bighorn* 1876, als er von den ↑*Sioux*-Indianern unter den Häuptlingen ↑*Crazy Horse* u. ↑*Sitting Bull* besiegt wurde.

cyclone ['saɪkloʊn]. Gefährlicher Wirbelwind in USA, vgl. ↑*hurricane*, ↑*tornado.*

D

D./Dem. Mitglied der ↑*Democratic Party.*

DA, *district attorney.* Staatsanwalt.

daiquiri ↑cocktails.

dairy belt. Gebiet der Milchwirtschaft um die Großen Seen (↑*Landwirtschaft*).

Danish pastry. Blätterteig-Gebäck (↑*Brot u. Gebäck*).

DAR, *Daughters of the American Revolution.* Patriotischer Verband von Frauen, deren Vorfahren noch aus der Zeit des ↑*Revolutionary War* (Unabhängigkeitskrieg) stammen; gegründet 1890; pol. sehr konservativ.

dark horse. Im Sport: bisher noch unbekanntes Rennpferd; Politik: ein in der Öffentlichkeit noch nicht bekannter Kandidat, dessen Nominierung man nicht erwartete (↑*convention,* ↑*Wahlen*).

Datenschutz ↑privacy right.

dating. Eine Verabredung mit Freund bzw. Freundin treffen. *Date* ist auch Bez. f. die Person, mit der man sich verabredet. Es gibt verschiedene Varianten des d.: ↑*blind dates, double dates* (zwei Paare), *dating bars* (zur Kontaktaufnahme), *computer-dating.* ↑*Gesellschaft.*

Davis, Jefferson (1808–1889). Der erste u. einzige Präsident der ↑*Confederate States of America* während des Bürgerkrieges.

Davis, Miles (1926–1991). Jazz-Trompeter, der Hauptvertreter des *modern jazz* in den 60er Jahren, der Jazz mit Popmusik verband.

Daylight Saving Time. Sommerzeit, wörtl. ‚Tageslichtsparzeit' (↑*Zeitzonen*). Seit 1987 beginnt *DST* am 1. Sonntag im April u. endet am letzten Sonntag im Oktober.

Daytona 500 [deɪ'toʊnə] ↑Indy 500.

D-Day. 6. Juni 1944, Tag der Landung von am., britischen u. kanadischen Truppen in der Normandie, mit der die Invasion des Festlands begann (2. ↑*Weltkrieg*).

de facto segregation. Nach den Bürgerrechtsgesetzen von 1964/65 war Rassentrennung *(segregation)* in USA *de jure* (dem Gesetz nach) verboten, aber tatsächlich *(de facto)* gab es u. gibt es noch nach Rassen getrennte Wohnbezirke, einrassige Schulen etc., besonders auch in den Großstädten des Nordens, wo Rassentrennung schon vor 1964 verboten war.

deadpan (humor). *Adj.* ugs. ‚ohne Gefühl zu zeigen', z.B. ein Scherz, der ohne Regung ganz ernst erzählt wird.

dean. Dekan; Vorstand einer Fakultät, auch Vorstand der Verwaltung studentischer Angelegenheiten *(d. of students). Deans list* ist die jährliche Dekanats-Liste von Studierenden mit hervorragenden Noten, auch *honors list* genannt. ↑*Hochschulverwaltung.*

Dean, James (1931–1955). Filmschauspieler, der in den 50er Jahren zum Jugendidol wurde durch Filme, in denen er einen jungen Mann spielte, der sich gegen traditionelle Autorität auflehnt, bes. in „Rebel Without a Cause" (dt. Denn sie wissen nicht, was sie tun). Er starb bei einem Autounfall. ↑*Beat Generation.*

dear / darling ↑Kosewörter.

Dear Abby. So beginnen alle Briefe an die bekannteste Kummertante in am. Zeitungen: Abigail Van Buren, die Leserbriefe zusammen mit ihren Antworten abdruckt.

Dear John letter. Ein Brief an einen Freund bzw. eine Freundin, in dem mitgeteilt wird, daß die Freundschaft/Beziehung zu Ende ist.

Death of a Salesman. Theaterstück von Arthur ↑*Miller*, in dem sich Willy Loman, die im erfolgreichen Amerika erfolglose Hauptfigur, umbringt, nachdem er seinen Job verliert. Das Stück zeigt die Schattenseiten der materialistischen Nachkriegsgesellschaft u. des am. Traumes (↑*American dream*).

Death Valley. Trockenes Tal in ↑*California* nahe der Grenze zu Nevada; der niedrigste Punkt Nordamerikas (86 m unter dem Meer), im Sommer extrem heiß (56,6 °C); einer der schönsten Nationalparks mit den faszinierenden Farben von salzverkrusteten Ebenen, Sanddünen u. skurriler Berglandschaft, diente oft als Kulisse f. Western.

debutante ['debjətɑːnt]. Mädchen, das zum 1. Mal in die (bessere) ↑*Gesellschaft* (↑*Blue Book*) eingeführt wird. Dies wird in USA auch in der Zeitung formal angezeigt.

Declaration of Independence. Unabhängigkeitserklärung von 1776. Das Manifest, in dem die 13 englischen Kolonien während der am. Revolution (↑*Revolutionary War*) ihre Unabhängigkeit erklärten (hauptsächlicher Verfasser: Thomas Jefferson); gilt darüber hinaus als Darstellung demokratischer Grundsätze.

Deep South. ‚Der tiefe Süden' entspricht in etwa den Staaten, in denen früher die Baumwolle als Monokultur auf Plantagen angebaut wurde südlich von North Carolina (↑*cotton belt*): South Carolina, Georgia, Texas, Alabama, Mississippi und Louisiana. Sie waren auch die Hauptvertreter des Sezession im Bürgerkrieg von 1861–1865 (↑*Civil War*), weil sie die Sklaven für die Feldarbeit benötigten. Auch heute gibt es mehr ↑*Schwarze* im Süden als anderswo (ca. 30 % der Bevölkerung); sie sind jedoch heute in staatlichen Positionen u. in den Medien gut vertreten.

defendant. Der/die Angeklagte; zu *defense* ‚Verteidigung' u. *defense attorney* ‚Anwalt der Verteidigung' (↑*plaintiff*).

degree. Ein akademischer Grad: *bachelor's d.* (B.A.; B.S.) *master's d.* (M.A./A.M.; M.S.); *doctor's d.* (Ph.D.; M.D.).

degree-day. 1. Maß der Temperaturabweichung von einem Normalwert: 1 d = Abweichung um 1 Grad pro Tag; häufige Angabe bei ↑*Wetterberichten*; 2. Promotionstag (↑*doctor's degree*).

deli(catessen) [ˌdelɪkə'tesn]. Schnellgaststätte für Brötchen (z.B. längl. Lachsbrötchen „*bagels with lox*"), ↑*sandwiches* u. Salate (↑*fast food*).

Democratic Party. Die Demokratische Partei, die Demokraten. Eine der zwei großen politischen Parteien. Sie unterscheidet sich von der ↑*Republican Party* durch ihre traditionellen Wähler in den Industriestädten des Nordens, wo sich die ärmeren Einwanderer aus Süd- u. Osteuropa niederließen (Italiener, Polen); seit den 60er Jahren unterstützen auch die Minoritäten (v.a. Schwarze, Hispanics) die Partei, die ihnen unter Kennedy u. Johnson zu größeren Bürgerrechten verhalf. Daneben hat die D. P. einen großen Anhang im konservativen Süden, wo die Ursprünge der Partei auf 1792 zurückgeführt werden (Jeffersons *Democratic Republican Party*). Sie verlor 1860 über das Sklaventhema die Präsidentschaft bis 1932 an die Republikaner. Roosevelt hat ihr mit seinen Reformen die ↑*Gewerkschaften* u. Arbeiter des Nordens nahegebracht. Im allgemeinen tritt die D. P. eher für eine größere Rolle der Regierung (↑*big government*) bei der Bekämpfung von Benachteiligung u. Armut ein, während die Republikaner mehr dem ↑*big business* nahestehen. Symboltier der D. P. ist der Esel.

Demokratie. Das am. D.-Verständnis beruht sehr stark auf der Sicherung der individuellen Freiheiten des einzelnen (↑*Bill of Rights*), wie sie in der ↑*Verfassung (Constitution)* festgeschrieben sind, u. einem Mißtrauen gegen die Staatsgewalt (↑*big government*), das schon in die Verfassung eingebaut ist durch die gegenseitige Kontrolle (↑*checks and balances*) der einzelnen Staatsorgane, die voneinander unabhängig sind (↑*Congress*, ↑*President*, ↑*Supreme Court*). Erst seit der Großen Depression 1930 gibt es Sozialgesetze, in denen die Bundesregierung immer mehr Verantwortung für den einzelnen Bürger übernimmt (↑*Sozialgesetzgebung*). Der Einfluß der Regierung wurde noch größer in den 60er Jahren, als neue Gesetze zur Eingliederung von ↑*Minderheiten* u. zu ihrer Gleichberechtigung notwendig wurden. Initiativen wurden hauptsächlich von Präsidenten der Demokratischen Partei (Roosevelt: ↑*New Deal*; Kennedy, Johnson: ↑*Great Society*) ergriffen. Inzwischen ist ein Rückzug des Staates aus vielen Programmen für Minderheiten zu verzeichnen, aber diese sind als Wähler in die D. miteinbezogen (Bürgerrechtsgesetze 1965). Auch der totale Einfluß von einzelnen Parteiapparaten (z.B. in Chicago, ↑*machine politics*) ist durch den neuen Einfluß der Schwarzen zurückgegangen (schwarze Bürgermeister in den Großstädten). Die Führungsschicht in USA wird zwar nicht mehr so stark von den Liberalen (↑*liberal*) der Ostküste (↑*Eastern Establishment*) bestimmt, sondern mehr von den Konservativen (↑*conservative*) des Südens u. Westens (↑*sunbelt*), aber immer noch wesentlich von einer kleinen Gruppe, die sich aus ihren exklusiven Herrenclubs (↑*clubs*) kennt. Die Abgeordneten stehen darüber hinaus bei der Gesetzgebung sehr stark unter dem Druck von speziellen Interessengruppen (↑*PAC*, ↑lobbyism), von deren Unterstützung sie bei ihrer Wiederwahl z.T. mehr abhängen als von Zuschüssen ihrer ↑*Parteien*. Ein wichtiges Element der am. D. stellen auch die Massenmedien dar, die oft (zusammen mit

↑*committees* des ↑*Congress*) Fehlverhalten von Behörden aufdecken u. als „Wachhund" (↑*watchdog*) der D. gelten (↑*investigative journalism*).

Denali ↑Mount McKinley.

denomination. Neutrale Bez. f. Religionsgemeinschaft, Konfession.

Denver. Hauptstadt u. größte Stadt von Colorado, direkt am Fuße der Rockies gelegen, die wegen ihrer Hochlage als *mile-high city* bezeichnet wird.

department. Ministerium, z. B. *Department of State* ‚Außenministerium'. ↑*cabinet*, ↑*agency*.

department store. Kaufhaus, meist Teil einer Kette (↑*chains*), heute oft mit andern zusammen in ↑*malls* (Einkaufszentren) untergebracht.

deregulation [ˌdiːregjʊˈleɪʃən]. Deregulierung. Der Wettbewerb der am. Wirtschaft wurde nach dem Börsenkrach 1929 während der ↑*New Deal*-Periode stärker reguliert durch neu geschaffene Bundesbehörden (↑*agency*, ↑*commission*); verschärfte Regeln wurden während der 60er Jahre zum Verbraucher- u. Umweltschutz erlassen. Danach haben jedoch die Präsidenten Ford, Carter u. Reagan eine Gegenbewegung eingeleitet, die Deregulierung v. a. der Luftfahrt, der Banken, der Kommunikation (Telefon) u. Spedition. Dies hat zu größerem Wettbewerb u. billigeren Preisen beigetragen, aber auch zu vielen Betriebsschließungen, Lohnkürzungen, zur Verringerung des Angebots für Menschen mit niedrigem Einkommen sowie zur Mißachtung von Sicherheitsbestimmungen.

derivatives. Neuartige, sog. ‚abgeleitete' Wertpapiere, deren Wert nicht nur an Aktien, sondern auch an verzinste Papiere u. andere Sicherheiten gebunden ist. Durch die Bündelung erzielt der Kunde eine größere Sicherheit. ↑*Wirtschaft*.

desegregation [ˌdiːsegrəˈgeɪʃən]. Aufhebung der Rassentrennung (↑*segregation*), die viele Gebiete umfaßt (↑*Jim Crow laws*). Nach der ↑*Bürgerrechtsgesetzgebung* von 1964 beschränkte sich die Diskussion über d. hauptsächlich auf die Schule (↑*busing*, ↑*Rassenproblem im Bildungswesen*), obwohl eigentlich auch in den Wohngebieten weithin Rassentrennung vorherrscht.

Desert Storm. Operation ‚Wüstensturm', die militärische Operation der UNO im *Golfkrieg*, die 1991 zur Rückeroberung Kuwaits von Irak durch alliierte, hauptsächlich US-Streitkräfte führte.

detective fiction. Detektivroman. Früheste Form der d. f. bei E. A. Poe („Murders in the Rue Morgue"). Heute sind in USA bes. die harten Romane von R. Chandler o. D. Hammett bekannt (↑*Literatur*).

détente [deɪˈtãːnt]. Detente, Entspannung; Ost-West-Politik der 60er u. 70er Jahre, die den ↑*cold war* ablöste; sie war gekennzeichnet durch Verträge zur ↑*Abrüstung*. Zu Beginn der 80er Jahre stellten sich zwischen

USA u. UdSSR neue Spannungen ein (bedingt z. T. durch den sowjetischen Einmarsch in Afghanistan). Der Begriff ‚d.' wurde danach vermieden. Die eigentliche Entspannung kam nach 1985 durch die Annäherung zwischen Gorbatschow u. ↑*Reagan*, die zum Ende des Kalten Krieges führte.

Detroit [dɪ'trɔɪt]. Größte Stadt in Michigan, Zentrum der Autoindustrie, *Motor City* oder ↑*Motown USA*.

Deutsch-Amerikaner. Sie stellen die größte Einwanderergruppe dar (jeder 4. Am. bezeichnet sich als deutschstämmig), werden nur durch die Kombination von Engländern, Iren, Schotten übertroffen. Sie gelten als leicht assimilierbar (Aufnahme in die vorherrschende Gruppe der *White Anglo-Saxon Protestants* [↑*WASP*]). Es gibt noch deutsche Sprachinseln v. a. von religiösen Gruppen *(Pennsylvania Dutch*, ↑*Hutterites)* u. auch Gebiete im Mittleren Westen, wo die meist bäuerlichen Deutschen am stärksten vertreten sind, die deutsche Traditionen weiter pflegen. In New York wird mit der Steubenparade jährlich auch der deutschen Beiträge für Amerika gedacht; äußerliche Spuren dt. Einflusses sind auch in Biergarten- u. Lederhosen-Romantik (*„beerfest"*) erkennbar. Aber insgesamt hat die im 19. Jh. noch sehr stark vertretene deutsche Kultur durch die antideutsche Stimmung während der Weltkriege große Rückschläge erlitten. So erinnern nur noch wenige Wörter im AE an das Deutsche, deutsche Zeitungen sind kaum noch haltbar; die *German towns* in Philadelphia u. N.Y. sind als solche nicht mehr erkennbar.

devil's food cake. Schwere einheimische Schokoladentorte, Gegenstück zu ↑*angel food cake*.

Dewey ['du:i], **John** (1859–1952). Reformpädagoge u. Philosoph. Hauptvertreter der ↑*progressive education*, die vom Lernen aus Büchern wegkommen wollte und mehr praktischen Unterricht befürwortete. Seine Ideen hatten einen prägenden Einfluß auf das am. ↑*Schulwesen*.

Dewey Decimal System ['du:i...]. Das von Melvil Dewey (1851–1931) erarbeitete, an fast allen am. Bibliotheken geltende Klassifizierungssystem, wonach das gesamte Wissen nach dem Dezimalsystem geordnet ist, was bei dem allg. üblichen Freihandsystem (*open stacks*) das Auffinden von Büchern sehr leicht macht.

Dialekte u. Akzente. Das ↑*Amerikanische Englisch* ist kein Dialekt des BE, sondern ein gleichwertiger Sprachzweig; es ist selbst wieder regional gegliedert, wobei die Unterschiede sich hauptsächlich auf die Aussprache (Akzent) u. den Wortschatz beziehen. Es gibt keine am. Standardaussprache wie im BE, aber das *General American* (eigentlich die Variante des Mittleren Westens u. Westens) wird von den Medien als ↑*network-English* bevorzugt. Regionale Akzente sind 1. das ↑*New England*-Englisch (um Boston, dem BE ähnlich wegen seiner [ɑ]-Laute z. B. in *half* u. der *r*-losen Aussprache von Wörtern wie *car*, 2. Das *Mid-Atlantic*

(Philadelphia), das als Basis des *General American* gilt, 3. der New Yorker Akzent, eine Mischung aus neuenglischen u. *Mid-Atlantic*-Merkmalen (Besonderheit: *bird* [bɛrd] als [bɔɪd]), ferner 4. das Südstaaten-Englisch (Baltimore u. südlich), das eine Diphthongierung u. Nasalierung kennzeichnet: *wings* [wɪəŋz] als [wæəŋz] (sog. *Southern drawl*). Innerhalb dieser Gruppierungen gibt es noch Untergruppen. Das Englisch des Westens ist eine Mischung verschiedener Akzente, bes. des Nordens u. der Mitte.

DiMaggio, Joe (geb. 1914). Baseball-Spieler *(New York Yankees)*, der als der größte aller Zeiten gilt; Aufnahme in die ↑*Hall of Fame* 1955. Er war der zweite Ehemann von Marilyn ↑*Monroe.*

dime [daɪm]. 10-Cent-Münze, ‚Groschen'; *d. store* o. *five & d.:* billiges Warenhaus, z.B. Woolworth's. ↑*cash.*

dime novels. Groschenhefte (↑*dime*); sie kamen 1860 auf als Romanzen u. Abenteuergeschichten über den Am. Unabhängigkeitskrieg, den Bürgerkrieg u. bes. den „Wilden Westen". In den 20er u. 30er Jahren wurden sie auch als *pulp novels* – wegen des billigen Zellstoff-Bestandteils im Papier – bezeichnet u. gelangten zu neuer Verbreitung mit Detektiv- u. Science-fiction-Geschichten.

diner ['daɪnər]. 1. Billiges, einfaches Restaurant, oft eine Art ausgedienter Speisewagen auf der Landstraße; 2. Speisewagen im Zug.

dinner. Am. „Hauptmahlzeit"; im Gegensatz zum ↑*lunch* eine reichliche Mittags- o. Abendmahlzeit, die sonntags gegen Mittag, werktags etwa zwischen 18–20 Uhr eingenommen wird. Vor dem d. werden an der Bar ↑*cocktails* gereicht. Die Hauptspeisen bestehen meist aus Fleisch, bes. ↑*steak,* o. Meerestieren (*seafood*), wobei die feine am. Küche (*cuisine, gourmet cooking*) praktisch alles erlaubt, doch in der blumigen Sprache der Speisekarten u. Gerichte unter französischem Einfluß steht; insgesamt ist sie etwas süßlich; neuerdings stellt sie sich als *California Cuisine* dar mit mexikan./amerikan. Gewürzen u. Zutaten. Es gilt die Tradition, daß besonders viele Zutaten zu Feinschmeckergerichten gehören. Gemüse ist nicht notwendig zum d., aber immer Salate, von denen es viele Variationen (wie z.B. ↑*Waldorf salad*) mit versch. ↑*dressings* gibt, oft zur Auswahl an der *salad bar.* Der Salat wird meist vor dem Hauptgericht gegessen. ↑*Essen in USA.*

diploma, meist *high school ~.* Abschlußzeugnis der ↑*high school* (↑*Schulsystem*). Voraussetzung sind gewöhnlich 16 erbrachte ↑*Carnegie units;* die Verteilung wird im Auswahlsystem (↑*elective system*) festgelegt: 1 Hauptfach (↑*major*), 1–2 Nebenfächer (↑*minor*); die Auswahl an Kursen ist an großen Schulen ungewöhnlich breit (bis ca. 1000 kaufmännische, technische, gewerbliche Fächer ebenso wie akademische). Das d. erhält man nach 12 Jahren Schulbildung, die Qualität wird jedoch unterschiedlich bewertet (↑*Zulassung z. Hochschule*).

disc, auch *disk.* Scheibe, Schallplatte; heute aber auch Kurzform für Computer-Diskette u. neuerdings als *DISC* auch Abk. für die Scheiben-Antenne zum Empfang des Satelliten-Fernsehens. ↑*CD.*

Discovery Day ↑Columbus Day.

dish antenna. Parabolantenne f. Satelliten-Fernsehen. Daneben gibt es die Bez. *DISC* (↑*disc*).

Disney, Walt (1901–1966). Produzent von Zeichentrickfilmen („Donald Duck“, „Mickey Mouse“, „Bambi“), aber auch von Natur- u. Abenteuerfilmen für Kinder. Heute stehen D.-Filme u. der D.-Fernsehkanal für familienorientierte Unterhaltung. ↑*Disney World.*

Disney World/~Land. Bekannte Vergnügungsparks (↑*theme park*). W. ↑*Disney* hatte als erster die Idee der auf bes. Themen bezogenen ständigen Vergnügungsparks, zunächst in Anaheim bei L. A. mit *Disney Land,* dann in Orlando, Florida mit *Disney World:* sie sollten sowohl Vergnügung wie auch Belehrung für die ganze Familie ermöglichen. Die Themen waren zunächst: *Fantasyland* (Märchengestalten), *Frontierland* (Wilder Westen), *Adventureland, Liberty Square* (Demokratie in USA), alles rund um das *Magic Kingdom,* hinzu kam in Florida das *Epcot Center* mit Selbstdarstellungen der wichtigsten Kulturen der Welt u. der Errungenschaften der Technik sowie einer Vision der Zukunft.

district attorney (DA). Der Staatsanwalt in den ↑*district courts* des Bundes wie auch der Einzelstaaten, d.h. in den normalen Gerichten.

district court. Erstinstanzliches Bundesgericht; Bezirksgericht (↑*circuit c.*). Manche Einzelstaaten verwenden die gleiche Bezeichnung für ihre erste Instanz (↑*trial court*).

District of Columbia o. **D. C.** Bez. für das Gebiet der Bundeshauptstadt ↑*Washington,* das keinem Staat angehört u. von der Bundesregierung direkt verwaltet wird. Gründung nach französ. fächerförmigem Plan mit ↑*Capitol hill* (Sitz des ↑*Congress*) im Zentrum; im NW davon ist das ↑*White House* (Weißes Haus, Sitz des Präsidenten); Sitz der Bundesbehörden u. Ministerien (↑*agency,* ↑*department*) z.B. ↑*FBI,* ↑*Pentagon* (eigentl. schon in Virginia), ferner von nationalen Instituten (↑*Smithsonian*), Galerien u. Museen der darstellenden Künste *(the* ↑*Mall).* Wichtige Gedenkstätten: ↑*Washington Monument, Lincoln Memorial, Jefferson Memorial;* viele Behörden, wenig Industrie; galt als Kompromiß-Hauptstadt, da es genau an der Grenze zwischen Süd- u. Nordstaaten liegt (↑*South*). Für die Sklaven des Südens war es bis zum Ende des ↑*Civil War* ein leicht erreichbares Ziel zur Freiheit; heute sind 70 % der Einwohner u. auch der Bürgermeister schwarz.

division. Unterabteilung von ↑*Conference* (Liga) beim ↑*football;* sonst Verband, wie z.B. beim Boxen: *heavy-weight division.*

Dixie, auch *Dixie Land* o. *Dixieland.* Bez. f. die Südstaaten, die an der Sezession vom Norden während des Bürgerkriegs (↑*Civil War*) teilgenommen haben (↑*Confederate States*). Sie geht zurück auf das Kriegslied der Südstaatler (das ursprünglich von einem Nordstaatler gedichtet wurde) mit dem Refrain: *„I wish I was in Dixie, hooray!“* Die eigentliche Herkunft des Wortes D. ist umstritten, möglicherweise nach der ↑*Mason Dixon line.* ↑*Regionen,* ↑*South,* ↑*dixieland.*

Dixiecrat. Aus ↑*Dixie + Democrat.* Bez. f. die in den Südstaaten vorherrschende ↑*Democratic Party.*

dixie(land). Der Dixieland war eine Form des ↑*jazz,* die um 1900 in New Orleans entstand; meist bezeichnet d. aber den Jazz der Weißen in den 20er Jahren (↑*jazz age*) mit gefälligen, standardisierten Rhythmen.

DJ. 1. *disc jockey* (im Radio, in der Diskothek); 2. *District Judge,* Richter im ↑*district court;* 3. *dinner jakket,* Smoking.

doctor's degree, auch *doctorate.* Doktortitel, der je nach Fach andere Abkürzungen hat (z.B. *Ph. D.: Doctor of Philosophy,* entspr. Dr. phil.). Die Anrede *„doctor“* bezieht sich jedoch nur auf einen Arzt (*M. D. = medical doctor*). Alle anderen Inhaber eines d. kann man als *„Dr. Nachname“* zitieren, aber nur als *„Mr. Nachname“* anreden.

docu-drama [ˈdɑkju,drɑːmə]. Fernsehdrama, das auf authentischen Ereignissen beruht u. auch im Stil dokumentarisch wirkt; eine beliebte Neuentwicklung; häufig in mehreren Fortsetzungen (↑*series*), z.B. *„Holocaust“, „The North and the South“* (Bürgerkrieg), ↑„Roots“.

Dodge City. Der Ort in Kansas, wo im 19. Jh. die von Texas hochgetriebenen Viehherden auf den Abtransport per Eisenbahn warteten; die typische Westernstadt, wo das Gesetz wenig galt.

Doe ↑John Doe.

doggie bag. Plastiktüte (heute oft Papp- oder Styroporschachtel) zum Mitnehmen von Speiseresten aus dem Restaurant, wird dem Gast vom Kellner nach dem Essen bereitwillig zur Verfügung gestellt (also keine ‚Hundetüte‘!).

dollar [dɑlər]. Währung der USA seit 1785; das Wort leitet sich vom dt. (Joachims)thaler, Taler ab; galt als das englische Wort für die spanischen *reales,* die während der Unabhängigkeitskriege in den Kolonien in größerem Maße vorhanden waren als das englische Pfund. Zweimetallwährung (Silber, Gold) während des 19. Jh.; im Bürgerkrieg wurde das Papiergeld (↑*greenback*) eingeführt. Seit 1900 wird der d. nach Goldwert definiert; in Bretton Woods wurde er 1944 als internationaler Standard, gleichwertig dem Gold, definiert (1 Unze Gold = $35); der Goldstandard wurde 1970 aufgehoben. Seit der Loslösung vom Gold ist der d. zwar keine Leitwährung mehr, sondern im freien *„floating“* (Auf u. Ab) mit anderen

Währungen, spielt aber dennoch eine wichtige Rolle im internationalen Zahlungsverkehr, da viele Waren in d. angegeben werden (z. B. Öl). Er verlor 1987 (↑*Black Monday*) gegenüber anderen Währungen (bes. Yen u. DM) ca. 25 % – 40 % an Wert, was der USA den Ausgleich ihrer Handelsbilanz durch höhere Exporte erleichtert. ↑*Wirtschaft*, ↑*Eurodollar*, ↑*cash*.

Dollarzeichen. Das Zeichen $ ist abgeleitet vom Wort „USA" u. steht für US-Dollar; es wird vor den Betrag gesetzt: $5.10.

domino theory. Die Idee der Nachkriegszeit, daß wenn ein Land an den Kommunismus fällt, weitere bald folgen (wie beim Umfallen dichtstehender Dominosteine). Sie hat die am. Politik bestimmt u. zum Eingreifen im ↑*Koreakrieg* u. ↑*Vietnamkrieg* geführt.

donor point. Roter Punkt auf dem Führerschein, der den Inhaber im Falle seines Todes als Organspender ausweist.

donut. Vereinfachte Schreibung für *doughnut;* ringförmiges Schmalzgebäck, ähnlich dem Berliner (Pfannkuchen) Krapfen.

Doomsday Plane ↑Air Force One.

Doonesbury. Ein ↑*comic strip* von Gary Trudeau, der sich seit den 60er Jahren auf unterhaltsame Art über die am. Politik lustig macht.

double header. Im ↑*baseball:* eine Doppelveranstaltung, 2 Spiele auf einmal; informell auf andere Ereignisse außerhalb des Sports übertragbar.

Douglass, Frederick W. (1817–1895). Ehemaliger Sklave, der sein gesamtes schriftstellerisches Werk u. seine Redner-Tätigkeiten gegen das Sklavensystem des Südens einsetzte; bekannt ist seine Autobiographie.

Dow (Jones Industrial Average) ['daʊ...]. Der bekannteste am. Börsenindex; er setzt sich aus dem Durchschnittswert der 30 führenden Industrieaktien zusammen. Andere Börsen-Indices sind *„Standard and Poor" (S&P),* der den Durchschnitt von 500 Aktien angibt, u. der *New York Stock Exchange Price Index,* der den Durchschnittswert aller Aktien, die an der ↑*NYSE* gehandelt werden, angibt.

down ↑football.

down-sizing ↑Wirtschaft.

downtown. 1. Stadtzentrum, als Gegenteil von ↑*uptown* (Außenbezirk); 2. „in Richtung Stadtzentrum" (*going downtown* wäre z. B. eine Fahrt von der 200. zur 190. Straße).

draft [dræft]. Einberufung von Wehrdienstpflichtigen *(draftees)* (↑*Selective Service*).

Drama ↑Literatur, ↑Theater.

Dred Scott decision. Höchst umstrittene Entscheidung des Obersten Gerichts 1857, 4 Jahre vor dem Bürgerkrieg, wonach ein Sklave seinen Fall nicht vor das Oberste Gericht bringen konnte, weil er ja kein US-Bürger war.

dressing. Salatsoße; die Vielfalt der d. ist typisch für USA. Man hat meist die Wahl zwischen *French d.* (orangefarben: Essig, Öl, Senf u. Gewürze), *Italian d.* (Öl, Essig, Gewürze), *Thousand-Island d.* (rosafarben: Öl, Essig, Mayonnaise), *blue-cheese d./ roquefort d.* (mit Käsegeschmack).

drinking age. Lebensalter, mit dem der Genuß alkoholischer Getränke in Restaurants erlaubt ist. Es ist inzwischen in fast allen Staaten auf 21 Jahre angehoben worden; teilweise ist der Ausschank von Bier erlaubt, nicht aber von Spirituosen. Der Genuß alkoholischer Getränke auf öffentlichen Plätzen (Parks, Strände etc.) ist verboten; oft ist der Verkauf nur in bes. *liquor stores* zu bestimmten Zeiten erlaubt, in denen Jugendliche unter 18 nicht angestellt sein dürfen: ein Überbleibsel der ↑*Prohibition.* ↑*Rechte von Jugendlichen.*

drive-away cars. Überführungsautos; beim Überführen von Autos braucht der Fahrer nur die Benzinkosten zu bezahlen, kann aber über weite Strecken ein fremdes Auto umsonst benutzen.

drive-in. 1. Teil einer Bez. für eine Dienstleistung, die direkt ans Auto gebracht wird, z.B. *drive-in movie* ‚Autokino'; *drive-in bank* o. *drive-up window* ‚Geldschalter für Autofahrer'; *drive-in restaurant* ‚Auto-Schnellgaststätte'; ein Ausdruck der amerik. Auto-Gesellschaft.

driver's license. Führerschein; er kann in vielen Staaten schon mit 16 (15) Jahren erworben werden, gilt dann allerdings nur für den einen Staat, ist aber nach Umzug leicht neu zu erwerben. Gilt vielfach als „Ausweis", da es keinen Personalausweis gibt. ↑*Rechte von Jugendlichen,* ↑*donor point.*

dropout. Schüler o. Student, der Schule bzw. Studium vorzeitig abbricht. Bei der ↑*high school* schreiben die Gesetze meist Schulbesuch bis zum 16. Lebensjahr vor, bis zum Abschluß der 12. Klasse braucht der Schüler dann noch 1–2 Jahre. Heute bleibt fast jeder weiße Schüler bis zum Abschluß, weil ohne ↑*diploma* kaum eine Stelle zu bekommen ist.

Drogen. Der leichte Zugang zu D. (↑*crack,* ↑*coke,* ↑*pot*), bes. in den Ghettos der Großstädte (z.T. auch in Schulen) ist wegen der damit verbundenen Abhängigkeit u. ↑*Kriminalität* zu einem nationalen Problem geworden. Trotz aller moralischer Bedenken wird zur Unterbindung der Kriminalität, ähnlich wie bei Tabak u. Alkohol (↑*Prohibition*), sogar die Legalisierung u. Lizensierung diskutiert, da die Einfuhr (v.a. aus Südamerika) nur schwer zu unterbinden ist. Der Kampf gegen D.mißbrauch ist seit 1988 ein wichtiges Wahlkampfthema, denn die Statistiken beweisen: nach Diebstahl, Verkehrsdelikten u. ↑*public intoxication* ist D.mißbrauch das häufigste Verbrechen, wobei in den Einzelstaaten unterschiedliche Regelungen bestehen.

drugstore. Schnellgaststätte, kombiniert mit Apotheke, Drogerie u. Laden für allerlei Kleinartikel des täglichen Bedarfs.

dry. „trocken", bez. Gemeinde o. Bezirk, in dem Alkoholausschankverbot herrscht. ↑*wet,* ↑*Alkohol u. Gesetz.*

dude ranches ['duːd 'ræntʃɪz]. Ferienhöfe mit Pferdereiten u. Cowboyromantik; von *dude* ‚Stadtmensch, Dandy'.

due process (of the law). Durch die am. ↑*Verfassung* garantiertes Recht auf ein korrektes ↑*Gerichtsverfahren* (*fair trial*). Der ↑*Supreme Court* hat aufgrund des d. p. die Gesetze einer Reihe von Staaten für ungültig erklärt, die den Gleichheitsgrundsatz vor allem bei schwarzen u. armen Angeklagten (5. u. 14. Zusatzartikel zur Verfassung) nicht beachten; durch die sog. *exclusionary rule* (Ausschluß-Bestimmung) wurde in weiteren Entscheiden (bes. Miranda v. Arizona, 1966) die Verwendung illegal erworbener Beweismittel verboten, der Angeklagte muß vor der Vernehmung über seine Rechte aufgeklärt werden. Neuere Entscheide räumen der Polizei wieder etwas mehr Spielraum ein (Verwendung von Tonbändern), aber d. p. bleibt eine wesentliche Säule des am. ↑*Rechtswesens.*

Dun & Bradstreet. Nachschlagewerk, das über die finanzielle Situation großer Firmen Auskunft gibt.

dust bowl. Trockengebiet im Süden der ↑*Great Plains,* in dem Staubstürme in den 30er Jahren zu großer Erosion führten (dramatisiert in J. Steinbecks Roman „Grapes of Wrath"). ↑*Okie.*

Dutch treat. *To go Dutch* bedeutet bei einer Einladung (Restaurant, Kino), daß jeder für sich bezahlt.

Dylan, Bob (geb. 1941). Sänger u. Songschreiber, der großen Einfluß auf die Popmusik der 60er Jahre hatte, weil er die Themen der jungen Menschen (↑*hippies,* ↑*counterculture,* Anti-Vietnamkriegsbewegung) u. der Bürgerrechtsbewegung in seine Songs aufnahm: z.B. „Blowin' in the Wind", „Knockin' on heaven's door". ↑*folkrock.*

E

eagle. Goldmünze mit Bild des am. Adlers (↑*American eagle*), Wert $ 10.00.

Early American. Stilrichtung für Möbel u. Kleidung aus dem frühen 19. Jh.

Earp [ɜːrp], **Wyatt** (1848–1929). Volksheld aus der ↑ *Cowboy-* u. ↑*Frontier*-Zeit, der als stellvertretender ↑*sheriff* u. *U.S. marshal* im Wilden Westen für Ruhe u. Ordnung sorgte; bekannt ist er v. a. wegen der Schießerei am O.K. Corral in Tombstone, Ariz., wo er auch begraben ist (Touristenattraktion).

Easter bunny. Osterhase, der – wie in Deutschland – Eier legt u. versteckt, die die Kinder dann am Ostermorgen suchen.

Eastern Establishment. Bez. f. liberale Politiker u. Geschäftsleute, die meist an den bekannten Hochschulen des Nordostens (Harvard, Princeton) ihre Ausbildung erhielten u. v. a. in den 30er u. 60er Jahren (Roosevelt, Kennedy) die amer. Politik beeinflußten. Mit ↑*Carter,* ↑*Reagan* u. ↑*Bush* gewannen der Süden u. Westen an Einfluß. ↑*liberal,* ↑*Demokratie.*

Eastern seabord. Ostküste der USA.

easy over ↑Eier.

Easy Rider. Kultfilm 1969, der das Lebensgefühl der Jugendbewegung der 60er verkörpert: zwei junge Männer, die mit ihren Motorrädern durch USA fahren auf der Suche nach Spaß u. Freiheit (Rockmusik, Drogen, freie Liebe etc.).

economy. Tarif der Touristenklasse, ähnlich wie ↑*coach.*

Edison, Thomas Alva (1847–1931). Erfinder, seine bekanntesten Erfindungen sind: die Glühbirne, das Mikrophon, der Schallplattenspieler.

editorial. Leitartikel (BE *leader*), meist des Chefredakteurs; andere Meinungsbeiträge erscheinen als ↑*column.*

Education, Department of ~. Seit 1979 als eigenes Ministerium ausgewiesen, obwohl Kultur u. Bildungswesen Sache der Einzelstaaten sind. Das D. of E. verwaltet die vielen Bundesprogramme zur Förderung bestimmter Gruppen (Minoritäten, Behinderte, bilingualer Unterricht) u. betreibt Forschung im Bildungswesen.

educational TV. Kinder-/Schulfernsehen; die USA waren hier Vorreiter mit Programmen wie *Sesame Street, The Lectric Company,* die alle im ↑*public broadcasting* erschienen.

efficiency. (Hotel)Zimmer mit Kochnische bzw. Einzimmerwohnung (↑*apartment*).

Eier sind eine beliebte Frühstücksbeilage; Spiegeleier (*fried eggs*) kommen als *sunny-side up* (einseitig gebraten) o. als (*easy*) *over* (beidseitig leicht gebraten) auf den Tisch. Gekochte E. kommen in einer Schüssel, nicht im Eierbecher; *eggs rancheros* sind scharfgewürzte Spiegeleier mit Ketchup; daneben gibt es zum Frühstück noch Rühreier *(scrambled eggs),* E. mit Schinkenspeck *(bacon and eggs)* o. Schinkeneier (*ham and eggs*). ↑*American breakfast.*

eight-ball. Der schwarze Ball beim ↑*pool*-Spiel, der bis zum Schluß auf dem Tisch bleiben sollte. Ugs. bedeutet *to be behind the eight-ball* ‚in der Klemme sein'.

Einkaufen findet in immer größeren Einkaufszentren (↑*malls*) in den Vorstädten statt, daneben bieten die ↑*department stores,* ↑*drugstores, five &* ↑*dimes* u. ↑*supermarkets* Einkaufsmöglichkeiten, aber es gibt kaum noch kleinere Läden (*stores*). Zum Preis kommt meist noch eine Verkaufssteuer (↑*sales tax*) hinzu.

Einwanderung. Neben den angloschottischen Siedlern aus der Kolonialzeit wanderten vor 1850 hauptsächlich Nordeuropäer (Deutsche, Iren, Skandinavier) ein, die wegen ihrer Sprache o. protestantischen Religion leicht assimilierbar waren (↑*WASP*, ↑*Deutsch-Amerikaner*). Nach 1900 kamen auch Süd- u. Osteuropäer, die v.a. als Industriearbeiter in die großen Städte des Nordostens zogen. Sie wurden diskriminiert (auch durch das Einwanderergesetz von 1921, das für sie nur geringe Quoten zuließ) u. bewahrten in „*Little Italies*", „*Polands*" bis heute eine ethnische Identität (↑*ethnics*). Die ↑*Schwarzen* (seit 1619) wurden als Sklaven hauptsächlich im Süden benötigt, zogen jedoch nach der Befreiung v.a. während der Weltkriege in die Großstädte des Nordostens. Die größte Einwanderergruppe bilden gegenwärtig die Mexikaner (↑*Chicano*) u. ↑*Asiaten* im Südwesten bzw. Westen der USA, v.a. seit das Gesetz 1965 zugunsten nichteuropäischer Einwanderer fairerweise geändert wurde. Das E.-Gesetz von 1990 beschränkt auf öffentlichen Druck hin die E. auf Familienangehörige. Zusätzlich wird einer neuen Kategorie, unabhängig von der nationalen Herkunft, die E. erleichtert: hochqualifizierten Fachleuten für bestimmte Berufe. Ein zusätzliches Kontingent wird durch das Los ermittelt. Insgesamt sollen jährlich bis zu 700000 Einwanderer zugelassen werden. ↑*Ellis Island.*

Einzelstaat ↑state.

Eisenbahn *(railroad).* Der 1. Zug fuhr 1830 von Baltimore nach Ohio. Die E. spielte eine wichtige Rolle bei der Ausdehnung nach Westen nach 1865 (1. transkontinentale Verbindung 1869 durch die *Union Pacific*), weil über sie auch Land verteilt wurde. Durch den ↑*Flugverkehr* wurde die E. im 20. Jh. zurückgedrängt, neuen Aufschwung erhoffte man sich in den 70er Jahren nach der Ölkrise. Um 1971 wurden die vielen Bahngesellschaften zusammengeschlossen zu ↑*Amtrak,* einer staatlich subventionierten Dachgesellschaft, die 4 transkontinentale Linien im Personenverkehr (↑*Superliner*) betreibt, daneben – als echte Konkurrenz zum Flugzeug – den Pendelverkehr im Osten von Boston nach Washington *(Metroliner).* Die Komfortklassen sind denen der Fluglinien angepaßt (↑*roomette,* ↑*club car,* ↑*parlor car,* ↑*coach*). Der Güterverkehr liegt noch bei privaten Gesellschaften. ↑*Verkehr.*

Eisenhower, Dwight David (Ike) (1890–1969). General der US-Armee im 2. Weltkrieg, Oberkommandeur der ↑*D-Day*-Invasion in der Normandie, wurde aufgrund dieser Popularität zum 34. US-Präsidenten (1953–1961) gewählt („I like Ike!") Seine Regierungszeit war geprägt durch die Überflußgesellschaft der 50er Jahre, aber auch durch die Beendigung des ↑*Koreakriegs*, den Beginn der Bürgerrechtsbewegung (↑*Little Rock,* ↑*Birmingham*) u. der Jugendbewegung (↑*flower children,* ↑*Beat Generation*) sowie durch den Kalten Krieg (↑*cold war,* ↑*McCarthyism*).

ELA, *English Language Amendment.* Verfassungszusatz, der die englische Sprache (↑*Am. Englisch*) zur offiziellen Sprache der USA machen soll, was bis jetzt nur in einigen Bundesstaaten der Fall ist. Die ELA-Vorlage dürfte allerdings den Kongreß nicht passieren, da sie bei vielen neuzugewanderten Mexikanern (↑*Latinos*, ↑*Chicano*) als rassistisch, weil gegen die span.-am. Kultur gerichtet, gilt u. allg. keine neuen Rassenprobleme gewünscht werden. ↑*bilingualism.*

Election Day. Wahltag; der Dienstag nach dem 1. Montag im November ist alle vier Jahre für nationale Wahlen festgesetzt, jedoch nicht überall als freier Tag.

elective system. Das System der Kurswahl in der ↑*high school* u. im College. Es wird jeweils von den Abschluß-Voraussetzungen bestimmt (↑*diploma*, ↑*bachelor's degree*), geht aber zurück auf die am. Bildungsziele, nach denen die verschiedenen Fächer grundsätzlich gleichwertig sind (↑*Carnegie unit*, ↑*points system*); hinzu kommen Mindestanforderungen für Hauptfächer (↑*major*) u. Nebenfächer (↑*minor*), eine gewisse Fächerverteilung zur Sicherung einer Allgemeinbildung. ↑*Schulsystem.*

electoral college. Wahlmänner-Gremium, das den Präsidenten u. Vizepräsidenten der USA legal wählt. Die Wähler jedes Bundesstaates stimmen bei der Präsidentschaftswahl theoretisch über die Anzahl der Wahlmänner (↑*electors*) ab, die für einen Präsidentschaftskandidaten dann in das e. c. gesandt werden. Hinzu kommt, daß der Kandidat, der in einem Staat die meisten Stimmen bekommt, dann auch alle Wahlmänner dieses Staates im e. c. erhält. In Wirklichkeit kennt die abstimmende Bevölkerung natürlich die Wahlmänner nicht, sondern stimmt praktisch schon über die Präsidentschaftskandidaten ab, obwohl der formale Entscheid erst später durch Wahlmänner erfolgt. ↑*Wahlen*, ↑*President.*

electronic church. ‚Elektronische Kirche'; religiöse Sendungen in Radio u. Fernsehen. Von den über 6000 privaten Radiostationen sind etwa 1000 zum großen Teil o. ganz in religiöser Hand u. strahlen v.a. radikalchristliche Forderungen, oft zur Unterstützung der ↑*Moral Majority*, aus. ↑*televangelism.*

Elefant. Symboltier der ↑*Republican Party.*

elementary school. Grundschule (↑*Schulsystem*).

Elite-Hochschulen. Die ↑*Zulassung* nur der besten ↑*high school*-Absolventen zieht an manchen ↑*Hochschulen* reiche Geldgeber u. v. a. die besten Professoren nach sich, was bes. auch historisch bedingt zu einer Art Elite-Hochschulen geführt hat. Dazu zählen vor allem die *Ivy League* (‚Efeubund') Hochschulen (Harvard U., Yale U., Princeton U., Columbia U., U. of Pennsylvania, Brown U., Cornell U.). Von den neueren Universitäten haben v. a. die Standford U. (Palo Alto, CA.), das Massachussetts Institute of Technology *MIT* (Cambridge, Mass.), das California Institute of Technology *CALTECH* (Pasadena, CA.), die U. of Chicago, U. of California (Berkeley), U. of Michigan

Weltrang erreicht (die letzteren sind öffentliche Institutionen!).

Ellington, Edward Kennedy (Duke) (1899–1974). Seit den 30er Jahren einer der ganz Großen des ↑*jazz*; Bigbandleader, Pianist, Komponist: „Mood Indigo“, „Satin Doll“, „Sophisticated Lady“.

Ellis Island. Insel in der New Yorker Bucht, bekannt als Einwanderungsinsel, weil dort zwischen 1891 u. 1954 die Einwanderer (20 Millionen!) zuerst registriert wurden; heute als Einwanderungsmuseum renoviert. Die neuen Einwanderer kommen hauptsächlich aus Asien. ↑*L. A.*, ↑*Einwanderung.*

Emancipation Proclamation. Proklamation zur Aufhebung der Sklaverei, von Lincoln 1863 noch während des Bürgerkrieges verkündet. Die Abschaffung erfolgte 1865 (13. Verfassungszusatzartikel); ca. 3 Mill. Schwarze erhielten die Freiheit.

Emerson, Ralph Waldo (1803–1882). Schriftsteller u. Philosoph aus Neuengland, Vertreter des Transzendentalismus (↑*transcendentalism*), der in seinen Essays das Selbstbewußtsein der Menschen zu stärken suchte.

Emmy. ↑*Preise* (Statuetten) für die besten Fernsehproduktionen u. Schauspielerleistungen im Fernsehen; jährliche Verleihung.

Empire State. Spitzname f. den Staat New York, der ihm von G. Washington gegeben wurde.

end run. Manöver beim ↑*football*, wenn der Ball außen um den Gegner herumgetragen werden soll; ugs. ‚taktisches Manöver‘.

endowments. Das Grundkapital, das den ↑*Hochschulen* aufgrund von Stiftungen u. Zuwendungen einzelner sowie von Studiengebühren zur Verfügung steht. Es wird meist an der Börse angelegt. Der Ruf einer Hochschule richtet sich auch nach der Höhe der verfügbaren e.

English muffin. Flaches Hefeteigbrötchen, zum Frühstück getoastet u. mit Butter u. Marmelade bestrichen (↑*Brot u. Gebäck*).

English Only. Eine Bewegung, die sich vor allem gegen den zunehmenden Gebrauch der spanischen Sprache in den Schulen wehrt u. bilinguale Programme ablehnt (↑*bilingualism*). Sie strebt einen Verfassungszusatz an, der Englisch zur offiziellen Sprache in USA macht (↑*ELA*).

enlisted man (e. m.). Bez. f. alle „Nicht-Offiziere“, also Soldaten u. Unteroffiziere.

enrollment. Einschreibung an der Hochschule sowie Einschreibung für den Besuch der einzelnen Lehrveranstaltungen.

Entdeckung Amerikas. Nordamerika wurde um 1000 von den Wikingern unter Leif Eriksson entdeckt, Europa erfuhr von dem neuen Kontinent jedoch erst durch Columbus 1492, der in USA als Entdecker gefeiert wird. Zur Kontroverse über die Folgen der kolumbianischen Entdekkung ↑*Columbus Day.*

entree ['ɑntreɪ]. AE Hauptgericht.

entrepreneur [ˌɑntrəprə'nɜr]. Geschäftsmann o. selbständiger Unternehmer. Er war lange Zeit eine am. Idealfigur, heute steht mehr der *organization man,* der Managertyp, im Vordergrund, der für eine Großfirma arbeitet. ↑*corpocracy.*

environment. 1. ↑*Umweltschutz;* 2. *E.:* Kunstrichtung, die Gegenstände des Alltags in neue Beziehung zueinander setzt. Bei Edward Kienholz, dem Hauptvertreter, soll die neue „Umgebung" herausfordern u. schockieren. Diese Kunst ist eine Mischform aus ↑*Malerei,* Skulptur, Assemblage.

Environmental Protection Agency (EPA). (Bundes)Umweltschutzbehörde, die 1970 gegründet wurde als Gesamtbehörde, die Umweltschäden untersucht, Richtlinien festlegt u. Forschung betreibt. ↑*agency.*

Enzyklopädien u. Nachschlagewerke. Die bekannteste E. ist die *Encyclopaedia Britannica,* die seit 1936 mit jährlichen Ergänzungen in USA gedruckt wird, ferner die *Encyclopedia Americana;* einbändige Ausgaben: *New Columbia Encyclopedia* u. *Random House Encyclopedia.* Wichtige Nachschlagewerke sind die Wörterbücher ↑*Webster* u. *Random House Dictionary;* für Bücher/Zeitschriften: *Subject Guide to Books in Print; New York Times Index; Reader's Guide to Periodical Literature.*

Episcopal Church. Am. protestantische Kirche, die in der Kolonialzeit der *Church of England* angehörte, sich nach der Unabhängigkeit mit eigenem Namen selbständig machte. Die Mitglieder gehören meist der oberen Schicht an u. sind ↑*liberal* eingestellt wie die ↑*Methodisten* u. ↑*Presbyterianer.* Seit 1976 erlaubt sie die Weihe von Frauen zu Priesterinnen u. Bischöfinnen.

e pluribus unum. „Aus vielen zu einem", lateinisches Motto, das sich auf die Vereinigung der ursprünglichen 13 Kolonien zu einem Staat bezieht, steht auf dem Staatswappen u. auf vielen US-Münzen; ursprünglich als Motto erwählt für den *Continental Congress,* die Delegiertenversammlung von 1774–1789, die u.a. über die Kriegsführung im ↑*Revolutionary War,* die Unabhängigkeit u. die am. Verfassung beriet (↑*Declaration of Independence,* ↑*Articles of Confederation*).

equal protection (clause). Gleichheitsprinzip vor Gericht. Die enge Auslegung dieses Verfassungsprinzips (auch für Arme u. Schwarze) hat der Bürgerrechtsbewegung sehr geholfen. ↑*due process.*

equal-time rule. Richtlinie der Kontrollbehörde *FCC* (↑*commission*), wonach politischen Kandidaten im Radio u. Fernsehen die gleiche Zeit zur Verfügung zu stellen ist. ↑*fairness doctrine.*

equity law ['ekwətɪ] ↑Recht.

ERA ['ɪərə], *Equal Rights Amend-*

ment. Verfassungszusatz zur Gleichberechtigung von Mann u. Frau; erstmals im Jahre 1923 im Kongreß eingebracht, 1972 angenommen, aber dann nicht von den notwendigen 38 Staaten ratifiziert, damit erneut durchgefallen. Bekämpft wurde er v.a. von ↑*Moral Majority* u. ↑*pro-family movement.* ↑*Frauenbewegung.*

Eriksson, Leif ↑Entdeckung Amerikas.

Esel. Symboltier der ↑*Democratic Party.*

Essen in USA. Die Am. sind nicht nur die Erfinder der Schnellgaststätten (↑*fast food*), sondern haben auch Restaurants f. die verschiedensten Gerichte u. Gelegenheiten: ↑*American breakfast,* ↑*brunch,* ↑*lunch,* ↑*dinner;* ↑*coffeeshop,* ↑*cafeteria,* ↑*ethnic restaurants,* ↑*deli,* ↑*bar,* ↑*automat,* ↑*diner,* ↑*night club,* ↑*family restaurants.* Überall gilt, daß das Personal sehr stark vom ↑*Trinkgeld (tipping)* abhängt, daß der Gast sich den Platz nicht selbst aussuchen darf (↑*maitre*) u. der Alkoholausschank streng lizensiert ist (↑*drinking age,* ↑*wet,* ↑*dry*). Klimabedingt wird sehr gern im Freien gegessen: ↑*cookout,* ↑*barbecue,* ↑*clambake.* In einigen Punkten weichen die Tischsitten von den europäischen ab (man hält z.B. soweit wie möglich die Gabel in der rechten Hand; das Messer wird gelegentlich zum Schneiden hinzugezogen), aber es wird vom Ausländer nicht erwartet, daß er sich anpaßt. ↑*Brot u. Gebäck,* ↑*cocktails,* ↑*Weine.*

establishment clause. Das Verfassungsverbot der Errichtung einer Staatsreligion. Die strikte Auslegung der Trennung von Staat u. ↑*Religion* geht auf einen Entscheid des Obersten Gerichts von 1947 zurück. Seitdem gibt es immer wieder Versuche, die Religion zumindest in die Schule zurückzubringen. Das Gericht hat aber (seit 1962 bis jetzt) das Schulgebet (↑*school prayer*) abgelehnt sowie die Erlaubnis, die Erschaffungslehre der Bibel neben der Evolutionstheorie zu unterrichten (↑*creationism*), sogar die Freistellung von Schweigeminuten für stilles Gebet. Von vielen wird bedauert, daß Schulbücher somit fast keine Hinweise auf Religion mehr enthalten. ↑*first amendment,* ↑*Bill of Rights.*

ethnic food/restaurants. Nationalitätenrestaurants; ihre Vielfalt ist wie die der Einwanderer ausgeprägter als in Europa, jedoch nach ↑*Region* verschieden: ↑*Mexican-American food,* ↑*soul food,* ↑*Creole,* ↑*Chinese food.*

ethnics. Weiße, die sich als Untergruppe der am. Gesellschaft verstehen, weil sie sich einer kulturell einheitlichen Volksgruppe noch zugehörig fühlen. Dies trifft hauptsächlich auf Polen, Italiener, Iren, Juden zu, weniger auf Deutsche u. Engländer, die als Volksgruppen schon assimiliert sind (↑*WASP*). Dazu das häufig verwendete Adj. *ethnic.* Manchmal bezieht sich der Begriff auch auf ↑*Asiaten* (Chinesen, Japaner) u. Mexikaner (↑*Latinos-Americans*), seltener auf ↑*Schwarze.*

Eurodollar. Bezeichnung für Dollar-Werte, die in ausländischen (bes. europäischen) Banken angelegt sind u. in außeramerikanischen Geldmärkten (London, Zürich) auch weiterverliehen werden; ein wichtiger internationaler Geldmarkt. ↑*dollar.*

European plan. (Hotel)Übernachtung ohne Mahlzeiten (↑*motel*).

Evangelical. 1. Bez. für alles, was „typisch für den Protestantismus" ist; die Bibel (nicht der Papst) ist die letzte Autorität; 2. in USA heute die Bez. f. eine konservativ-protestantische Bewegung, die in manchen gesellschaftlichen Fragen jedoch als nicht ganz so extrem gilt wie der ↑*fundamentalism.* Hauptrepräsentant ist der Prediger Billy Graham.

Everglades. Sumpfland u. Nationalpark im südl. Florida, der wegen seiner ursprüngl. Tier- u. Pflanzenwelt (bes. Alligatoren) berühmt ist.

Exclusionary rule. Entscheidung des Obersten Gerichts (1961), die die Verwendung von Beweismitteln im Gerichtsverfahren untersagt, wenn diese illegal durch die Polizei erworben wurden. Sie stärkt (wie ↑*Miranda rights*) die Rechte des Angeklagten.

executive [ɪg'zekjətɪv]. Die Exekutive; gleichbedeutend mit dem Präsidenten, dem *Chief Executive* (↑*President*). *executive privilege* ist das Recht des Präsidenten, keine Aussage gegenüber dem ↑*Congress* machen zu müssen, da er *nicht* (wie ein europäischer Kanzler/Premierminister) dem Parlament verantwortlich ist, sondern eine eigene Institution darstellt.

expressway. Eine der zahlreichen Bez. f. ↑*Autobahn.*

exterminator. Kammerjäger; in USA notwendiger Beruf, da bes. Termiten u. Schaben (*cockroaches,* v. a. in Slums) verbreitet sind. Vor anderen Insekten schützen sich die Amerikaner selbst durch das allgegenwärtige Fliegenfenster (*moskito screen*).

extra-curricular activities. Veranstaltungsangebote außerhalb des regulären Lehrplans; in der ↑*high school* neben *clubs* (Arbeitsgemeinschaften) u. sportlichen Aktivitäten im Anschluß an den täglichen Unterricht, nach 16 Uhr, auch Betriebsbesichtigungen u. ä.; im College vor allem Hochschulsport, der ja für die gesamte Hochschule u. ihren Ruf von Bedeutung ist (↑*college football*).

F

FAA, *Federal Aviation Agency.* Bundesbehörde f. Luftfahrt(sicherheit) (↑*Flugzeug*).

Fahrenheit ↑Anhang „Maßeinheiten", S. 254.

fairness doctrine. Die ↑*Communications Act* von 1934 legte für Radio u. Fernsehen (nicht Zeitungen) fest, daß bei kontroversen Themen der Gegenseite eine angemessene Vertretung ihrer Ansichten ermöglicht wird. Diese f. d. wurde 1987 von der *FCC* (Kontrollbehörde, ↑*commission*) wieder aufgehoben, da sie die Meinungsfreiheit eher behindere; nicht geändert wurden die Richtlinien zur zeitl.

Gleichbehandlung von Spots f. polit. Kandidaten (↑*equal time rule*).

fairy. Fee. Am. Kinder legen einen ausgefallenen Milchzahn unter ihr Kissen, den die *tooth fairy* nachts durch ein Geldstück ersetzt.

Familie. Die am. Familie besteht nach offizieller Definition aus zwei oder mehr Personen, die durch Geburt oder Heirat miteinander verwandt oder durch Adoption verbunden sind. Dies schließt gegenwärtig homosexuelle F. aus (↑*Homosexualität*). Die Volkszählung von 1990 ergab eine Zunahme an Haushalten ohne Kinder bzw. mit kleiner Kinderzahl. Etwa 30 % aller F. mit Kindern haben eine/n Alleinerzieher/in als Vorstand, bei Schwarzen sind dies 63 %, bei Weißen 25 %, bei Hispanics 35 %. Die Scheidungsrate beträgt etwa 50 % der jährlich geschlossenen Ehen. Seit 1993 kann sowohl der Mann wie auch die Frau einen unbezahlten, aber beruflich abgesicherten Familienurlaub nehmen (*Family and Medical Leave Act*). ↑*Scheidung*, ↑*child care*.

family restaurants. Familienrestaurants bevorzugen Familien mit Kindern, schenken keinen Alkohol aus u. beschränken sich auf Hauptgerichte (↑*steak*, ↑*seafood*).

Far West. Als ↑*Region* Bez. f. die Staaten Kalifornien (↑*California*), Oregon u. Washington. Manchmal wird noch ein Unterschied gemacht zwischen Südkalifornien u. dem Rest, der dann als ↑*Northwest* bezeichnet wird.

fast food (chains/restaurants). Schnellgaststätten, auch Bez. f. deren Gerichte; sie sind besonders seit den fünfziger Jahren als Teil der Massenkultur (↑*Popkultur*) in USA aus dem Boden geschossen (McDonald's hat sich seither weltweit verbreitet, ↑*big boy*). Durch Konzessionen (↑*franchising*) entstehen Gaststättenketten, in denen jede Mahlzeit schnell u. auf die gleiche Art zubereitet wird (↑*hamburger*, ↑*hot dogs*), wobei meist Fleisch o. Fisch in ein Brötchen eingelegt wird (↑*sandwiches*), alles zum Mitnehmen (↑*take-out*), oft sogar direkt vom Auto bestellbar (↑*drive-in*), da sie sich meist an den Ausfahrtsstraßen befinden u. so leicht zugängig sind. Die Namen der Gerichte ändern sich häufig, da immer wieder neue Arten von ↑*ethnic food* als f. f. angeboten werden: *pizzas, tacos, burridos, egg MacMuffins, steaks, chicken, fried-fish;* die *sandwiches* werden umbenannt von *hamburger* zu *cheeseburger, beefburger* usw. Oft wird die Nivellierung der typ. nationalen Speisen beklagt.

Father of the Constitution. Bez. für James Madison (1756–1836), den 4. Präsidenten der USA. Wegen seiner vielen Vorschläge für die Verfassung u. seines Geschicks im Debattieren erhielt er den Titel „Vater der Verfassung". Er war der Mitverfasser der *Federalist Papers* u. trat für eine starke Bundesregierung ein. ↑*Founding Fathers*.

Father's Day. Vatertag, der 3. Sonntag im Juni. Der Tag wurde im Anschluß an den Muttertag eingeführt, stimmt allerdings mit den europäischen „Vatertagen" nicht überein.

Faulkner, William (1897–1962). Romanschriftsteller aus dem Süden, der auch über den Verfall der Sitten im Süden schreibt. Das imaginäre Land ‚Yoknapatapha' ist seinem heimischen Oxford, Miss. sehr ähnlich. Er gewann zweimal den ↑*Pulitzer-prize* (1955, 1963) u. den Nobelpreis (1949) für Meisterwerke wie „The Sound and the Fury", „Light in August".

favorite son. Bevorzugter Kandidat, der von einer örtlichen o. einzelstaatlichen Delegation vorläufig bei einer nationalen Nominierung z. B. als Präsidentschaftskandidat unterstützt wird, damit die Interessen der Delegation vertreten werden, bis eine Einigung auf einen akzeptablen Alternativkandidaten erfolgt. ↑*Wahlen.*

FBI, *Federal Bureau of Investigation.* Die Bundespolizei, die behördlich dem Justizministerium (*US Dept. of Justice*) untersteht. Als nicht uniformierte ↑*Polizei* geht sie vor allem Vergehen/Verbrechen gegen Bundesgesetze (↑*federal courts*) nach. Außerdem verfolgt sie die interne Spionage (im Gegensatz zur externen durch die ↑*CIA*) u. v. a. auch das Gangstertum (↑*racketeering,* ↑*Mafia*) u. öffentliche Korruption. Die illegale Spionage in der Privatsphäre von US-Bürgern durch ihren langjährigen Chef Edgar Hoover führte zu einer Reorganisation durch die Nachfolger. ↑*G-man.*

FCC, *Federal Communications Commission* ↑commission.

FDA, *Food and Drug Administration.* US-Behörde zur Überwachung von Arznei- u. Nahrungsmitteln. Ihre Entscheidungen finden international Beachtung.

Fed. Allg. Abk. für *Federal* ‚Bundes-'; insbes. f. ↑*Federal Reserve Bank* Bundeszentralbank.

federal courts. Bundesgerichte; sie dürfen nur in bestimmten Angelegenheiten tätig werden: 1. Streitfälle, die die Verfassung bzw. Bundesgesetze, Bundesrecht betreffen; 2. Fälle, in denen der Bund o. seine Vertreter (Diplomaten) beteiligt sind; 3. Streitfälle zwischen zwei o. mehr Staaten bzw. Bürgern verschiedener Einzelstaaten; 4. Strafsachen, die Bundesgesetze betreffen. ↑*Justiz,* ↑*Supreme Court.*

federal government. Bundesregierung (↑*administration,* ↑*Regierung,* ↑*President,* ↑*cabinet*).

Federal Reserve Bank, kurz *Fed.* Eine von 12 regionalen Bundesbanken, die die Banken in ihrer Region kontrollieren. Die *Fed,* die Regionalbank des Bereichs N. Y., ist für internationale Währungsangelegenheiten zuständig. ↑*Bankensystem.*

federalism. Bundesstaatlicher Aufbau des Staates; dieser ist in USA durch die ↑*Verfassung* (↑*states' rights*) vorgegeben, die den Einzelstaaten Gebiete wie Polizeiwesen, Erziehung, Wohlfahrt, Gesundheit u. Straßenbau überläßt bzw. alles, was nicht für den Bund verfassungsgemäß festgelegt ist (einschließlich der darin implizierten Rechte, *„implied powers"*). Bund (*union*) u. Einzelstaaten kooperieren in vielen sozialen Programmen. *Federalists* sind entgegen dem deutschen

Sprachgebrauch (Föderalisten) die Vertreter einer starken Zentralgewalt, entsprechend kann f. im AE auch auf Angelegenheiten der zentralen Bundesregierung verweisen (z. B. *federal taxes*).

federalists ↑federalism.

Feiertage. AE *holidays* (BE: *holidays* = ‚Ferien'). Es gibt nur 5 wirklich nationale F. für die gesamte USA: 1. *Neujahr,* 2. *Fourth of July/Independence Day* (Unabhängigkeitstag), 3. ↑*Labor Day,* 4. ↑*Thanksgiving,* 5. Weihnachten (25. 12.). Alle anderen offiziellen „nationalen" F., an denen zwar auch die Behörden u. Banken geschlossen sind, die aber von vielen Geschäften nicht beachtet werden, wurden nach dem Gesetz von 1971 auf einen Montag gelegt, damit ein langes Wochenende zur Verfügung steht: ↑*Washington's Birthday,* ↑*Memorial Day,* ↑*Columbus Day,* ↑*President's Day,* ↑*Veterans Day,* ↑*Martin Luther King Day.* Ferner begeht man (besonders durch Verschicken von Grußkarten): *Valentine's Day,* ↑*Mother's Day,* ↑*Father's Day.* Die Kinder feiern besonders ↑*Halloween* (31. Okt.).

Daneben gibt es noch je nach ↑*Regionen* F. wie ↑*Groundhog Day* o. besondere F. einzelner Staaten: ↑*Mardi Gras* (in ↑*New Orleans*), ↑*St. Patrick's Day* (Boston, Chicago, New York), *Yom Kippur* (jüdisch, New York), *Lincoln's Birthday* (in den meisten Nordstaaten), *E. E.* ↑*Lee's Birthday* (Südstaaten). ↑*Election Day.*

felony ['felənɪ]. Jurist. Bez. für schwere Verbrechen (Mord, Raub, Entführung, Vergewaltigung; ↑*Kriminalität*). Strafe kann dann nicht mehr auf *jail* (Gefängnis), sondern nur auf *prison* (Strafanstalt) lauten. Das Urteil heißt *sentence,* nicht *verdict* (↑*jury*).

feminism. Neuerer Begriff, der heute die ältere Bez. ↑*women's lib* aus den 60er Jahren ersetzt. Die radikaleren Vertreter des *f.* werden auch als ↑*gender feminists* bezeichnet. ↑*Frauenbewegung.*

Fernsehen. Ähnlich wie für die ↑*Nachrichten-Medien* ist für das F. die kommerzielle Ausrichtung (↑*commercial,* ↑*sponsor*) charakteristisch, mit ständigen Unterbrechungen der Sendungen durch Werbespots u. An- u. Absetzen von Sendungen nach Einschaltquoten (↑*Nielsen rating*); Programme für Minderheiten findet man nur beim ↑*public broadcasting* o. auch jetzt beim gebührenpflichtigen ↑*cable television.* Das Fernsehsystem gliedert sich in Senderketten (↑*network*) u. lokale Sender (↑*station*), in manchen Städten mehr als 20 verschiedene, auch solche für öffentliche Gruppen *(public access).* Die Programme haben Einheiten von 30 Minuten, um Platz für Werbespots zu lassen: Spiele, Seifenopern (↑*soap opera*), Situationskomödien (↑*sitcoms*), meisterhaft sind die *talkshows* und die aggressive Berichterstattung bei den nationalen Nachrichten (↑*investigative journalism*), der Samstagmorgen gehört mit ↑*cartoons* den Kindern. Der ↑*TV-code* sorgt dafür, daß „familiengerechte Programme" in dem fast 24stündigen Fernsehtag gezeigt werden. Manche lokale Sender widmen sich ganz dem religiösen Fundamentalismus (↑*fundamentalism*) mit einem Predigertum, das den Europäer befremdet (↑*televangelism*). Möglich sind bis zu 83 Kanäle am Fernseher *(channels)* in dem vom PAL-System abweichenden am. System NTSC. Deshalb bewirken übrigens Überspielungen (Videocassetten!) in Europa andere Farben. Kabelfernsehen ist weit verbreitet (↑*cable television*).

festival. Bez. für ↑*Volksfeste* wie auch für Festspiele/Musik-Festivals. Bekannt ist das *Festival of Arts* in Laguna Beach, CA, bei dem Kunstwerke nachgestaltet werden (↑*pageant*). Bekannte Musik-F. sind das *Newport Jazz F.* (NY; Juni), *Monterey Jazz F.* (CA; Sept.), *Bach F.* (Carmel, CA; Juli), *Aspen Music F.* (Aspen, CO; Aug.), ferner die vielen ↑*square dance*, ↑*bluegrass*, ↑*country music festivals* (bes. in Nashville). Neben den am. Volksfesten sind die vielen Nationalitäten-Feste zu erwähnen (*Swedish Day, Wurstfest, Heidi f., Indian days,* ↑*gumbo f.* in New Orleans) sowie die nationalen volksfestähnlichen Sportveranstaltungen wie ↑*Super Bowl,* ↑*Kentucky Derby,* ↑*Indy 500.*

FHA, *Federal Housing Administration.* Bundeswohnungsbaubehörde, die oft besondere (aber umstrittene) Wohnbauprojekte für Minderheiten bezuschußte.

field goal ↑football.

Fifth Avenue. Berühmte Straße in ↑*New York*, in der sich die besten Geschäfte u. Läden befinden (↑*avenue*).

filibuster [fɪlɪ'bʌstər]. Urspr. Bed. ‚Freibeuterei'. Polit.: Verschleppungstaktik zur Verhinderung von Abstimmungen über ein Gesetz, bes. durch Dauerreden (Vorlesen von Telefonbüchern); als Taktik in der Geschäftsordnung des Senates (↑*Senate*, nicht jedoch des ↑*House*) anerkannt; Senatoren können eine Gesetzesvorlage zu Tode reden *(talk a bill to death)*, solange nicht ein Antrag auf Debattenschluß (↑*cloture*) von zwei Dritteln angenommen worden ist.

Film. Die USA haben die F.produktion praktisch von Anfang an dominiert u. den F. als erstes Land zu einem Massenmedium der Unterhaltung gemacht. Noch um die Jahrhundertwende begann die F.geschichte mit einem Stummfilm, einem *Western* (dem Genre, das eigentlich nie versiegt ist; ↑*Cowboy*). Seit 1911 ist ↑*Hollywood* in Kalifornien das Zentrum des F.machens. Der erste volle Spielfilm war eine Komödie, die das Unterhaltungsmedium des 19. Jh., die ↑*minstrel show*, übernahm. Es folgte die Gründung der großen F.gesellschaften (Metro, Paramount, Fox u.a.); Charlie Chaplin, Buster Keaton, Laurel u. Hardy, Harold Lloyd wurden zu „stars" der Stummfilm-Komödie. Diese wurde durch die Marx Brothers nach Einführung des Tons 1928 weitergeführt. Der Tonfilm machte die Verfilmung von ↑*musicals*, Revue- u. Tanzfilmen (Fred ↑*Astaire*, Ginger Rogers) möglich. Gleichzeitig kamen in den 30er Jahren die Gangsterfilme, Zeichentrickfilme (Walt ↑*Disney* ↑*cartoons*), Grusel- u. Horrorfilme (Dracula, Frankenstein, ↑*King Kong*). Nach der

Einführung des Fernsehens versuchte Hollywood in den 50er Jahren mit besonderen Techniken (Breitwand „*cinemascope*") u. Monumentalfilmen („Ben Hur") das Kino attraktiv zu erhalten u. in den 60er Jahren durch das ↑*New American Cinema* auf gesellschaftliche Veränderungen u. Probleme einzugehen. Insgesamt gab es eine große Umgestaltung in Hollywood, weg vom Studio- u. Atelierbetrieb, dafür Filmen vor Ort. Erst die ↑*special-effects-movies* der 70er u. 80er Jahre brachten Hollywood neue Arbeit für F.- u. Fernsehproduktionen. Der international begehrteste F.preis ist immer noch ein ↑*Oscar* von Hollywood. Amer. F. (vor allem Fernseh-Familienfilme) unterliegen einer strengen Selbstzensur (↑*Filmzensur*). Insgesamt ist eine starke Wechselbeziehung zur ↑*Popkultur* allgemein festzustellen.

Filmzensur. Die freiwillige F. der *Motion Picture Association of America,* deren Kategorien allen Filmanzeigen beigefügt sind, hat folgende Klassifizierung: 1. *G = general audience*: für alle; 2. *PG = parental guidance*: die Beratung der Kinder durch die Eltern ist erwünscht; 3. *PG-13*: Kinder unter 13 in Begleitung eines Erwachsenen; 4. *R = restricted*: f. Jugendliche unter 17 nur in Begleitung eines Erwachsenen; 5. *NC-17* = not for children under 17: nicht für Jugendliche unter 17 Jahren; 6. *X*: nur für Erwachsene. Die Kategorie *NC-17* wurde erst neuerdings eingeführt, weil ein *X-movie* allgemein als Pornofilm verstanden wurde, sollte eine andere bes. Art von Filmen für Erwachsene fördern, bekommt allerdings auch mehr und mehr den Beigeschmack ‚Pornofilm'.

fin ↑cash.

Finn, Huckleberry. Figur in Mark ↑*Twains* Romanen „The Adventures of Tom ↑*Sawyer* u. „The Adventures of H. F.". Ein selbständig denkender Junge, der sich nicht von Vorurteilen beeindrucken läßt. Er läuft von zu Hause weg u. erlebt viele Abenteuer am u. auf dem Mississippi.

first amendment. 1. Zusatzartikel zur ↑*Verfassung,* der die Meinungsfreiheit garantiert. Zensur ist in USA nicht erlaubt; die *FCC* (↑*commission*) muß auch garantieren, daß die Meinungsvielfalt in den Medien erhalten bleibt u. lizensiert daher Fernseh- u. Radiogesellschaften. Journalisten können nicht gezwungen werden, ihre Quellen zu nennen. Verstoß gegen f. a. ist nur strafbar bei erwiesener absichtlicher Verdrehung u. Fälschung von Fakten. F. a. garantiert zugleich die ↑*Religionsfreiheit* u. verbietet eine etablierte Staatsreligion (↑*establishment clause*). Seit der Abschaffung des Schulgebetes (↑*school prayer,* 1962) durch das Oberste Gericht befürchtet jedoch ein Teil der Bevölkerung (↑*Moral Majority,* ↑*Christian Coalition*), daß Religionsausübung in der Öffentlichkeit verboten werden soll. ↑*Bill of Rights,* ↑*fairness doctrine.*

first-class mail. Der Begriff bezeichnet die normale Briefpost im Gegensatz zu Eilbrief, Einschreiben etc.

first floor. Erdgeschoß nach am. Zählung, im BE *ground floor* (↑*apartment*).

First Lady. Die F. L. ist die Frau des ↑*President* (aber auch von Gouverneuren, Bürgermeistern). Sie hat mehr als europäische erste Damen eine repräsentative u. vorbildhafte Funktion vor allem im Hinblick auf Mode u. Medien des Landes, vielfach auch großen (indirekten) politischen Einfluß über die Berater des Präsidenten. Häufig ist auch der Begriff *„First Family"*, der die gemeinsame repräsentative Funktion der Familie des Präsidenten hervorhebt. ↑Onassis, J.

Fisherman's Wharf. Anlegeplatz f. Fischer (Pier 41) in ↑*San Francisco,* der zum touristischen u. kulinarischen Zentrum geworden ist mit Straßenkünstlern, Fischrestaurants u. Marktständen.

fitness training. Viele Elemente der Trimm-dich-Welle in Europa sind in der letzten Zeit aus USA gekommen: *aerobics, jogging, fitness-centers.* Manche der ‚Volkslauf'-Veranstaltungen (↑*New York Marathon*) sind erst kürzlich aufgekommen. Dies zeigt den besonderen Wert, den physische Gesundheit in Amerika hat.

Fitzgerald, Ella (geb. 1918). Schwarze Jazz-Sängerin u. Interpretin von ↑*blues,* ↑*gospel* u. ↑*spirituals,* die in den 40er Jahren in USA bekannt u. international durch ihre Tourneen mit Duke ↑*Ellington* u. Count ↑*Basie* berühmt wurde.

Fitzgerald, F. Scott (1896–1940). Schriftsteller, der das Leben der 20er Jahre (↑*jazz age,* ↑*Roaring Twenties*) in Büchern wie „The ↑*Great Gatsby*" u. „Tender is the Night" schildert.

five & dime ↑dime.

five civilized tribes. Die fünf zivilisierten (Indianer-)Stämme (↑*Cherokee*, Chickasaw, Choctaw, Creek, Seminole), die 1830–1850 aus dem Südosten vertrieben u. nach Oklahoma umgesiedelt wurden, obwohl sie Verfassungen u. Gesetze hatten, die auf denen der USA basierten u. als verläßlich galten. ↑*Indianerkriege.*

Five Nations. Ein Verband von 5 Indianer-Stämmen (Oneida, Onondaga, Mohawk, Cayuga, Seneca) im Gebiet des heutigen Staates New York, oft auch *Iroquois League* genannt, der die Briten sowohl gegen die Franzosen wie auch später (1813) gegen die Amerikaner unterstützte. Ihr legendärer Anführer ↑*Hiawatha* schuf Frieden zwischen verfehdeten Indianerstämmen.

flag, the. Nationalfahne; in USA ein ↑*Staatssymbol* mit bes. Stellenwert. Obwohl das Oberste Gericht das öffentliche Verbrennen der Flagge als Ausdruck von Protest gestattet hat, wird sie doch allgemein sehr verehrt. Sie ist auf Häusern, in Kirchen, Theatern zu sehen, u. v. a. in Schulen, wo Kinder unter der Flagge ihr Gelöbnis für Amerika ablegen (↑*Pledge of Allegiance*). Um die Fahne bildeten sich Legenden wie die von Betsy ↑*Ross.* ↑*Stars and Stripes,* ↑*Star-Spangled Banner.*

Flag Day. 14. Juni; Gedenktag der

Annahme der ↑*Stars and Stripes* als Nationalflagge durch den *Continental Congress* (↑*e pluribus unum*) am 14. Juni 1777.

flapper. Die modische Dame der ↑*Roaring Twenties*, mit kurzem Rock u. damals neuartigen Ideen wie Rauchen u. Partys.

floor leader. Fraktionsführer im Repräsentantenhaus o. Senat (↑*Congress*).

Florida. Der südlichste Bundesstaat, zugleich der einzige mit subtropischem Klima; eine Halbinsel, die sich über eine Inselkette (*Florida* ↑*keys*) in den Golf von Mexiko ausdehnt; bekannt durch seine Zitrusfrüchte und tropischen Früchte, karibische Küche u. besonderen touristischen Attraktionen (↑*Kennedy Space Center*, ↑*Disney World*, ↑*Everglades*). F. ist Altersruhesitz für viele Rentner, ↑*St. Augustine*, FL ist die älteste Stadt der USA; *Miami*, die größte Stadt, ist stark von ↑*Kubanern* u. *Lateinamerikanern* geprägt.

flower children ↑hippies.

flower girl. Kleines Mädchen, das bei der Hochzeit den Brautschleier trägt; allerdings streut man nicht Blumen, sondern Reis.

Fluchen. Als derbe Schimpfwörter bevorzugt das AE Wörter aus dem analen bzw. sexuellen Bereich: *shit, fuck, s.o.b. (son-of-a-bitch).* Diese Wörter sind z.T. recht häufig, werden über Filme auch in andere Sprachen übernommen u. haben meist ihre ursprüngliche Stärke eingebüßt. Daneben gibt es die – ebenfalls in ihrer Bedeutung abgeschwächten – religiösen Fluchwörter: *damn, goddamn, God, hell,* etc.

Flugtarife. Ermäßigungen gibt es als *stand-by fares* (für Personen, die nicht reserviert haben, aber warten wollen, ob die Maschine bei Abflug noch freie Plätze hat), als *no frills* (Billigstflüge mit eingeschränktem Service, keine Mahlzeit), als *package tours* (Pauschalreisen), *round-trips* (Hin- u. Rückflug). ↑*air coach*, ↑*economy.*

Flugverkehr. Das am. Luftverkehrssystem ist das größte der Welt, es betreibt in USA etwa ¾ des öffentlichen Verkehrsaufkommens, u. zwar ganz auf privatwirtschaftlicher Basis. Die Fluglinien *TWA (Trans World Airlines)* u. *PAN AM (Panamerican World Airways)* gehören zu den größten der Welt. Das *Civil Aeronautics Board (CAB*, ↑*commission)* reguliert den F., die *Federal Aviation Agency* (↑*FAA*) überwacht die Flugsicherheit. Das Engagement der USA im internationalen F. wurde durch den Einmann-Flug von Charles Lindbergh von N. Y. nach Paris 1927 gefördert, nach dem 2. Weltkrieg übernahmen U.S.-Firmen praktisch die Versorgung der westlichen Welt mit *Boeing*- u. *Lockheed*-Flugzeugen. 1986 gelang der USA mit „*Voyager*" die erste Weltumrundung ohne Zwischentank. Neben dem Fernverkehr (↑*trunk lines*) sind die Fluglinien gut auf den Nah- u. Pendelverkehr (↑*shuttle service*) eingerichtet sowie auf direkte Zubringerdienste zu Hotels (↑*limou-*

sine). Der Wettbewerb bringt immer neue Preisnachlässe u. ↑*Flugtarife.*

FM, *frequency modulation.* Bez. f. UKW beim Radio; FM bringt meist anspruchsvollere Musik u. ausführlichere Nachrichten- u. Kultursendungen als ↑*AM* (Mittelwelle).

Foggy Bottom. Gebiet, auf dem das ↑*State Department* liegt; übertragen auch für dieses verwendet (Assoziation: *foggy* = neblig).

folk fairs. Jahrmärkte, ↑*Volksfeste,* bei denen handwerkliche Produkte, ländliche o. auch nationale Spezialitäten bei musikal. Unterhaltung angeboten werden. Bekannt ist *Craftsman's Fair* in Asheville, NC im Juli.

folk (music). ‚Volksmusik'; in USA entwickelte sich die auf europäischen Liedern basierende Musik im 20. Jh. kommerziell zum ↑*country and western* u. zu den Protestliedern des ↑*folk rock* der 60er Jahre.

folk (rock). Der Rockmusikstil der 60er Jahre, der volksliedhafte (↑*folk music*) Melodien mit ↑*blues*-Stil u. Rock-Rhythmus verbindet. Er wurde von Bob ↑*Dylan* geschaffen; andere Stars waren Joan Baez o. Peter, Paul and Mary; die Lieder dienten oft als Protestlieder gegen den ↑*Vietnamkrieg* o. als Lieder für die Bürgerrechtsbewegung („Blowing in the wind", „If I had a hammer") u. entsprachen so dem politisch-sozialen Klima dieser Zeit.

Fonda, Henry (1905–1982), Vater von Jane (geb. 1937) u. Peter (geb. 1939). Erfolgreiche Filmschauspieler-Familie: H. F. spielte in Filmen wie ↑„*Grapes of Wrath*", „On Golden Pond"; P. F. in ↑*Easy Rider;* J. F. in „Klute", „The China Syndrome", „On Golden Pond". Sie wurde auch durch ihre Aktionen gegen den ↑*Vietnamkrieg* bekannt u. seit kurzem durch ihre sportlichen Trainingsprogramme.

food stamps. Lebensmittelbezugscheine. Haushalte, die wegen ihres niedrigen Einkommens unter der Armutsgrenze liegen, bekommen entsprechend ihrem Einkommen u. den Personen im Haushalt f. s. für den Kauf von Lebensmitteln im Supermarkt. Ein Programm des Kampfes gegen die Armut (↑*War on Poverty*), das über 20 Mio. Amerikanern zugute kommt.

football. Populärster u. dominierender Ballsport im Herbst, der mit dem Endspiel ↑*Superbowl* an Neujahr abschließt. Ursprünglich war er dem Fußball (↑*soccer*) ähnlich, aber das heutige Spiel ist 1875 aus dem Rugby entstanden (Regeln von W. Camp, dem „Vater" des Spiels). Profi-Liga seit 1921 ist die *NFL (National Football League),* die sich in *American League* u. *National League (Conferences)* mit je 14 Teams gliedert. Der Ball ist wie bei Rugby oval, wird vom ↑*quarterback* entweder selbst nach vorne getragen o. einem seiner 10 Mitspieler gegeben o. zugeworfen, der ihn dann über die gegnerische Endlinie tragen u. so ein *touchdown* (6 Pkte.) erzielen soll. Der Ball kann für einen Extrapunkt noch zwischen zwei H-förmig angeordnete Masten gekickt werden. Meist gelingt es einer Mannschaft bei einem Spielzug (↑*play*) nur, den Ball wenige Meter vorwärtszutragen, sie hat 4 Versuche *(downs)*, um ihn wenigstens 10 *yards* vorwärtszubringen, kann auch ein *field goal* versuchen, wenn der Ball wie ein Fußball zwischen die beiden Masten gekickt werden kann (3 Pkte). Ansonsten muß sie den Ball dem Gegner für seine *touchdown*-Versuche abgeben. Ein spezieller Spieler *(punter)* kickt den Ball weit in das gegnerische Feld; die gegnerische Mannschaft muß nun ihrerseits versuchen, in 4 *downs* 10 *yards* vorwärtszukommen, oder aber ein *touchdown* o. *field goal* zu erreichen. Die eigentliche Spielzeit dauert 60 Minuten, 4 *quarters.* Die Unterbrechungen, während derer der nächste Spielzug im ↑*huddle* festgelegt wird, zählen nicht. Bei der Ballabgabe darf der Ball nicht den Boden berühren; falls ihn ein Spieler fallen läßt *(fumble)*, wird der Gewinn an *yards* nicht anerkannt. Amerikaner mögen das Spiel, weil es List u. Kombination erfordert, den Ball an den gegnerischen Kolossen vorbeizubringen, die mit Blockieren, Stoßen, Umwerfen o. direktem Abfangen *(interception)* zu verhindern versuchen, daß der Ball nach vorne abgegeben wird. Helm u. Wattierung schützen vor übergroßer Härte. Das Spielfeld (↑*gridiron*) ist 120 *yards* lang, 53 *yards* breit. ↑*linebacker,* ↑*linemann,* ↑*pro,* ↑*homecoming.*

Ford, Henry (1863–1947). Gründer der *Ford Motor Company.* Er führte das Fließband zur Massenherstellung von Autos ein u. entwarf selbst das berühmte ↑*Model T*; gilt als das Vorbild für den *self-made man*, den (erfolg)reichen Geschäftsmann.

Fort Knox. Das schwer bewachte Fort in Kentucky, in dem sich die Goldreserven der USA u. vieler anderer Länder befinden. Es hat den Ruf, absolut einbruchsicher u. uneinnehmbar zu sein.

Fortune 500. Die renommierte Liste der 500 größten US-Firmen, die jährlich in der Zeitschrift „Fortune" erscheint.

fortune cooky (auch ~ *cookie*) ↑Chinese food, ↑cookie.

forty-niner. Die Goldgräber, die 1849 im Goldrausch (↑*gold rush*) nach Kalifornien zogen.

foundations. Stiftungen sind wesentliche Elemente bei der Finanzierung von gesellschaftl. Aufgaben (Hochschulen, Forschung, Kultur u. Wohltätigkeit). Sie gehen auf puritanische Gedanken zur Notwendigkeit der geistig-moralischen Bildung zurück, die schon früh zur Gründung von Hochschulen wie Harvard führten, direkter jedoch auf die Ideen von Andrew Carnegie („The Gospel of Wealth"), der es als moralische Verpflichtung ansah, seinen Reichtum der „Besserung der Menschheit" zur Verfügung zu stellen. Ihm sind viele reiche Leute mit der Gründung von Stiftungen gefolgt. ↑*Protestantische Tradition,* ↑*endowments.*

Founding Fathers o. **Founders.** Gründerväter, alle Mitglieder der

Verfassunggebenden Versammlung *(Constitutional Convention)* von 1787. Die bekanntesten sind: J. Adams, B. ↑*Franklin,* T. ↑*Jefferson,* J. Jay, A. ↑*Hamilton,* P. ↑*Henry,* J. Madison, G. Mason, G. Morris u. G. ↑*Washington.* Ihre Schriften haben auch heute noch große Bedeutung für die Auslegung der Verfassung.

Four Freedoms. Vier Freiheiten: Freiheit der Meinungsäußerung, Religionsfreiheit und Freiheit von Not u. von Furcht. Es sind die Prinzipien, die Roosevelt u. Churchill zur Neuordnung der Welt 1941 in der ↑*Atlantic Charter* verkündeten.

four-letter words. Fluchwörter, die im Engl. oft nur aus vier Buchstaben bestehen (*shit, damn, fuck*). ↑*Fluchen.*

frame house. Holzhaus; das typische am. Haus, bei dem zuerst ein Holzbalkenskelett (*frame*) erstellt wird, das dann mit Isoliermaterial u. Verkleidung versehen wird. Allerdings sind nicht alle am. Häuser aus Holz! ↑*clapboard,* ↑*brownstone,* ↑*Baustile.*

franchising ['fræntʃaɪzɪŋ]. Vertrieb von Waren o. Dienstleistungen nach Vorgaben des Herstellers durch selbständige Unternehmer, die auf eigene Rechnung arbeiten, aber über die „Kette" des Herstellers Einrichtung, Werbung, Rezepte u. Waren beziehen (z.B. die McDonald's-Kette). Das Prinzip setzt sich in USA immer mehr durch, bes. nachdem Dienstleistungen (nach dem Niedergang der alten Industrien) zu einem wesentlichen Teil der am. ↑*Wirtschaft* geworden sind.

frank [fræŋk]. Ugs. f. *frankfurter,* heiße Wurst.

Franklin, Aretha (geb. 1942). Schwarze Sängerin, die als „Queen of ↑*Soul*" bekannt geworden ist („Chain of Fools").

Franklin, Benjamin (1706–1790). Politiker, der mit England über die Unabhängigkeit Amerikas verhandelte (einer der ↑*Founding Fathers*); Wissenschaftler, der den heute noch benützten *Franklin stove* erfand, u. Schriftsteller, der durch sein „Poor Richard's Almanach" u. seine Autobiographie berühmt wurde.

fraternities [frə'tɜrnɪtɪz]. Die Studentenverbindungen entstanden im 19. Jh. unter dem Einfluß deutscher Tradition mit ähnlichen Ritualen u. Symbolen; die Mitglieder nennen sich *brothers;* sie sind heute nicht mehr so häufig zu sehen auf dem ↑*campus.* Die Namen bestehen aus griech. Buchstaben (daher auch Bez. *Greek system*); einige widmen sich bes. der Wissenschaft, so geht ↑*Phi Beta Kappa* zurück auf den *Literary Club* der Kolonialzeit. Andere bilden eine Art Kastensystem u. schließen Studierende von Minderheiten aus. ↑*sororities,* ↑*extra-curricular activities.*

Frauenbewegung. Die am. ↑*Verfassung* sprach zwar nur von *„people, persons"*, nicht *„men"*, trotzdem galten nach Auslegung der Gerichte die Grundrechte nur für Männer. Um 1850 kämpften Frauen sowohl für die Abschaffung der Sklaverei wie auch für Frauenrechte, aber die neuen Verfassungszusätze (Nr. 14 u. 15) von

1868/70 gaben Bürgerrechte u. Wahlrecht nur männlichen Schwarzen, nicht aber Frauen, die die Staatsbürgerschaft erst 1900, das Wahlrecht 1920 erhielten. Erst die ↑*Bürgerrechtsgesetzgebung* von 1965 (↑*civil rights*) schloß Diskriminierung aufgrund des Geschlechts *(sex)* aus; hinzu kamen ein Gesetz über gleichen Arbeitslohn (*Equal Pay Act* 1963) u. eine Richtlinie zur kompensatorischen Einstellung von Unterprivilegierten (↑*affirmative action*), die zur Verbesserung der Einstellungschancen geführt hat. Frauen stellen z.Zt. 40% der Arbeitskräfte, sie sind in allen Berufen vertreten, auch beim Militär; die Abhängigkeit vom Vorstadt-Ghetto (↑*suburb*) der 50/60er Jahre ist überwunden. Durch ein neues Gesetz (Family and Medical Leave Act, 1993) wird die Betreuung von Kindern durch arbeitende Eltern ohne berufliche Nachteile ermöglicht. Bei Schwangerschaft kann die Frau auch nicht mehr entlassen werden. Andererseits sind die Kosten für Kinderbetreuung (↑*child care*) privat zu bezahlen; Teilzeitarbeit ist kaum möglich, u. Urlaubstage sind insgesamt auf ca. 2 Wochen beschränkt. Ungelöst ist das schwierige Problem der schwarzen Teenager-Mütter in den Ghettos (↑*AFDC mothers*).

Die F., die mit der Bürgerrechtsbewegung in den 60er Jahren entstand (↑*women's lib*), hat den erstrebten Verfassungszusatz zur völligen Gleichstellung nicht erreicht (↑*ERA*), der wie viele Forderungen radikaler Feministinnen (↑*Abtreibung*, ↑*Homosexualität*) von traditionellen Frauenorganisationen wie ↑*pro-familiy* auch bekämpft wurde. Aber in der offiziellen Sprache wurden bes. Bezeichnungen für Berufe, die bisher auf ein Geschlecht beschränkt waren, geändert (↑*Sexismus u. Sprache*); in die politische Diskussion traten Themen wie ↑*sexual harassment (sexuelle Belästigung)*, Vergewaltigung (in der Ehe) sowie die globale Sex- u. Pornoindustrie. ↑*Frauenliteratur*, ↑*clubs*.

Frauenliteratur. Durch die ↑*Frauenbewegung* der 60er Jahre entstand eine bewußt feministische Literatur (etwa mit Sylvia Plath „The Bell Jar", 1963), in der die Rollen der Frau als Mädchen, Mutter, Ehefrau im Alltag einer patriarchalischen Gesellschaft im Vordergrund stehen, teils polemisch, teils psychologisch-realistisch beschreibend. 1983 wurden die höchsten am. lit. Preise an Frauen verliehen (A. Walker, M. Norman, G. Naylor, Eudora Welty). Bekannte Schriftstellerinnen u. erstklassige Geschichtenerzählerinnen sind A. Beattie, J. Didion, E. Hardwick, B. A. Mason, J. C. Oates, G. Paley, A. Tyler, Tony ↑*Morrison*. ↑*Literatur*.

free press. Alternative Presse für bes. Gruppen, die von der normalen Zeitung (meist nur eine pro Stadt) nicht angesprochen werden, z.B. „Village Voice", „Radical America", „New Age".

free school. Eine Sonderform der privaten Grundschule (auch *alternative school* genannt), die bes. von 1968–1975 mit antiautoritären Schulmodellen experimentierte im Sinne einer „*informal education*"; die Bewegung verlor in den 80er Jahren mit dem Ruf nach ↑*back-to-basics* an Bedeutung.

Freedom of Information Act ↑privacy right.

freedom riders. Jugendliche, bes. Studenten aus dem Norden, die sich im Sommer 1961 demonstrativ in Bussen mit Schwarzen solidarisierten, um so im Süden gegen die Rassentrennung in Transportmitteln zu protestieren. ↑*Jim Crow laws.*

Freedom Trail. Touristenweg in der Bostoner Innenstadt, der über 8 km an 16 Sehenswürdigkeiten aus der am. Geschichte (Unabhängigkeitskrieg) vorbeiführt.

freeway. Eine der zahlreichen Bez. f. ↑*Autobahn.*

french fries ↑Kartoffeln.

french toast. Entspr. dt. „Armer Ritter"; Toastbrot, das in Tunke aus Milch u. Eiern getaucht u. beidseitig gebraten wird. Am. Frühstücksbeigabe (↑*American breakfast*).

freshman. Student o. Studentin des 1. Jahres in College (↑*Hochschulen*) o. ↑*high school*; allg. Ugs.: Neuling.

Friedan, Betty (geb. 1921). Feministin, die durch ihr aufsehenerregendes Buch „The Feminine Mystique" (1963) die moderne am. ↑*Frauenbewegung* inspirierte, indem sie die überkommene Rolle der Frau als Nur-Mutter u. -Hausfrau in Frage stellte.

Friedman, Milton (geb. 1929). Wirtschaftswissenschaftler an der bekannten University of Chicago, der Hauptvertreter des Monetarismus (↑*monetarism*), der auch die Politik der ↑Reagan-Regierung beeinflußt hat (↑*Reaganomics*).

from rags to riches. ‚Vom Elend zum Reichtum', am. Slogan, der durch den typischen Handlungsablauf der Bücher von ↑*Horatio Alger* bekannt wurde, in denen der Held durch Tugend u. harte Arbeit sich aus dem Nichts zu Reichtum hocharbeitet; gleichzeitig das Ideal des ↑*American dream* u. des ↑*self-made man.*

frontier [frʌnˈtɪər]. Gebiet an der Siedlungsgrenze, in USA seit jeher das Land westlich des bewohnten Gebietes, da das Land von Osten her durch Europäer erschlossen wurde. Es gibt 2 Perioden: a) 1600–1860 (bes. 1750–1830), als das Gebiet westlich der Appalachen erschlossen wurde von den Siedlern der Ostküste, die selbst über das Meer ständig Kontakt mit Europa hatten. Im Grenzland der ↑*Trapper u. Pfadfinder* war der Mensch im Kampf gegen die Wildnis auf sich selbst gestellt; b) die eigentliche f.-Periode des *Wild West* 1860–1890, in der das Land westlich des Missouri erschlossen wurde u. in der es noch keine staatliche Verwaltung gab (↑*Cowboy,* ↑*Westernhelden*).

Frontier bedeutet im AE auch ‚bahnbrechend', weil die f.-Periode zu vielen Erfindungen von einzelnen führte, die ganz auf sich selbst gestellt waren. Daher wandte ↑*Kennedy* den Slogan von ↑*New Frontier* auf seine Amtszeit an, in der die USA neue Grenzbereiche der Wissenschaft erobern sollte (z. B. den Weltraum).

Frost, Robert (1874–1963). Hervorragender u. beliebter Dichter aus Neuengland, der die dortige Natur u. einfache ländliche Menschen darstellt („Stopping by Woods on a Snowy Evening").

frost belt (‚Frostgürtel'), *snow belt* (‚Schneegürtel'), o. *rust belt* (‚Rostgürtel'). Bez. für das Gebiet der verarbeitenden Industrie des Nordostens (↑*manufacturing belt*), der in der letzten Zeit gegenüber dem ↑*sunbelt* Industrien u. Menschen verloren hat. Allerdings hat der Nordosten seit kurzem unter dem Einfluß der neuen Technologien wieder an Bedeutung gewonnen.

Frühstück ↑American breakfast, ↑Continental breakfast.

Fulbright Program. Das bekannteste internationale Austauschprogramm der USA (mit Stipendiaten aus z. Zt. 130 Ländern), benannt nach Senator William James Fulbright (1905–1995).

fumble ↑football.

fundamentalism. Fundamentalismus; die Anhänger dieser konservativen Richtung des Protestantismus teilen mit den ↑*Evangelicals* die strenge wörtliche Bibelauslegung entsprechend den „*Fundamentals*" (Streitschrift von 1910–1912); sie sind auch anderen protestantisch-konservativen Gruppen wie den ↑*Pentecostals* ähnlich, haben aber bes. nach 1980 politisch über die ↑*Moral Majority* durch ihre radikal-christlichen Forderungen noch mehr Aufmerksamkeit erregt (↑*creationism*, ↑*school prayer*, ↑*Homosexualität*, ↑*Abtreibung*). Ihr Einfluß über die Medien (↑*electronic church*, ↑*televangelism*) ist bes. im Süden u. Westen groß.

funeral parlor. Bestattungsinstitut. Tote liegen einige Tage im f.p. im offenen Sarg für Besucher aus; dort gibt es meist auch eine Kapelle für die Bestattungsfeier.

Fünfziger Jahre; ↑baby-boomers, ↑Beat generation, ↑Birmingham, ↑cold war, ↑Eisenhower, ↑flower children, ↑Koreakrieg, ↑Little Rock, ↑McCarthyism, ↑suburb rock.

funnies (o. ↑*comics*). Der Comic-Teil der Zeitung. Die Entwicklung der Massenblätter ist eng verknüpft mit der Einführung der Comics in der Zeitung (*the Yellow Kid*, ↑*yellow journalism*), sie sind auch heute für manche Am. ein Hauptgrund zum Zeitungskauf. Die f. bestehen meist aus einer Bilderserie *(comic strip)* mit lustigen Szenen aus dem Alltag, Humor, Abenteuer-Fortsetzungen. Am bekanntesten sind wohl die „Peanuts" von Ch. Schulz. ↑*cartoon.*

funk. Hauptstilrichtung der ↑*pop music* der 70er Jahre; eine Tanzmusik mit regelmäßigem, schwerem Beat. *Funky* bezeichnet im Jazz einen einfachen, direkten, emotionalen Stil.

futures *pl.* Wirtsch.: Termingeschäfte auf der Warenbörse. Sie werden bes. auf der *Chicago Mercantile Exchange* gehandelt, die unter Verwischung der Grenzen zwischen Waren u. Aktien auch Termingeschäfte mit ↑*bonds*,

Devisen u. Aktien abwickelt u. so zur Konkurrenz der ↑*Big Board* in N.Y. wurde.

Föderalismus ↑federalism.

G

Gadsden Purchase. Kauf von mexikanischem Gebiet (um das heutige Tucson, Ariz.) durch James Gadsden 1853, der damals US-Botschafter in Mexiko war.

Gallup ['gæləp]. Ort in New Mexico, an dem die jährlichen Indianerzeremonien „*Intertribal Indian Ceremonial*" stattfinden.

Gallup poll. Periodische Meinungsumfrage des *Gallup*-Marktforschungsinstituts (Gründer G. Gallup), neben ↑*Harris survey* u. ↑*Roper poll* die bekannteste in USA. ↑*poll.*

gambling. Glücksspiel; in den meisten Gemeinden u. Städten ist g. verboten, was wohl zur Übernahme durch die ↑*Mafia* führte, ähnlich wie bei ↑*Prohibition* (Verbot von Alkohol) u. ↑*Prostitution.* Die offiziellen Regelungen sind noch stark vom Puritanismus beeinflußt u. führen dazu, daß Glücksspielzentren wie Las Vegas u. Atlantic City besonders attraktive Reiseziele sind u. daß auch lokal noch viele illegale Wetten (↑*bookmaking*) stattfinden. Mehrere Staaten haben inzwischen staatliche Lotterien eingeführt. Kasinos sind auf Flußdampfern u. in indianischen Reservaten zugelassen.

Gangs. Die bekanntesten Jugendbanden sind die *Crips* u. die *Bloods* der Subkultur von Los Angeles, die untereinander u. mit der Polizei, teilweise mit AK-17-Maschinenpistolen bewaffnet, eine Art Guerilla-Kampf führten. Die Mordrate des Bandenkrieges lag 1990 in ↑*L. A.* bei 329 Toten, 98 waren es in ↑*Chicago.* Die G., die es inzwischen auch in anderen Großstädten der USA gibt, begehen schwere ↑*Verbrechen* wie Mord, Raub, Überfall u. Drogenhandel. 1989 wurde in einer Umfrage in 45 Städten die Zahl der G. auf 1500 u. die der Mitglieder auf 120000 geschätzt. Die Mitglieder gehören meist ethnisch getrennten Gruppen an, hauptsächlich Schwarze, Latinos u. asiatische Amerikaner. In manchen Gemeinden wird zur Vermeidung von Gewalt durch G. ein nächtliches Ausgehverbot für Jugendliche erlassen. Das generelle Verbrechensbekämpfungsgesetz von 1994 (*Omnibus Violent Crime Law*) hat sehr strikte Maßnahmen gegen Bandenkriminalität eingeführt: Bei Personen, die Kinder zum Drogenhandel benützen, wird die übliche Strafe verdreifacht; Jugendliche können ab Vollendung des 13. Lebensjahres vor Gericht als Erwachsene behandelt u. bestraft werden. ↑*Waffentragen,* ↑*Kriminalität.*

garage sale [gə'rɑːʒ...], auch *yard sale* o. *jumble sale.* Verkauf von gebrauchten Gegenständen auf dem Hof o. Grundstück des Eigentümers. Da Amerikaner häufig umziehen, verkaufen sie vorher gerne die gebrauchten Gegenstände in Eigenregie.

gas, *gasoline.* Benzin; *gas station* Tankstelle; *gasoil* Diesel; *regular* Normalbenzin (meist bleifrei, *unleaded*); *premium* Super-Benzin. Benzin wird nach Gallonen (*gallon*) gemessen, Öl nach *quarts* (1 qt. = 0,9 l, ↑Anhang „Maßeinheiten“, S. 254).

gay rights ↑Homosexualität.

GATT *(General Agreement on Tariffs and Trade).* Internationale Vereinbarung zwischen den Handelsmächten zum Abbau von Handelsbarrieren. Die erste Runde kam nach dem 2. Weltkrieg zustande, die 8. Runde der Vereinbarungen, die sog. *Uruguay Round* schuf 1993 eine neue Handelsorganisation zur Durchsetzung der Vereinbarungen, die *World Trade Organization (WTO).* Kompromisse mußten bes. zwischen USA u. EU bei der Liberalisierung des Agrarhandels u. der Medien erzielt werden, d.h. in Bereichen, in denen in Europa ein zu großer Einfluß der USA (Film, Fernsehen, Musik) befürchtet wird.

Gedenkstätten werden meist vom *National Park Service* verwaltet u. sind wie die ↑*national parks* als Reiseziele berühmt: im Westen vor allem die Geisterstädte (↑*ghost towns*) wie Dodge City, Kans., u. Tombstone, Ariz., aus der Zeit des Wilden Westens; im Osten historische Denkmäler in u. um Boston (*Freedom Trail,* Gebäude aus dem Unabhängigkeitskrieg, Plymouth, wo die Mayflower 1620 anlegte), Philadelphia (*Independence Hall, Liberty Bell, Valley Forge* aus dem Unabhängigkeitskrieg), ↑*Williamsburg,* das besterhaltene Dorf aus dem 18. Jh., Schlachtfelder aus dem Unabhängigkeitskrieg u. bes. aus dem Bürgerkrieg (z.B. „*Cylorama*“ in Atlanta mit Schlachtszenenpanorama), New Orleans mit seinem franz. ↑*Vieux Carré,* San Antonio mit dem ↑*Alamo* als Erinnerung an den Kampf um die Unabhängigkeit von Mexiko, *Taos Pueblo* u. ↑*Mesa Verde* als ↑*Indianerstätten,* die ↑*missions* als Bauwerke der span. Christianisierung in Kalifornien.

gefährliche Pflanzen ↑poison ivy.

Geld. Neben Bargeld (↑*cash*) erfolgt die Bezahlung meist mit der Kreditkarte (↑*credit card*) o. mit *travelers* ↑*checks.* Der Grund dafür liegt im am. ↑*Bankensystem,* das Einzelbanken auf kleine Regionen beschränkt, so daß andere ‚nationale‘ Systeme wie Kreditkarten o. die versicherten Reiseschecks einspringen müssen. Bei Bestellungen über die Post werden auch im voraus (!) persönliche Schecks bzw. ↑*money orders* zugelassen, oder aber die Lieferung erfolgt per Nachnahme (↑*C.O.D.*). In den Supermärkten befinden sich oft Geldautomaten für mehrere Banken. ↑*drive-in,* ↑*dollar,* ↑*ATM,* ↑*Certificate of Deposit.*

Geldbezeichnungen ↑cash.

gender. Geschlecht. Neben der Bedeutung ‚grammatisches Geschlecht von Wörtern‘ (männlich, weiblich, sächlich) übernimmt das Wort zunehmend die Bedeutung ‚natürliches Geschlecht‘ bes. in bezug auf ‚geschlechtsbezogene Diskriminierung von Menschen‘, wo das Wort ‚sex‘ irreführend ist. ↑*feminism.*

general delivery. Postlagernde Sendungen; man schreibt: *c/o general delivery.* ↑*Postal Service.*

Georgetown. Alte, wohlhabende u. kultivierte Vorstadt von Washington, D.C.

Georgian style. ↑*Baustil* (nach George I–III); Backsteinbauten mit hellen Fenstern u. Türen, typisch für die Herrschaftshäuser (*plantation houses*) des Südens, soweit sie nicht im altgriech. Stil mit Säulen gebaut sind (↑*Greek revival,* ↑*ante-bellum mansion*).

Gerichtsverfahren. Das am. ↑*Recht* baut wie das engl. große Hürden vor der Verurteilung auf: *arrest warrant* (Haftbefehl), Rechtsbescheid über Aussageverweigerung, ↑*Habeas Corpus* (Haftüberprüfung), *preliminary hearings* (Vorverhandlung) mit *indictment* (Anklageschrift mit Auflistung der Anklagepunkte). Danach ist eine weitere Vernehmung (*arraignment*) nötig, bei der der Angeklagte auch ein Schuldgeständnis auf ein geringeres Vergehen aushandeln kann (↑*plea bargaining*). Erst danach beginnt das Hauptverfahren mit Auswahl der ↑*jury* und deren *verdict* (Urteilsspruch ‚schuldig/nicht schuldig') vor der Verurteilung (*sentence*) durch den Richter (↑*justice*).

Gerichtswesen ↑Recht, ↑Justiz.

Geronimo (1829–1909). Häuptling der Apatschen, der bei der Abschiebung seines Stammes in ein Reservat durch seinen Widerstand zu einem Helden der ↑*Indianer* wurde. ↑*Persönlichkeiten in Geschichte u. Legende.*

gerrymandering ['dʒerɪmændərɪŋ]. Abwertende Bez. f. die unfaire Einteilung von Wahlbezirken, durch die sich eine Gruppe oder Partei einen Vorteil verschaffen möchte.

Gershwin ['gɜrʃwɪn], **George** (1899–1937). Komponist, der den „sinfonischen Jazz" entwickelte; schrieb u.a. die Oper ↑*Porgy and Bess*, die Orchesterwerke „Rhapsody in Blue", „An American in Paris" u. viele beliebte Lieder.

Geschichte. Die am. G. läßt sich in folgende Phasen gliedern:

1. Kolonialzeit: Errichtung der 13 Kolonien u. der englischen Traditionen (1607–1776): ↑*Jamestown,* ↑*Plymouth Colony,* ↑*Thirteen States,* ↑*Puritans,* ↑*Protestantische Tradition.*

2. Unabhängigkeitskrieg u. Staatsgründung (1776–1800): ↑*Revolutionary War,* ↑*Declaration of Independence,* ↑*Verfassung,* ↑*federalism,* ↑*states' rights.*

3. Ausdehnung nach Westen, Bürgerkrieg mit dem Süden (1800–1890): ↑*Louisiana Purchase,* ↑*Gadsden Purchase,* ↑*War of 1812,* ↑*Mexican War,* ↑*Indianerkriege,* ↑*Spanish-American War;* ↑*Missouri Compromise,* ↑*Civil War,* ↑*Reconstruction,* ↑*Emancipation Proclamation,* ↑*frontier,* ↑*Cowboy,* ↑*Indianer,* ↑*rugged individualism,* ↑*Monroe Doctrine,* ↑*isolationism.*

4. Dämpfung des am. Optimismus durch die sozialen Probleme der Industrialisierung u. des 1. Weltkriegs (1890–1920): ↑*Progressivism,* ↑*labor unions,* ↑*robber barons,* ↑*Einwanderung,* ↑*Weltkriege.*

5. Lebensfreude in den 20er Jah-

ren: ↑*jazz age*, ↑*dixieland*, ↑*boogie*, ↑*black bottom*.

6. Wirtschaftskrise, Depression u. New Deal: ↑*Black Friday*, ↑*Great Depression*, ↑*New Deal*, ↑*Pearl Harbour*, ↑*Weltkriege*.

7. Wohlstand der Nachkriegszeit, Kalter Krieg (1945–1962): ↑*suburb*, ↑*MacCarthyism*, ↑*cold war*, ↑*baby boomers*.

8. Aufruhr der 60er u. 70er Jahre: ↑*War on Poverty*, ↑*Bürgerrechtsgesetzgebung*, ↑*Great Society*, ↑*Vietnamkrieg*, ↑*counterculture*, ↑*Black power*, ↑*women's lib*, ↑*Watergate*.

9. Die 80er u. 90er Jahre sind innenpolitisch geprägt von den weiterhin ungelösten Problemen der ↑*underclass* u. d. ↑*Kriminalität*, außenpolitisch vom Ende des Kalten Kriegs (↑*cold, war*, ↑*Abrüstung*) u. der neuen Rolle der USA als einziger Supermacht nach dem Zusammenbruch der Sowjetunion (↑*Golfkrieg*, ↑*Militär*).

Gesellschaft. Die „bessere" G. (*establishment*) achtet auf die Einführung ihrer Töchter in die G. (↑*debutante*) u. die Einträge ins ↑*Blue Book*. Sie gehört meist zu ↑*country clubs*, von denen einige auch politisch einflußreich sind. Alle Amerikaner feiern gesellschaftl. Anlässe mit ↑*showers* (*wedding shower, baby shower*). Junge Leute haben ihre eigenen Bräuche entwickelt, bes. das ↑*dating*.

Die neuere gesellschaftliche Entwicklung läßt sich gut an einigen Schlagwörtern aufzeigen: ↑*baby boomers*, ↑*Beat Generation* (1950ff); ↑*hippies* (1960ff); ↑*yippies* (1965ff); ↑*yuppies* (1980ff), *simple life* – vom Aufbegehren gegen die etablierte G. bis hin zu Karrierebewußtsein u. unabhängigem Luxusleben u. zurück zum einfacheren Leben. Der idealtypische Am. soll kontaktfreudig (↑*mixer*, ↑*joiner*), nicht aber drückebergerisch (↑*quitter*) sein.

Gesetzgebung ↑bill, ↑act, ↑veto, ↑lobbyism.

Getränke ↑Bier, ↑Wein, ↑cocktails, ↑soft drinks, ↑liquor, ↑Kaffee.

gesundheit [gə'zundhaɪt]. Man sagt „g.!" in USA, wenn jemand geniest hat.

Gettysburg Address ↑Lincoln.

Gewerkschaften (AE *labor unions*). Am. G. waren zunächst Berufsverbände *(crafts unions)*, zu Beginn des 20. Jh. gab es eine radikale G. der Bergwerks- u. Textilarbeiter, die *IWW* (↑*Wobbly*, ↑*leftists.*). G. als industrielle Dachverbände entstanden während des ↑*New Deal* auf der Basis der *Wagner Act* mit dem Ziel, Tarifverhandlung *(collective bargaining)* zu ermöglichen. Den G. fehlt der sozialistische historische Hintergrund europäischer G. Sie sind Interessenvertreter meist nur für Lohnverbesserungen u. ganz antikommunistisch eingestellt. Die beiden großen Verbände *AFL* u. *CIO* schlossen sich 1955 zur ↑*AFL/CIO* zusammen. Die meisten Einzelverbände nennen sich *„international"*, weil sie auch kanadische Verbände mit einschließen. Der größte Einzelverband im *AFL/CIO* ist *United Auto Workers (UAW)*. Die *Teamsters* (Transportarbeiter-G.), eine als korrupt bekannte u. mächtige G., ist selbständig.

Die G., denen heute nur noch ca.

25 % der Arbeitnehmer angehören, werden oft wegen ihrer *„seniority rules“* (Beförderung u. Entlassung nach Länge der Betriebszugehörigkeit) kritisiert, die die Eingliederung der Minoritäten erschweren u. zu deren übermäßigem Anteil an der Arbeitslosigkeit beitragen. ↑*Closed shops* (G.spflicht für alle Arbeitnehmer), nicht aber ↑*union shops* (G.spflicht f. Neueingestellte) sind seit 1947 verboten; vielfach, bes. im Süden, gibt es keine G., was manche Betriebe dahin zieht; ebenso fehlen G. im Dienstleistungssektor, wo die Löhne niedrig sind, aber die Zahl der Arbeitsstellen ist hier ohne G. sogar gestiegen. Streiks sind zwar häufiger als in der BRD, aber meist lokal begrenzt. Die G. versuchen, mit ↑*picketing* die Öffentlichkeit vor Supermärkten etc. auf die Belange der Arbeitnehmer aufmerksam zu machen. Die Öffentlichkeit hat umgekehrt häufig durch Boykott bestimmter Waren die G. unterstützt o. die Schaffung einer neuen G. ermöglicht (z.B. die der saisonalen Landarbeiter von C. Chavez).

Ghost Dance ↑Indianerreligion.

ghost towns. Alte Bergwerksorte (Silber- u. Goldminen) aus der Zeit des Goldrausches (↑*gold rush*) 1849–1890, am bekanntesten ist Tombstone, Ariz., das auch als Westernstadt mit den „Gedenkstätten“ für die Schießereien von Sheriff W. ↑*Earp* am ↑*O.K. Corrall* Touristen anzieht. Ähnliche Orte gibt es in Nevada, Kalifornien, Colorado.

GI, *government issue.* „Ausrüstungsstück der Regierung“ = Soldat.

GI-Bill of Rights. Versorgungsgesetz für Kriegsveteranen des 2. Weltkriegs. Das Gesetz half ihnen finanziell beim Kauf von Häusern, Farmen, bei der Aus- u. Weiterbildung (Schule, Universität), Arbeitslosigkeit usw. Es hat in vieler Hinsicht zu einer wirtschaftlichen Belebung beigetragen u. die Rolle der Bundesregierung in Sozialfragen betont.

GI Joe. Der am. Soldat, bes. im 2. Weltkrieg; heute auch eine dem Soldaten nachgebildete Puppe für am. Kinder. Die Soldatin bzw. die weibliche Puppe heißt *GI-Jane.*

Gideon Bible ['gɪdɪən...]. Die Bibel, die in jedem Hotel/Motel ausgelegt ist von der *„Gideon's International“*, einer interkonfessionellen Gesellschaft von christlichen Geschäftsreisenden.

Gillespie [gɪ'lespi], **Dizzie** (geb. 1917). Jazz-Trompeter, der zusammen mit Charlie ↑*Parker* den ↑*bebop* erfand.

Ginsberg ['gɪnzbɜrg], **Allen** (geb. 1926). Führender Dichter der ↑*Beat Generation* der 50er Jahre, der die am. Gesellschaft wegen ihres Materialismus kritisierte („Howl“).

GM, *General Motors Co.* Der größte Autohersteller der Welt; an 2. Stelle liegt Ford (USA u. weltweit).

G-man, *government man.* Agent des ↑*FBI*, auch *fed* genannt.

GNP, *gross national product.* Brutto-Sozialprodukt (BSP).

Go west, young man. Ein im Osten der USA um 1850/1860 verbreiteter Spruch, der auf die neuen Möglichkeiten im Westen hinwies. Der Spruch soll auf Horace Greeley, einen Journalisten der „New York Times", zurückgehen.

gobbledygook [ˌgabəldɪ'gʊk]. Bez. für die wortreiche u. pompöse, aber für den Laien unverständliche o. irreführende Sprache in offiziellen Verlautbarungen; geprägt von dem texan. Kongreßabgeordneten Maury.

gold rush. Der fieberhafte Ansturm auf die Orte, an denen Gold gefunden wurde: ab 1849 ↑*California*, später Colorado (1858/59) u. dann zum Klondike (Kanada) 1897/98.

Golden Gate Bridge. Berühmte Brücke, die die Bucht von ↑*San Francisco* überspannt, erbaut 1933–1937. Trotz Absperrungen werden immer wieder Selbstmorde von der Brücke aus begangen.

Golden Globe Award. Auszeichnung für schauspielerisches Können bei Film oder Fernsehen. Der Preis ist oft eine Vorstufe für einen späteren ↑*Oscar* oder ↑*Emmy.*

Golfkrieg (Gulf War). Im Januar u. Februar 1991 befreite die USA zusammen mit Alliierten im Auftrag der UNO das erdölreiche Land Kuwait, das von Irak überrannt worden war. Bei der Aktion ↑*Desert Storm* erlitt die USA nur geringfügige Verluste (376 Tote). Nach dem Zusammenbruch der Sowjetunion sah sich die USA als die einzige Supermacht, die den Despoten Saddam Hussein stoppen konnte. Nach dem inneram. Dissens über den ↑*Vietnamkrieg* (1964–1973) bot der G. die Gelegenheit, stolz einen „gerechten Krieg" zu feiern. Aber auch der G. ist nicht unumstritten (Kriegsziel, Berichterstattung, Vorgehen gegen die Zivilbevölkerung).

Gone With the Wind. „Vom Winde verweht"; Roman von Margaret Mitchell (1936) über die Zeit des am. Bürgerkrieges im Staate Georgia, der bes. durch seine Verfilmung (1939) international bekannt wurde. Die Handlung lebt von seinen Helden: Scarlett O'Hara, einer schönen Frau mit starkem Willen, u. dem ebenso attraktiven u. zielbewußten Rhett Butler. Der Film zeigt bes. eindrucksvoll die Zerstörung Atlantas durch die Soldaten der Union (Nordstaaten) im Jahre 1864.

Goodman, Benny (1909–1986). Jazz-Musiker (Klarinettist) u. Bandleader, der als der „King of ↑*swing*" bekannt war.

GOP, *Grand Old Party.* Spitzname f. die ↑*Republican Party.*

gospel (song). Auch als ↑*spiritual* o. *negro spiritual* bekannt; bezeichnet die afro-amer. geistlichen Lieder, die oft antiphonisch (Vorsänger u. Chor: *call and response,* Aufruf u. Antwort) schwarze Rhythmen mit europäisch/christlichen Inhalten vereinten. Sie gehen zurück auf die Lieder der schwarzen Sklaven, in denen sich religiöse Hoffnung mit politisch-sozialem Ruf nach Befreiung verbindet.

Symbol für deren Lage ist das unterdrückte Volk in der Bibel („Go down Moses"). G. ist heute noch in schwarzen Kirchen beliebt; die bekannteste Sängerin ist Mahalia Jackson. Die weltlichen Pendants zum g. sind ↑*blues* u. ↑*soul.*

Gotham ['gɑθəm]. Spitzname f. die Stadt ↑*New York*, nach dem Namen eines englischen Dorfes, das wegen der Dummheit seiner Einwohner sprichwörtlich bekannt ist.

governor. Gouverneur, Oberhaupt eines Einzelstaates; hat in vieler Hinsicht dem Präsidenten der USA (↑*President*) vergleichbare Funktionen: Oberhaupt u. Regierungschef, Leiter der Verwaltung *(administration)*, das Recht, Beamte u. Richter zu ernennen, Vetorecht gegenüber dem Kongreß. Aber seine Regierungsmitglieder werden meist unabhängig von ihm gewählt u. können so einer anderen Partei angehören, auch der Stellvertreter *(Lieutenant Governor)*.

GP, *General Practitioner.* Praktischer Arzt.

GPA, *grade point average.* Zeugnisnotendurchschnitt (↑*points system*).

Graceland. Das zu einem Museum u. ‚Schrein' gewordene Haus für die Fans des Rockstars Elvis ↑*Presley* in Whitehaven, etwa 30 Minuten von ↑*Memphis* entfernt.

grade. ‚Stufe'; 1. eine Jahrgangsstufe der Klassen 1–12, wobei die Grundschule auch als *grade school* bezeichnet wird; 2. Notenstufen, Zensuren, in fünf Kategorien: *A* = beste Note, ‚selbständig', *B* = überdurchschnittlich, *C* = Durchschnitt, *D* = ausreichend, *E* o. *F* = mangelhaft, nicht bestanden. Die Noten werden meist auf Punkte umgerechnet: ↑*points system*, ↑*GPA*.

grade school. Grundschule (↑*Schulsystem*).

graduate school. Das wissenschaftliche Fachstudium, das sich an den Abschluß des 4jährigen College-Studiums (↑*undergraduate*, ↑*bachelor's degree*) anschließt; das Ziel der g.s. ist der ↑*master's degree* nach ca. 2 J. bzw. der Doktorgrad (↑*doctor's degree*, ca. weitere 2 J.). Manche ↑*colleges* bieten dieses Fachstudium bis zum *master's degree* (gelegentlich auch bis zum ↑*Ph.D.*) an, aber üblicherweise ist die g.s. Teil der Universität. Lehre u. Forschung der g.s. wurden im 19. Jh. der Tradition deutscher Universitäten entnommen. Neben der mehr geisteswissenschaftlich orientierten g.s. gibt es an den Universitäten noch das berufsorientierte Fachstudium (↑*professional schools*). ↑*Hochschule*, ↑*Universität.*

graduation. Schulabschluß, bes. die Schulabschluß-Feier (↑*commencement*), ursprünglich nur auf den College-Abschluß (des ↑*undergraduate*-Studiums) bezogen, heute bes. der ↑*high school*-Abschluß, aber auch jeglicher Schulabschluß, z.B. „g. *from* ↑*kindergarten*".

graffiti u. **murals.** Die Bemalung o. Besprühung von Wänden *(murals)* u.

die Beschriftung von U-Bahnen brachten in den 70er Jahren tabuisierte Themen (Sex, Beschimpfung) u. politische Forderungen in die Öffentlichkeit; g. wurden zu einer weitverbreiteten Kunstform, die man in Europa in diesem Ausmaß nicht gewöhnt ist.

Graham ['greɪəm], **Billy** (geb. 1918). Protestantischer Prediger (↑ *evangelical*), der in vielen Ländern durch seine Predigten u. Reden zum Glauben an Jesus Christus u. zu einem moralischen Leben aufrief.

Graham, Martha (1894–1991). Tänzerin u. Choreographin, die den *modern dance* entwickelte.

Grammatik. Das ↑*Amerikanische Englisch* weicht grammatikalisch in der Schriftsprache kaum vom BE ab. Einige Unterschiede: 1. AE ersetzt vereinzelt Adverbien durch Adjektive, z.B. *real good* anstelle von BE *really good.* 2. AE Past Tense (einfache Vergangenheit) steht manchmal für BE Present Perfect (vollendete Gegenwart), z.B. bei *just, already: I just arrived* = BE *I have just arrived.* 3. AE setzt den Artikel bei bestimmten Ausdrücken, z.B. AE *in the hospital, at the university* = BE *in hospital, at university.* 4. AE hat z.T. andere Präpositionen, wie in *ten after four* für BE *ten past four.* 5. AE benutzt mehr regelmäßige Verbformen, *dreamed* für BE *dreamt.* Manche dieser Abweichungen sind durch den Einfluß nicht-englischer Einwanderer erklärbar.

Grammy. Von *grammophone;* Preis für besondere Schallplattenaufnahmen, der von der *National Academy of Recording Arts and Sciences* auf allen Gebieten der Musik verliehen wird. ↑*Preise.*

Grand Canyon. Schlucht des ↑*Colorado River* im NW von Arizona (350 km lang, 16–30 km breit, bis zu 1600 m hoch), ein echtes ↑*Naturwunder.* G. C. ist Teil eines großen Nationalparks (↑*national parks*). S. Karte 7.

Grand Central Station. Hauptbahnhof in New York, der übertragen für ‚Geschäftigkeit u. Hetze' steht (*This house is a G.C.S.*).

grand jury ↑jury.

Grand Ole' Opry ↑Opryland.

grand wizard. Großer Zauberer; Bez. f. den Leiter des ↑*Ku Klux Klan*; ugs. ‚jemand, der sich besonders gut auskennt'.

Grandma, Moses (1860–1961). Künstlerin, die für ihre primitive Malerei bekannt ist, mit der sie das einfache Landleben des ausgehenden 19. Jh. darstellte. Sie begann mit dem Malen als *grandma* mit über 60 Jahren.

grants-in-aid. Zuschüsse der Bundesregierung zu Einzelprogrammen von Bundesstaaten u. Gemeinden, die damit auch gewisse Richtlinien übernehmen müssen; Beispiel: ↑*medicaid.*

Grapes of Wrath, The ~. Roman von John ↑*Steinbeck*, der die schwierige Zeit der ↑*dust bowl* in Oklahoma beschreibt, als die Bauern nach den

Sandstürmen in den 30er Jahren ihr Land aufgeben u. nach Kalifornien umsiedeln mußten, wo sie zu Saisonarbeitern wurden (↑*okie*). Auch ein sehr erfolgreicher Film.

grassroots. Die einfachen Leute an der Basis (einer Partei o. ↑*Gewerkschaft*), die politisch keinen Einfluß haben. Bewußt auf die Interessen des kleinen Mannes konzentriert sich der ↑*populism*, wie etwa bei G. Wallace, der 1968 als unabhängiger Präsidentschaftskandidat sich nicht auf die Interessensgruppen der beiden großen ↑*Parteien* verlassen konnte.

GRE, *Graduate Record Examination.* Standardisierter Aufnahmetest für die ↑*graduate school*, die sich an das ↑*college* anschließt. Die Testergebnisse werden nur als ein, wenn auch wichtiger Teil für die Aufnahme an der Universität gewertet. ↑*standardtests*, ↑*SAT*, ↑*Zulassung*.

Great Crash ↑Black Friday.

Great Depression. Wirtschaftl. Depression, die nach dem Börsenkrach (1929) in USA folgte u. bis in die 30er Jahre anhielt (↑*New Deal*).

Great Gatsby, The ~. Roman von F. Scott ↑*Fitzgerald*, der das Leben in den 20er Jahren beschreibt, die lebenslustige Zeit des ↑*jazz age* u. der ↑*Roaring Twenties*, die den Helden Gatsby aufsteigen u. wieder fallen läßt.

Great Salt Lake. Der große Salzsee ca. 8 km westlich von ↑*Salt Lake City*, der größte salzhaltige See in Nordamerika.

Great Lakes area. Gebiet um die Großen Seen (Ontario, Erie, Huron, Michigan, Superior, von O nach W). Es ist weitgehend industrialisiert (Chicago, Detroit, Cleveland, Buffalo; Stahlverarbeitung, Autos) u. bildet fast eine Super-Großstadt (↑*megalopolis*). Im Westen u. Süden von Chicago beginnen die großen landwirtschaftlichen „Gürtel" (↑*corn/soy belt*, ↑*dairy belt*), sie bilden den Kulturraum des Mittleren Westens (↑*Midwest*).

Great Plains. Das halbtrockene ebene Vorland der Rocky Mountains, etwas höher als die östlich davon liegenden (Grenze: 100. Längengrad), feuchteren Ebenen des Mississippi-Einzuggebietes (↑*prairie*). Die G. P. dienen als Weidegebiet, bes. aber für Weizenanbau (Trockenweizen). Sie waren einst das Gebiet der kriegerischen ↑*Plains Indians* u. der ↑*Cowboys*, wurden von den Siedlern zuerst übergangen, weil Silber u. Gold weiter westlich lockten (↑*gold rush*), wurden nach 1865 von Ranchers/Cowboys u. Siedlern (↑*homesteaders*) umkämpft. Heute werden sie oft als der „Brotkorb der Welt" bezeichnet.

Great Smokies, auch *Smokies.* Teil der Appalachen an der Grenze zwischen North Carolina u. Tennessee. Benannt nach dem Dunst, der die Bergspitzen umgibt, die zum Nationalpark (*Great Smoky Mountains Nat. Park*) erklärt wurden. S. Karte 7.

Great Society. Der programmatische Wahlspruch von Präsident Johnson, der in seiner Amtszeit (1963–1968) mit dem am. Reichtum die Befreiung von Armut u. Diskriminierung erzielen wollte. Dazu sollten Programme zur Stadterneuerung, zum Umweltschutz, zur Förderung der Bildung, zur Armutsbekämpfung u. medizinischen Betreuung der Alten (↑*medicare*, ↑*medicaid*) beitragen. Vietnamkrieg u. Bürokratie haben viele dieser Programme später als erfolglos erscheinen lassen. Zugleich hat der Einfluß der Bundesregierung nach Ansicht vieler (konservativer) Am. zu sehr zugenommen. Er wurde unter Reagan reduziert.

Greek revival. Altgriech. Einfluß im ↑*Baustil* der Herrschaftshäuser des Südens vor dem Sezessionskrieg (↑*ante-bellum mansion*), u.a. auch in ↑*Monticello,* dem Privathaus von ↑*Jefferson* (Vorbild war ein griech. Tempel).

Greek system ↑fraternities.

Green Book. ‚Grünbuch'; gesellschaftl. Register in Washington, das nur honorable Persönlichkeiten auflistet (Senatoren, bestimmte Kongreßmitglieder, Diplomaten, Geldadlige). ↑*class,* ↑*Gesellschaft,* ↑*Blue Book.*

green card. Karte, die Ausländer in USA benötigen, um legal eine Arbeitsstelle zu bekommen.

greenback. Name für die ersten Papiergeldnoten, die 1862 zur Finanzierung des Bürgerkriegs eingeführt wurden (grüne Rückseite), heute umgangssprachl. auch Bezeichnung für den Dollar. Eine sog. *Greenback Party* setzte sich zwischen 1876 u. 1884 für die Verbreitung des Papiergelds ein, um mit Hilfe einer Dollarinflation höhere Agrarpreise zu erzielen.

Greenwich Village ['grenɪtʃ/'grɪn-]. Ein Stadtbezirk auf Manhattan (New York), der als Künstlerviertel bekannt ist.

Greyhound ↑Autobus.

gridiron ['grɪdaɪərn]. Spielfeld beim ↑*football,* bedeutet in der Sportreportage aber auch das Spiel selbst.

gridlock. Verkehrsstau in allen Richtungen.

grid pattern. Das regelmäßige Straßengitter, das für viele am. Städte typisch ist. Es ermöglicht ein leichtes Auffinden von Adressen. Alle Straßen werden auf einen zentralen Punkt in der Innenstadt *(downtown)* bezogen u. von dort im Abstand von 100 (= 1 ↑*block*) gezählt. Die Anschrift *„910 Michigan Street"* ist also 9 Straßen (= 9 *blocks*) stadtauswärts von diesem zentralen Punkt entfernt. Wenn nur wenige Gebäude zwischen zwei Straßen sind, werden die Nummern unregelmäßig auf 100 aufgeteilt. Da alle Straßen ungefähr gleich weit voneinander entfernt sind, können Entfernungen in *blocks* angegeben werden. Das Straßenmuster wird häufig durch breitere ↑*avenues* (Prachtstraßen) unregelmäßig geschnitten.

Groundhog Day. Der 2. Februar wird als der Tag betrachtet, an dem das Murmeltier (*woodchuck* o. *groundhog*) seinen Winterschlaf beendet. Nach alter Regel soll das Wetter an diesem Tag für die ganze Jahreszeit Gültigkeit haben (↑*Feiertage*).

ground rules. Begriff aus der Baseball-Sprache, wo die „Grundregeln" jeweils an das Spielfeld angepaßt werden. Entsprechend kann man in allen Fragen zuerst die g. r. festlegen.

grunion derbies ['grʌnjən 'dɜrbɪz]. Der *grunion* ist ein silbriger, ca. 20 cm langer Fisch, auf den man in Südkalifornien im Juli/August Jagd macht, wenn die Fische ihre Eier spätabends in den Strandsand legen. Eltern u. Kinder treten familienweise an, um möglichst viele der schlüpfrigen Fische bei ihren *„runs"* auf den Strand zu fangen, die dann über dem Feuer gegrillt werden. ↑*Volksfeste.*

Guam. Die größte der Mariana-Inseln, ein US-Territorium mit wichtigem Marinestützpunkt im Pazifik.

Guggenheim ['gugənhaɪm] **Museum.** Museum für moderne Kunst in ↑*New York*, das durch seinen von Frank Lloyd Wright erstellten Rundbau berühmt ist.

gumbo ['gʌmboʊ] ↑Creole.

gun control ↑Waffentragen.

H

Habeas Corpus [ˌheɪbjəs 'kɔːrpəs]. Haftüberprüfung durch den Richter *(magistrate)* im ↑*Gerichtsverfahren.* Geht zurück auf die englische *H. C. Act* von 1679 (gegen gerichtlich nicht überprüfte Verhaftung).

Haight Ashbury. Zwei Straßen in ↑*San Francisco,* die zum Epizentrum der Hippie-Bewegung (↑*hippies*) wurden, heute Zentrum der Alternativ- u. Homosexuellen-Szene.

Hall of Fame. ‚Ruhmeshalle'; eine Art „Museum" für den Sport, in das berühmte Spieler der jeweiligen Sportart aufgenommen u. in dem auch besondere Gegenstände (z.B. Schläger) von ihnen ausgestellt werden; z.B. *Baseball H.* in Cooperstown, N. Y., *Football H.* in Canton, Ohio.

Halloween [ˌhælə'wiːn]. Fest am 31. Okt., „Abend vor Allerheiligen"; in USA als Kinderfest begangen, an dem die Kinder maskiert von Haus zu Haus gehen, mit dem Spruch *„trick or treat!"* (gib uns was, oder wir spielen Dir einen Streich) um Süßigkeiten bitten. Die erleuchteten Kürbis- u. Rübengeister vor den Eingängen *(jack o'lantern)* erinnern noch an das ursprünglich keltische Fest (Schottland, Irland), an dem man zur Feier des neuen Jahres die Geister der Toten u. Götter beschwichtigte.

hamburger. Sandwich mit Frikadellen-Einlage; abgeleitet von „Hamburg", heute entstehen analog mit dem 2. Wortteil viele Neubildungen *(cheeseburger, fishburger, beefburger)* je nach Einlage im Sandwich.

Hamilton, Alexander (1755–1804). Einer der ersten am. Politiker, die im Gegensatz zu Thomas ↑*Jefferson* für eine starke Zentralgewalt eintraten (↑*Federalist Papers*). Sein Bild ist auf der 10-Dollar-Note.

Hancock, John (1737–1793). Am. Staatsmann, einer der ↑*Founding Fathers*, er setzte als erster seine Unterschrift unter die ↑*Declaration of Independence*. Sein Name steht auch heute noch ugs. für „Unterschrift".

handball. Eine Art Squash, bei dem der Ball mit der Hand an die Wand geschlagen wird, nicht zu verwechseln mit europäischem ‚Handball'.

hands-on. Im Gegensatz zu den üblichen Verboten in Museen („Nicht berühren!") wird in USA häufig mit *h.o.-museums, h.o.-performances* (zum Anfassen, zum Mitmachen) geworben.

Happening. Kunst- u. Musikform, in der nicht ein einmal fixiertes Kunstwerk, sondern das „Ereignis" im Vordergrund steht, das auch die Zuschauer miteinbezieht. John Cage hat so als erster Musik mit anderen Objekten verbunden u. diese Kunstform inspiriert; den Begriff prägte Allan Kaprow, der 1959 „Happenings in 6 Parts" in New York vorführte. ↑*pop art.*

happy hour. Zeit mit Alkoholausschank zu reduzierten Preisen (früher Abend). ↑*Alkohol und Gesetz.*

hard rock. Eine Entwicklung der ↑*rock music* seit den 60er Jahren, bei der die melodisch klingenden Rhythmen durch elektronische Effekte dominiert werden. Vertreter: Led Zeppelin, Black Sabbath, heute Guns 'n Roses.

Harlem. Wohnviertel in *upper Manhattan* (jenseits der 110. Straße), das nach dem 1. Weltkrieg zum Viertel der aus dem Süden eingewanderten Schwarzen wurde, die es auch zu ihrem Kulturviertel *(Harlem Renaissance)* machten; im Zuge der Stadtsanierung wird es heute auch für die weiße Mittelschicht interessant, ist jedoch immer noch gefährlich wegen der hohen Kriminalität (↑*underclass*).

Harris survey. Periodische Meinungsumfrage (↑*poll*) der Firma *L. Harris and Associates,* neben ↑*Gallup poll* u. ↑*Roper poll* die bekannteste in USA.

Harrisburg. Hauptstadt Pennsylvaniens, bekannt durch die Beinahe-Katastrophe auf ↑*Three-Mile Island.*

hash browns ↑American breakfast.

Haushaltsdefizit ↑Balanced Budget Bill.

Hawaii [hə'waɪiː,-'wɑːiː]. Die Inselgruppe wurde 1898 annektiert u. 1959 50. Staat der USA; H. möchte nicht nur Ferienparadies sein, sondern aufgrund seines hohen asiatischen Bevölkerungsanteils (50 % japan. Abstammung) zum Bindeglied zwischen USA u. den asiatischen Ländern werden.

HBO, *Home Box Office.* Größte Kabelfernseh-Gesellschaft vergleichbar mit den ↑*networks* des regulären kommerziellen Fernsehens; verkauft ihre Programme an lokale Kabel-Sender. ↑*cable television.*

heartland. Das ‚Herzland' der USA, gemeint ist der ↑*Midwest.* Der Begriff bezieht sich nicht nur auf die zentrale Lage, die wirtschaftliche Selbständigkeit (↑*Chicago* als Zentrum für Industrie, Landwirtschaft u. Verkehr), sondern auch auf die Mentalität seiner Bevölkerung. Chicago wird als die amerikanischste Stadt bezeichnet (Völkergemisch, ↑*frontier*-Geist, konservative Einstellung im Gegensatz zum europäisch geprägten Liberalismus von New York).

Hemingway, Ernest (1899–1961). Großer am. Schriftsteller, der in seinen Romanen u. Kurzgeschichten im einfachen u. direkten Stil der Umgangssprache eine stoische Männlichkeit zelebrierte: „A Farewell to Arms", „For Whom the Bell Tolls", „The Old Man and the Sea".

Henry, Patrick (1736–1799). Einer der ↑*Founding Fathers* Amerikas, ein großer Redner, der 1775 vor der Versammlung von Virginia im Blick auf die am. Revolution den berühmten Satz prägte: „Give me liberty – or give me death."

Hepburn, Katherine (geb. 1909). Filmschauspielerin, die es geschafft hat, über 60 Jahre im Hollywood-Geschäft zu bleiben: „The Philadelphia Story" (1940), „African Queen" (1951), „On Golden Pond" (1981).

Herald Tribune, International ~. Renommierte englischsprachige Zeitung in Europa, die von der „New York Times" u. der „Washington Post" getragen wird, aber eigenständig berichtet (Sitz in Paris).

Heritage USA. Religiös fundamentalistisch (↑*fundamentalism*) orientierter Freizeitpark (↑*theme park*) in Fort Mill, S. C., Attraktion für Millionen von (↑*born-again*) Christen (kein Alkoholausschank!).

HEW, *Department of Health, Education, and Welfare.* Bundesministerium f. Gesundheit, Bildung u. Wohlfahrt. In all diesen Bereichen haben eigentlich die Einzelstaaten die Hauptkompetenz (↑*states' rights*)!

Hexenjagd ↑Salem.

Hiawatha [ˌhaɪəˈwɒθə]. Indianerführer des 15. Jh., der Frieden stiftete unter den Irokesen, bekannt durch das Gedicht von Longfellow („The Song of H."), aus dem am. Kinder oft Teile auswendig lernen. ↑*five nations.*

hick. Ugs. ein Hinterwäldler, auch als Adj.: *a hick town.*

high school. 6jährige am. Sekundarschule (nach der 6jährigen Grundschule, ↑*Schulsystem*), eine Ganztagsschule u. Art Gesamtschule (also nicht nur Gymnasialniveau), die in den letzten 3–4 Jahren (*senior h. s.*) nach dem Kurssystem arbeitet. Die Eingangsstufe der h. s. (*junior h. s.*) dauert 2–3 Jahre im regulären Klassenunterricht. Die Strukturunterschiede (Modell A: 2 J. *junior h.s.*+ 4 J. *senior h. s.;* Model B: 3 J. *junior h.s.*+ 3 J. *senior h. s.;* s. S. 253) hängen mehr mit der Größe der Schulbauten zusammen u. haben inhaltlich keine Bedeutung. Bezeichnend ist die Vielzahl der angebotenen Kurse (ca. 1000 für 2000–3000 Schüler) u. ihre Vielfalt (von Automotoren bis Blumenbinden neben verschiedenen Niveaus von Französisch, Mathematik u. Englisch). Zum Abschluß (↑*graduation*, ↑*diploma*) gibt es keine besondere Prüfung; es sind ca. 16 *credits* (hier: pro Jahr 4 belegte Jahreswochenstunden, ↑*Carnegie units*, ähnlich ↑*credit hour*) vorzuweisen, wobei die Fächer im wesentlichen gleichwertig sind (↑*Bildungssystem*); Mindestforderung ist meist: Belegung von Englisch, Mathematik, Bürgerkunde. Der Abschluß berechtigt als solcher noch nicht zum Hochschulstudium (↑*Zulassung zur Hochschule*). Die Schüler werden von Beratern *(guidance counselors)* für bestimmte Kurse vorgeschlagen. Manche Kurse sind so hochstehend, daß sie später auch für die Hochschule angerechnet werden *(advanced placement);* sie lassen sich mit dem Niveau jedes Gymnasiums vergleichen. Die Wahlfreiheit ermöglicht allerdings auch sehr niedrige Niveaus (↑*back-to-basics*) u. die Konzentration auf ↑*extra-curricular activities* (Sport, ↑*clubs*). Von einer Altersstufe (unterschiedlich nach Staaten, Rassen, Schulstandort) schließen ca. 70 % – 90 % der Schüler die h. s. ab. Viele Bezeichnungen für h. s. *students* sind vom College-Sprachgebrauch übernommen: ↑*freshman*, ↑*sophomore*, ↑*junior*, ↑*senior*, ↑*dropout*.

highball ↑cocktails.

higher education ↑Hochschulen.

highway. Haupt(verkehrs)straße, 2spurig o. 4spurig *(divided h.)*. ↑*Autobahnen* (Fernstraßen) haben meist noch Zusätze wie *super-h., controlled access h.* (offizieller Begriff). Unterbegriffe von h. sind *road* (Landstraße), *drive, lane, street* (Straße in Dorf o. Stadt).

hike. Erster Spielzug beim ↑*football*. Der *center* (Mittelspieler) wirft den Ball zwischen seinen Beinen zurück an den ↑*quarterback*.

Hill, the ~. Kurzform für Capitol Hill in Washington, D.C., das Capitol; steht oft für ↑*Congress*, der im Kapitol auf dem *Hill* untergebracht ist.

hillbilly. Hinterwäldler aus dem Süden der USA (↑*Appalachia*); auch Bez. für die volkstüml. Musik, die aus diesem Gebiet kam und heute als ↑*country and western* kommerzialisiert ist.

Hilton Head. Insel vor der Küste von South Carolina, die als gut ausgebautes Erholungsgebiet zu einer Art Ferieninsel geworden ist.

hip. Slang für jemand, der sich gut auskennt, sich für alles, was wirklich passiert, interessiert. Davon abgeleitet *hippy*, ↑*hippies*, die Jugendbewegung der 60er Jahre. Heute hat das Wort *hip* eine kommerzialisiertere Bedeutung: ein Mensch, der das Neueste in Mode u. Popmusik, Unterhaltung u. Freizeit kennt.

hippies. „Aussteiger" aus der etablierten Gesellschaft der frühen 60er Jahre, die auch als *flower children* (Blumenkinder) bekannt waren. Sie trugen Blumen im langen Haar u. bunte Gewänder, versammelten sich zu *love-ins* mit Marihuana u. LSD, orientierten sich an den neuen Werten Liebe, Toleranz, Spaß u. wollten *„Paradise Now"*. Sie waren insgesamt lebensfreudiger als die ↑*Beat Generation* der 50er Jahre, hatten aber mit ihrem Slogan *„Do-your-own-thing"* nichts übrig für die große Politik. Ihr Zentrum war der ↑*Haight Ashbury District* in San Francisco. Sie wurden Ende der 60er Jahre von den ↑*yippies* abgelöst.

Hiroshima. Stadt in Japan, auf die 1945 die erste Atombombe abgeworfen wurde, die die Stadt u. viele Menschen vernichtete. Der Atomeinsatz ist heute in USA umstritten. Nach offizieller Meinung war er nötig, um den Krieg schnell zu beenden.

Hispanics/Hispanic Americans ↑Latinos.

hitch-hiking. ‚Trampen'; die Nichtautofahrer sind in USA ziemlich schlecht dran. *Hitch-hiking* ist offiziell verboten u. auch zu gefährlich; Radfahren (*cycling*) u. Spazierengehen (*walking*) ist ebenfalls gefährlich, weil es wenige Rad- u. Fußwege gibt.

HMO, *Health Maintenance Organization.* Betrieblich finanzierte Krankenversicherung, keine freie Arztwahl; ↑*PPO,* ↑*Blue Cross.*

Hochschulen. Die tertiäre Ausbildung beginnt mit dem ↑*college,* das in einem 4jährigen Studium (↑*undergraduate studies*) mit allgemeinbildenden Fächern (↑*liberal arts*) auf den 1. akademischen Grad (↑*bachelor's degree*) vorbereitet. Darauf folgt ein Spezialstudium in der ↑*graduate school* o. in ↑*professional schools,* das mit dem ↑*master's degree* (1–2 Jahre) o. mit dem ↑*doctor's degree* (insgesamt ca. 3–4 Jahre) abschließt (↑*school*). Universitäten (↑*university*) schließen sowohl das vierjährige College-Studium als auch das Programm der *graduate* u. *professional studies* zumindest teilweise mit ein. Manche Colleges bieten als selbständige Institutionen auch Teile des *graduate*-Programms an (z. B. *master's degree*). Die ↑*Zulassung* zum Studium ist je nach Institution u. Studienprogramm verschieden. Mindestanforderungen für alle Institutionen werden durch Anerkennungsstellen (↑*accreditation*) sichergestellt. Private Hochschulen erheben meist doppelt so hohe Studiengebühren (↑*tuition*) wie die staatlichen (↑*state university*). Für die Bewertung von Studienleistungen gibt es ein Punktesystem (↑*points system,* ↑*grade*), das ergänzt wird durch ↑*standard-tests.* Es gibt ca. 3000 H., von denen etwa die Hälfte 2jährige Colleges (↑*community college*), ca. 800 4jährige Colleges, der Rest *universities* sind, davon wiederum ca. 150 die eigentlichen Forschungsuniversitäten (*research universities*). Nur eine kleine Gruppe zählt zu den ↑*Elite-Hochschulen.* ↑*Hochschulverwaltung,* ↑*campus,* ↑*college football,* ↑*homecoming.*

Hochschulverwaltung. An der Spitze der ↑*Hochschule* steht der Präsident (↑*president*) o. auch ein Kanzler (*chancellor*), der mit den Verwaltungschefs (*business manager, dean of admission*) die laufende Verwaltung führt. Grundlegende Entscheidungen werden von einem nichtakademischen Verwaltungsrat (*Board of Regents*) getroffen. Die Mitglieder der einzelnen Fakultäten (↑*school*) u. Abteilungen *(departments)* haben über den *faculty senate* (Senat der Lehrenden) u. über Ausschüsse ein gewisses Mitspracherecht bei Tarifverhandlungen u. Geldzuteilungen. Die nichtakademische Verwaltung gleicht der eines Konzerns, insbesondere da die Einnahmen meist aus Kapitalzinsen der Stiftungsgelder (↑*endowments*) u. Studiengebühren (↑*tuition*) kommen. Öffentliche Hochschulen bekommen zusätzlich Zuschüsse von ihrem Bundesstaat. Hinzu kommen Gelder aus Bundesforschungsmitteln.

Die Lehrkräfte sind in Professoren *(full professor, associate professor)* mit nichtkündbaren Verträgen (↑*tenure*), *assistant professors* mit begrenzter Anstellung u. – auf der untersten Stufe – Lehrbeauftragte (*instructors*, ähnlich BE *lecturer*) eingeteilt. ↑*alumnus*, ↑*campus*.

Hochzeit *(wedding)*. Vor der H. benötigt das Brautpaar einen Bluttest u. eine vorläufige Registrierung. Die Zeremonie selbst kann überall oft in einer *wedding chapel*, aber auch z. B. im eigenen Garten, in der Luft stattfinden; sie wird in der Regel durch einen ↑*Justice of the Peace*/Priester/Pastor u. a. beglaubigt. Traditionsgemäß wartet der Bräutigam, der die Braut vor der Zeremonie nicht sehen darf, zusammen mit seinem ↑*best man* auf sie. Die Braut, die je etwas Altes, Neues, Geborgtes u. Blaues tragen muß, wird von ihrem Vater einen zentralen Durchgang (Hochzeitsgäste, Bankreihen) entlang in Begleitung der *bridemaids* dem Bräutigam offiziell zugeführt (*given away*). Nach der Zeremonie u. den offiziellen Unterschriften unter die Urkunde (*registration*) werden Konfetti (auch Reis) über das Paar geworfen. Beim Empfang müssen die Jungvermählten gemeinsam den mehrstöckigen *Wedding Cake* anschneiden. Später fahren sie in den *honeymoon* (Hochzeitsreise, Flitterwochen).

hockey. Meist auf „Eishockey" bezogen; populärer Winter-Hallensport.

hogan. Das Lehmhaus der ↑*Apache*-Indianer, das aus einem kegelförmigen Fachwerk von Balken bestand. Es war mit Rinde u. Lehm bedeckt, um so gegen die starke Sonne des Südwestens zu schützen.

Höhlen ↑Carlsbad Caverns, ↑Mammoth Cave, ↑Windcave.

holidays ↑Feiertage.

Holiness Movement. Baptistische Erweckungsbewegung in den Südstaaten, die wie die ↑*Pentecostals* anstelle der Wassertaufe die geistige Taufe durch den Hl. Geist setzt. Zu ihrem Einfluß auf die schwarze Kirche vgl. ↑*Schwarze u. Religion.*

Hollywood. Stadtteil von ↑*L. A.*, wurde in den 20er Jahren zum Inbegriff des am. ↑*Films*, der lange auf *glamor* (Glanz u. Zauber) ausgerichtet war u. seine Stars u. Starlets zur Schau stellte. Heute werden nicht nur Filme, sondern auch Fernsehshows in H. produziert, wobei die Dreharbeiten meist an anderen Orten stattfinden; die Zahl der Studios ist zurückgegangen.

Holocaust Museum. Ein 1993 eröffnetes Museum in Washington, D.C., das durch die Rekonstruktion des Lebens in den Nazi-Konzentrationslagern die Erinnerung an die Judenvernichtung wachhalten möchte.

home. ‚Haus, Heim'; Amerik. nennen ihre Häuser häufig *homes*, sicher ein Einfluß der Werbesprache, mit der *homes* verkauft werden. Mehr Menschen als in Europa haben eigene Häuser, sie sind leicht zu kaufen/verkaufen. Man wohnt bevorzugt in den ↑*suburbs* (Vorstädten), aber neuerdings werden von Aufsteigern die Stadtwohnungen – ↑*apartments* (gemietet) o. *condo*(*miniums*), Eigentumswohnungen – vorgezogen, weil keine Zusatzarbeit anfällt, aber viele Annehmlichkeiten (z. B. *swimmingpools*) geboten werden. Die Häuser zeichnen sich durch viele *gadjets* (raffinierte Ausstattung, techn. Spielereien) aus, oft haben sie *air-conditioning* (im Winter als Heizung verwendet), neuerdings auch *hot baths* u. *jacuzzis* [dʒə'ku:zɪz], Unterwassermassagebecken. Da Badezimmer immer mit WC ausgestattet sind, heißt Toilette im AE beschönigend *bathroom.* Wegen der Stürme in manchen Gebieten müssen die Häuser mit *storm windows* (Doppelfenstern), *storm doors* (Doppeltüren) u. *storm cellar* (Schutzkeller, meist außerhalb des Hauses) ausgestattet sein.

homecoming. Jährliches Hochschulfest, zu dem die Ehemaligen (↑*alumnus*) eingeladen sind u. „zurückkommen". Für viele von ihnen ist wegen der fehlenden Bindung an einen Ort die Hochschule eine echte „Heimat". Das h. findet meist in Zusammenhang mit einem wichtigen ↑*baseball*- o. ↑*football*-Spiel statt.

homemaker. Hausfrau o. Hausmann; der frühere Begriff *housewife* wird im AE, weil er als „sexistisch" empfunden wird, nun häufig durch das neutrale h. (Mann o. Frau) ersetzt; ↑*home* hat dabei eine positivere Konnotation als *house.* ↑*Sexismus u. Sprache.*

homer o. **homerun** ↑baseball.

homesteader. 1. Besitzer einer ‚Heimstatt', d. h. eines Hauses mit Grundstück; 2. Siedler, der aufgrund der *Homestead Act* von 1862 von der Regierung eine Parzelle von 160 *acres* (ca. 65 ha) zugeteilt bekam; dieser Anreiz war ausschlaggebend für die Besiedlung des Westens (↑*Cowboy,* ↑*Go west*).

hominy grits. Maisbrei (↑*soul food*).

Homosexualität. Ein kontroverses Thema in USA. Das Oberste Gericht hat 1986 Gesetze von Einzelstaaten gegen Päderastie bestätigt, was Folgen für alle Homosexuellen haben kann (z. B. Ausschluß v. Adoption). In den meisten Staaten (bes. im Süden) ist H. ein Verbrechen u. wird aus den ↑*privacy rights* (Intimsphäre) ausgeschlossen. Politisch wird sie von der christlichen Rechten (↑*Moral Majority*), ↑*Christian Coalition* als sündhaftes Verhältnis bekämpft. Seit der Zeit der Bürgerrechtsbewegung fordern die Homosexuellen *(gays)* die rechtliche Gleichstellung mit Heterosexuellen *(gay rights).* San Francisco hat sich zu einem Hafen für *gays* entwickelt. Es gibt Verordnungen in einzelnen Gemeinden, die es Homosexuellen erlauben, vom Arbeitgeber bereitgestellte Beihilfen für Ehegatten auf den homosexuellen Partner zu übertragen. Die Ehe zwischen Homosexuellen ist weiterhin tabu. ↑*outing.*

honey ↑Kosewörter.

honky, honkey, honkie ['haŋkɪ]. Schimpfwort der Schwarzen für Weiße. ↑*Rassismus u. Sprache.*

honky tonk. Slang-Bez. f. die Klavierjazzmusik aus ↑*New Orleans* um die Jahrhundertwende, die von Schwarzen in ärmlichen Nachtlokalen mit Bordellen gespielt wurde (Tanzmusik); auch Bez. f. ‚Spelunke'.

honor society. Organisation, die hochbegabte Studierende aufnimmt u. fördert; trägt wie ↑*fraternities* meist griechische Buchstaben als Namen, z. B. *Phi Kappa Phi.*

Honorable. Titel f. Mitglieder des Kongresses, Richter u. Bürgermeister; Verwendung vor dem Namen (*the Hon. Mr. Smith*), jedoch nie vor dem Namen des Präsidenten o. seiner Minister.

honors. Kurse mit höheren Anforderungen auf der↑*high school,* auch *college prep(aratory)* o. *advanced* genannt; *honor points* bezieht sich auf die Punktewertung der Zensuren (A = 4 HPs); *honors degree* bezeichnet beim ↑*bachelor's degree* einen Abschluß mit überdurchschnittlichen Leistungen (*magna* o. *summa cum laude*).

hood. Kurzform f. ↑*neighborhood.*

Hoosier ['huːʒər]. Spitzname f. die Einwohner des Staates Indiana *(H. State).*

hootenanny ['huːtəˌnæniː]. Informelle Versammlung zum Singen von Volksliedern u. zum Tanz (meist ↑*square dance*).

Hope, Bob (geb. 1903). Humorist, Entertainer, Film- u. Fernsehschauspieler. Spielte viele lustige Rollen zusammen mit Bing Crosby (‚The Road to Zanzibar') u. hat auch in Kriegszeiten die Soldaten mit seinen kurzen Witzen unterhalten.

Hopi. Ein ↑*Pueblo*-Indianerstamm, dessen Reservat ganz von dem der ↑*Navahos* umgeben ist (in AZ). Der traditionell friedliche, agrarische Stamm setzt sich aus matrilinearen Clans zusammen, ist tief religiös u. bes. auf den guten ↑*kachina*-Geist orientiert. S. Karte 6.

Hopper, Edward (1882–1967). Maler, der städtische Szenen realistisch darstellte: z. B. Kinos, Büros, in denen man sich einsam fühlt.

Horatio Alger ↑Alger, Horatio, ↑from rags to riches.

horsepower entspricht fast genau der Pferdestärke (1 HP = 1,01 PS).

hot cakes ↑Brot u. Gebäck.

hot dogs. Heiße Würstchen, sandwichartig in Brötchen eingelegt, andere Bez. dafür: *frankfurters, franks, wieners, weenies.*

hot line. 1. ‚Heißer Draht'; direkte Telefonverbindung zwischen dem Präsidenten u. dem Kreml-Chef in Moskau (seit 1963); soll das Risiko eines (atomaren) Krieges vermindern; 2. telefonischer Beratungsdienst, z.B. *homework h. l.*

hot rod. Slang-Bez. f. ein altes, aber auf Schnelligkeit ‚frisiertes' Auto.

hotel. Es gibt zweierlei *hotels,* die großen internationalen in den Großstädten (Hilton, Sheraton usw.) u. die schäbigen für Dauermieter. Der Tourist hält sich besser an die typisch amerik. ↑*motels.*

Houdini [huː'diːni], **Harry** (1874–1926). Entfesselungskünstler, der sich aus abgeschlossenen Behältern befreien konnte.

House, kurz für *House of Representatives.* Das Repräsentantenhaus ist neben dem ↑*Senate* die 2. Kammer des ↑*Congress* u. besteht aus 435 Volksvertretern, die jeweils auf zwei Jahre gewählt werden. Sie heißen *congressman/congresswoman* u. gehören entweder der demokratischen o. der republikanischen Partei an (↑*Parteien*). Hier nehmen die meisten Gesetzesvorlagen (↑*bill*) ihren Ausgang. Steuergesetze müssen im H. eingebracht werden. Es gelten die „englischen" Höflichkeitsregeln, die die persönliche Anrede eines Abgeordneten verbieten (*„the gentleman from Michigan"*). Den Vorsitz führt der ↑*Speaker.* ↑*precinct,* ↑*census.*

HUAC ['hjuæk], *House Committee on Un-American Activities.* Ausschuß des Repräsentantenhauses, der sich während der McCarthy-Zeit (↑*McCarthyism*) als Zensor von Liberalen u. Kommunisten aufführte, die Gefängnisstrafen erhielten, wenn sie nicht andere vermeintliche Kommunisten verrieten. Namensänderung 1969 in *House Committee on Internal Security;* 1975 wurde der Ausschuß ganz abgeschafft.

Hubble Telescope. Das Teleskop, das die USA 1989 im Weltraum stationierten, von dem nun direkte Bilder von Planeten gemacht werden. Die Bilder haben bereits zur Revision der Theorien über die Entstehung der Erde beigetragen.

huckleberry. Amerik. Frucht, die der Brombeere ähnlich ist.

Huckleberry Finn. ↑Finn, H.

HUD [hʌd], *Department of Housing and Urban Development.* Bundesministerium f. Wohnungswesen u. Stadtentwicklung.

huddle. Kurze Besprechung der Mannschaft im ↑*football,* in der sie die Köpfe zusammensteckt u. den nächsten Spielzug festlegt.

Hudson River School. Eine Gruppe von romantischen Landschaftsmalern aus dem frühen 19. Jh., die bes. die Gegend des Hudson River malten (Thomas Cole, Asher Durand).

humanism ↑secular humanism.

hung jury ↑jury.

hunkie, auch *hunky* ↑Rassismus u. Sprache.

hurricanes ['hɜrəkeɪnz]. Zyklon-Winde, die sich über dem Golf von Mexiko bilden u. an der Südostküste im Spätsommer o. Frühherbst großen Schaden anrichten. Warnung im ↑*Wetterbericht,* wo sie auch mit alphabetisch geordneten Vornamen bezeichnet werden (*Alice, Bill, Carla*). ↑*Stürme u. Winde.*

hush-puppy. Maismehl-Knödel, besonders bekannt im Süden.

Hutterites ['hʌtəraɪts]. Hutterische Brüder, eine Mennonitengruppe, vgl. ↑*Amish People,* ↑*utopian communities.*

I

IBM, *International Business Machines.* Am. Computerkonzern (↑*Big Blue*).

ICBM, *Intercontinental Ballistic Missiles.* Landgestützte Interkontinentalraketen der Typen *Titan,* ↑*Minuteman, Peacekeeper (MX).* ↑*Abrüstung.*

ICC ↑Interstate Commerce Commission, ↑commission.

ice-cream parlor. Eisladen. Es gibt Läden, die sich auf die verschiedensten Eiscreme-Sorten spezialisiert haben; am. Eiscreme unterscheidet sich vom normalen Speiseeis (*sherbet*) durch einen höheren Sahneanteil. ↑*à la mode.*

ID, *Identity.* Ausweis; da es den Personalausweis nur in wenigen Bundesstaaten gibt u. viele Am. keinen Reisepaß besitzen, werden meist Kreditkarten u. Führerschein als Ausweis benützt.

i.e. Entspr. dt. ‚d.h.'; von lat. *id est, that is,* das heißt/ist.

illegale Einwanderer ↑undocumented immigrants.

imagists. Die Imagisten waren eine von E. Pound gegründete Gruppe von Lyrikern, etwa 1912–1920, die sich durch die Knappheit im Ausdruck u. ihre Verwendung von Bildern auszeichnete („*Imagismus*"). ↑*Literatur.*

IMF, *International Monetary Fund.* Internationaler Währungsfonds mit Sitz in Washington, D.C.

impeachment. Anklage durch das Parlament (Legislative) gegen einen hohen Beamten, bes. gegen den Präsidenten, wegen Amtsmißbrauchs. Die Legislative führt ein reguläres Strafverfahren zum Zwecke der Amtsenthebung durch. Das Repräsentantenhaus kann das i. einleiten, der Senat führt die Verhandlung unter Vorsitz des ↑*Chief Justice* durch wegen „Bestechung, Verrat, u. anderer Verbrechen". Bis jetzt wurden so 11 Beamte u. 1 Präsident angeklagt, 4 Beamte verurteilt. Präsident Nixon ist 1974 vor dem ihm angedrohten i. freiwillig zurückgetreten. ↑*Watergate.*

Inauguration Day. Der 20. Januar, festgelegt als der Tag der Amtseinführung des neugewählten am. Präsidenten, an dem er auch die feierliche Rede, seine *inaugural address*, hält, in der er die Pläne für seine Regierung darlegt.

Inc., *incorporated.* Abk. für Kapitalgesellschaft (↑*corporation*); entspr. in GB *Ltd.* (*Limited*).

incumbent [ɪn'kʌmbənt]. Amtsinhaber. Bei einer Kandidatur für die Wiederwahl hat der i. gegenüber anderen Kandidaten einen „Amtsbonus". Der Präsident darf allerdings nur einmal wiedergewählt werden. ↑*lame duck.*

indentured servants. Knechte, Mägde, die sich als Arbeitslose u. Arme in England während der Kolonialzeit (1600–1800) freiwillig verpflichteten, für ihren Arbeitgeber 5–7 Jahre in USA zu arbeiten, bis das Fahrgeld für die Überfahrt bezahlt worden war.

independent. Polit.: Unabhängiger. Personen, die bei der Wählerregistrierung in Vorwahlen (↑*primaries*) nicht angeben, ob sie Demokraten o. Republikaner sind, schreiben sich als i. ein. ↑*Wahlen.*

Indianer *(Indians* o. *Native Americans).* Nach offiziellem Gebrauch heißen sie *Native Americans* (eingeborene Am.), ca. 2,2 Mill. nach der Volkszählung von 1990. Diese Bez. schließt jedoch die Minderheit der Eskimos u. Aleuten mit ein. Die Bez. *Red Indians* wird heute nicht mehr verwendet. Die I. kamen ungefähr vor 26000 Jahren über die Beringstraße nach Amerika. Um 1600, d.h. vor der Ankunft der weißen Siedler, gab es ca. 1 Mill. I., im heutigen USA-Gebiet in ca. 300 Stämmen mit fast ebenso vielen Sprachen. Davon werden noch ca. 200 Sprachen, allerdings nur noch von kleinen Gruppen meist älterer I., gesprochen. Die meisten I. sprechen heute ein von Indianer-Sprachen beeinflußtes Englisch; in einigen *survival schools*, die neben den öffentlichen Schulen bestehen, werden jedoch auch noch manche der alten Indianersprachen gepflegt. Die ursprüngliche sprachliche Vielfalt förderte die Bildung einer stammesübergreifenden Zeichensprache.

Die I. werden nach ihrer an die Umgebung angepaßten Lebensart in fünf Gruppen eingeteilt: 1. die Waldindianer des Ostens (↑*five civilized tribes,* ↑*Five Nations,* ↑*longhouse,* ↑*Iroquois,* ↑*Cherokee*), 2. die nomadischen Prärie-Indianer (↑*Plains Indians,* ↑*Blackfeet,* ↑*(Comanche, Sioux)* in den ↑*Great Plains*, 3. die Sammler/Höhlenbewohner auf dem Plateau der Rockies *(diggers)*, 4. die Farmer im Südwesten (↑*Pueblo;* ↑*Navaho;* ↑*hogan;* ↑*Apache,* ↑*Hopi*) u. 5. die Fischer im Nordwesten (↑*totem poles,* ↑*potlatch*). Innerhalb dieser Gruppen hat sich nach 1600 bes. die Lebensweise der Prärie-Indianer durch die Einführung des Pferdes (↑*mustang*) verändert, das ihnen die Büffeljagd erleichterte.

Die I. wurden von den US-Staatsgründern als Ausländer behandelt (↑*Verfassung*) u. sind auch heute noch als einzige Gruppe isoliert; obwohl sie seit 1924 die US-Staatsbürgerschaft besitzen, verhandeln die einzelnen Stämme mit der USA-Regierung als einer fremden Macht u. suchen sich auf dem Gerichtsweg die Rechte zu wahren bzw. wiederzugewinnen, die ihnen in vielen Verträgen zugesichert wurden (Land, Bodennutzung). Als Fremde im eigenen Land wehren sie sich gegen die Assimilierung auf Kosten ihrer eigenen Sprachen, Religion (↑*Indianerreligion*), Kultur u. polit. Struktur (Einstimmigkeit bei Entscheidungen gegenüber den US-demokratischen Mehrheitsentscheidungen). Trotzdem hängen sie fast gänzlich (mit Ausnahme einiger wirtschaftl. erfolgreicher Stämme wie der Navahos) von der US-Bundesregierung ab, die über das ↑*Bureau of Indian Affairs (BIA)* die ca. 2,2 Mill. *Native Americans*, davon 860000 in o. bei Reservaten, der Rest in den Großstädten, verwaltet. Die Bürgerrechtsbewegung hat das Selbstbewußtsein gestärkt (Slogan *„Red Power"*; die Verwaltungsbeamten sind nun selbst I.), hat aber einen Richtungsstreit über die indian. Kultur *(traditionalists/progressives)* entstehen lassen. Seit dem Entscheid des Obersten Gerichts von 1968 gelten die Bürgerrechte auch für alle I. (↑*due process*, Redefreiheit). Die diskriminierende Darstellung in den Western (↑*Cowboy*) hat sich seitdem ebenfalls geändert. Durch das Selbstverwaltungsgesetz von 1975 haben die I. größere Entscheidungsfreiheit über ihre eigenen Angelegenheiten bekommen. Manche Stämme betreiben sogar Spielkasinos, was in den umliegenden weißen Gemeinden verboten ist. Hauptprobleme der I. heute sind hohe Arbeitslosigkeit, Armut, Alkoholismus. ↑*Büffel*, ↑*Indianerführer*, ↑*Indianerkriege*, ↑*Indianerstätten*, ↑*Leggin(g)s*, ↑*Little Bighorn*, ↑*Marterpfahl*, ↑*Mesa Verde*, ↑*mocassins*, ↑*mounds*, ↑*Namensgebung*, ↑*Pocahontas*, ↑*Rothäute*, ↑*scalp*, ↑*wampum*, ↑*wickiup*, ↑*Wounded Knee*; s. Karte 6.

Indianerfeste. Sie sind neben geselligen Zusammenkünften hauptsächlich religiöse Feierlichkeiten, bes. die *Shalako*-Zeremonie der *Zuni Pueblo* in der Nähe von Gallup, NM. (Nov./Dez.) mit Tänzen zu Ehren des Regengottes, Masken, Festessen. Ähnliche Feste gibt es auch in anderen Teilen Neu-Mexikos. Besucher werden zugelassen, Fotografieren ist nicht erlaubt.

Indianerführer. Häuptlinge, die sich im 19. Jh. durch ihren Widerstand gegen die Abschiebung ihrer Stämme in Reservate hervorgetan haben: ↑*Cochise*, ↑*Chief Joseph*, ↑*Chief Seattle*, ↑*Geronimo*, ↑*Crazy Horse* u. ↑*Sitting Bull*.

Indianerkriege. Gemeint sind meist die Kriege zwischen 1865 u. 1890, in denen die ↑*Indianer* des Nordwestens (↑*Chief Joseph*), des Südwestens (Apatschen unter ↑*Geronimo*) u. v. a. der ↑*Great Plains* (Cheyenne, Sioux unter ↑*Crazy Horse*) aufgrund des Gesetzes von 1867 gewaltsam in Reservate geschickt wurden. Nach Unterdrückung der *Ghost Dance*-Bewegung (↑*Indianerreligion*) waren diese kriegerischen Indianer 1890 „befriedet" (↑*Wounded Knee*). Die Indianer Neuenglands waren schon 1678 unterworfen; die des Nordostens suchten in den *French and Indian Wars*

(1750) wechselnde Verbündete, wurden während des Unabhängigkeitskrieges sanft behandelt, aber im ↑*War of 1812* (Tod von Tecumseh) wurde ihr Widerstand endgültig gebrochen; die Indianer des Südostens wurden aufgrund der *Indian Removal Act* nach 1830 in den Westen (Oklahoma) umgesiedelt (↑*five civilized tribes*).

Indianerreligion. Indianer suchen oft Kontakt mit dem Übernatürlichen, dem Großen Geist (↑manit(o)u, ↑kachina), der seine Energie u. Macht in der Natur (Pflanzen, Tiere, Land) verteilt. Dazu gehört auch die Selbstkasteiung der ↑*Plains Indians* beim Sonnentanz *(↑sun dance).* Der Shamane (↑*shaman*), der in der Vision den Geist schon gefunden hat, ist in der Lage, anderen bei ihren Krankheiten als Medizinmann zu helfen. Nach 1880 kam die religiöse Bewegung des *Ghost Dance* (nach dem zeremoniellen Tanz) auf, die den Indianern die Rückgewinnung ihres Landes versprach. Das Massaker an einer *Ghost Dance*-Gruppe bei ↑*Wounded Knee* 1890 brachte zwar ein Ende dieser I., aber steht bei den Indianern heute noch symbolhaft für die Unterwerfung. Das in der Rede des Häuptlings ↑*Seattle* dargestellte indian. Verständnis von Natur gilt heute bei Ökologen u. Alternativen als vorbildlich im Hinblick auf unsere vor Atomkraftwerken, Chemie u. Industrie zu schützende Umwelt.

Indianerstätten. Interessant und leicht zugängig sind die ↑*Pueblos* am Rande von ↑*Santa Fe* AZ, historische Stätten sind die ↑*mounds* (Erdhügel, Beerdigungsstätten im Nordosten) u. die verlassene ↑*Mesa Verde*-Siedlung in Neu-Mexiko. ↑*Indianerfeste.*

Indian summer. Spätsommer, Altweibersommer, der bis in den Nov. hinein dauern kann u. den Herbst bes. bei der herrlichen Färbung des Waldes im Nordosten sehr schön macht.

indictment ↑Gerichtsverfahren.

Indy 500. Abk. f. „Indianapolis 500", das größte Autorennen in USA für Rennwagen, eine Art Formel 1 über 500 Meilen. Daneben gibt es noch das *Daytona 500* für Serienwagen (*stock cars*).

INF, *Intermediate Nuclear Forces,* ↑Abrüstung.

information superhighway. Datenautobahn. Der Begriff wurde 1993 durch US-Vizepräsident Al Gore geprägt, der die Computervernetzung der USA über den Ausbau der Glasfaserverkabelung vorantreiben wollte. Gegenwärtig bietet das ↑*internet* schon eine Computervernetzung für ca. 15 Mill. Amerikaner über ein an das Telefon angeschlossenes Modem.

Injun. Abschätzig u. veraltet für *Indian, Native American.*

In God We Trust. „Wir vertrauen auf Gott", Motto auf US-Münzen. Die Anrufung Gottes wird auch bei öffentlichen Amtseinführungen durch Gebete u. Schwurformeln kundgetan, was den Ausländer oft verwundert, weil auf der anderen Seite sehr stark die Trennung von Staat u. Kirche betont wird. „*God bless America*" hat als häufige Redeform sehr starke patriotische Symbolik. „*In God We Trust*" gilt als das Nationalmotto seit 1956 durch Kongreßbeschluß, auf den Münzen erscheint es seit 1864. ↑*national religion.*

inn. Landgasthaus, älteres Hotel; nicht zu verwechseln mit den nobleren *motor inns* (↑*motels*).

inner city. Innenstadt; das Gebiet in am. Großstädten, in dem (abgesehen vom Geschäftszentrum) hauptsächlich die Armen der Gesellschaft (↑*underclass*) wohnen.

inning ↑baseball.

insider trading. Aufkauf von Aktien einer durch Übernahme-Spekulation bedrängbaren Aktiengesellschaft aufgrund von vorab (aber ungesetzlich) weitergegebenen Informationen durch *insiders* (↑*corporate raiders,* ↑*Wirtschaft*).

installment plan. Ratenkauf, üblich bei teureren Waren; oft genügt eine Anzahlung (*down-payment*) von 10%. Es scheint, daß Am. mehr als Europäer zum i.p., also zum Schuldenmachen, neigen.

instructor ↑Hochschulverwaltung.

integration. Eingliederung der Minderheiten, bes. der ↑*Schwarzen*, in die Bevölkerung, zumindest jedoch die Aufhebung der Rassenschranken (↑*desegregation*). Letzteres wurde juristisch erreicht, aber tatsächliche i. ist in den Bereichen Wohnen u. Schule noch nicht verwirklicht, obwohl der schwarze Mittelstand mehr u. mehr die Ghettos verläßt (↑*underclass*).

Internet. Internationales Datenübertragungsnetz, das „Netz der Netzwerke", das die Computer von Teilnehmern (mit einer beim *Internet Network Information Center* angemeldeten Kontonummer) über ein ans Telefon angeschlossenes Modem untereinander verbindet. Das 1969 vom Pentagon an der ↑*Stanford University* in Auftrag gegebene Netz wird heute in USA nicht mehr nur im militärischen u. akademischen Bereich eingesetzt, sondern ist aufgrund der vielfachen integrierten Netze für die Datenverbindung zu Bibliotheken, Firmen u. Schulen sowie zwischen Privatpersonen weltweit wichtig geworden. Der Zugang ist über die benutzerfreundliche Hypertext-Oberfläche *World Wide Web* sehr vereinfacht worden. International werden die Teilnehmer auf über 40 Mill. geschätzt.

internment. Internierung; *i.camps* sind Internierungslager (z.B. im 2. Weltkrieg für die ↑*Japanese Americans*).

interstate (highway system). Das Bundesautobahn-Netz hat folgende Struktur: die geraden Nummern, z.B. „I-80", bezeichnen Straßen, die von Osten nach Westen führen, die ungeraden, z.B. „I-45", Straßen in Nord-Süd-Richtung, eine 3. Nummer in der Nähe einer Großstadt weist auf eine Umgehungsstraße hin. Die grünen Schilder geben keine Zielorte an, sondern nur Richtungen wie „I-55 South"; „JCT" *(juncture)* verweist auf eine Einmündung. Die zulässige Höchstgeschwindigkeit wurde auf den i. von 55 Meilen wieder auf 65 (ca. 100 km) angehoben. ↑*Auto,* ↑*Verkehrszeichen.*

Interstate Commerce Commission (ICC). Bundesbehörde, die den Handel zwischen den Einzelstaaten regelt, außerdem den Personen- u. den Gütertransport. ↑*state,* ↑*commission.*

investigative journalism. ‚Aufdekkungsjournalismus'. Das in USA ausgeprägte Selbstverständnis der Presse, als *watch dog* (‚Wachhund') Korruption in Politik u. Gesellschaft aufdekken zu müssen (↑*Watergate,* ↑*Iran-Contra-Affäre*).

I. O. U., *„I owe you" (some money).* Schuldschein (Ich schulde Ihnen ...).

Iran-Contra-Affäre. Ähnlich wie die ↑*Watergate*-Affäre eine von der ↑*Administration* aus (allerdings ohne nachweisbare Beteiligung des Präsidenten) gesteuerte illegale Aktion. Ein Oberst North hatte seit 1986 Waffen in den Iran (Kriegsführer im Golfkrieg) zum Freikauf am. Geiseln im Libanon verschoben, einen großen Teil des erlösten Gelds aber entgegen Kongreßbeschluß (*Boland Amendment*) an die Contras, die rechtsgerichteten Rebellen in Nicaragua, weiterverschoben. ↑*investigative journalism.*

Iran-Geisel-Krise (↑*Iran, Hostage Crisis*). Als 1979 Ajatollah Chomeini nach der Abreise des Schahs in Iran die Macht übernahm, forderte er zunächst von den USA die Rückgabe des Besitzes des Schahs und anderer Gelder. Nachdem diese Forderungen nicht erfüllt wurden, setzte er im November 1979 kurzweg 52 Angehörige der US-Botschaft als Geiseln gefangen. Ein militärischer Befreiungsversuch auf Anordnung von Präsident *Carter* (April 1980) schlug fehl. Chomeini ließ die Geiseln erst nach 444 Tagen am 25. Januar 1981 frei, nachdem ↑*Reagan* das Präsidentenamt angetreten hatte u. die Geldfrage gelöst war. Die Fixierung der Medien auf das Geiseldrama u. Chomeinis Weigerung, Carters Vorschläge zu berücksichtigen, wirkten sich negativ auf Carters Wiederwahlkampagne aus. Umgekehrt war die Rückkehr der Geiseln ein Plus für Reagans Amtsantritt.

Iroquois ['ɪrəkwɔɪ]. 1. Indianerstämme, die zur I.-Sprachfamilie gehören, bes. die Stämme im heutigen Staat New York, wie z.B. die Hurons, aber auch die ↑*Cherokee* aus dem Süden; 2. die *five nations* der *I. League:* Mohawk, Oneida, Onondaga, Cayuge u. Seneca, die im 16. Jh. bereits eine politische Union bildeten. Sie waren Jäger u. Farmer, die in Langhäusern wohnten u. eine matrilineare Lebensform pflegten. Wegen ihrer Unterstützung der Briten im Krieg von 1813 gegen die USA verloren sie ihre Unabhängigkeit. S. Karte 6.

IRS, *Internal Revenue Service.* Finanzverwaltung (Bundesfinanzamt); nimmt die jährlichen Steuererklärungen entgegen.

isolationism. Isolationismus ist die am. Tendenz (seit 1815, ↑*War of 1812*), sich vom Ausland (Europa) abzuwenden. Eine Änderung erfolgte durch den 1. Weltkrieg. Aber auch zwischen den Weltkriegen zog sich die USA wieder zurück. Dies geht nun nach dem 2. Weltkrieg für die Supermacht USA nicht mehr, aber am. Politiker spielen oft mit dem Gedanken eines Rückzugs aus Europa. ↑*Monroe Doctrine.*

Ivy League ↑Elite Hochschulen.

Iwo Jima ['ɪːwou 'dʒiːmə]. Japanische Insel, die 1945 von den Amerikanern unter großen Verlusten erobert wurde; 1968 an Japan zurückgegeben.

J

jack'o lantern ↑Halloween.

Jackson, Andrew (1767–1845). Der 7. Präsident der USA (1829–1837), der für den Aufstieg vom einfachen Mann in höchste Ämter steht. Im Gegensatz zu ↑*Jefferson* stellte er die am. Demokratie auf eine breitere Basis durch Abschaffung von Vorrechten für Besitzende. Man verbindet mit ihm als Militärkommandeur aber auch die Ausweisung der Indianer aus dem Südosten (↑*Trail of Tears*).

Jackson, Rev. Jesse (geb. 1941). Pfarrer u. schwarzer Politiker, der durch seine Reden ähnlich wie M. Luther King jr. seine Zuhörer begeistert. Seine Bestrebungen, durch die Demokratische Partei als Präsidentschaftskandidat aufgestellt zu werden, schlugen schon in den Vorwahlen fehl.

Jacuzzi, auch *jacuzzi* [dʒə'kuːzi] (Eingetr. Warenzeichen). Gerät, das Unterwassermassagen in der Badewanne ermöglicht; ein Whirlpool, der damit ausgestattet ist. Das J. hat nicht nur medizinische Bedeutung, sondern gilt allg. als Zeichen für gehobenen Lebensstil.

James, Jesse ↑Jesse James.

Jamestown. Erste bleibende englische Siedlung in Amerika (1607, im heutigen Virginia). Prototyp der Südstaatenkolonien, die v. a. von Angehörigen der anglikanischen Kirche besiedelt wurden, welche Plantagen betrieben, während die nordstaatlichen Kolonien (↑*Plymouth Colony*) mehr von Angehörigen der Freikirchen besiedelt wurden.

Japanese Americans. Heute eine sehr erfolgreiche ethnische Gruppe in USA, die hauptsächlich auf Hawaii u. an der Westküste wohnt. Während des 2. Weltkriegs wurden ca. 100 000 J. A. als mögliche Helfer des Feindes interniert.

jay-walking. Unachtsames Überqueren der Straße (*jay* ugs. ‚Einfaltspinsel').

jazz. Der Jazz ist die rhythmisch komplexe, synkopenreiche, oft auch improvisatorische Ensemblemusik, die aus der Kultur der ↑*Schwarzen* im Süden der USA erwachsen ist u. die gesamte Unterhaltungsmusik des 20. Jh. beeinflußt hat (mit Ausstrahlungen sogar in die ernste Musik). J. entwickelte sich aus den geistlichen u. weltlichen Liedern (↑*gospel*, ↑*blues*) der Schwarzen gegen Ende des 19. Jh. in New Orleans (die Ursprünge gehen auf afrikanische Rhythmen zurück). Um die Jahrhundertwende wurde er als ↑*ragtime* o. *„stomp"* bekannt, der Ursprung des Wortes j. selbst ist ungeklärt. Die Bez. ↑*dixieland* meint heute mehr den j. der 20er Jahre (↑*jazz age*). In den 30er u. 40er Jahren wurde der ↑*swing* entwickelt, der durch die ↑*big bands* (große Tanzorchester) international zum Erfolg wurde. Schwarze Künstler bevorzugten jedoch den intensiveren ↑*be-bop*, aus dem nach dem 2. Weltkrieg der *modern jazz* als *cool jazz* (mit *„understatement"*) entstand. In der Zwischenzeit hatte sich aus ↑*rhythm-and-blues* (Erneuerung des Blues) die eigentliche Massenunterhaltungsmusik unseres Jahrhunderts entwickelt, die Popmusik (↑*rock*, ↑*pop music*), bes. nach 1950; der j. selbst wurde immer komplexer u. elitärer (*„free jazz"*). Seine Beliebtheit ging in den 60er Jahren zurück. In den 70er Jahren wurde der j. durch Miles ↑*Davis*, in den 80er Jahren durch Wyndon Marsalis neu belebt, die eine Verbindung mit der Rockmusik anstrebten. ↑*Basie*, ↑*Ellington*, ↑*Fitzgerald*.

jazz age. Bez. f. die 20er Jahre, in denen das neue Lebensgefühl des Jazz sich auch in der Lebensführung (Parties usw.) u. in der Literatur zeigte, z.B. F. Scott ↑*Fitzgerald*, „The ↑*Great Gatsby*".

J. D. ↑professional degrees.

Jefferson, Thomas (1743–1826). 3. Präsident der USA, Verfasser der Unabhängigkeitserklärung (hat den größten Teil selbst geschrieben), vertrat mehr die Rechte der einzelnen Staaten, hatte die Vision von USA als Agrarstaat, in dem die Gleichheit der Rechte des einzelnen und die individuelle Freiheit am besten gewährleistet sind. Er zog sich 1809 nach ↑*Monticello* zurück, das auch heute noch wegen seiner Architektur ein Touristen-Anziehungspunkt ist.

jello. ‚Götterspeise' (BE *jelly*); wird oft neben grünem Salat auf dem gleichen Teller mitserviert, wie ja die am. Salatplatte überhaupt sehr vielfältig ist.

jelly. Marmelade (oft aus Trauben); die englische *marmalade* (Orangenmarmelade) ist selten. ↑*Essen in USA.*

Jesse ['dʒesɪ] **James** (1847–1882). Bandit, Bank- u. Zugräuber im Wilden Westen. Die Folklore hat ihn mit dem Mythos eines Robin Hood umgeben. ↑*Westernhelden u. Banditen.*

Jim Crow laws [... kroʊ]. Eine Reihe von Gesetzen u. Traditionen zur Rassentrennung, die nach 1880 in den Südstaaten aufkamen, wie separate Plätze für Schwarze im Theater, in Parks, in öffentlichen Verkehrsmitteln, Restaurants etc. sowie getrennte Schulen. Der Name kommt von einem ↑*minstrel song*. Die J. C. l. wurden in den 50er Jahren durch das Oberste Gericht verboten. Heute verweist J. C. als Adjektiv auf eine unfaire Behandlung von Schwarzen. (*‚a J. C. treatment'*).

jitterbug. Um 1935 aus dem Boogie entstandener ↑*Tanz*, der den Tänzern akrobatische Drehungen abverlangt.

jive [dʒaɪv]. 1. Die Musik u. der ↑*Tanz* zum ↑*swing;* 2. Slang: die Sprache von ↑*jazz*-Fans bes. der 40er Jahre; 3. unverständliches Geschwafel.

John Doe [doʊ], weibl. Form **Jane Doe.** Name f. d. Durchschnittsamerikaner/in, oft auf Muster-Formularen aufgedruckt; vor Gericht Name f. unbekannte Person.

John Pennekamp Coral Reef State Park ↑key(s).

Johnson, Lyndon Baines (LBJ) (1908–1973). Zuerst Vizepräsident unter John F. ↑*Kennedy* (1961–1963); nach dessen Ermordung Amtsnachfolger als Präsident (1963–1969). Er steht für die Durchsetzung der ↑*Bürgerrechtsgesetzgebung* (1964/65) u. für den Kampf gegen die Armut in USA (↑*War on Poverty*). Durch die zunehmende Verwicklung der USA in den ↑*Vietnamkrieg* wurde er zuletzt immer unpopulärer. In seinem Heimatstaat Texas wurde das Houston Raumfahrtzentrum umbenannt in *Johnson Space Center.*

joiner. ‚Vereinsmeier' (aber nicht abwertend). Am. Soziologen sprechen von einer typisch am. Vorliebe f. Gesellschaft, ↑*clubs* usw.; man ist ein *mixer*, kontaktfreudiger Mensch, auf keinen Fall jedoch ein *quitter* (Drükkeberger, Feigling).

Joint Chiefs of Staff. Generalstab der USA, mit Vertretern der vier Militärabteilungen: Army, Navy, Air Force, ↑*Marines.* ↑*Militär.*

JP ↑Justice of the Peace.

Juden (*Jews*). J. werden sowohl als ethnische (↑*ethnic group*) wie auch als religiöse Gemeinschaft gesehen (6 Mio. in USA). Als solche gehören sie der *Reformed*, der *Orthodox* o. der zwischen beiden stehenden *Conservative Synagogue* an. Eine auffällig traditionell osteuropäisch gekleidete Gruppe sind die hasidischen „*Lubovitcher*" (Männer mit schwarzem Hut u. Bart), die immer noch ↑*yiddish* sprechen. J. wohnen meist in den Großstädten des Nordens u. Westens, sind höhergestellt, wohlhabender u. gebildeter als andere Gruppen u. haben einen großen Beitrag zur am. ↑*Literatur*, bes. seit 2. Weltkrieg, geleistet. (Salinger, Mailer, Bellow, Malamud, Roth, Singer etc.) Politisch unterstützen sie meist die liberalen Demokraten (N.Y. ist mit seinen liberalen Republikanern eine Ausnahme). Sie waren auch sehr in der Bürgerrechtsbewegung engagiert, bis die Schwarzen auf Quotenregelung in Bildung u. Beruf drängten (↑*affirmative action*), was der kleinen Gruppe der J. schaden müßte. Es gibt wenig offenen Antisemitismus, aber nicht alle ↑*clubs* stehen J. offen.

judicial review. Gerichtliche Revision. Dies ist Aufgabe der *appellate courts* (Berufungsinstanzen) u. v. a. des Obersten Gerichts (↑*Supreme Court*). ↑*Justiz.*

Jugendkriminalität ↑Gangs.

Jugendliche ↑Rechte von Jugendlichen. ↑*gangs.*

junior. Student/in im 3. Jahr des ↑*college* (↑*undergraduate*); Schüler/in im 3. Jahr der ↑*high school.*

junior college. ↑*College,* das nur die ersten zwei Jahre des ↑*undergraduate* Programms anbietet (schließt mit einem *associate's degree* ab; danach müssen die Studenten zu einem 4jährigen College überwechseln. Allerdings bieten manche j. c. auch Vorbereitungskurse auf die ↑*professional studies* (Medizin etc.) an. ↑*community college.*

junior high (school). Die Schule zwischen ↑*high school* u. *elementary school* (Grundschule): meist die 7. u. 8. Klasse (↑*Schulsystem*).

junk. Ausschuß(ware); ugs. für Heroin; *junk food:* vom Nährwert her schlechte Nahrung, bes. süße, kalorienreiche Snacks, Chips u.a.; *junk* ↑*bonds:* spekulative Obligationen, die heruntergewirtschafteten o. vor dem Konkurs stehenden (mittelständischen) Firmen Gelder zur Verfügung stellen. Aufgrund des niederen Kaufpreises kann der Anleger bei erfolgreicher Umstrukturierung der Firma hohe Gewinne erwarten.

jury. Die Geschworenen; *jury trial* Geschworenengericht: Richter u. 12 Geschworene *(jurors).* Die j. entscheidet mit ihrem *verdict* (Spruch) auf „schuldig" o. „unschuldig" (Recht oder Unrecht bei Zivilverfahren). Sie heißt auch *petit* (kleine) *jury* u. muß bei Verfahren vor Bundesgerichten Einstimmigkeit erzielen (in einzelnen Staaten kann sie auch aus 6 Geschworenen bestehen u. muß keine Einstimmigkeit erzielen). Die *grand jury* besteht aus 23 Geschworenen u. entscheidet, ob ein Strafverfahren überhaupt eröffnet werden soll.

Nach der Verfassung (6. u. 7. Zusatz) hat jeder Am. das Recht auf diese *juries* sowohl bei Zivil- wie bei Strafverfahren, kann jedoch darauf verzichten (dann entscheidet der Einzelrichter), kann auch gegen eine bestimmte Zahl von möglichen Geschworenen Einwände erheben (*challenge*). Eine j., die zu keinem Spruch kommt, heißt *hung j.*, eine j., aus der Anklage u. Verteidigung ihnen unliebsame Personen vorher streichen, heißt *struck j.* Das Auswahlverfahren der *jurors* ist sehr kompliziert, weil nur unbescholtene u. ‚unvoreingenommene' Personen ausgewählt werden dürfen, die noch nicht der Berichterstattung in den Medien ausgesetzt waren. Angestrebt wird auch eine nach Rasse, Alter, Geschlecht, Bildung repräsentative Vertretung. Das Ziel ist eine Entscheidung durch das ‚Volk', nicht durch gelehrte Richter. Das ganze System geht auf engl. Recht zurück. ↑*Gerichtsverfahren,* R. ↑*King,* O. J. ↑*Simpson.*

justice. Richter am Obersten Gericht (↑*Chief Justice*); *judge* ist die normale Bez. f. Richter an einem ↑*trial court.* ↑*Justice of the Peace.*

Justice of the Peace (JP). Friedensrichter; meist auf dem Lande ehrenamtlich tätig, zuständig für kleinere Streitfälle o. Vergehen (z.B. Falschparken); in der Stadt entspricht ihm der ↑*magistrate court.* Er ist auch zuständig für nichtkirchliche Eheschließung. Er stellt Haftbefehle aus (*arrest warrants*) u. darf ein vorläufiges Verhör (*preliminary hearing*) abhalten. Der Beklagte/Angeklagte kann sich aber immer an ein reguläres Gericht (↑*trial court*) wenden.

Justice, US Department of ~. Justizministerium, an dessen Spitze der ↑*attorney general*, der oberste Bundesstaatsanwalt u. Justizminister, steht.

Justiz. Die Gerichtsbarkeit verläuft in doppelten Instanzen: Bund u. Einzelstaaten haben jeweils eine 1. Instanz: ↑*district courts* (Bund), ↑*trial courts* (Einzelstaaten) mit ordentlichen ↑*Gerichtsverfahren* (↑*jury* mit Richter bzw. Richter allein). Die Berufungsinstanzen *courts of appeal* (Bund bzw. Einzelstaat) sowie die höchsten Instanzen *U.S.* ↑*Supreme Court* (Bund) u. *state supreme court* (Einzelstaat) behandeln nur noch Verfahrens- u. Grundsatzfragen, die sich aus dem Einzelfall ergeben (↑*judicial review*), nicht eine Wiederholung der Verhandlung. Soweit die Bundesverfassung betroffen ist, kann die Revision eines Einzelfalles in einem *state trial court* auch direkt vom *U.S. Supreme Court* behandelt werden, muß also nicht durch die Instanzen des Einzelstaates; Bundesgerichte verhandeln Bundesangelegenheiten (↑*federal courts*). Auf lokaler Ebene gibt es unterhalb der *trial courts* noch eine freiwillige Gerichtsbarkeit (↑*magistrate courts,* ↑*Justice of the Peace*). ↑*Recht,* ↑*due process.*

juvenile courts. Jugendgerichte f. Jugendliche unter 19 Jahren. Jugendkriminalität macht in USA etwa ein Drittel aller Schwerverbrechen aus, wobei auch kulturelle Faktoren (Großstadt-Slums) eine wichtige Rolle spielen. – Neben den normalen ↑*trial courts* bürgern sich auf lokaler Ebene immer mehr spezialisierte Gerichte wie *j. c., traffic courts, domestic relations courts,* ↑*probate courts* etc. ein. ↑*Rechte von Jugendlichen.*

K

K-12. Von der Vorschule bis zur 12. Klasse. Die am. öffentliche Schule beginnt mit (nicht verpflichtendem) ↑*Kindergarten* u. endet mit Klasse 12. ↑*Schulsystem.*

kachina [kə'tʃiːnə]. 1. Übernatürliche glückliche Wesen, die in der Religion der ↑*Pueblo*-Indianer verehrt werden; 2. maskierte Personen oder geschnitzte Puppen, die diese Geister z.B. im Tanz darstellen. ↑*Hopi.*

Kabelfernsehen ↑cable television.

Kabinett ↑cabinet.

Kaffee. Die Am. sind Kaffeetrinker (Tee trinkt man v.a. als Eistee im Sommer). K. (i.d.R. schwächer als dt. K.) trinkt man entweder als *regular* o. *white coffee* (*with cream*) ‚Milchkaffee' o. *black* (schwarz). Instant-K. wird selten getrunken. K. gehört zum Frühstück (↑*American breakfast*) u. wird im Restaurant unentgeltlich nachgeschenkt *(refill)*; man trinkt ihn aber auch zum Essen u. bes. nach dem Essen.

kaffee klatsch [ka'feɪklætʃ]. Geselliges Beisammensein u. Schwatz zum Kaffee; aus dem Deutschen entlehnt.

Kansas City. Name für zwei sich gegenüberliegende Städte am Zusammenfluß der Grenzflüsse Missouri u. Kansas, von denen die eine zum Staate Kansas, die andere zum Staate Missouri gehört. Gewöhnlich meinen Am. die Stadt in Missouri, wenn sie von *KC* sprechen.

Kartoffeln werden auch in USA in zahlreichen Varianten gegessen: als *french fries* (BE *chips*, Pommes frites) o. als *chips* (gebratene Scheiben), zum Frühstück als *hash browns* (Bratkartoffeln), als *baked potatoes* (gebakken, mit Sahne-, Butter-Einlage); weitere Varianten sind die einheimische Süßkartoffel/Batate, *sweet potato*, u. die *yams* (süße Yamswurzel).

Katholiken. Größte Einzelkonfession (50 Mio.), aber noch sehr ethnisch geprägt: Iren, Polen, Italiener, Mexikaner, die in USA meist zur Arbeiterschicht in den Großstädten gehören u. politisch den Demokraten verbunden sind. Im 19. Jh. wurden die K. bes. im Süden (↑*Ku Klux Klan*, ↑*Know Nothing Party*) unterdrückt bzw. durch einseitige Einwanderungsquoten der USA (1920, ↑*Einwanderung*) eingeschränkt; erst seit ↑*Kennedys* Präsidentschaft sind sie auch politisch akzeptiert. Seit dem 2. Vatikan-Konzil treten immer mehr Gegensätze der am.-demokratisch gesinnten K. zur röm.-kath. hierarchischen Struktur auf, bes. in Moralfragen (Geburtenkontrolle, ↑*Abtreibung*, Ehescheidung, Stellung der Frau). ↑*Religionen*.

Kennedy, John F. (1917–1963). 35. Präsident (1961–1963). Er war der 1. röm.-kath. Präsident u. jüngste Präsident überhaupt. Er gab Amerika neue Impulse (Slogan von der ↑*New Frontier*) durch die Konzentration auf die Umgestaltung der Gesellschaft (↑*Raumfahrt*, ↑*Peace Corps*, Vorbereitung der ↑*Bürgerrechtsgesetzgebung*). International wird ihm sein Widerstand gegen die Sowjetunion in der Kuba-Krise u. sein Einstehen für Berlin hoch angerechnet. Er wurde am 22. Nov. 1963 in Dallas ermordet. ↑*Onassis, J. K.*

Kennedy Center. Das J. F. Kennedy Center for Performing Arts in Washington, D.C., ein nationales Kulturzentrum u. Ehrengebäude (Memorial) für JFK.

Kentucky Derby. Bekanntestes Pferderennen in USA (für Dreijährige).

Key Biscayne National Park ↑*key(s)*.

Key West ↑*key(s)*.

key(s). Bez. f. die Inselgruppe (von span. *cay* = niedere Insel), die sich an der südl. Küste von Florida ins Meer ausdehnt. 25 kleine Inseln, die durch eine Dammstraße mit 42 Brücken verbunden sind. Die bekanntesten k. sind Key Largo mit dem einzigen lebenden Korallenriff in Nordamerika im John Pennekamp Coral Reef State Park, ferner Key Biscayne National

Park, ebenfalls ein Korallenriff, sowie Key West, der südlichste Punkt der USA, mit seinen großartigen Sonnenuntergängen.

kindergarten. Aus dem Deutschen übernommener Begriff, bezeichnet heute aber nur die einjährige fakultative Vorschule für Fünfjährige. ↑*preschool*, ↑*nursery school.*

King Kong. Ein übergroßer Gorilla, der im gleichnamigen Film (1933) die Stadt New York terrorisierte u. eine junge Frau an der Spitze des Empire State Building festhielt.

King, Rodney. Ein schwarzer Amerikaner, der zufällig gefilmt wurde, als er 1992 von Polizisten zusammengeschlagen wurde (in den Schlagzeilen als *R. K. beating*). Als die Polizisten zunächst freigesprochen wurden, kam es in Los Angeles zu blutigen Rassenunruhen. Ein späteres Gerichtsurteil verurteilte die Polizisten.

Kinsey Report. Regelmäßig veröffentlichte Berichte von Alfred Charles Kinsey über die sexuellen Praktiken der Am. (1948 der 1. über die Männer, 1953 der 1. über die Frauen), gemäß denen diese sexuell sehr aktiv waren. Inzwischen werden diese Berichte als weit übertrieben angesehen.

Kissinger, Henry (geb. 1923). Am. Politiker, der den Friedensnobelpreis für die Beendigung des ↑*Vietnamkrieges* bekam. Bekannt ist er vor allem durch seine *shuttle diplomacy* im Mittleren Osten, wo die am. Politik zu vermitteln suchte, ferner durch die ↑*detente*-Politik der 70er Jahre gegenüber der Sowjetunion u. durch die Öffnung der USA zu China unter Präsident ↑*Nixon*, dessen Außenminister er war.

Kitty Hawk ↑*Wright Brothers.*

king-size. Überdurchschnittlich groß (bezieht sich bes. auf die Größe der ↑*Motelbetten*); vgl. ↑*queen-size.*

KKK ↑Ku Klux Klan.

Klima. Kontinentales K. (heiße Sommer, kalte Winter) bestimmt den größten Teil der USA, die der gemäßigten Zone angehört; im Osten u. bes. im Süden meist schwüle Sommer, deshalb hat jedes Haus eine K.anlage; insgesamt gibt es größere Temperaturschwankungen als in Europa. Florida hat z.T. subtropisches K., ist im Winter u. bes. bei älteren Menschen beliebt; Südkalifornien hat mediterranes Klima u. entwickelte ein entspr. Freizeit-Image für junge Leute. Arizona hat Wüstenklima mit trockener Hitze, zieht ebenfalls viele ältere Leute an. Allgemein ist der Südstreifen vom Atlantik bis Pazifik bekannt als ↑*sunbelt.* Die zentrale Mulde der USA (↑*Landschaften*) bekommt z.T. wegen der längslaufenden Gebirge wenig Niederschlag, was den Anbau in der ↑*Landwirtschaft* beeinflußt. Die höchsten Temperaturen (über 50° C) werden im ↑*Death Valley* gemessen. ↑*Stürme u. Winde.*

Know-Nothing Party. Die ‚Nichtswisser-Partei', die sich nach dem Einwandererstrom von 1849 (↑*gold rush*) bildete u. Einwanderer sowie ↑*Katho-*

liken von am. Politik ausschließen wollte, aber nicht offen agierte. Die Mitglieder „wußten nichts von einer Bewegung" (auf Anfrage), aber 1854 traten sie erfolgreich als „*American Party*" auf.

Kommunisten ↑Communist Party.

Komponisten. Nach Liederschreibern wie Stephen Foster (1826–1894) aus dem 19. Jh. mit Liedern, die der Musik der Schwarzen verpflichtet sind („Old folks at home") ist der erste am. K. von Bedeutung Charles Ives (1884–1954), dessen Musik vom Beginn des 20. Jh. stammte, aber erst nach 1940 wegen ihrer innovativen polytonen u. polymetrischen Formen Anerkennung fand. Aaron Copland (geb. 1900) verwendet mehr typisch amerikanische Rhythmen (↑*jazz* u. ↑*folk music*). John Cage (geb. 1912) ist ein experimenteller Komponist u. Musiktheoretiker, der mit Elektronik u. präpariertem Piano neue Klänge improvisiert. Die bekanntesten Komponisten sind jedoch die der ↑*musicals* wie George ↑*Gershwin,* Cole ↑*Porter,* Jerome Kern, Rodgers and Hart, ↑*Rodgers and Hammerstein,* Lerner and Loewe, Stephen Sondheim und Leonard ↑*Bernstein,* der auch als Dirigent Weltrang hat. Bei ↑*pop* u. ↑*rock* sind es v.a. Burt Bacharach, Irving Berlin, Chuck Berry, Bob ↑*Dylan,* Paul Simon, Woody Guthrie.

Koreakrieg (1950–1953). Die USA hat (zusammen mit Südkorea) unter großen Verlusten Südkorea gegen den Angriff von Nordkorea (u. China) im Sinne der weltweiten Eindämmung des Kommunismus („Dominotheorie") verteidigt. Die Teilung Koreas blieb; in den USA führte der K. zu einem starken Antikommunismus (↑*McCarthyism,* ↑*cold war,* ↑*Communist Party*) im Gegensatz zum ↑*Vietnamkrieg* (1965ff), der zu Hause z.T. vehemente Ablehnung hervorrief. ↑*Militäraktionen.*

Kosewörter. Das typische K. zwischen Ehegatten (‚Schatz') ist *honey,* mit dem Eltern auch ihre Kinder anreden; *dear* ist eine Anrede von älteren Familienmitgliedern gegenüber jüngeren Familienmitgliedern u. die übliche Anrede im Brief *Dear Tom.*

Krankenversicherung *(health care insurance).* Da nur ca. 85% aller Amerikaner eine Krankenversicherung haben, wollte die Clinton-Regierung eine nationale K. (*National Health Care Insurance*) für alle Am. einführen, kam aber im Kongreß nicht durch, da auch Umfragen ergaben, daß die Am. eher eine spezielle Lösung für die 15% Nichtversicherten als eine staatliche Lösung für alle befürworten. Für über 65jährige Am. gibt es bereits staatliche Versicherungen wie ↑*medicare,* ↑*medicaid.*

Kraut ↑Rassismus u. Sprache.

Kriege. Abgesehen von den ↑*Weltkriegen* sind die am. K. in diesem Jh. genaugenommen ↑*Militäraktionen* (↑*Koreakrieg* wie auch ↑*Vietnamkrieg*). Die vorherigen K. waren: Unabhängigkeitskrieg (↑*Revolutionary War*), Krieg von 1812 (↑*War of 1812*), Krieg mit Mexiko (↑*Mexican War*), Bürgerkrieg (↑*Civil War*), ↑*Indianerkriege* u. der Spanisch-Amerikanische Krieg (↑*Spanish-American War*). Der Bürgerkrieg hat wohl die tiefsten Spuren hinterlassen (ein Krieg im eigenen Land mit über 600000 Gefallenen), die Weltkriege (bes. der 2.) haben die technologische u. politische Vormachtstellung der USA gebracht u. ein Nationalgefühl des Einsatzes f. eine gerechte Sache gestärkt. Zweifel an der Richtigkeit der K. gab es immer bei einigen Gruppen, bes. heftig umstritten war der ↑*Vietnamkrieg* (US-Militäreinsatz von 1964–1973). Der ↑*Golfkrieg* von 1991 richtete aufgrund des schnellen u. verlustarmen Sieges über einen Despoten den am. Nationalstolz wieder auf. Umstritten sind Truppeneinsätze, die im Auftrag der UNO durchgeführt werden (z.B. Somalia, 1992).

Kriminalität. Die hohe Rate an Schwerverbrechen (ca. 16000 Morde pro Jahr, 600–700 allein in Detroit), bei denen zu 60% Schußwaffen eingesetzt werden, wird oft von Europäern kritisch im Sinne einer gewalttätigen Bevölkerung hervorgehoben (Schmelztiegel, Wild-West-Sitten); von Am. selbst werden vielfache Gründe angeführt: 1. die skandalösen Zustände der Innenstädte, in denen ein Großteil der Schwerverbrechen geschieht (↑*underclass*, ↑*Schwarze*); 2. die leichte Verfügbarkeit von ↑*Drogen*, deren Handel ebenfalls hauptsächlich in diesen Innenstädten stattfindet; 3. der leichte Zugang zu Schußwaffen, die oft schon bei Familienstreitigkeiten eingesetzt werden (↑*Waffentragen*); 4. eine Art Selbstschutz-Mentalität, die angesichts von Verbrechen die Eigenbewaffnung nötig mache (↑*vigilante*); 5. das organisierte Verbrechen (↑*Mafia*, ↑*racketeering*); 6. die liberale am. Rechtsprechung, die zwar einige wenige als Abschreckung zum Tode verurteile (↑*Todesstrafe*), aber seit etwa 1960 die Rechte von eindeutigen Mördern wegen polizeilicher Verfahrensfehler zu sehr schütze (↑*due process*, ↑*Recht*). (Allerdings ist in diesem Punkt seit 1970 eine Trendwende festzustellen.) ↑*Abtreibung*, ↑*bootlegging*, ↑*Brady Bill*, ↑*Drogen*, ↑*felony*, ↑*gambling*, ↑*gangs*, ↑*Homosexualität*, ↑*insider trading*, ↑*King, R.*, ↑*Miranda rights*, ↑*misdemeanor*, ↑*mugging*, ↑*Oklahoma City*, ↑*privacy right*, ↑*Prohibition*, ↑*Prostitution*, ↑*public intoxication*, ↑*statutory rape*.

Kubaner. Seit die Kommunisten unter Fidel Castro 1959 in Kuba die Regierung übernahmen, kamen viele Bootsflüchtlinge nach ↑*Florida* u. bes. nach ↑*Miami*, wo sie einen großen wirtschaftlichen u. politischen Einfluß gewonnen haben. Es gibt Viertel in Miami, in denen nur spanisch gesprochen wird (↑*bilingualism*).

Ku Klux Klan ['kuːklʌks'klæn]. Geheimbund, der sich 1866 von Tennessee aus über die Südstaaten ausbreitete u. während der ↑*Reconstruction* (1865–1877) die Vorherrschaft der Weißen durch Terror bes. gegenüber den Schwarzen (aber auch Katholiken u. Juden) sichern wollte. In ihren Kapuzen u. weißen Tüchern glichen sie Rachegeistern, mit dem Feuerkreuz als Emblem. Der KKK wurde 1915 als Geheimbund gegen Juden, Katholiken, Schwarze, Ausländer u. Gewerkschaften neu gegründet, 1944 aufgelöst, aber wieder aktiv während der Zeit der Bürgerrechtsbewegung im Süden (nach 1960, ↑*civil rights*) u. ist bis heute bestrebt, die Rassenintegration zu verhindern.

Kultur u. Unterhaltung ↑Literatur, ↑Malerei, ↑Film, ↑Popkultur, ↑Musik, ↑Theater, ↑theme parks.

L

L.A., Los Angeles. [lɑs'ændʒələs] Die Stadt der ‚Engel'. Das neue Zentrum des Westens (zweitgrößte Stadt der USA) erhält seine Vitalität nicht nur vom wiederaufblühenden ↑*Hollywood*, sondern v. a. durch die Millionen neuer Einwanderer aus Mexiko (↑*Chicano*) und Asien (↑*Asiaten*), die es zum neuen ↑*Ellis Island* machen. Die Probleme sind größer geworden, bes. Rassenprobleme (Rodney ↑*King*) u. Erdbeben u. Buschfeuer (1994). ↑*sun belt.*

Labor Day. Tag der Arbeit (1. Montag im Sept., nicht 1. Mai!); gilt als Abschluß der dreimonatigen Sommerferien. Offizieller ↑*Feiertag*, aber als Tag der Arbeit eigentlich nur von den ↑*Gewerkschaften* gefeiert (seit 1882).

lacrosse. Altes indianisches Ballspiel, eine Art Mischung zwischen Fußball u. Tennis (Spieler mit Schlägern, ein harter Ball u. gegnerische Tornetze). Das moderne l. ist eine französische Weiterentwicklung.

lame duck. Ugs. ‚lahme Ente'; polit.: ein nicht wiedergewählter o. nicht wieder wählbarer Amtsinhaber (z.B. Präsident in der 2. Amtsperiode, Kongreßmitglied in der letzten Amtsphase), bes. wenn der Nachfolger schon bestimmt ist u. alle sich schon auf diesen ausrichten.

land-grant college. Ein ↑*college* (Hochschule), das mit Zuschüssen der Bundesregierung (auf vom Bund zur Verfügung gestelltem Land) bei der Ausdehnung nach Westen gegründet wurde (nach *Morrill Act*, 1862), das aber auch noch heute Ansprüche auf Bundeszuschüsse hat; die meisten Hochschulen sind privat o. gehören Einzelstaaten.

Landschaften. Die USA gliedert sich aufgrund des Reliefs der Oberfläche in 4 verschiedene Landschaftsgebiete: 1. die Küstenebenen am Atlantik u. an der Golfküste (↑*Eastern seabord*); 2. der Gebirgszug der Appalachen (↑*Appalachia*), der den Ostteil von Norden nach Süden durchzieht; 3. das zentrale Tiefland *(the plains)*, das um die Flußgebiete des Mississippi/Missouri klimatisch feucht, westlich des 100. Längengrades, im Vorland der Rocky Mountains, aber trocken ist (↑*Great Plains*); 4. das westliche Gebirgssystem der Kordilleren (Rokky Mountains/Hochplateau/zentrales Tal/Küstenkordillere). Durch den Nord-Süd-Verlauf der Gebirge wird Niederschlag vom Landesinneren abgehalten, ↑*Stürme u. Winde* aber können wegen der großen zentralen Mulde leicht vom polaren Norden Kanadas bis an die Golfküste u. umgekehrt vordringen (↑*Klima*).

Die Vielfalt der L. zeigt sich auch in der Vegetation: Laubwälder im Nordosten, Prärie in der Mitte, Steppe u. Wüsten im trockenen Südwesten, Palmen im südl. Kalifornien und Florida (Everglades). Manche Pflanzen sind für Menschen gefährlich (↑*poison ivy*). Die für USA besonderen Tiere wie Bison (Büffel), Grizzly, Weißkopf-Adler (Wappentier der USA, *bald eagle*) waren weitgehend ausgestorben, haben sich aber inzwischen wieder vermehrt, verbreitet sind auch Klapperschlangen im Südwesten *(rattler)*, Alligatoren in den Sümpfen von Florida. Die vielen ↑*Naturwunder* sowie besondere Tiere und Pflanzen werden seit Ende des 19. Jh. durch Nationalparks (↑*national parks*) geschützt. ↑*Landwirtschaft*, ↑*Regionen.*

Landwirtschaft. Abhängig vom ↑*Klima* und den natürlichen ↑*Landschaften* haben sich verschiedene Anbauzonen entwickelt: in der trockenen westlichen ↑*prairie* u. den ↑*Great Plains* Weizenanbau *(wheat belt)*, um die Großen Seen Milchwirtschaft *(dairy belt)*, östlich davon der Mais-Soja-Gürtel *(corn/soy belt)*, im Süden der Baumwollgürtel *(cotton belt)*. Zitrusfrüchte wachsen im subtropischen Klima von Florida u. im mediterranen Klima von Südkalifornien. Die USA produziert doppelt soviel Güter wie sie verbraucht (Weizen, Soja, Baumwolle, Tabak) u. steht mit der EG im Wettbewerb beim Export, z.B. von Weizen. Neben Überschuß bereitet klimabedingter Erzeugnis-Ausfall (Trockenheit im Mittleren Westen u. im Süden) Schwierigkeiten u. führt zur Aufgabe vieler Familienbetriebe, die die hohen Zinsen für frühere Investitionen nicht mehr bezahlen können.

lasso. Das mit einem Lederriemen versehene Wurfseil des ↑*Cowboys.* Das Seil hieß zur Cowboyzeit *lariat* o. *rope* u. wurde erst später *lasso* genannt.

Latinos. Diese Bez. wird häufig von den offiziell als *Hispanic Americans*, auch *Hispanics* geführten Personen bevorzugt. Amerikaner lateinamerikanischer (z.T. auch spanischer) Abstammung, bes. mexikan. Amerikaner (↑*Chicano*), ↑*Puertorikaner*, ↑*Kubaner* stellen mit ca. 26 Mio. die zweitgrößte Minderheit nach den ↑*Schwarzen* dar u. sind regional unterschiedlich vertreten: mexikan. Am. in den an Mexiko angrenzenden Staaten, v.a. in ↑ *L. A.*, Puertorikaner in ↑*New York*, Kubaner in Florida (↑*Miami*). Neben der mangelnden Bildung (abgesehen von den Kubanern meist billige Arbeitskräfte in den Slums o. Erntearbeiter) ist die spanische Sprache das Haupthindernis f. den Aufstieg, denn die Am. wollen lokal außer Englisch keine weitere Unterrichtssprache finanzieren (↑*bilingualism*, ↑*English Only*, ↑*Proposition 187*, ↑*undocumented immigrants*). Im Südwesten haben die mexikan. Am. bereits politische Verantwortung übernommen.

Latter-Day Saints. Heilige der Letzten Tage (↑*Mormonen*).

Laurel and Hardy. (Dt. Fassung ‚Dick u. Doof'); ein Duo, das in den 30er Jahren viele humoristische Tonfilme drehte. Stanley Laurel (1890–1965) spielte den kleinen Dünnen u. Oliver Hardy (1892–1957) den großen Dicken.

LAX. Abk. ‚Los Angeles International Airport'.

layaway service. Zurücklegen von angezahlter Ware, üblich bei Beträgen bis zu $ 300. Der Laden legt die Ware bis zur vollen Bezahlung max. 1 Monat zurück; Anzahlung ca. 10 % – 50 %.

leak [liːk]. Undichte Stelle bes. in einem Amt, aus der geheime Information durchsickert (*to leak out*). Am. Reporter haben schon oft mit Hilfe von *leaks* die Regierung in Bedrängnis gebracht (↑*Watergate*, ↑*investigative journalism*).

lean management / production ↑Wirtschaft.

leathernecks ↑Marine Corps.

Lee, Robert F. (1807–1870). General u. Oberkommandeur der Südstaaten im Bürgerkrieg, von dem gesagt wird, daß er strategisch dem Kommandeur der Union, Gen. Ulysser Grant, überlegen war (↑*Civil War*).

leggin(g)s. 1. Beinschutz (von Knöchel bis Knie) f. Soldaten u. Reiter; 2. indianische Beinärmel, die über der Lendenschnur am Gürtel festgemacht u. mit Fransen versehen waren; 3. enganliegende, schlauchförmige Hose, v. a. f. Frauen.

Legislative ↑*Congress.*

leftists. Die (politische) Linke. Die eigentlichen Gegensätze in der am. Politik sind ↑*liberal* u. ↑*conservative. Left* u. *leftist* oder gar *socialist* sind ideologisch verpönt u. nahe am Kommunismus angesiedelt (↑*Communist Party*). Es gab auch nie eine bedeutende linke Gruppierung. Als radikale Gruppierung wurden die ↑*Wobblies* zu Beginn des 20. Jh. angesehen, die sich als linke Gewerkschaft für die Bergwerks- u. Textilarbeiter einsetzen; die am. ↑*Gewerkschaften* heute haben keinen Bezug zum Sozialismus. Die kleinen kommunistischen Gruppen riefen nach dem 1. u. 2. Weltkrieg eine Linkenhetze hervor (↑*McCarthyism*). Bedeutend wurden linke Gruppen während des Vietnamkriegs als Gruppen der Gegenkultur (↑*counterculture*, ↑*SDS*) u. radikale Gruppierungen der aufbegehrenden Minderheiten (↑*Black Panther*, ↑*Chicano*); die heutigen Linken (Anti-Atomkraft-Bewegung, Umweltschützer, Alternative, radikale Frauenbewegung) sind zahlenmäßig schwach, aber beeinflussen sehr stark die öffentliche Diskussion.

lend lease. Die Abmachung zwischen den USA u. ihren Alliierten (bes. Großbritannien) während des 2. Weltkrieges, daß die USA sie mit Kriegsmaterial unterstützt, das später zurückgegeben oder durch eigene Produktion der Alliierten ersetzt werden kann.

leveraged buy-out. Übernahme einer auf Kapitalmärkten vertretenen Firma durch eine kleine Gruppe (auch durch die Firmenleitung), wobei der Kaufpreis auf geborgtem Geld beruht, das durch die Gewinne der dann neu formierten Firma zurückgezahlt wird. Durch diese neuartige Übernahme konnte manche am.

Firma noch vom Bankrott gerettet werden. ↑*Wirtschaft.*

Lewis and Clark expedition. Die Expedition unter der Leitung von Meriwether Lewis u. William Clark zur Erkundung des großen neuen Gebietes, das die USA 1803 im ↑*Louisiana Purchase* von Frankreich erwarb. Es reichte vom Golf von Mexiko bis an den Pazifik. Die Expedition (1804–1806) berichtete über die Landschaft, indianische Lebensweise, Tier- u. Pflanzenwelt des Westens.

liberal bez. nicht eine Partei, sondern eine politische Einstellung, die sowohl in der ↑*Democratic Party* als auch in der ↑*Republican Party* zu finden ist, vor allem im Nordosten des Landes (↑*Eastern Establishment*) u. mehr bei den Demokraten. Nach liberalen Vorstellungen soll die Regierung eine aktive Rolle bei der Beseitigung von wirtschaftlicher u. sozialer Ungerechtigkeit übernehmen. Der Begriff l. weicht somit stark vom Dt. ab. Der Gegenbegriff ist ↑*conservative.*

liberal arts. Studienprogramm für das vierjährige *l. a. college* (↑*undergraduate studies*) mit ↑*bachelor's degree* als Abschluß, das in erster Linie Allgemeinwissen vermitteln soll (in Geistes- u. Naturwissenschaften); eine gewisse Spezialisierung (↑*major,* ↑*minor*) ist meist ab dem 3. Jahr möglich. Die „artes liberales" waren ursprünglich „praktische Fächer" (Grammatik, Rhetorik, Logik, Mathematik usw.), heute ist *arts* fast gleichbedeutend mit Geisteswissenschaften, entsprechend die Abschlüsse *Bachelor of Arts, Master of Arts.* Das l. a.-Studium wird von vielen als ein Muß empfunden, die sich lieber direkt auf ein berufsorientiertes Spezialstudium (↑*graduate school,* ↑*professional school*) vorbereiten würden.

Liberty Bell. Freiheitsglocke, 1752 in London gegossen; wurde am Tag der Unabhängigkeitserklärung (↑*Declaration of Independence*) geläutet u. an anderen historischen Tagen; heute in der *Independence Hall* in Philadelphia aufbewahrt. ↑*Staatssymbole,* ↑*Gedenkstätten.*

limousine o. limo ['lɪmoʊ]. 1. Sammeltaxi zum/vom Flugplatz; l. sind günstiger u. durch direkte Haltestellen vor Hotels komfortabler als der Busverkehr; 2. Luxusauto.

Lincoln ['lɪŋkən], **Abraham** (1809–1865). 16. Präsident der USA. Er bewarb sich als Republikaner u. Befürworter der Abschaffung der Sklaverei 1860 um das Präsidentenamt; 1863 verkündigte er dann die ↑*Emancipation Proclamation.* Er führte die Union im Bürgerkrieg gegen die Südstaaten (↑*Civil War*) und zeigte sich nach deren Niederlage großzügig; 1865 wurde er von einem fanatischen Südstaatler, J. W. Booth, ermordet. 1922 wurde ihm zu Ehren das *Lincoln Memorial* in Washington als Gedenkstätte erbaut. Berühmt ist er v. a. auch durch seine rhetorisch exzellenten Reden (z. B. die *Gettysburg Address* zu Ehren der im Bürgerkrieg Gefallenen), in denen sich ein unerschütterliches Festhalten an der Union u. den Prinzipien der ↑*Demokratie* zeigt. Er gilt als einer der großen Präsidenten der USA. *L.'s Birthday* wird in 25 Nordstaaten am 3. bzw. am 12. Februar gefeiert; vgl. aber auch ↑*President's Day*, ↑*Washington's Birthday.*

Lindbergh, Charles (1902–1974). Flieger, der 1927 als erster in seinem Flugzeug *The Spirit of St. Louis* den Atlantik von New York nach Paris nonstop in 33½ Stunden überquerte u. weltberühmt wurde. Sein kleiner Sohn wurde gekidnappt u. ermordet.

Lindy Hop. Bez. f. den ↑*jitterbug*-Tanz in der Sprache der Schwarzen (abgeleitet von „Ch. ↑*Lindbergh*"?).

linebacker. Spieler, der im ↑*football* bei der Abwehr-Mannschaft (nicht ballführend) in 2. Linie hinter den ↑*linemen* steht.

lineman/linemen. Spieler der vordersten Linie beim ↑*football,* also nicht die ‚Linienrichter' wie im Fußball.

liquor ['lıkər]. Spirituosen. Neben ↑*Bier* sind harte Sachen immer noch beliebter als ↑*Wein,* vor allem: ↑*whiskey, wodka, gin,* ↑*rum, brandy, vermuth* u. *cordial* ‚*Likör*'. Sie werden als ↑*straight* (pur), ↑*on the rocks* (mit Eis) o. als Mischgetränke (*mixed drinks,* ↑*cocktails*) angeboten.

lite. Werbesprachl. ↑*Schreibung* für *light* ‚leicht'; alkoholarmes ↑*Bier.*

Literatur. Im Bereich der populären L. hat die USA mit ↑*comics,* harten Detektiv-Romanen (↑*detective fiction*), ↑*Science Fiction* u. Western (↑*Cowboy*) international verbreitete Genres geschaffen o. neu belebt. Die ernste L. hängt eng mit der jeweiligen Zeitgeschichte zusammen: Puritanische Erbauungsschriften während der Kolonialzeit, politische Pamphlete während der Revolution, ein Aufschwung der eigenen L. im gelehrten Neuengland kurz nach der Unabhängigkeit (↑*transcendentalism*), die Weiterentwicklung des europäischen realistischen bzw. sozialen Romans während der beginnenden Industrialisierung u. Urbanisierung (↑*realism*), Entwicklung eines modernen Romans durch die Spitzen der 20er Jahre (↑*Hemingway,* ↑*Faulkner,* ↑*Lost Generation*). Der Protest der Nachkriegsjahre (↑*Beat Generation,* ↑*Black literature,* ↑*Frauenliteratur*) gegen Spießbürgertum u. Benachteiligung gab einer Vielfalt von am. Gruppen neuen literarischen Ausdruck (Jugend, Minderheiten, Frauen). Die Theaterstücke der am. Autoren werden häufig auf internationalen Bühnen gespielt (O'Neill, A. ↑*Miller,* T. Williams, E. Albee, S. Shepard). In der Dichtung haben die freien Rhythmen von Whitman, Pound u. Eliot die Moderne beeinflußt. Die eigenständigste am. Entwicklung ist die ↑*short story,* als deren Vater E. A. ↑*Poe* gilt. ↑*muckrakers,* ↑*imagists,* ↑*postmodernism,* ↑*Harlem Renaissance,* ↑*Theater.*

Little Bighorn, Battle of the ~. Eine der wenigen Schlachten (1876), die die Indianer bei ihrem Widerstand gegen die Abschiebung in Reservate gegen die Armee gewannen, auch als „*Custer's Last Stand*" bezeichnet nach dem General, der in der Schlacht selbst umkam. Die ↑*Cheyenne*- u. ↑*Sioux-Indianer* wurden von ↑*Sitting Bull* u.

↑*Crazy Horse* geführt. Das Schlachtfeld von L. B. im SO von Montana ist heute Gedenkstätte der Indianer.

Little League ↑*Big League.*

Little Rock. Hauptstadt des Staates Arkansas. Die Stadt machte 1957 Schlagzeilen durch die Konfrontation zwischen der US-Armee, die gemäß Gerichtsbeschluß schwarze Kinder in eine weiße Schule begleiten mußte, u. der weißen Bevölkerung. Inzwischen hat die Rassenintegration in den Schulen der Südstaaten große Fortschritte gemacht.

Living Theatre. Experimentelles polit. Protesttheater der 60er Jahre in New York. ↑*Theater.*

lobbyism. Washington wimmelt von sog. Lobbyisten, den Vertretern von allerlei Interessenverbänden, die die Abgeordneten über die Ansichten ihrer Verbände informieren u. beeinflussen wollen. Da am. Abgeordnete den Wahlkampf meist allein finanzieren müssen, sind sie auf finanzielle Unterstützung von Verbänden angewiesen u. auch umgekehrt bereit, sich für deren Interessen nach der Wahl einzusetzen. Für eine gewisse Kontrolle (Registrierung) sorgt der *Regulation of Lobbying Act* von 1946. Eine neuere Regelung legt fest, daß jeder Einzelbeitrag (Einzelperson o. Firma) $ 1000 nicht übersteigen darf, aber es gibt viele Möglichkeiten, dies zu umgehen, sog. Schmiergeldskandale häufen sich (↑*slush funds*). Die Amerikaner akzeptieren, daß zu jedem Gesetz gegensätzliche Interessengruppen ihre Ansichten einbringen können. Allerdings scheinen manche Lobbies wie die Waffenlobby der *NRA* (*National Rifle Association,* ↑*Waffentragen*) außergewöhnlich erfolgreich zu sein. ↑*bill,* ↑*act,* ↑*cloakroom talk.*

lofts. Obergeschosse o. Dachböden von Lagerhäusern in New York, in denen experimentelles Theater aufgeführt wird. Dieses Theater wird auch als ↑*off-Broadway* bzw. *off-off-Broadway* bezeichnet.

log birling. Holzhackerfest in Wisconsin u. Neuengland ähnlich den ↑*lumberjack festivals.* Beim Wettkampf müssen die auf schwimmenden Holzstämmen stehenden Spieler diese mit den Füßen drehen, bis einer der beiden Spieler ins Wasser fällt. Bekannt ist die *World Log Rolling Championship* in Hayward, WI.

log cabin. Blockhütte, Blockhaus. Im 19. Jh. war es ein Zeichen der Armut, wenn man in einem l.c. geboren wurde. Um so größer war die Bewunderung für Abraham ↑*Lincoln,* der vom l.c. ins ↑*White House,* von der Blockhütte in das Weiße Haus aufstieg. ↑*American dream,* ↑*Alger, Horatio.*

logrolling. 1. Ein ‚Kuhhandel', bei dem man jemand hilft, damit man von ihm umgekehrt Hilfe bekommt, in der Politik ein Geschäft zwischen Parteien, die sich gegenseitig in die Hände arbeiten; 2. = ↑*log birling.*

London, Jack (1876–1916). Romanschriftsteller, der den Überlebenskampf von Menschen oder Tieren gegen die Wildheit der Natur („The Call of the Wild"; „White Fang") beschreibt; meist spielen seine Geschichten im Westen o. in Alaska.

Lone Star State. Spitzname für ↑*Texas* wegen des einzelnen Sterns im Staatsbanner; dieser verweist darauf, daß Texas als einziger Staat eine unabhängige Republik war (1836–1846), bevor es in die Union aufgenommen wurde.

Long Island. Die Insel vor New York, auf der die zwei Stadtbezirke Queens u. Brooklyn liegen u. die den New Yorkern schöne Badestrände bietet.

longhorns. Die Langhorn-Rinder, die im 19. Jh. wegen ihres Fleisches sehr beliebt waren. Sie wurden von den Cowboys (1860–1870) in den ↑*cattle drives* von Texas zu den nördlichen Eisenbahnknoten getrieben, wo sie in die Züge nach Chicago zum Schlachten verfrachtet wurden. Heute sind sie fast ausgestorben.

longhouse. Das gemeinschaftliche Langhaus der Waldindianer des Nordostens (↑*Indianer*).

Los Angeles ↑L. A.

Lost Generation. Eine Gruppe von am. Schriftstellern, die während des 1. Weltkriegs aufwuchsen u. in ihrer Enttäuschung über den am. Materialismus nach Paris auswanderten. Ihre Werke handeln von dieser Entfremdung des Menschen. Gertrude Stein prägte diesen Begriff bes. im Hinblick auf Ernest ↑*Hemingway*. Ähnliche Schriftsteller waren F. Scott ↑*Fitzgerald* u. Ezra Pound.

Louisiana Purchase. Kauf des französischen Territoriums Louisiana im Jahre 1803 durch die USA, das die Gebiete westlich des Mississippi (einschließlich des heutigen Louisiana) bis zu den Rocky Mountains umfaßte. 1804–1806 wurde es in der ↑*Lewis and Clark Expedition* erforscht, aber die Gebiete westlich des Missouri wurden erst nach 1850 bzw. nach dem Bürgerkrieg besiedelt.

lumberjack festival. Traditionelles Holzhackerfest im Nordwesten, in den Staaten der Großen Seen u. Neuengland mit Wettbewerben im Baumklettern u. Baumfällen.

lunch. Mittagsmahlzeit, etwas kleiner als das üppige ↑*dinner*, oft auch nur ein Imbiß (*snack*) in einer Schnellgaststätte, da die Mittagspause kurz ist. L. beginnt anders als in England schon um 12.00 Uhr, schließt meist Brot u. Salat mit ein, der vor dem Hauptgericht mit großer Auswahl an ↑*dressings* (Salatsoßen) gegessen wird.

Lynchjustiz. Die typischen Gebiete für L. waren im 19. Jh. der Wilde Westen u. der vom ↑*Klu Klux Klan* beeinflußte Süden, wo es noch im 20. Jh. Fälle von L. gab.

M

M-16. Das Standard-Maschinengewehr der US-Armee.

M.A. ↑master's degree.

Ma Bell. Ugs. Name für die „*Bell Telephone Co.*“, die früher monopolhaft große US-Telefongesellschaft (Tochter von AT&T, *American Telephone and Telegraph Co.*), die jedoch im Zuge der Deregulierung (↑*deregulation*) in regionale *Bell*-Gesellschaften aufgespalten wurde. ↑*Telefon.*

Mac. (Slang) Anrede f. einen unbekannten Mann.

machine politics. Politische Kontrolle über eine Gemeinschaft (Stadt, Region) mit Hilfe eines Parteiapparats. Durch das *spoils system* (↑*civil service*) konnte die jeweils neue Regierung/Stadtverwaltung alle Ämter als Gefälligkeiten an Parteifreunde vergeben u. so v. a. in den Großstädten des Nordens (bes. Chicago) einen Apparat aufbauen, der mit Wahlmanipulation die Parteiregierung verewigen sollte. Der Apparat stützte sich dabei auf die Massen der ethnischen Einwanderer aus Süd- u. Osteuropa. Heute ist der Einfluß anderer Gruppen, v. a. der ↑*Schwarzen,* in den Großstädten gewachsen u. die Herrschaft der m. p. gebrochen. ↑*Demokratie,* ↑*Tammany Hall.*

Macy's. Warenhauskette im Osten der USA; ihre bekannteste Filiale befindet sich in New York: Sie veranstaltet jährlich die bekannte ↑*tickertape* ↑*parade.* Gegenüber von M. befand sich bis vor wenigen Jahren die Konkurrenz: *Gimbel's;* daher die am. Redensart *Macy's doesn't tell Gimbel's*: Man erzählt der Konkurrenz keine Geheimnisse, plaudert nicht aus dem Nähkästchen.

Madison Avenue. Straße in New York, in der sich viele Werbeagenturen befinden; steht für (am.) Werbung überhaupt.

Mafia. Italienisch-am. dominierte Verbrecherorganisation (sizilianischer Abstammung, „*Cosa Nostra*"), oft auch *mob* ‚Bande' genannt, in Familien organisiert, mit einem ‚Paten' (*godfather*) an der Spitze. Sie ist während der ↑*Prohibition* in USA durch illegalen Spirituosen-Schmuggel (↑*bootlegging*) aufgeblüht, ins ↑*Drogen-* u. Glücksspielgeschäft (↑*gambling*) u. in die ↑*Prostitution* eingestiegen, beherrschte auch einige Gewerkschaften, besitzt heute manche Firma ganz legal. Eine Reihe von neuen Gesetzen erlaubt Polizei u. Gerichten nun, gegen Hintermänner vorzugehen (Todesstrafe auch für Auftraggeber möglich, vorsorgliche Inhaftierung, Vermögensbeschlagnahme). ↑*racketeering.*

magazines. Zeitschriften allg., auch polit. Magazine (↑*Nachrichtenmagazine*). Die bekanntesten m. sind: Cosmopolitan, Life, National Geographic, ↑*Newsweek,* The ↑*New Yorker,* Playboy, Reader's Digest, Scientific American, Smithsonian, Sports Illustrated, ↑*Time*, TV-Guide.

magistrate court. Gericht f. Bagatellfälle (falsches Parken etc.) in der Stadt, manchmal auch unter der Bez. ↑*police court, traffic court* etc. In ländl. Gegenden entspricht ihm der ↑*Justice of the Peace* (↑*Justiz*).

maid of honor. Brautjungfer; vgl. ↑*matron of honor.*

mail carrier. Postbote; Ersatz für die

Bez. *mail man* (↑*Sexismus u. Sprache*).

Main Street. Die Hauptstraße; oft auch Bez. für das Geschäftszentrum in einer Kleinstadt. Der Roman „M.S." von Sinclair Lewis verbindet mit dem Titel auch die Engstirnigkeit in Kleinstädten.

maitre d'(hotel) [ˌmeɪtər'diː...]. Oberkellner, der den Gästen im Restaurant die Plätze zuweist (↑*Essen in USA*).

major. Hauptfach eines Studenten im College, auch bei Schülern der ↑*high school* verwendet. ↑*minor*, ↑*Hochschulen.*

majority leader. Sprecher/in der Mehrheitspartei im Senat od. im Repräsentantenhaus. Im letzteren steht über dem m.l. der ↑*Speaker of the House*; Assistent des m.l. ist der Einpeitscher (↑*whip*).

Malcolm X ['mælkəm...]. Malcolm Little (1925–1965), Führer der schwarzen ↑*Black-Muslims*-Bewegung, gründete 1964 seine eigene Bewegung *Organization of Afro-American Unity* u. wurde 1965 von Schwarzen in einer Moschee ermordet. Er galt in der Bürgerrechtsbewegung als Gegenstück zu M.L. King (↑*Martin Luther King's Day*), der die Eingliederung der Schwarzen mit gewaltlosen Mitteln in einen „farbenblinden" Staat vertrat, während M. für die Rassentrennung eintrat u. auch Gewalt nicht grundsätzlich ablehnte. Kurz vor seiner Ermordung war er in einer gewissen Wandlung für ein brüderliches Nebeneinander von Schwarzen u. Weißen eingetreten. ↑*civil rights*, ↑*Schwarze.*

Malerei (u. *bildende Kunst*). Die am. M. folgte im 19. Jh. weitgehend europäischen Mustern in der Landschaftsmalerei (Frederic Remington u. die ↑*„Hudson River School"*), wobei durchaus am. Themen (Szenen aus dem Westen) zum Tragen kamen; der Einfluß auf die internationale M. entstand (ähnlich wie bei der Musik, vgl. ↑*Popkultur*) erst Mitte des 20. Jh. durch die typisch am. Beschäftigung mit der Alltagskultur der Massen (↑*Ashcan School*, dann ↑*op-art*, ↑*pop-art*, ↑*Happening*, ↑*Environment*). Am. Künstler des ↑*Abstract Expressionism* haben auch moderne europäische Entwicklungen mitgetragen. Interessant ist, wie sehr Kunst in USA durch ↑*graffiti* u. ↑*comics* unter das Volk gekommen ist u. auch immer wieder soziale Themen aufgreift (↑*Black art*). Bekannte Künstlerkolonien gibt es in New York (↑*Greenwich Village*), in Princeton, MA., New Orleans, Monterey Carmel, CA., Taos, NM., Aspen, CO.

mall [mɔːl]. 1. Großes Einkaufszentrum, meist in den ↑*suburbs*, das viele Warenhäuser u. Läden unter einem Dach vereint, meist auch sonntags u. abends offen, eine neue Art sozialer Treffpunkt mit Klimaanlage, Schnellgaststätten, Vorführungen. (↑*Einkaufen*); 2. *the Mall*: große Rasenfläche im Zentrum von Washington, D.C. am Washington Monument, das von den nationalen Museen (Natural History, National Gallery, National Air and Space) umgeben ist u. an das

Kapitol angrenzt; ein Platz f. Treffen, Konzerte u. Kundgebungen.

Mammoth Cave National Park. Riesige Kalksteinhöhlen im Südwesten von Kentucky mit Tropfsteinen, Gipskristallen, unterirdischen Seen u. Flüssen. S. Karte 7.

Manhattan. 1. Bekanntester Stadtteil von New York (Insel); steht oft überhaupt für N.Y. als Kultur- u. Wirtschaftszentrum des Ostens; 2. Name eines ↑*cocktail.*

Manhattan Project. Bez. f. den im Jahre 1942 erstellten Geheimplan zur Entwicklung der Atombombe (↑*A-bomb*).

Manifest Destiny. Eine Redewendung aus dem Jahre 1845, die sich auf den göttlichen Auftrag der USA bezog, den gesamten Kontinent der freien Entwicklung ihrer Bevölkerung zur Verfügung zu stellen. Das Schlagwort M.D. wurde zur Rechtfertigung der territorialen Ausdehnung benutzt. ↑*Geschichte 3.*

Mann Act. Bundesgesetz, das es verbietet, Frauen zu unmoralischen Zwecken über die zwischenstaatlichen Grenzen zu bringen.

manit(o)u. Bei den Wahlindianern jede Art von Geist, der in Objekten wohnt. ↑*Indianer.*

Manson, Charles (geb. 1956). Ein Verbrecher, der für seine Anhänger (*Family*) religiöser Führer war u. 1969 zusammen mit einigen von ihnen im Drogenrausch die Schauspielerin Sharon Tate u. 6 weitere Personen in Los Angeles ermordete. Das Verbrechen wurde als Zeichen der Dekadenz der 60er Jahre gewertet.

manufacturing belt. Das größte zusammenhängende Industriegebiet erstreckt sich im Nordosten der USA, u. zwar im Viereck New York/Boston/Chicago/St. Louis. Es wird auch oft als ↑*frost belt* bezeichnet im Gegensatz zum ↑*sun belt* der südlichen Staaten von Atlantik bis Pazifik, die wegen der billigeren Energie u. Arbeitsplätze in letzter Zeit die Industrien des Nordens anziehen. Zugleich wird heute die alte Metallindustrie um Pittsburgh u. Lake Erie nicht mehr so benötigt, während die Petrochemie in Texas, Kalifornien u. an der Golfküste neue Wachstumsraten verspricht.

maple festival. Ahornfest, bei dem u.a. im Freien gezeigt wird, wie man ↑*maple syrup* ‚Ahornsirup' gewinnt. Bekannt ist das *Pennsylvania Maple Festival* im März, bei dem noch andere ländl. Produkte angeboten werden.

maple syrup. Ahornsirup; wird in Neuengland aus dem Saft der Ahornbäume gewonnen; beliebt zum Übergießen der Frühstückspfannkuchen (↑*American breakfast*).

Mardi Gras ['mɑːrdɪ ˌgrɑː]. Frz. für „Fastnachtsdienstag" (Fetter Dienstag), der bes. in ↑*New Orleans* (ehemaliges franz. Gebiet) noch als Karneval gefeiert wird.

Marine Corps o. **marines.** Eine Einsatztruppe, die für die Boden-, Luft-,

See-Operationen ausgebildet ist, eine Unterabteilung der Marine (*navy*). Berühmt wurden die sog. *leather necks* (Ledernacken) während des 2. Weltkriegs (im Pazifik).

marshal, US ~. Zur Zeit des Wilden Westens ein Beamter, der Gerichtsbeschlüsse durchführte; im Gegensatz zum lokalen Sheriff ein Bundesbeamter. Heute ist m. ein höherer Rang bei Polizei od. Feuerwehr.

Marshall Plan. Das Hilfsprogramm der USA für Europa nach dem 2. Weltkrieg, das nach General George Marshall benannt ist, der es auch verwaltete. Es diente zur Eindämmung des Kommunismus u. wirtschaftl. Wiederbelebung Europas.

Marterpfahl *torture stake*, auch *stake.* Die tödliche Folterung der Gefangenen war bei vielen Indianerstämmen üblich, die dies als äußerste Mutprobe werteten.

Martin Luther King Day. Neuer Nationalfeiertag am 3. Montag im Januar zu Ehren des schwarzen Bürgerrechtskämpfers M. L. K. Jr. (1929–1968), der mit friedlichen Mitteln die Gleichberechtigung der ↑*Schwarzen* durchsetzen wollte (zuerst Kampf gegen die Rassentrennung im Süden, dann auch Kampf gegen die Armut in den schwarzen Slums, *Poor People's Campaign*). Er war bei den militanten Schwarzen umstritten, wurde wegen seiner Kampagnen für die Schwarzen von einem Weißen ermordet. Der ↑*Feiertag* wurde 1983 vom Kongreß zu Ehren seines Geburtstages, aber symbolisch als Anerkennung für den schwarzen Teil der US-Bevölkerung eingeführt (↑*Bürgerrechtsgesetzgebung*).

martini ↑cocktails.

Marx Brothers. Eine Familie von Schauspielern, die durch ihre Situationskomödien in den 30er Jahren bekannt wurden, zuerst bei Broadway Shows, dann im Film.

Mason Dixon Line ['meɪsən 'dɪksən...]. Trennlinie zwischen Nord- u. Südstaaten, die Pennsylvanien (Nordstaat) von Maryland (Südstaat) durch die Vermessung der Herren Mason u. Dixon von 1763/67 trennte. Sie wurde als Grenze zwischen *„free states"* und *„slave states"* betrachtet. ↑*Dixie.*

Maßeinheiten ↑Netzspannung, ↑Anhang „Maßeinheiten", S. 254.

Massenmedien ↑Radio, ↑Fernsehen, ↑Film, ↑Zeitungen, ↑Nachrichtenmedien.

master's degree (M. A.), *Master of Arts/Magister Artium,* auch *A. M.* Hochschulgrad, der nach 1- bis 2jährigem Graduiertenstudium (↑*graduate school*) im Anschluß an den ↑*bachelor's degree* (↑*undergraduate college*) erteilt wird.

Masters (Tournament). Golf-Turnier, das jährlich in USA stattfindet.

matron of honor ['meɪtrən...]. Verheiratete Brautführerin (vgl. ↑*maid of honor*). Oft sind mehrere Begleiterinnen der Braut (alle gleich gekleidet;

meist Schwestern o. Freundinnen) bei der Trauung anwesend, dazu noch ein ↑*flower girl.*

maverick. 1. Ein nicht gebrandmarktes Tier, bes. ein mutterloses Kalb. Die Bez. ist abgeleitet von Samuel A. Maverick (1803–1880), der seine Tiere nicht brandmarkte; 2. davon heute polit. Bez. für einen Einzelgänger, der sich nicht an die Gruppe anpassen will.

Mayflower Compact. Vertrag, den die Pilgerväter (↑*Pilgrim Fathers*) noch auf der Überfahrt nach Amerika schlossen, der „gerechte u. gleiche Gesetze" vorsah u. diese von der Zustimmung der Regierten abhängig machte (1620); M. C. wird als 1. Schritt zur am. Demokratie gewertet u. als ein Vermächtnis der ↑*Protestant. Tradition* (↑*Puritans*).

Mayo Clinic. Bekannteste Klinik f. besondere komplizierte Operationen u. moderne medizinische Eingriffe in Rochester, MN.

mayor ↑city government.

Mays, Willie (geb. 1913). Berühmter Baseball-Spieler in den 50er Jahren (New York Yankees), der 4 homerun-Titel gewann u. zweimal die Auszeichnung *Most Valuable Player* bekam.

M.B.A., *Master of Business Administration.* Abschluß der *Business School* (Betriebswirtschaftl. Fakultät der Universität), begehrter Titel für Manager (↑*professional degrees*).

McCarthyism bez. heute allgemein Beschuldigungen, die mit großer Öffentlichkeitswirkung (z.B. Fernsehen), aber ohne Beweise ausgesprochen werden. Dies war die Methode von Senator Joseph McCarthy, der in der „McCarthy-Zeit" Mitte der 50er Jahre einen Senatsausschuß zur Untersuchung von angeblicher kommunistischer Subversion in Amerika einrichtete u. in seinen vom Fernsehen übertragenen Hearings führende Persönlichkeiten ohne Beweise beschuldigte u. beruflich ruinierte (↑*HUAC*). ↑*Neo-Conservatism,* ↑*New Right,* ↑*Rechtsradikale.*

M.D., *Doctor of Medicine.* Abk. für ‚Arzt'; wird hinter den Nachnamen gesetzt. *J. F. Meyer, M. D.;* Anrede: *„doctor"* o. *„Dr. Meyer"*. ↑*professional degrees.*

me-generation. Die ‚Ich-Generation'. Charaktierisierung der jungen Am. der 70er Jahre durch den Schriftsteller Tom Wolfe (geb. 1931) als eine Generation, die nicht mehr so selbstlos u. idealistisch war wie die Jugend der 60er Jahre.

meat loaf. 1. Hackbraten; 2. *M. L.:* ↑*Rock*-Gruppe der 90er Jahre.

med school ↑school.

Medal of Honor. ↑Congressional Medal of Honor.

medicaid. Ein Sozialhilfe-Programm (das gemeinsam vom Bund u. den Einzelstaaten getragen wird) zur finanziellen Unterstützung bei Arzt- u. Krankenhauskosten; es tritt dann ein, wenn jemand zu bedürftig ist, um sich für das ↑*medicare*-Programm zu qualifizieren.

medicare. Gesundheitsfürsorge-Programm der Bundesregierung für Menschen über 65 Jahre (besteht seit 1965); allerdings sind die Kosten für bestimmte Leiden genau festgelegt, so daß Krankenhäuser, die ältere Leute darüber hinaus behandeln, selbst dafür aufkommen müssen. Das Programm ist freiwillig u. wird teilweise durch die Beiträge der Mitglieder finanziert, dient also als Ergänzung zur Sozialversicherung, während ↑*medicaid* reine Sozialhilfe darstellt.

Medizinische Betreuung. Es gibt bis jetzt keine allgemeine staatliche ↑*Krankenversicherung,* 85% der Amerikaner sind privatversichert, der Rest ist nicht versichert. Ältere Menschen sind über ↑*medicare* od. ↑*medicaid* versichert. Krankenhäuser müssen Notfälle aufnehmen, auch wenn der Patient nicht versichert ist. Bei ambulanter Krankheit sucht man einen praktischen Arzt (f. Allgemeinmedizin) auf (*GP, General Practitioner*), auch direkt einen Facharzt (*internist, gynocologist, pediatrician*). Oft haben mehrere verschiedene Ärzte gemeinsame Praxen in einer *health clinic.* Ärzte machen keine Hausbesuche. Alternative m. B. findet man unter den Bez. *Alternative complementary medicine: homeopathy, osteopathy, acupuncture, chiropractic.*

megalopolis [megə'lɑpəlɪs]. Die Verstädterung zwischen Großstädten hat in USA so weit zugenommen, daß auf den Achsen Boston–Washington, San Francisco–Los Angeles praktisch nur städtische Lebensformen anzutreffen sind. Megalopolis steht für diese verstädterten Superkomplexe.

Meinungsumfragen ↑polls.

melting pot. ‚Schmelztiegel'; Bild, das bes. zu Beginn des 20. Jh. benutzt wurde: die USA als Sammelbecken, in dem die verschiedenen Einwanderergruppen verschmelzen. Durch die Bürgerrechtsbewegung der 60er Jahre ist erst richtig klargeworden, wie schwierig dieser Prozeß ist u. wie viele Amerikaner selbst von einer rechtlichen Gleichstellung ausgeschlossen sind. Gegenwärtig sind die Unterschiede zwischen weißen Amerikanern nicht mehr groß, aber es gibt noch starke ethnische Gruppen (↑*ethnics*). Das Bild der Salatschüssel (↑*salad bowl*) wird heute öfter als Vergleich herangezogen.

Memorial Day [mə'moʊrɪəl,-'mɔː-], auch *Decoration Day.* Kriegsopfergedenktag (seit 1971) am letzten Montag im Mai (↑*Feiertage*). Der Ursprung liegt im Süden der USA, wo nach dem ↑*Bürgerkrieg* die Gräber der Gefallenen geschmückt wurden. Kurz danach führte der Norden ebenfalls einen eigenen M.D. ein, bis der 2. Weltkrieg die gemeinsame Trauer um Gefallene bewußt werden ließ. Seitdem gibt es einen einheitlichen M.D. (Ausnahme: Alabama, Mississippi). Das lange Wochenende gilt als Beginn der 3monatigen Sommerferien, die mit dem ↑*Labor Day* enden.

Memphis. Größte Stadt in Tennessee am Mississippi. Der schwarze Stadtteil Beale Street ist für die Entwicklung des ↑*blues* bekannt (*Beale Street Blues*). ↑*Graceland,* das Haus von Elvis ↑*Presley* bei M., ist eine touristische Attraktion geworden.

Mennonites ['menəˌnaɪts] ↑Amish People, ↑utopian communities.

Mercury program. Das ↑*Raumfahrt*-Programm der 60er Jahre, das 1962 die Erdumkreisung durch John Glenn ermöglichte.

Mesa Verde, Col. ['meɪsə'vɛrd]. Höhlensiedlung der ↑*Pueblo*-Indianer, die in die Felsen eines Canyons eingehauen ist, ca. 200 Wohnräume, z.T. übereinander, mit Zeremonienräumen (*kivas*). Die *„Cliff Dwellers"* hatten hier über 1000 Jahre an der Hochfläche (*mesa*) gewohnt, aber die Wohnanlage aus unbekannten Gründen im 13. Jh. verlassen. Die Siedlung gehört zum M.V.-National Park. ↑*Indianerstätten.*

Met, *Metropolitan Opera.* New Yorker Opernhaus, das bekannteste in USA.

Methodisten. Religionsgemeinschaft, die sich von der anglikan. Kirche abspaltete; in USA gehören die M. v.a. der liberalen Mittelschicht des Nordostens an (↑*liberal*).

Metroliner ↑Eisenbahn.

metropolis [mɪ'trɑpəlɪs]. Großstadt, als Zentrum für umliegende Städte (↑*SMSA,* ↑*megalopolis*).

Mexican-American ↑Chicano, ↑Latinos.

Mexican-American food, auch *Tex-Mex.* Die mexikan. Küche hat nicht nur den Südwesten erobert, sondern ist heute mit speziellen Schnellgaststätten überall zu finden (*Taco Houses*). *Tacos* werden ähnlich wie Hamburger serviert, *tortillas* wie *pizzas,* es sind wie auch *enchiladas/tostadas* amerikanisierte Sorten von Maiskuchen. Die Speisen sind meist scharf gewürzt (z.B. *chili con carne*).

Mexican War. Krieg gegen Mexiko (1846–1848). Der ursprünglich wegen der Aufnahme des Freistaates Texas in die Union geführte Krieg brachte den USA eine große Gebietserweiterung, den heute noch mexikan. beeinflußten Südwesten (Texas, Neumexiko, Colorado, Arizona, Utah, Nevada, Kalifornien). ↑*Regionen.*

MFN status. *Most Favored Nation status.* ‚Zugehörigkeit zu bevorzugten Nationen'; für Staaten, denen die USA MFN-Status gewährt, werden erschwerende Handelszölle aufgehoben. Dieser Status als bevorzugter Handelspartner wurde den früheren kommunistischen Staaten verweigert, wird aber gegenwärtig auch China gewährt.

MIA. *Missing in action.* Bez. f. im Krieg Vermißte.

Miami. Großstadt u. Touristenzentrum in Florida mit subtropischem Klima. Zentrum der Einwanderung aus der Karibik (bes. ↑*Kubaner*) u.

Südamerika; berüchtigt wegen Kriminalität u. Drogenszene. Darauf basiert die am. Fernseh-Serie ‚Miami Vice".

Mid-Atlantic states. Die Staaten New York, New Jersey, Pennsylvania, Delaware, Maryland; historisch weder der puritan. Neuengland-Tradition noch den Südstaaten zurechenbar (New York war holländisch, Penns. „Quäkerstaat" u. Land der *Pennsylvania Dutch*). Über ↑*New York* wurden gerade die M.s. zum Einwanderungstor in die USA; der *Mid-Atlantic accent* gilt auch heute als der verbreitetste am. Akzent u. wird oft als „*General American English*" bezeichnet. Das Gebiet wird von N.Y. dominiert, dem Zentrum der am. Wirtschaft, der Unterhaltungs-, Werbe- u. Medien-Industrien. ↑*Philadelphia* ist wegen seiner historischen Denkmäler (↑*Liberty Bell*, ↑*Gedenkstätten*) berühmt. ↑*Regionen.*

Middle America. 1. Geographische Bez. f. den Mittleren Westen. 2. die große Mittelschicht der Amer. in den Vorstädten mit ihren traditionellen Werten.

middle name. In USA ist es üblich, einen ‚Mittelnamen', meist als Initiale abgekürzt, zu haben. Die Initiale kann für einen Nachnamen o. Vornamen stehen (↑*Namensgebung*).

Midwest. Mittlerer Westen, die Staaten um die Großen Seen und das nördliche Mississippi-Einzugsgebiet: Indiana, Illinois, Iowa, Michigan, Ohio, Minnesota, Wisconsin; meist werden auch Missouri, Kansas u. Nebraska dazugerechnet. M. gilt als „*breadbasket*" (Brotkorb) der USA u. als ↑*heartland*, das von Chicago aus um die Großen Seen herum außerdem auch reich an Industrie ist. Die Grenze zum ↑*Mountain West* ist fließend, da das Vorland der Rockies (↑*Great Plains*) ebenfalls Teil der zentralen Mulde der USA ist u. heute auch der Landwirtschaft dient. Manchmal wird auch gesondert von ↑*Plains States* gesprochen. ↑*Regionen.*

Militär. Die Gesamtstreitkräfte heißen *Armed Forces: U.S. Army, U.S. Navy,* ↑*Marine Corps,* ↑*National Guard, U.S. Air Force;* daneben gibt es noch die ↑*Strategischen Atomstreitkräfte* (*Strategic Nuclear Forces*), u.a. die Streitkräfte in Europa im Rahmen der *NATO* (z.B. Siebte Armee, *U.S. Air Force in Europe „USAFE"*), außerdem die ↑*Pacific Air Force* in Japan, Korea, Philippinen, Taiwan. Für den Schutz von Nordamerika gibt es flugzeuggestützte (*AWACS*) ['eɪwæks] u. satellitengestützte (*BMEWS*) Frühwarnsysteme. Die Streitkräfte werden vom *Joint Chiefs of Staff* (Generalstab) geleitet, unterstehen dem Verteidigungsminister (↑*Pentagon*) u. letztlich dem Präsidenten als Oberbefehlshaber (*commander-in-chief*), der z.B. alleine über ↑*Militäraktionen* (nicht Kriege) entscheiden kann. Der Militärdienst ist seit 1973 wieder freiwillig u. auch für Frauen offen. Diese machten 1993 etwa 11% der Streitkräfte aus, dürfen seit 1993 Kampfflugzeuge fliegen u. in Kriegsschiffen dienen; der Einsatz im Nahkampf ist bis jetzt noch ausgeschlossen.

Das Ende des Kalten Krieges

(↑*Cold War*), die Auflösung des Warschauer Paktes u. der Sowjetunion haben zu einem Abbau der US-Streitkräfte um insgesamt ca. 25%, v.a. in Europa, geführt. Der ↑*Golfkrieg* zeigte, daß die USA eine schnelle Eingreiftruppe *(rapid deployment force)* benötigt, die rasch an den Unruheherden der Welt eingesetzt werden kann; die abgebrochene Aktion in Somalia (1992) bewies jedoch, daß die USA nicht den Weltpolizisten spielen kann u. will. Der Einsatz von US-Truppen für internationale Organisationen wie die UNO ist in USA sehr umstritten. ↑*All Volunteer Force,* ↑*Selective Service,* ↑*ROTC,* ↑*draft,* ↑*Purple Heart,* ↑*Militärakademien,* ↑*GI-Bill of Rights.*

Militärakademien haben als Bildungs- u. Ausbildungsstätten in USA einen guten Ruf, besonders *West Point* (Armee) u. *Annapolis* (Marine). Heute sind auch Frauen als Kadetten zugelassen.

Militäraktionen (*military actions*). Nach der am. Verfassung kann der Präsident selbständig M. anordnen, die nicht als ↑*Kriege* deklariert werden, wofür der Kongreß zuständig wäre. Solche M. waren der ↑*Koreakrieg,* der ↑*Vietnamkrieg,* die Interventionen im Libanon (1958, 1983), in der Dominikanischen Republik (1965) u. in Grenada (1983) – praktisch alle kriegerischen Handlungen seit dem 2. Weltkrieg. Allerdings kann der Kongreß durch Verweigerung der Mittel solche Aktionen behindern o. beenden (↑*president*).

military-industrial complex. Bez. f. die geballte Macht des Militärs u. der Verteidigungsindustrie, vor deren Einfluß auf den Staat Präs. ↑*Eisenhower* 1961 in seiner Abschiedsrede als Präsident warnte, womit er diesen Begriff prägte.

militia, Miliz, bewaffnete Bürgergruppen (↑*Rechtsradikale*).

Miller, Arthur (geb. 1915). Dramatiker, der oft politische u. soziale Probleme aufgriff wie den am. Traum von Geld u. Aufstieg in „Death of a Salesman", die politische Hexenjagd (↑*McCarthyism*) in „The Crucible". Eine Zeitlang war er mit Marilyn ↑*Monroe* verheiratet.

Miller, Glenn (1904–1944). Musiker u. Bigbandleader (↑*swing*), dessen Tanzmusik während des 2. Weltkriegs sehr beliebt war („Moonlight Serenade").

Minderheiten. Man unterscheidet zwischen ↑*ethnics,* die sich den Traditionen einer Volksgruppe noch verbunden fühlen (↑*Juden, Polen, Italiener, Iren*), u. den eigentlichen (rassischen) *Non-whites* M.: ↑*Chicano,* ↑*Schwarze,* ↑*Indianer,* ↑*Asiaten.* ↑*Bevölkerung.*

minimum wage. Gesetzlicher Mindestlohn f. eine Arbeitsstunde; ist seit 1991 auf $ 4.25 festgesetzt u. soll jetzt auf $ 5 erhöht werden. Die gesetzliche Grundlage für den m.w. wurde schon 1938 geschaffen.

minister. Protestantischer Pastor, Abk. vor Namen: *Rev.,* Anrede: *Reverend.*

minor. 1. Nebenfach eines Studenten im College, auch bei ↑*high school*-Schülern angewendet (Gegensatz: ↑*major*); 2. Minderjährige(r) (↑*Rechte von Jugendlichen,* ↑*statutory rape,* ↑*drinking age*).

minority leader. Sprecher der jeweiligen Oppositionspartei in einem am. Parlament. ↑*majority leader.*

minstrel (song). Die Bez. *minstrel* geht auf das Mittelalter zurück, als wandernde Sänger u. Tänzer öffentlich ihre Darbietungen machten. Im Amerika des 19. Jh. wurden solche Darbietungen von weißen Schauspielern geboten, die sich als Schwarze geschminkt hatten u. auch Rhythmen u. Lieder der Schwarzen nachmachten. Auf diese Weise wurden damals auch neue Lieder von Weißen, die sich an schwarze Rhythmen anlehnten (z.B. Stephen Fosters „Swannee River"), als Volksweisen verbreitet. ↑*Musik,* ↑*vaudeville.*

mint julep [... 'dʒu:ləp] ↑cocktail.

minuteman. 1. Freiwilliger im am. Unabhängigkeitskrieg, der „innerhalb einer Minute" zur Verfügung stand; 2. *Minuteman* bezeichnet heute die wichtigste Gruppe der Interkontinentalraketen (↑*ICBM*).

Miranda rights. Entscheidung des Obersten Gerichts (1966), durch die festgelegt wird, daß die Polizei eine Person vor deren Verhaftung auf ihre Rechte zur Aussageverweigerung hinweisen muß. Ein Geständnis, das ohne diesen Hinweis erfolgt, ist ungültig, ↑*due process,* ↑*Exclusionary rule.*

MIRV [mɜ:rv], *Multiple Independently Targeted Re-entry Vehicle.* Rakete mit Mehrfachsprengköpfen, die jeweils unterschiedliche Ziele ansteuern können (↑*ICBM*).

misdemeanor. ‚Vergehen' (kleiner Diebstahl, Trunkenheit, Verkehrsdelikt); als Strafe steht darauf: *„fine"* (Geldstrafe) o. auch *„jail"* (Gefängnis).

Miss America. Schönheitswettbewerb, der seit 1922 jährlich im September in Atlantic City, N.J. abgehalten wird. Die Wahl der Schönheitskönigin vor den TV-Kameras im Abendkleid u. im Badekostüm wird auch als ↑*pageant (Miss America Pageant)* bezeichnet, weil die Damen ihre Talente vorführen müssen (Singen, Interview, Schauspielen, Tanzen, Sport, etc.). Der aus den in USA typischen *contests* (↑*festivals*) entstandene Wettbewerb kann als eine Art Talentsuche für Schauspielerinnen u. Modelle gesehen werden; er wird aber auch als „sexistisch" kritisiert.

Mississippi ↑Ol'Man River.

Missouri Compromise. Bez. f. eine Reihe von Gesetzen aus dem Jahre 1820, die das Gleichgewicht zwischen sklavenhaltenden Staaten u. sklavenfreien Staaten aufrechterhalten sollten, das durch die Ausdehnung der USA nach Westen gefährdet war, denn die neuen Staaten hatten sich dem „Norden", d.h. den sklavenfreien Staaten angeschlossen. Der Kompromiß besagte, daß Maine als freier Staat zur Union zugelassen werde, Missouri aber als Staat ohne

Einschränkung der Sklaverei, für weitere Staaten aus dem ↑*Louisiana Purchase* dürfe es jedoch keine Restriktion irgendwelcher Art geben. Die Sklavenfrage wurde schließlich erst durch den Bürgerkrieg gelöst (↑*Civil War*).

MIT, *Massachussetts Institute of Technology* ↑Elite-Hochschulen.

mitt. Im ↑*baseball* der handschuhähnliche Überzug des *catcher,* der hinter dem *batter* steht u. den Ball auffangen muß.

Mitty, Walter. Tagträumischer Held aus einer Kurzgeschichte von James ↑*Thurber.* Daher allgemein eine Person, die sich einbildet, sie führe ein Doppelleben als richtiger Held.

mixer. Kontaktfreudiger Mensch, ähnl. ↑*joiner.*

mob ↑Mafia.

mobile home, auch *trailer home.* Im Unterschied zu *motor home* (Wohnmobil) eine Art Haus auf Rädern, größer als ein Wohnwagen, aber billiger als ein richtiges Haus, kann gelegentlich zu einem anderen Ort gefahren werden, steht aber die meiste Zeit fest an einem Ort. Es gibt ‚Wohnwagen-Gemeinden' *(m. h. parks),* ein Aspekt der mobilen Gesellschaft. M. H. sind auch billiger als reguläre Häuser.

Moby Dick. Name des großen, weißen Wales in H. Melville's gleichnamigen Roman, den Kapitän Ahab unbedingt erlegen will.

mocassins. Indianerschuhe aus Büffelleder.

Mohave, auch *Mojave.* Wüste im Süden Kaliforniens, in der sich ↑*Death Valley,* die tiefste Stelle der USA, befindet.

Model T. Name des ersten Automodels, das in Massenproduktion hergestellt wurde (Ford); heute bezeichnet M.T. auch jede Maschine, die ohne unnötigen Komfort zuverlässig arbeitet.

modern dance. Eine Tanzform, die im modernen Theater durch Einbringen des gesamten Körpers weitergehend als das klassische Ballet Ideen zum Ausdruck bringt. Der Stil stammt von Martha Graham u. Doris Humphrey, die als Pioniere u. Choreographen des m.d. gelten.

MOMA, *Museum of Modern Art.* Bekanntestes am. Museum f. moderne Kunst, in New York.

mommy track. Neue Bez. f. die berufliche Laufbahn von Müttern, die meist eine flexible u. reduzierte Arbeitszeit erfordert u. den beruflichen Aufstieg verlangsamt oder gar blokkiert.

monetarism. Monetarismus ist die von Milton Friedman (Chicago) vertretene Geldpolitik (die auch die am. Bundesbank [↑*Fed*] sehr beeinflußt), wonach die Manipulation der verfügbaren Geldmenge Inflation u. Stagnation der ↑*Wirtschaft* kurieren kann, weil sie sich direkt auf Zinsen u. Preise auswirkt. ↑*supply-side economics.*

money market funds ↑Bankensystem.

money order. Zahlungsanweisung (vorausbezahlte Geldanweisung), die man auch in der Post erwerben kann. Sie ist oft notwendig, weil manche Firmen keine persönlichen Schecks annehmen.

Monroe, Marilyn (1926–1962). Filmschauspielerin, die zum Sexsymbol der 50er u. 60er Jahre wurde. Sie starb an einer Überdosis Schlaftabletten. Ihr bürgerlicher Name war Norma Jean Baker.

Monroe Doctrine [mən'roʊ...]. Proklamation des Präsidenten Monroe (1823) gegen alle europäischen Ansprüche auf dem am. Kontinent: „Amerika den Amerikanern." Die Proklamation wurde 1904 durch Th. Roosevelt dahingehend ergänzt, daß die USA sich in die Angelegenheiten am. Staaten (Nord- u. Südamerika) einmischen könne (bekannt als ↑*big stick policy;* Gewaltandrohung); dies wurde 1928 im *Clark-Memorandum* zwar zurückgenommen, aber bis heute behält sich die USA die Einmischung in am. Staaten vor (Kuba-Krise, Grenada, Santo Domingo, Nicaragua) u. hält nichtam. Nationen aus dem Kontinent fern.

Monticello [ˌmɔntɪ'seloʊ,-'tʃeloʊ]. Privathaus von Th. ↑*Jefferson* (3. am. Präsident), das mit seinem griech. Baustil (↑*Greek revival*) auch heute noch viele Touristen anlockt.

Moody's (Investors Service). Große am. Investment-Beratungsfirma, mit Niederlassungen in anderen Ländern.

moonlighter. 1. Schwarzbrenner von Alkohol (bes. z. Zt. der ↑*Prohibition*); 2. Schwarzarbeiter o. jemand, der nach regulärer Arbeit einer weiteren Erwerbstätigkeit nachgeht.

moose. Eine am. Elchart mit großem Kopf u. langen Beinen. Der *elk* o. *wapiti* ist zwar mit dem m. verwandt, aber viel kleiner u. eher einem europäischen Reh vergleichbar.

Moral Majority. Politisch-religiöse Bewegung von fundamentalistischen Protestanten (↑*fundamentalism*), die von konservativen Katholiken u. Juden u. der Neuen Rechten (↑*New Right*) unterstützt werden; eine bedeutende Kraft bei nationalen u. regionalen Wahlen, die nur Kandidaten mit konservativ-christlicher Grundhaltung unterstützt. Sie müssen gegen ↑*Abtreibung,* ↑*Homosexualität (gay rights),* Sexualunterricht in der Schule, ↑*Pornographie,* gegen ↑*ERA* (Frauen-Gleichberechtigungszusatz in der Verfassung), für das Schulgebet (↑*school prayer*) sein. Außenpolitisch vertritt M.M. einen starken Antikommunismus. Der Einfluß ist bes. im Süden u. Mittelwesten groß (↑*Christian Coalition*).

Moravian Church [moʊ'reɪvɪən...] ↑utopian communities.

Mormonen (*Mormons* ['mɔːrmənz]). Die zunächst wegen ihrer Vielweiberei verfolgte „Kirche Jesu Christi der Heiligen der Letzten Tage" (eine am. Kirchengründung) hat als erste Gruppe den am. Westen erschlossen, als sie sich 1847 am Salt Lake (Utah) niederließ; sie haben den Staat Utah erfolgreich aufgebaut. M. sind wegen ihrer enthaltsamen Lebensweise bekannt, politisch sind sie eher konservativ (*Republican*). Die Kirche behandelt Schwarze u. Indianer als den Weißen nicht gleichgestellt, Frauen ordnen sich den Männern unter.

Morrison, Toni (geb. 1931). Schwarze Romanschriftstellerin aus Ohio, die über die Probleme von schwarzen Frauen schreibt („The Bluest Eye"; „Sula"; „Song of Solomon"; „Tar Baby"; „Beloved", „Jazz"). Sie wurde 1993 mit dem Nobelpreis ausgezeichnet. ↑*black literature*.

motel. Motels (*„motorists' hotels"*) sind für die Bedürfnisse des Autotouristen geschaffen worden, an den Ausfallstraßen der Städte mit Parkplätzen in Zimmernähe, jetzt auch in den Innenstädten mit freier Parkmöglichkeit. Meist gehören sie zu Ketten wie „Ramada", „Holiday Inn", die dann überall standardisierte Ausstattung haben u. freie Vorausbuchung über eine gebührenfreie Nummer ermöglichen. M. haben allerdings meist kein eigenes Restaurant u. laufen je nach Preislage unter verschiedenen Namen: *motor inn*, (durchschnittl. Komfort), *motor lodge, motor courts* (bessere Ausstattung). Die Preise werden pro Zimmer, nicht pro Person berechnet.

Motelbetten. ↑*Motels* u. ↑*Hotels* haben meist Zimmer mit Doppelbetten, aber diese mit verschiedenen Varianten: *king-size* (größtes Bett), *queen-size* (Mittelgröße); zwei Einzelbetten heißen *twins* (Zwillinge).

motion picture. AE für ↑*Film;* vgl. ↑*movie theater.*

Mother's Day. Muttertag, der 2. Sonntag im Mai. ↑*Feiertag* seit 1914, von USA aus in andere Länder verbreitet, in USA wurde danach auch ↑*Father's Day*, z.T. auch *Grandparents' Day*, eingeführt.

motor court ↑motel.

motor inn ↑motel.

motor lodges ↑motel.

Motown. Die schwarz-am. Musik aus ↑*Detroit* (*motor town* = Auto-Stadt der USA), bes. die ↑*soul music* der 60er Jahre von Stevie Wonder, The Supremes usw.

motto. Motto, Wahlspruch eines jeden Bundesstaates neben dem jeweiligen Staatsemblem (Stein, Tier, Baum, Fisch, Vogel). Das m. für die ganze USA ist ↑*In God We Trust*, ↑*national religion*, ↑*Staatssymbole*.

mounds. Erdwälle der Indianer des Nordostens (östl. des Mississippi); die bekanntesten sind die *Cahokia Mounds* von ca. 500 n. Chr. bei St. Louis: pyramidenförmig (200 × 300 m, 30 m hoch). Die m. waren z.T. Grabstätten, andere dienten als Tempel, manchmal haben sie die Form von Tieren (*„Effigy Mounds"*). ↑*Indianerstätten*.

Mountain West. Hoher Westen, Bez. f. die Staaten des Hochplateaus der Rocky Mountains: Montana, Wyoming, Colorado, Idaho. Oft wird auch Utah dazu gezählt. Im M.W. mit seinem alten Weideland u. seinen Geisterstädten aus der Minenzeit (Colorado) ist die ↑*Frontier*- u. ↑*Cowboy*-Tradition noch lebendig; er ist im Vergleich zum ↑*Far West* dünn besiedelt. ↑*West*, ↑*Regionen*.

Mount McKinley. Berg in Alaska im Mt. McKinley/Denali Nationalpark, der höchste in ganz Nordamerika (6194 m).

Mount Vernon ↑Washington, G.

movie theater. Kino; entspr. BE *cinema; to go to the movies* ‚ins Kino gehen'. ↑*Film*.

MP, *Military Police*. Militärpolizei (nicht Abk. für *Member of Parliament!*).

MT, *Mountain Time* ↑Zeitzonen.

muckrakers *pl.* ‚Im Schmutz wühlende Menschen', abwertende Bez. von Th. Roosevelt für die Journalisten, die um die Jahrhundertwende polit. Korruption u. wirtschaftl. Ausbeutung durch Großkonzerne aufzudekken suchten. Die Bez. wurde auf eine Schriftstellergruppe dieser Zeit übertragen (L. Steffens, Upton Sinclair u.a.).

muffin ↑English muffin.

mugging. Raubüberfall auf der Straße (↑*Kriminalität*).

multiculturalism. Unterrichtsprogramm, das verschiedene Kulturen berücksichtigt. Mitte der 80er Jahre entzündete sich im Staate New York eine Kontroverse hinsichtlich der Repräsentation von *Minderheiten*, bes. ↑*Schwarzen* u. ↑*Latinos*, im Schul- u. Universitätslehrstoff, die sich auf ganz USA ausbreitete. Der bis dahin gültige Lehrstoff war ein Kanon von Werken (bes. literarischen W.), die auf westlicher bzw. weißer Kultur gründeten (↑*WASP*). Neokonservative Am. wollten keine Änderung dieses Kanons, manche Vertreter der Minoritäten wiederum lehnten westliche Werke als eurozentrisch ab. Meist werden jedoch Kompromisse gemacht, die am. Werte wie Demokratie, Freiheit, Marktwirtschaft als Lehrstoff festschreiben, aber darüber hinaus die Beiträge der Minderheiten zur am. Kultur berücksichtigen. Probleme gibt es jedoch bei der Beanspruchung einer nichtenglischen Unterrichtssprache (↑*bilingualism*) u. eines gruppenbezogenen Stellenproporz (↑*affirmative action*).

Muppets. Beliebte Fernsehserie mit Puppen als Hauptfiguren (bes. Miss Piggy, Kermit, der Frosch) neben menschlichen Darstellern. Sie treten auch in der beliebten Kinderserie „Sesame Street" (Sesamstraße) auf.

musical. Das Musical, die musikalische Komödie, ist eine Verbindung von Liedern u. Tanz in einer komödienhaften Bühnenhandlung; es hat sich Ende des 19. Jh. aus der Operette u. der engl. *music hall* (↑*vaudeville*) entwickelt u. nahm bes. nach 1920 seinen Aufschwung in den ↑*Broadway*-Theatern von New York u. im Westend von London. Später wurden die m. für den Film adaptiert

o. auch direkt geschrieben. Die bekanntesten m. sind von George ↑*Gershwin*, Cole ↑*Porter*, Jerome Kern, ↑*Rogers and Hammerstein.* Neuere m.: „My Fair Lady" (Lerner/Loewe, 1956), „West Side Story" (L. ↑*Bernstein*, 1957), „Fiddler on the Roof" (Bock, 1964), „Hair" (1967). Der Musikstil spiegelt jeweils die zeitgenössische populäre Musik wider: z.B. ↑*rock* u. ↑*pop music* in den heutigen m., die auch als *„rock operas"* bezeichnet werden.

Musik. Das Musikschaffen in USA wird nicht vom Staat subventioniert. Trotzdem hat sich die ernste, klassische Musik in jeder größeren Stadt etabliert. Die Symphonieorchester von New York, Boston, Cleveland, Chicago gehören zu den besten der Welt, ebenso die New Yorker Oper (↑*Met*), es gibt auch einige ↑*Komponisten* von Weltrang, aber repräsentativ für USA sind die verschiedenen Richtungen der populären Musik (↑*jazz*, ↑*pop music*, ↑*rock music*, ↑*musical*, ↑*country and western*, ↑*folk music*), die Musik u. Kultur des 20. Jh. weltweit beeinflußt haben. Zu einem großen Teil verdankt die USA diesen Einfluß der Beliebtheit der Rhythmen der schwarzen Amerikaner, deren religiöse Musik (↑*gospel*, ↑*spiritual*) u. weltliche Musik (↑*blues*) zum Jazz und zur Pop- bzw. Rockmusik führten. Die Rhythmen der Schwarzen haben auch die ursprünglich aus England stammende ↑*vaudeville* schon zu Beginn des 20. Jh. verändert, ebenso das ↑*musical. Country and western* ist der typisch weiße Musikstil, der sich aus der Volksmusik des 19. Jh. *(folk music)* entwickelte. Typisch für das 19. Jh. war auch die Minstrel Show (↑*minstrel*).

mustang. Das Pferd wurde im 17. Jh. von den Spaniern in Amerika eingeführt. M. sind die verwilderten Nachkommen dieser Pferde, die es heute noch im Westen gibt. Die Indianer hatten aus den M. ihre eigenen Ponys gezüchtet. Die Übernahme des m. veränderte bes. die Lebensweise der ↑*Indianer* des Südwestens u. der Prärie.

mutual funds. Investmentfonds, eine am. Erfindung zur Verteilung des Aktienrisikos.

MVP, *Most Valuable Player.* Der Titel des „Besten Spielers" (Baseball, Basketball, Eishockey) wird jährlich von Sportjournalisten verliehen.

My Lai. Ort in Vietnam, wo während des ↑*Vietnamkrieges* 1968 ein Massenmord an 350 Vietnamesen unter dem Kommando von Leutnant William L. Calley durchgeführt wurde. Das Verbrechen versetzte die am. Öffentlichkeit in Schrecken.

MYOB. Ugs. f. *Mind Your Own Business* (Kümmere dich um deine Angelegenheiten).

N

NAACP, *National Association for the Advancement of Colored People.* Gemäßigte Vereinigung von Schwarzen (auch Weiße sind zugelassen) zur Bekämpfung von Rassismus, Rassentrennung u. Diskriminierung, die zusammen mit M. L. King (↑*Martin Luther King Day*) u. der *Southern Christian Leadership (SCL)* viel zur ↑*Bürgerrechtsgesetzgebung* von 1964/65 beigetragen hat, v.a. durch ihre gewaltfreien Aktionen. ↑*civil rights*, ↑*black power.*

Nachrichten-Agenturen ↑Nachrichtenmedien.

Nachrichtenmagazine. Die größten N. sind: *Time, Newsweek, US News and World Report.* Sie werden auch als *newsweeklies* bezeichnet, weil sie einmal wöchentlich erscheinen. N. repräsentieren eigentlich die einzige Form einer nationalen Presse; *Time* u. *Newsweek* haben auch internationale Ausgaben. Im Gegensatz zu den Zeitungen, die Fakten u. Meinungen stark trennen (↑*Nachrichtenmedien*), werden hier die Nachrichten „gefiltert" u. zusammengefaßt dargestellt u. erläutert, wobei *Time* das etablierteste Magazin ist mit bes. Bedacht auf ausgeglichene Darstellung; *Newsweek* engagiert sich gern für bes. Themen, ist aber ebenfalls international angesehen. *US News* ist konservativer (Südstaaten-Basis) u. der Geschäftswelt in USA verbunden.

Nachrichtenmedien. Seit dem Aufkommen von ↑*Radio* (ab 1920) u. ↑*Fernsehen* (ab 1950) haben die ↑*Zeitungen* zwar an Leserschaft verloren, aber zugleich an Objektivität gewonnen, denn für TV u. Radio wurde schon früh die staatliche Lizenzierung durch die *FCC* (↑*commission*) eingeführt, die sie zu Fairneß verpflichtet; Zeitungen, die in USA ursprünglich sehr parteiisch waren, schlossen sich diesem Trend zur Unparteilichkeit an durch Einfügen von speziellen *opinion pages* (↑*op-ed page*). Zusätzlich entstanden schon um 1920 spezielle ↑*Nachrichtenmagazine* für bewußte Meinungsäußerung. Den großen Medien-Gesellschaften (↑*networks*) bei Radio u. Fernsehen als Beschaffer von Programmen für lokale Sender entsprechen im Nachrichtenbereich die großen Agenturen: ↑*AP*, ↑*UPI.* Konzentration (↑*conglomeration*) beherrscht den gesamten Medienbereich. Für nationale Nachrichten ist eher das Fernsehen zuständig; Zeitungen bringen mehr lokale Nachrichten; internationale Nachrichten orientieren sich schwerpunktmäßig an den jeweiligen Krisenherden, daher gibt es z.B. keine ständige Berichterstattung über Europa. Getragen werden alle Medien (außer dem öffentlichen ↑*public broadcasting*) von kommerziellen Sponsoren (↑*sponsor*, ↑*commercial).*

Da es wegen der in der Verfassung garantierten Meinungsfreiheit (↑*first amendment*) keine Zensur gibt, konnten die Medien eine Art Wachhund-Funktion (↑*watchdog*) über die Regierung entwickeln (↑*investigative journalism*), die schon mehrmals zu politischen Veränderungen geführt hat (↑*Watergate*, ↑*Iran-Contra-Affäre*). Ein besonderer Trend der letzten Jahre ist die Entwicklung der Nachrichten-Show im Fernsehen, das Ausbauen der Nachrichtensendung zur Unterhaltungssendung; die Zeitungen folgten mit farbigen Ausgaben (z.B. „*USA Today*") o. mit zusätzlichen Berichten zum am. „*lifestyle*" (Trends im modernen Leben) und farbigen Illustrierten. Alle familienorientierten Sendungen bzw. Veröffentlichungen halten sich an eine Art *moral code* (keine Obszönität in Bild u. Sprache, z. B. keine freien Busen). Ihr Inhalt hängt sehr stark vom Publikum ab, dessen Meinung ständig über Umfragen (*opinion* ↑*polls*, ↑*Nielsen rating*) ermittelt wird.

Nader, Ralph. Am. Jurist u. Aktivist, der durch seine Nachforschungen Sicherheitsrisiken bei modernen Produkten (bes. Autos), Umweltprobleme bei der Entsorgung sowie Schlampereien von Regierungsstellen aufdeckte u. anprangerte. ↑*consumer protection.*

NAFTA ['næftə]. *North American Freetrade Association.* Das zwischen USA, Kanada u. Mexiko abgeschlossene Freihandelsabkommen trat am 1.1.95 in Kraft. Es wird über die nächsten 15 Jahre das größte Niedrig-Zoll-Gebiet der Welt schaffen. Am. Gewerkschaften befürchteten, daß am. Jobs nach Mexiko „exportiert" werden, die am. Industrie befürwortete die Erweiterung des Marktes.

Nahverkehr. In einigen Städten werden Schnellbahnsysteme *(rapid transit systems)* eingeführt; allgemein gibt es aber nur wenige U-Bahnen *(subway)* o. Hochbahnen *(elevated)* u. kaum mehr Straßenbahnen. Der öffentliche N. wird hauptsächlich über Busse u. Taxis abgewickelt; ansonsten herrscht das Privatauto vor. 90 % fahren mit dem Auto zur Arbeit, in den Großstädten 70 %, einen Sonderfall stellt New York mit 50 % dar. Staus gehören somit zum Alltag in den Städten, wobei oft Autos mit mehreren Insassen (*car pools* ‚Fahrgemeinschaften') bevorzugt eine „schnelle" Spur eingeräumt wird. ↑*cable car.*

Namensgebung. Amerikaner haben neben dem Nachnamen (*last name*) meist zwei zusätzliche Namen (*given names*): 1. den Vornamen (*first name*), 2. den Mittelnamen (*middle name*), der meist nur mit dem 1. Buchstaben angegeben wird: „John T. Meyer". Die Namensgebung ist kaum gesetzlich eingeschränkt (nur Zahlen sind nicht als Namen zugelassen); bei manchen Abkürzungen läßt sich nicht erkennen, ob die Person männlich o. weiblich ist; z. B. „Terry" = „Teresa" *f.* o. „Terence" *m.* Adelstitel sind nicht erlaubt. Bezeichnungen wie „von", „de" werden zum Bestandteil des Namens, z. B. „John T. DeBaron"; Zusätze wie „III" *(the third)* o. „jr" *(junior)* sind häufig. (↑*nickname*). – Indianernamen gaben meist als Spitznamen o. Ehrennamen Auskunft über persönliche Eigenarten u. Fähigkeiten des Trägers (↑*Sitting Bull,* ↑*Crazy Horse*). ↑*Anrede/Anschrift.*

Napa Valley. Das Hauptweinanbaugebiet der USA, nördlich von San Francisco.

NASA ['næsə/'neɪsə], *National Aeronautics and Space Administration.* Die am. Raumfahrtbehörde (↑*Raumfahrt*).

NASDAQ ↑over the counter.

Nashville. Die Hauptstadt von Tennessee, Zentrum der ↑*country and western*-Musikindustrie ↑*Opryland.*

NASL, *North American Soccer League.* Die aufgelöste u. wieder neugegründete Fußball-Liga von USA/Kanada (↑*soccer*).

Nation of Islam ↑Black Muslims.

national bank. Name für alle U.S. Banken mit staatlich genehmigter Satzung (*charter*), die dem System der ↑*Federal Reserve Banks* angehören müssen. Dies betrifft nicht Privatbanken, also Banken ohne staatliche Satzung. Der Zusatz *„national"* bedeutet nicht, daß die Bank überall Zweigstellen hat. ↑*Bankensystem.*

National Education Association (NEA). Größte Vereinigung von Lehrern u. Schulverwaltungsbeamten in USA, die mit ihren Veröffentlichungen vielfach Neuerungen im Schulwesen bewirkt hat, bei Streiks ist jedoch die *American Federation of Teachers (A.F.T.)* erfolgreicher. Das gesellschaftliche Ansehen der Lehrer ist weit niedriger als in Dtld.; es gibt aber Bemühungen, den Beruf durch höhere Gehälter attraktiver zu machen.

National Geographic. Die international beliebte Monatszeitschrift der *National Geographic Society,* die mit vielen Bildern über alle Länder der Erde berichtet.

National Guard. Nationalgarde, Bürgerwehr. Sie ist Teil der *U.S. Army* u. *Air Force,* wird von ihnen ausgebildet u. besoldet, zusammen über 500000 Mann. Sie steht dem Präsidenten u. den Gouverneuren der Einzelstaaten in Fällen des nationalen Notstands zur Verfügung. Die Einheiten sind auf lokaler Ebene aufgebaut u. lokal in jedem Staat organisiert. Ihr Einsatz bei Bürgerrechts- u. Studentenunruhen hat wiederholt zu öffentlichen Kontroversen geführt. So haben sie 1970 an den Kent State Univ. (Ohio) auf Studenten geschossen und vier getötet. Andererseits haben sie sich durch ihren Einsatz bei ↑*Naturkatastrophen* u. Hilfsaktionen in Notstandsfällen immer wieder bewährt.

National Health Care. ↑*Krankenversicherung,* ↑*medizinische Betreuung.*

National League. Eine der beiden Profi-Baseball-Ligen. Sie besteht wie die ↑*American League* aus zwei Gruppen: 1. *Eastern Division:* Chicago Cubs, Montreal Expos, New York Mets, Philadelphia Phillies, Pittsburgh Pirates, St. Louis Cardinals; 2. *Western Division:* Atlanta Braves, Cincinnati Reds, Houston Astros, Los Angeles Dodgers, San Diego Padres, San Francisco Giants.

National Organization for Women (NOW [naʊ]). Frauenorganisation, die die volle Gleichberechtigung der Frauen fordert, gegründet 1966 (↑*Frauenbewegung*).

national parks. Die USA hat schon sehr früh große Räume als Nationalparks, als Naturschutzgebiete deklariert u. eine eigene Behörde dafür geschaffen, den *N.P. Service,* der auch Naturdenkmäler, historische ↑*Gedenkstätten* u. Fernwanderwege betreut. Der älteste u. größte Park ist der ↑*Yellowstone National Park*

(1872). Außerdem gibt es in den Bundesstaaten noch eigene Parks *(state parks)* u. Gedenkstätten. ↑*Arches National Park*, ↑*Bryce Canyon*, ↑*Cape Hatteras*, ↑*Carlsbad Caverns*, ↑*Crater Lake*, ↑*Death Valley*, ↑*Everglades*, ↑*Grand Canyon*, ↑*Great Smokies*, ↑*Mesa Verde*, ↑*Mount McKinley/Denali*, ↑*Niagara Falls*, ↑*Petrified Forest*, ↑*redwood*, ↑*Rocky Mountains*, ↑*White Sands*, ↑*Wind Cave*, ↑*Yosemite*, ↑*Zion*. S. Karte 6.

national religion ↑Patriotismus.

National Rifle Association (NRA) ↑Waffentragen.

National Security Council (NSC). Nationaler Sicherheitsrat; Beratungsgruppe, die dem Präsidenten als Hilfe für seine Entscheidungen im Bereich nationaler Verteidigung vom Kongreß 1947 beigegeben wurde. Ständige Mitglieder sind der ↑*President* (Vorsitz), Außen- u. Verteidigungsminister sowie vom Kongreß bestimmte Mitglieder (↑*Congress*).

National Service Bill (1993). Gesetz, das es am. Studenten, die ein Studiendarlehen von der Regierung bekommen, erlaubt, dieses durch eine Art Zivildienst abzuarbeiten. Früher war der Begriff *national service* identisch mit ‚Militärdienst'.

Nationalhymne ↑flag, ↑Stars and Stripes, ↑Star-Spangled Banner, Betsy ↑Ross.

nationality. Volkszugehörigkeit (↑*ethnics*); die juristische Staatsbürgerschaft heißt ↑*citizenship*.

Native American ↑Indianer.

naturalization. Einbürgerung (möglich nach 5jährigem ständigen Wohnsitz in USA). ↑*citizenship*.

Naturkatastrophen. Neben Waldbränden u. ↑*Stürmen* gibt es große Vulkanausbrüche wie z.B. Mt. St. Helens im Cascades-Gebirge des Staates Washington, dessen Asche sich über mehrere West-Staaten breitete (1980/82). Eine ständige Gefahr bilden die Erdbeben für ↑*San Francisco* u. ↑*L.A.*, die beide am Sankt-Andreas-Graben, einer kontinentalen Bruchzone in der Erde, liegen. Gegenwärtig führen die Verschiebungen zum Einstürzen von Hängen, Straßen u. Häusern, aber man wartet auf den großen Knall *(the big one)*.

Naturwunder ↑*national parks*, ↑*Old Faithful*, ↑*Rainbow Bridge*.

Navaho/Navajo. Ein den ↑*Apache* verwandter Indianerstamm des Südwestens (NM, AZ), der jedoch unter dem Einfluß der ↑*Pueblos* seßhaft wurde u. Ackerbau sowie Schafwirtschaft betrieb. Ihre Webarbeiten u. ihre Silberschmiedekunst sind vorzüglich; ihre schwierige Sprache diente den USA im 2. Weltkrieg als Geheimkode. Sie sind heute der größte Indianerstamm und bewohnen das größte Reservat in USA im Staate Arizona. S. Karte 6.

NBA, *National Basketball Association.* Nationaler Basketballverband.

NBC, *National Broadcasting Company.* Eine Tochtergesellschaft des

Medienkonzerns RCA *(Radio Corporation of America)*, der NBC als ↑*network* (Fernsehgesellschaft) mit über 200 angeschlossenen TV-Sendern u. 300 Radio-Sendern betreibt.

neighborhood, Slang: *hood.* Das Wohngebiet um eine Schule o. ein Einkaufszentrum, oft eine Einheit von ethnisch zusammengehörigen Gruppen (Little Italy, Chinatown). N. ist oft eine Gemeinschaft innerhalb einer Stadt, die z.B. gemeinsame Aktionen gegen Verbrechen wie die *neighborhood watch* organisiert, kann aber auch für ein desolates Viertel der Innenstadt (↑*inner city*) stehen.

Neiman ['niːmən] **Marcus.** Exklusive Handelskette mit Luxuswaren für reiche Leute, mit Hauptsitz in Dallas, TX u. Filialen in den Großstädten.

negro. Neger; heute als abwertender Begriff im AE wie im Dt. vermieden, dafür steht *black* o. *African American* (↑*Schwarze*).

Neo-Conservatism. Politisch einflußreiche Gruppe ehemaliger „Liberaler" des Nordens aus dem Ende der 60er u. Anfang der 70er Jahre, die sich damals für Gleichberechtigung einsetzten, heute aber die vielen Unterstützungsprogramme für Minderheiten u. die Einführung von Quotensystemen ablehnen (↑*affirmative action*), weil diese dem Leistungsprinzip entgegenstehen. Sie haben allerdings nichts gemeinsam mit der Neuen Rechten (↑*New Right*, ↑*Rechtsradikale*, ↑*McCarthyism*).

network. Fernsehgesellschaft; bes. die drei Großen ↑*ABC*, ↑*CBS*, ↑*NBC* (die auch Mediengesellschaften mit Tochtergesellschaften im Schallplatten-, Verlags- u. Zeitungswesen sind). Sie kaufen fertige Programme auf u. bieten sie den ihnen angeschlossenen (↑*affiliated*) lokalen Sendern an. Ein n. darf nicht mehr als einen Sender in einem Marktgebiet bedienen. Die Programme werden zusammen mit den Werbespots (↑*commercial*) verkauft, wobei das n. einen Teil der Werbeeinnahmen weitergibt. Der lokale Sender macht zu einem geringen Teil auch eigene Sendungen. Neben den Kanälen der drei großen n. sowie dem öffentlich unterstützten Kanal *PBS* (↑*public broadcasting*), die alle gebührenfrei sind, gibt es heute 11 gebührenpflichtige Kabelsysteme (↑*cable television*).

Netzspannung. Normal ist *110 Volt / AC* (*alternating current* ‚Wechselstrom') bei 60 Hz (in Europa 50 Hz); für Steckdosen braucht der Europäer Adapter *(appliances)*.

New Age. Neues Zeitalter. Bewegung, die in den 70er Jahren von USA ausging aufgrund astrologischer Ankündigungen eines N.A., des *Age of Aquarius* (Zeitalter des Wassermanns), mit dessen Beginn (etwa 1960, nach dem Kleinen Weltjahr der Fische) die Welt weniger aggressiv u. spirituell kreativer u. friedfertiger würde. Inzwischen hat international eine Ausweitung des Begriffes stattgefunden unter Einschluß aller Richtungen, die das menschliche Bewußtsein (im Gegensatz zum bloßen Verstand) beeinflussen: Spiritualismus,

Mystik, polit./ökol. Bewußtsein, Esoterik u. Parapsychologie. Allgemein beliebt ist die *N. A. music.*

New American Cinema. Bez. f. das Kino der 60er u. 70er Jahre, in dem sozialkritische Themen anstelle der üblichen Hollywood-Unterhaltungsfilme treten: Gegenkultur, Gewalt, Scheidungsprobleme; ↑*„Easy Rider“*, ↑*„Bonny and Clyde“*, „Kramer vs. Kramer“, „The Graduate“, vor allem auch die Filme von Woody ↑*Allen.*

new cults. Der am. Individualismus ist immer wieder Nährboden für neue Sekten u. Religionen gewesen. In den 50er u. 60er Jahren war es der Zen-Buddhismus; danach kamen Sekten wie die *Moonies,* die durch *brainwashing* Jugendliche zu willenlosen Anhängern machten; tragisch war das Los der *People of God,* arme schwarze Am., die auf Befehl ihres Führers in Guyana Selbstmord begingen. *Charles* ↑*Manson.*

New Deal. Wirtschaft- u. sozialpolitisches Programm des Präsidenten F. D. Roosevelt gegen die Wirtschaftskrise u. die nachfolgende Depression (1933–1945). Die Formulierung „N. D.“ ist dem Slogan von Präsident Th. Roosevelt „↑*Square Deal*“ (gerechte Verteilung der Karten) nachgebildet, nun im Sinne einer Neuverteilung der Karten, d. h. der Chancen. N. D. beinhaltete zunächst Notstandsmaßnahmen zur Ankurbelung der Wirtschaft u. Beschäftigung der Arbeitslosen in öffentlichen Projekten (Hoch- u. Tiefbau, Landschaftsschutz), aber auch langfristige Reformen (Börsenaufsicht, Recht der Arbeiter auf Tarifverhandlungen, Sozialversicherung als Absicherung für das Alter).

New England. Bez. f. die Staaten Maine, New Hampshire, Vermont, Massachussetts, Rhode Island, Connecticut, die gemeinsam auf puritanische Gründungen (↑*Puritans*) zurückgehen. Die Einwohner werden auch als ↑*Yankees* bezeichnet, die es aufgrund ihrer protestantischen Lebenseinstellung (↑*Protestant ethic*) auch wirtschaftlich weit gebracht haben. N. E. ist zugleich auch das Gebiet der Seefahrer-Staaten (Ausnahme Vermont) mit einem weltoffenen liberalen Image. Die wichtigste Stadt ist ↑*Boston*, das historisch den Anstoß zur Unabhängigkeit gab u. heute ein Zentrum der ↑*Elite-Hochschulen* sowie der neuesten *hi-tech*-Industrien ist. Die Literatur ist geprägt von unabhängigen Denkern wie Thoreau und Emerson (↑*transcendentalism*) ↑*Frost, R.*

New Frontier. Slogan von Kennedy für seine Amtszeit (vgl. ↑*New Deal* für Roosevelt), mit dem er an den ↑*frontier*-Geist der Amerikaner appellieren wollte, an ihre Bereitschaft, unter harten Bedingungen u. mit persönl. Einsatz Bahnbrechendes für die USA zu erreichen (bes. gleichzuziehen mit der UdSSR in der Raumfahrt).

New Journalism. Literaturgenre der 60er Jahre, dessen Hauptvertreter – Tom Wolfe u. Truman Capote – den dokumentarischen Bericht zur Fiktion (Roman) ausgestalteten.

New Orleans/Louisiana [nuːˈɔːrlənz,

-'li:nz]. Die Stadt zog durch ihre französisch beeinflußte Atmosphäre (↑*Creole*, ↑*Cajun*) mit Nachtlokalen u. Bars schon früh schwarze Musiker an (bes. im *French Quarter* o. ↑*Vieux Carré*). Sie gilt als der Geburtsort des ↑*jazz*, der sich ab 1920 von hier nach Chicago u. New York ausbreitete. ↑*Mardi Gras*.

New Right. Die ‚Neue Rechte', konservative Politiker der 80er Jahre, die dem religiösen Fundamentalismus nahestehen (↑*fundamentalism*) u. sehr konservativen politischen Gruppierungen wie der ↑*Moral Majority* o. dem ↑*Religious Roundtable* angehören. Sie unterscheiden sich vom ↑*Neo-Conservatism* der 70er Jahre durch ihren Anti-Intellektualismus. 1980 unterstützten sie Reagan bei seiner Wiederwahl u. trugen zur republikan. Mehrheit im Senat bei. Ihr Kandidat, der Fernsehprediger Pat Robertson, kam jedoch 1988 nicht über die Vorwahlen hinaus. Neu ist die rechtsstehende ↑*Christian Coalition*. ↑Rechtsradikale.

New York (City) (N.Y.). Auch für Amerika die Stadt der Superlative: Wirtschafts- u. Handelszentrum der USA (↑*Wall Street*, ↑*NYSE*), Hauptstadt der Werbebranche (↑*Madison Avenue*), Zentrum der ernsten wie der leichten Kultur, Medienzentrum (Radio, Fernsehen, Film, Presse), größter Hafen u. internationaler Flughafen. Einwanderungstor des 19. u. frühen 20. Jh. (↑*Ellis Island*, ↑*Statue of Liberty;* heute abgelöst von ↑*L.A.*); der N.Y.er Akzent gilt als unschön, die Leute (bes. Taxifahrer) als unhöflich; die Stadt galt v.a. wegen ihrer Rassenprobleme u. polit. Korruption (↑*Tammany Hall*) lange als unregierbar. ↑*Big Apple*, ↑*Broadway*, ↑*Brooklyn*, ↑*Central Park*, ↑*Fifth Avenue*, ↑*Gotham*, ↑*Greenwich Village*, ↑*Guggenheim Museum*, ↑*Harlem*, ↑*Long Island*, ↑*Madison Ave.*, ↑*Manhattan*, ↑*MOMA*, ↑*parades*, ↑*Park Ave*, ↑*Rockefeller (Center)*, ↑*So Ho.*

New York Marathon. Straßenlauf, der 1970 im Zeichen der Fitness-Welle (↑*fitness training*) eingeführt wurde, an dem Tausende von Läufern teilnehmen; er führt in alle Stadtbezirke von N.Y., ähnlich dem Boston Marathon.

New York State (NY). US-Bundesstaat mit der Hauptstadt Albany. ↑*New York City* ist die größte Stadt in diesem Bundesstaat.

New York Times. Die wohl neben dem ↑*Wall Street Journal* meist verbreitete seriöse Zeitung in USA, die auch international wegen ihrer Qualität geschätzt wird.

New Yorker. Eine beliebte Wochenzeitschrift für New York, die aber in ganz USA wegen ihrer literarisch hochstehenden Kurzgeschichten u. kulturellen Berichterstattung geschätzt wird.

Newman, Paul (geb. 1925). Erfolgreicher u. beliebter Filmstar („Butch Cassidy and the Sundance Kid", „The Sting", „The Color of Money"), auch wohltätiger Unternehmer.

Newport Jazz Festival. Festival, das nach dem ursprünglichen Ort des jährlichen Jazz-Festivals in Rhode Island benannt ist. Heute findet es an verschiedenen Orten im Staate New York statt.

news agency ↑Nachrichtenmedien.

newscast ↑broadcast.

Newsweek. Bekanntes Nachrichtenmagazin (auch mit internationaler Ausgabe); hinsichtlich der Auflagenstärke nach ↑*Time.*

newsweekly ↑Nachrichtenmagazine.

NFL ↑football.

NHL, *National Hockey League.* Hockeynationalverband.

Niagara Falls [naɪ'ægərə'fɔːlz]. Weltberühmte Wasserfälle an der Grenze von Kanada u. USA (im Staat New York). *Goat Island* trennt die *Horseshoe Falls* auf der kanadischen Seite von den *American Falls.* Sie sind das besondere Ziel vieler Flitterwöchner (*honeymooners*).

nickel ↑cash.

nickname. Kosenamen (wie *Jim* für *James*) sind nicht nur häufiger als im BE, sondern werden z.T. auch öffentlich benutzt, z.B. „*Jimmy*" *Carter* (Präsident).

Nielsen ↑rating.

nigger. Schimpfwort, abgeleitet von ↑*negro;* weitere Schimpfwörter f. ↑*Schwarze* sind ↑*coon* o. *wog.*

Night Before Christmas, The ~. Gedicht von Clement Moore (1823), das viele der volkstümlichen Ideen enthält, die zum ↑*Santa Claus*-Bild der Am. gehören. ↑*reindeer,* ↑*Christmas Day.*

night club. Nachtklub; am. n. bieten neben dem Essen meist gute Unterhaltung mit Darbietungen (Show, Tanz, Musik) u. vor allem „*drinks*".

Nixon, Richard Milhouse (1913–1994). Republikanischer Politiker, US-Präsident (1969–1974). Unter N. wurde der ↑*Vietnamkrieg* beendet; er leitete neue diplomatische Beziehungen zu China ein u. verbesserte das Verhältnis mit Moskau. Die ↑*Watergate*-Affäre führte zu seiner vorzeitigen Abdankung, nachdem ihm Amtsenthebung (↑*impeachment*) durch den Kongreß drohte. ↑*Kissinger, Henry.*

Northeast. Der „Nordosten" schließt die ↑*Regionen* ↑*New England* u. ↑*Mid-Atlantic States* mit ein; er hat im Gegensatz zum ↑*Midwest* o. ↑*South* ein liberales Image, wohl wegen des größeren ethnischen Gemischs in dieser bevölkerungsstärksten u. industrialisiertesten Region der USA, auch ↑*manufacturing belt* genannt.

norther. An der Golfküste Bez. f. kalten Wind aus dem Norden (↑*Stürme u. Winde*).

Northwest. „Nordwesten" ist die Bez. f. die Staaten Washington, Oregon u. den Norden Kaliforniens. In dieser regenreichen Gegend gibt es die großen Staudämme, die elektrische Energie für Südkalifornien (Los Angeles) liefern, u. die Flugzeugindustrie, ferner eine sehr starke ökologische Bewegung.

Notengebung ↑points system, ↑grade.

NOW ↑National Organization of Women.

numbers game. Illegales Glückspiel (↑*gambling*).

nursery school. Kindergarten für Drei- bis Fünfjährige (↑*kindergarten*, ↑*pre-school*).

N. Y. C. New York City.

NYSE, *New York Stock Exchange.* Die wichtigste Börse in USA; sie befindet sich in ↑*Wall Street.* ↑*AMEX*, ↑*Dow.*

O

O'Keeffe, Georgia (1887–1986). Malerin, die ihre abstrakten Motive aus der am. Natur holte: Blumen, Tierknochen u. Wüsten.

O'Neill, Eugene (1888–1953). Dramatiker, der 1936 den Nobelpreis erhielt. Die bekanntesten Stücke sind: „A long Day's Journey into the Night", „Mourning Becomes Electra", „The Iceman Cometh".

OAS, *Organization of American States.* Heute v. a. polit. (Friedenssicherung) O. von 33 am. Staaten (ohne Kuba, Kanada m. Beobachter).

Obie Award. Preis für ↑*off-Broadway*-Schauspiele.

obscenity laws ↑*pornography.*

off-Broadway. Das experimentelle Theater in New York, das es noch nicht zu einer Aufführung in einem der 37 ↑*Broadway*-Theater gebracht hat. Die Aufführungen finden in Räumen (↑*lofts*) mit weniger als 100 Sitzplätzen statt, um die Gewerkschaftsgebühr zu sparen; deshalb auch als *„equity-waiver theaters"* (*equity* ‚Schauspielergewerkschaft', *waiver* ‚Verzicht') bezeichnet.

Öffentlicher Dienst ↑civil service.

Öffnungszeiten (*opening hours*). Bei Banken von 9/10 Uhr bis 15/17 Uhr, manchmal auch abends; Geschäfte sind z. T. 24stündig u. auch sonntags u. feiertags offen, große Kaufhäuser meist jedoch nur von 9–18 Uhr o. 21 Uhr (Mo–Sa).

O.K. Corral. Pferch in Tombstone, AZ, in der das historische Shootout von Sheriff Virgil Earp, seinen Brüdern Wyatt u. Morgan Earp u. Doc Holliday gegen die Clanton-Bande stattfand. Der Schußwechsel wurde zu einem großartigen Westernfilm aufgebauscht. Daher ugs. humorvoll für ‚Schlacht'.

Okie. Spitzname f. Wanderarbeiter, ursprünglich f. Bewohner von Oklahoma, die wegen Bodenerosion ihr Land verlassen mußten (↑*dust bowl*).

Oklahoma City, Terroranschlag von ~. Bei dem Bombenanschlag auf ein Hochhaus im Stadtzentrum, in dem mehrere Bundesbehörden und eine Kindertagesstätte untergebracht waren, kamen am 19.4.1995 168 Personen ums Leben. Der Anschlag gilt als Racheakt von ↑*Rechtsradikalen* für das Vorgehen von Bundesbehörden gegen eine bewaffnete religiöse Gruppe in Waco, TX, am 19.4.1994. Er machte der am. Öffentlichkeit klar, daß sie die bewaffneten rechtsradikalen Milizen im Lande unterschätzt hatte.

Old Dominion. Spitzname f. den Staat Virginia.

Old Faithful. Geysir im ↑*Yellowstone National Park,* der in bestimmten Intervallen (meist alle 66 Minuten) etwa 50 m hoch aus dem Boden schießt.

Old-Fashioned ↑cocktails.

Old Glory. Volkstümlicher Name für die Flagge der USA (↑*Stars and Stripes*).

Old South. Bez. für den Süden (↑*South*) vor dem Bürgerkrieg mit seiner Plantagen-Wirtschaft u. aristokratischen Tradition.

Ol' Man River. Titel des Liedes von Oskar Hammerstein über den Mississippi, was in der Indianersprache „Großes Wasser" bedeutet; zusammen mit dem Missouri hat der Mississippi das größte Einzugsgebiet in der zentralen Mulde der USA, er stellt die Verbindung zwischen dem Golf von Mexiko u. den Großen Seen dar u. war einst Grenze zum Westen.

on the rocks. Getränk (bes. ↑*whiskey*) mit Eiswürfeln (↑*liquor*).

Onassis, Jacqueline („Jackie") Kennedy (1930–1994). Ehemalige First Lady während der Präsidentschaft ihres Gatten J. F. ↑*Kennedy;* 1968–1975 war sie mit Aristoteles Onassis, einem griechischen Reeder, bis zu dessen Tod verheiratet. Sie wurde von den Am. bewundert, weil sie die Präsidentschaftsjahre (1961–1963) durch ihren eleganten Stil bereicherte u. nach JFKs Tod mit Würde ihr Schicksal meisterte.

op-art. Kunstrichtung aus den 60er Jahren, die auch als optische Malerei (*Optical Painting*) bekannt ist; sie ist gekennzeichnet durch geometrische Formen, die eine optische Illusion schaffen, wenn man sie aus einer bestimmten Distanz ansieht. Vertreter: V. Vasarely, Bridget Riley.

op-ed page. Abk. f. *opposite-editorial page,* die Seite gegenüber der Leitartikel-Seite, die mit Meinungsbeiträgen zu den verschiedensten Themen, sog. Kolumnen (↑*columns*), gefüllt wird (auch *opinion page* gen.). Diese werden von national bekannten Kommentatoren mit Sitz in Washington geschrieben, deren Kommentare über Syndikate (↑*syndicate*) gleichzeitig an verschiedene Zeitungen verkauft werden.

open primary. Vorwahlen, bei denen die Wähler wie bei der tatsächlichen Wahl sich entweder für den Kandidaten der Republikanischen oder für den Kandidaten der Demokratischen Partei entscheiden können. Normalerweise kann man bei Vorwahlen nur Kandidaten innerhalb *einer* Partei auswählen (*closed* ↑*primary election*).

operator. Die Telefonvermittlung, anwählbar durch die „0". Allerdings beginnen auch private Nummern manchmal mit „0", so daß eine Verwirrung nicht ausgeschlossen ist. Der Anruf an den o. ist kostenlos.

Opryland USA. Vergnügungspark in Nashville, Tenn., der ganz der Country-Musik gewidmet ist. Vor 1974 waren die Vorführungen in der *Grand Ole Opry* in Nashville. Der O.-Park ist groß ausgebaut für Familienunterhaltung u. steht eigentlich im Widerspruch zu den ärmlichen Ursprüngen des ↑*country and western.* ↑*theme parks.*

Oregon Trail. Die Route, auf der schon 1842 der erste Siedlertreck nach Westen aufbrach, vom Missouri entlang dem Columbia River bis an den Pazifik. *Oregon* war damals die Bezeichnung für den gesamten pazifischen Nordwesten, der zuerst durch die ↑*Lewis and Clark Expedition* (1805–1806) erforscht wurde. Nach Beginn des ↑*gold rush* wurde die Route durch den ↑*California Trail* abgelöst (1850).

Organspende ↑donor point.

Ortsnamen. Am. O. (u. ihre Aussprache) weisen oft auf die Art der Einwanderung u. Besiedlung hin. „Louisiana" wurde nach dem franz. König Louis XIV. benannt; „Virginia" nach der Königin Elisabeth von England (*the „Virgin Queen"*), „Los Angeles" war zuerst spanisch; „Mississippi", „Susquehanna" u. andere Fluß- u. Staatsnamen gehen auf indianische Wörter zurück, die von europäischen Siedlern übernommen wurden, oft über das Französische z.B. „Chicago" [ʃiˈkɑːgoʊ] o. „Michigan" [ˈmɪʃɪgən], wie die unenglische Aussprache [ʃ] für die Schreibung „ch" andeutet. Oft wird in den nach den Einwanderergruppen benannten Orten die „nationale" Kultur noch gepflegt, z.B. deutsche Tradition in „Frankenmuth"/Michigan, holländische in „Holland"/Michigan. Auf die Schwierigkeiten der Eroberung des Westens verweisen Namen wie „Endurance" (Ausdauer) u. „Hell" (Hölle), auf die Religiosität der Puritaner verweisen neuengländ. O. wie „Providence" (Vorsehung) u. „Hope" (Hoffnung). Heute werden neue Siedlungen meist von einem einzelnen Bauunternehmer *(developer)* geschaffen, der diesen auch seinen Namen gibt, z.B. „Levittown". Die Namen der Nationalhelden ↑*Washington,* ↑*Jefferson,* ↑*Lincoln* sind überall in USA anzutreffen.

Oscar. Statuetten der jährlichen Filmpreisverleihung durch die „Academy of Motion Picture Arts" für Filmproduktion u. Filmschauspiel: Bester Film, beste(r) Schauspieler(in) etc., seit 1931; nach einem Onkel eines Filmangestellten. ↑*Preise.*

OTC ↑over the counter.

outing, auch *coming out (of the closet)*. Das öffentliche Bekenntnis zur ↑*Homosexualität.*

Oval Office ↑White House.

over the counter (OTC). „Im freien Verkehr"; Aktien, die nicht an den großen Börsen verkauft werden. Sie werden heute – nach der allg. Umstellung auf Computer – meist als NASDAQ ['næzdæk], *National Association of Securities Dealers Automated Quotations,* in den Börsenberichten zitiert.

Oz ↑Wizard of Oz.

P

PAC [pæk]. *Political Action Committee.* Politischer Interessenverband; solche *PACs* sind per Gesetz erlaubt zur finanziellen Unterstützung eines Politikers bei seiner Wahl, andere *„special-interest groups"* bilden sich zur Unterstützung einer Gesetzesvorlage o. zur Beeinflussung der Abgeordneten. ↑*lobbyism.*

Pacific Time (PT). Pazifikzeit; 3 Stunden hinter New Yorker Zeit (↑*Zeitzonen).*

pageant ['pædʒənt]. Histor. „Festspiel", d.h. Nachgestaltung eines geschichtl. Ereignisses (*„The Mormon Pageant"* in Salt Lake City zeigt z.B. die Wanderung der Mormonen nach Utah) o. eines Kunstwerks wie z.B. das *„Pageant of the Masters"*, in dem Werke von Künstlern wie Dali, Chagall im Freien nachgestaltet werden. ↑*festival,* ↑*Volksfeste.*

Painted Desert. Gebiet im östlichen Arizona mit vielfarbigen Felsflächen (rot, braun, violett).

Palm Beach. Ein Paradies für Golfspieler u. für (oft ältere) reiche Leute in Florida. Ebenso attraktiv für reiche Golfer und Hollywood-Größen ist heute *Palm Springs* in Kalifornien, eine blühende Stadt, umgeben von Wüste.

PAN AM ↑Flugverkehr.

pancakes ↑Brot u. Gebäck.

panhandles. Bez. für die schmalen Fortsätze im Gebiet von manchen Bundesstaaten, die wie ein „Pfannenstiel" aussehen, was oft durch die gerade Linienführung bei der Festlegung der Staatsgrenzen bedingt ist. Typisch sind die p. von Texas, Florida, Oklahoma, Nebraska u. Idaho.

paper boy/girl. Zeitungsjunge/mädchen. Es ist typisch, daß am. Jugendliche schon mit 13 Jahren mit dem Jobben beginnen, z.B. noch vor der Schule die Zeitung austragen.

parades [pə'reɪdz]. Umzüge; Amerikaner mögen farbenfrohe p. zu vielen festlichen Anlässen, bes. am Unabhängigkeitstag (↑*Fourth of July*) u. am ↑*Memorial Day,* aber auch bei vielen lokalen Festen. Bei den *tickertape parades* in New York werden dünne Papierstreifen (ursprünglich Computerstreifen aus der ↑*Wallstreet*) als Willkommensgruß z.B. für heimkehrende Soldaten von den Häusern geworfen. Bekannt sind auch der große Umzug in New York am ↑*St. Patrick's Day* u. der Umzug mit blumengeschmückten Festwagen am *Tournament of Roses*, der Neujahrsparade in Pasadena/CA. Typische Elemente der p. sind:

die *marching bands* (Blaskapellen), voraus die stabschwingenden *majorettes* (Majoretten), gefolgt von *floats* (mit Blumen verzierte Festwagen) u. Wagen mit bekannten Persönlichkeiten.

Park Avenue. Vornehmes u. teuerstes Wohngebiet in New York.

Parker, Charlie (Bird) (1920–1955). Legendärer Jazz-Musiker, der zusammen mit Dizzy ↑*Gillespie* den ↑*bebop* entwickelte.

Parks, Rosa (geb. 1913). Schwarze Frau, die es 1955 ablehnte, ihren Sitz im vorderen Bereich eines Busses (welcher im Süden der USA für Weiße reserviert war) einem Weißen zu übergeben. Damit begann eine neue Phase im Kampf um die Bürgerrechte für Schwarze (↑*civil rights movement*) u. gegen Rassentrennung (↑*segregation*). ↑*Brown v. Board of Education.*

parkways. Ferienstraßen; sie dienen dem Autotourismus in landschaftlich schönen o. historisch interessanten Gebieten (vgl. ↑*trails*), z.B. „Blue Ridge National Parkway", die von Virginia bis Georgia durch die Apalachen nach Süden führt.

Parlament. In USA ist der Begriff *parliament* durch ↑*Senate*, ↑*House* u. ↑*assembly* ersetzt, um auch begrifflich den Unterschied zum europäischen parlamentarischen System auszudrücken, nämlich die absolute Trennung zwischen Exekutive (↑*President*, ↑*Administration*) u. Legislative (↑*Congress*). ↑*Demokratie*, ↑*checks and balances.*

parlor car. Salonwagen; ein Eisenbahn-Wagen 1. Klasse mit individuellen Armlehnen. ↑*coach car.*

parochial schools [pəˈroukjəl...]. Kirchliche Grund- u. Sekundarschulen. Es gibt auch kirchliche Kindergärten, Colleges u. Universitäten. Sie gehören alle zu den ↑*Privatschulen.*

Parteien. In der ↑*Verfassung* sind P. nicht erwähnt; sie kamen erst in der 2. Amtszeit von ↑*Washington* auf. Heute gibt es zwei große P.: die Demokraten u. die Republikaner (↑*Democratic Party*, ↑*Republican Party*), andere P. haben wegen des Mehrheitswahlrechts kaum eine Chance bei ↑*Wahlen*, obwohl es immer wieder Versuche von Unabhängigen (↑*independent*), Populisten (↑*populism*) o. Fortschrittlern (↑*progressivism*) gegeben hat. Die P. haben kein verbindliches Parteiprogramm (↑*platform*), bei den Wahlen stehen Personen u. aktuelle Themen im Vordergrund. Der einzelne Kandidat stützt sich dabei mehr auf lokale Interessensgruppen u. ihre finanziellen Beiträge als auf Parteigelder. Auch im Parlament hält die Partei selten zusammen, weil unterschiedliche Wiederwahltermine u. lokale Interessen (↑*grassroots*) wichtiger sind als die Übereinstimmung mit der Partei; es ist auch Tradition, daß Gesetze durch Zugeständnisse u. Kompromisse zustande kommen u. nicht durch Fraktionszwang. P. dienen somit hauptsächlich zur Aufstellung von Kandidaten für Wahlen. In der Vergangenheit allerdings konnten bestimmte Parteiapparate Städte auf Dauer beherrschen (↑*machine politics*). ↑*Congress*, ↑*floor leader*, ↑*whip.*

pastrami. Sandwicheinlage aus gepökeltem Rauchfleisch; jüdischen Ursprungs. ↑*deli*, ↑*sandwich*.

Patriotismus. Man kann die USA nicht nur als großes Land mit vielen unterschiedlichen Rassen u. Einwanderergruppen mit all den Problemen der Minderheiten verstehen; alle Amerikaner (vielleicht mit Ausnahme der Indianer) fühlen sich in erster Linie als Mitglied einer Nation u. zeigen bewußt ihren Stolz auf Amerika im Alltag, sei es beim Wetterbericht („Hi there, America") o. den Nachrichten („Good morning, America"), bei den Reden von Politikern, die immer wieder vom *„greatest country in the world"* sprechen, beim Hissen der Flagge (↑*Stars and Stripes*), bei den vielen Treuegelöbnissen (↑*Pledge of Allegiance*) u. öffentlichen Paraden (↑*parades*) o. bei den großen Feiern am Nationalfeiertag (↑*Fourth of July*). Europäer empfinden diese Zurschaustellung manchmal als peinlich (bes. deutlich bei den Olymp. Spielen 1984 in L.A.). Verblüffend ist auch die Tatsache, daß Am. einerseits eine so radikale Trennung von Staat u. Kirche u. eine solche Vielfalt an ↑*Religionen* haben, andererseits aber ohne Unterschied ihren P. immer religiös gefärbt feiern *(„national religion")*. Für Am. war trotz der bitteren Erfahrungen des Vietnamkrieges u. der Skandale um hohe Beamte (↑*Watergate*, ↑*Iran-Contra-Affäre*) die Rückkehr zur unbeschwerten Feier ihres Landes (200 Jahre am. Verfassung, 200 J. Unabhängigkeit) das Normale, so wie es eigentlich sein sollte.

pay phone. Öffentliche Telefonzelle, auch *phone booth* genannt. Ferngespräche sind meist nur über die Vermittlung (↑*operator*) möglich.

Pay TV ↑cable television.

PBS ↑public broadcasting.

Peace Corps. Bundesorganisation für Entwicklungshelfer, freiwillige Jugendliche u. Erwachsene, die mit finanzieller Unterstützung der am. Regierung in Entwicklungsländer gehen, um dort beim Aufbau zu helfen.

Peanuts. Bekannter Comic-Strip (↑*Brown, Charlie*).

Pearl Harbor. US-Marine-Stützpunkt auf der Insel Oahu (Hawaii); steht heute für den Überraschungsangriff der Japaner, der zum Kriegseintritt der USA in den Zweiten Weltkrieg führte (7.12.1941).

pecan [pɪ'kɑːn]. Ovale, glattschalige, walnußähnliche Nuß, die v.a. in den Südstaaten wächst (der Baum ist „Staatsbaum" von Texas). Sie ist als Geschmackssorte für Eiscreme beliebt.

ped xing, *pedestrian crossing.* ↑*Verkehrszeichen* f. Fußgängerübergang.

Pennsylvania Dutch ↑Amish People.

penny ↑cash.

Pentagon. US-Verteidigungsministerium, benannt nach dem fünfeckigen Gebäude in Arlington, V.A. (außerhalb der Stadtgrenze von Washington).

Pentecostals [ˌpentɪˈkɑstlz]. Konservativ-protestantische Religionsgemeinschaft, die die fundamentalistischen Forderungen der ↑*Moral Majority* unterstützt. Religiös ist sie wie andere ↑*Evangelicals* des Südens durch den ↑*revival*-Gedanken u. die ↑*born-again*-Bewegung bekannt u. hat charismatische Bewegungen in anderen ↑*Religionen* (z.B. Katholizismus) beeinflußt (↑*Holiness Movement*).

person-to-person calls. Personengebundene Form des Telefongesprächs, die nur zustande kommt, wenn die gewünschte Person ans Telefon geht. ↑*station-to-station call*, ↑*Telefon.*

Persönlichkeiten in Geschichte u. Legende. Die USA neigen vielleicht wegen des Mangels an historischer u. mythologischer Dimension eher dazu, neue Mythen zu schaffen u. historische Persönlichkeiten als *„heroes"* zu verehren. So die ↑*Trapper u. Pfadfinder* des 18. Jh. wie *Daniel* ↑*Boone*, ebenso *Paul* ↑*Bunyan,* der als Holzfäller die Statur eines Herkules gewinnt, u. *Johnny* ↑*Appleseed,* der zum Volkshelden wurde. Ähnliche Mythologisierung erfuhren die Staatsgründer (↑*Founding Fathers*), allen voran *George* ↑*Washington, Thomas* ↑*Jefferson,* ↑*Adams, James* ↑*Madison* (↑*Father of the Constitution*), *Benjamin* ↑*Franklin, John* ↑*Hancock.* Als überragender Präsident wird *A.* ↑*Lincoln* noch heute verehrt. Noch legendärer wurden die ↑*Westernhelden u. Banditen* des 19. Jh., die durch Film u. Buch im 20. Jh. weltweite „Berühmtheit" erlangten. Die ↑*self-made men* der Gründerzeit (1880–1910) wie Henry ↑*Ford,* ↑*Rockefeller,* Vanderbilt, Morgan, ↑*Carnegie* bestimmten die am. Wirtschaft u. Politik bis ca. 1930; sie werden teilweise als ↑*robber barons* kritisiert, einige aber auch wegen ihres Philanthropie (↑*foundations*) gelobt. Im 20. Jh. sind es vor allem Filmstars (M. ↑*Monroe*, J. ↑*Dean*), Popstars (E. ↑*Presley;* J. Hendrix), Sport-Heroen (Babe ↑*Ruth*, Willy ↑*Mays*, Muhammed ↑*Ali*), aber auch fiktive Film-Helden (Superman, E.T.); in der Politik die Führer der Bürgerrechtsbewegung *Dr. M. L. King* (↑*Martin Luther King Day*), ↑*Malcolm X* (Glorifizierung durch ihre Ermordung) u. die beiden Präsidenten, die ein gesellschaftl. Umdenken einleiteten (↑*Roosevelt*, ↑*Kennedy*). Den *„badmen"* der Westernzeit entsprechen heute die ↑*Mafia*-Führer wie Al ↑*Capone* o. auch die Phantasie-Gestalten der neuen *Star-War* Animationsfilme. Es gibt immer wieder neue *„heroes"* u. *„outlaws"* (Banditen), die mit den modernen Medien auch über USA hinaus die Welt erobern. Die einzelnen ethnischen Gruppen haben ihre eigenen Helden, die z.T. auch nationale Bedeutung erlangt haben (Steuben für die Deutschen, St. Patrick für die Iren, Columbus für die Italiener [↑*Columbus Day*], auch die ↑*Indianerführer*).

Persönlichkeitsrecht ↑privacy right.

Petrified Forest. Versteinerter Wald; Nationalpark in Ariz., eines der ↑*Naturwunder* in USA: das mineralhaltige Wasser hat umgefallene Bäume „versteinert".

Pflanzen ↑Landschaften, ↑poison ivy.

Ph.D. [ˌpiːˌeɪtʃ'diː] ↑doctor's degree.

Phi Beta Kappa [ˌfaɪˌbeɪtə'kæpə]. Bekannteste Studentenvereinigung; ihre Mitglieder werden durch die Hochschule aufgrund ihrer akademischen Leistungen ausgewählt u. genießen besonderes Ansehen, die älteste ↑*fraternity* überhaupt in USA.

Philadelphia. Industriestadt in Pennsylvania, eine Gründung der Quäker („*City of Brotherly Love*"), ist bes. wegen der Freiheitsglocke u. der *Independence Hall* (↑*Gedenkstätten*) bekannt; in den letzten Jahrzehnten gab es immer wieder Rassenkonflikte; ↑*Schwarze* sind seit einigen Jahren in zahlreichen öffentl. Funktionen vertreten.

Philly. Koseform für ↑*Philadelphia.*

phone book. Telefonbuch, auch *directory* genannt; es hat neben dem Branchenverzeichnis *(„Yellow Pages")* auch „*White Pages*" (das allg. Telefonbuch, auch *general directory* genannt) u. „*Blue Pages*" (Behördenverzeichnis).

picketing. Im AE nicht nur das Aufstellen von Streikposten, sondern auch das Verteilen von Blättern durch Sympathisanten der ↑*Gewerkschaften* vor Supermärkten o. an öffentlichen Plätzen zur Sympathiewerbung für einen Streik.

pick-up (truck). Kleiner, oben offener Lieferwagen, der in USA beliebt ist.

pie. Gefüllter Kuchen, Pastete (z.B. *apple pie, lemon pie*); kann auch nur aus einem Teigboden mit Rand (*crust*) als Halt für die Füllung bestehen (wie deutscher Obstkuchen).

Pike's Peak. Berg in den Rockies (4303 m), das erste große Hindernis für die Siedlerkolonnen, die über die ↑*Great Plains* nach Westen zogen. Es galt der Spruch: „*Pike's Peak or Bust*" (Entweder wir schaffen P. P. oder müssen aufgeben).

Pilgrim Fathers. ‚Pilgerväter'; Bez. f. die 102 Einwanderer, die 1620 auf dem Schiff „*Mayflower*" nach Neuengland kamen; unter ihnen waren 35 Puritaner (↑*Puritans*), die zuvor in Holland Zuflucht gesucht hatten. Ihre neue Kolonie nannten sie ↑*Plymouth Colony.*

pink collar (jobs). Eine Gruppe von schlecht bezahlten Jobs (bes. f. Frauen), die weder zu den *blue-collar jobs* (harte manuelle Arbeit) noch zu den *white-collar jobs* (Angestellte) gehören: Serviererinnen, Schreibkräfte.

Pinkerton detectives. Ein Detektivbüro, das von Allan Pinkerton während des Bürgerkriegs gegründet u. später zum US-Geheimdienst wurde. Heute ist die Firma P. ein privater Wachdienst.

pioneers. Die ersten Siedler, die das noch unbekannte Land westlich der ↑*Appalachia* erkundeten, wie z.B. Daniel ↑*Boone.*

pitcher ↑baseball.

Plains Indians. Allg. Bez. für die nomadischen Indianerstämme, die in den großen Ebenen u. offenen Prärien zwischen Rocky Mountains u. Mississippi lebten, für die der kriegerische Federschmuck typisch war. Sie stehen meist für ↑*Indianer* überhaupt, obwohl die nordam. Indianer sehr unterschiedlich lebten. P. I. sind: Arapaho, ↑*Blackfeet*, ↑*Cheyenne*, ↑*Comanche*, Crow, ↑*Sioux* u. Kiowa.

Plains States. Die Staaten in den ↑*Great Plains:* bes. North Dakota, South Dakota, Nebraska, Kansas; auch Iowa, Colorado, Oklahoma, Montana, Wyoming; sie gehören alle mehr der „*Western Tradition*" an, es finden dort viele ↑*Frontier-* u. ↑*Cowboy*-Feste statt. Abgrenzung zum ↑*Midwest* o. ↑*Mountain West* ist unklar. ↑*Regionen.*

plaintiff ['pleɪntɪf]. (Zivil)Kläger, entspr. bei Strafsachen „*state attorney*" (↑*Gerichtsverfahren*).

Planned Parenthood. Eine private Organisation, die kostenlose Beratung zur Familienplanung gibt.

platform. Die Hauptprogrammpunkte einer polit. Partei.

Plath, Sylvia (1932–1963). Dichterin, deren Gedichte über Frauen u. den Tod wie auch ihr Roman „The Bell Jar" großen Einfluß auf die am. ↑*Frauenbewegung* hatten. Sie beging Selbstmord.

play. 1. Spielzug im ↑*football;* 2. Theaterstück.

plea bargaining. Inoffizielle Absprache zwischen Staatsanwalt u. Angeklagtem, wonach dieser ein Schuldbekenntnis für ein Vergehen abgibt, das geringer ist als das, wessen er angeklagt ist, um damit die Zusicherung der Strafmilderung zu bekommen. ↑*Justiz*, ↑*Gerichtsverfahren.*

Pledge of Allegiance [...ə'liːdʒəns]. Treuegelöbnis auf die Fahne der USA (↑*Stars and Stripes*) u. die Werte, für die sie steht. Heute noch oft bei den vielen Fahnenzeremonien in USA gesprochen, mit der rechten Hand auf dem Herzen zum Zeichen der Treue; früher auch schon im Kindergarten u. in den Schulen als tägliches Treuegelöbnis durchgeführt. Die große Achtung vor der Flagge ist nicht nur ein Zeichen des ↑*Patriotismus*, das Treuegelöbnis wurde auch 1954 zum Gesetz erhoben: „I pledge allegiance to the Flag of the United States of America and to the republic for which it stands, one nation under God, indivisible with liberty and justice for all."

Plessy v. Ferguson. Entscheidung des Obersten Gerichts (1896) zugunsten von Rassentrennung im Schulwesen (↑*segregation*) mit der Auflage „↑*separate but equal services*". Die Entscheidung wurde auch als Basis für Rassentrennung in anderen Gebieten benützt. Sie wurde erst durch den Entscheid 1954 im Verfahren ↑*Brown v. Board of Education* aufgehoben.

plug. Ugs. werben; *plugger* Reklamemacher; von „*to plug*" ‚vollstopfen'.

plum book. Von *plum* = Slang f. ‚Rosine'; Verzeichnis der gutbezahlten Posten, die als Belohnung für die Unterstützung bei der Wahl von den neuen Amtsinhabern vergeben werden. ↑*civil service.*

plurality system. Mehrheitswahl-System. Bei diesem System kommt es nicht auf die absolute Mehrzahl der Stimmen an; es gewinnt die Partei, die mehr Stimmen hat als die andere, *„by plurality"*. Amerikanern ist das europ. Verhältniswahlrecht mit seinen unsicheren Koalitionen u. Kleinparteien verpönt. Sie sind wie beim Sport (↑*tie-break* im Tennis u. Fußball!) für klare Verhältnisse. ↑*Wahlen.*

Plymouth Colony. Die erste englische Siedlung im heutigen Neuengland (1620), gegründet durch die Pilgerväter (↑*Pilgrim Fathers*); nach ↑*Jamestown* (1607) die zweite englische Siedlung in Amerika überhaupt. Die puritanischen Dissidenten hatten sich schon auf der Überfahrt im ↑*Mayflower Compact* auf eine politische Körperschaft mit gerechten u. gleichen Gesetzen geeinigt und so im am. Verständnis einen frühen Beitrag zur ↑*Demokratie* geliefert. Die Kolonie überlebte das 1. Jahr nur durch die Hilfe freundlicher Indianer. Die theokratische u. intolerante Verwaltung der Kolonie führte schon früh zu einer liberalen Neugründung in Rhode Island durch Roger Williams, wo Religionsfreiheit u. Trennung von Staat u. Kirche garantiert wurden (1635). ↑*Puritans,* ↑*Thanksgiving Day.*

p.m. ↑Zeit- u. Datumsangaben.

Pocahontas [ˌpoʊkəˈhɑntəs] (ca. 1595–1617). Indianerprinzessin, die der Legende nach dem Gründer der Kolonie ↑*Jamestown* (1. Kolonie Englands) das Leben rettete, zum Christentum übertrat u. den Engländer Rolfe heiratete. Galt in den Schulbüchern lange als die ideale Vertreterin der Indianer.

Poe, Edgar Allan (1809–1949). Dichter u. Kurzgeschichtenautor; schrieb Detektivgeschichten wie „The Murders in the Rue Morgue", „The Purloined Letter", aber bes. übersinnliche Geschichten wie „The Fall of the House of Usher", „The Tell-Tale Heart".

Poet Laureate. Seit 1986 gibt es den offiziell per Gesetz geehrten Dichter mit dem Titel P. L., der sonst nur für brit. Hofdichter üblich ist; er behält den Titel auf Lebenszeit, ohne Verpflichtung zur „Hofdichterei". Der Geehrte: Robert Penn Warren.

points system. Bewertung von Zensuren nach einem „Punktesystem". Es gibt die Noten (↑*grades*): A (beste Note) = 4 Punkte; B = 3 Pkt., C = 2 Pkt., D = 1 Pkt., E bzw. F = 0 Pkt. Aus den Punkten wird der Zeugnisdurchschnitt (↑*GPA*) errechnet, der bei Sekundarschülern für die ↑*Zulassung zum Hochschulstudium* wichtig ist; im College muß der Student meist ein GPA von mindestens 2,0 im jeweiligen Semester erreichen, um weiterstudieren zu dürfen. Allerdings gibt es in USA eine Noteninflation mit „A-" u. „B-" Zensuren.

poison ivy, ~ oak, ~ sumac gehören

zu der gefährlichen Gattung „Rhus“ (Giftsumach), die Ausschläge (auch über Kleidung) verursachen kann. Man kann sich vor den Irritationen durch Waschen mit alkalischer Seife schützen u. sollte diese giftigen Pflanzen nicht berühren.

police court. Gericht f. Bagatellfälle (wie falsches Parken), kein eigentl. erstinstanzliches Gericht (↑*trial court*). ↑*magistrate court*, ↑*Justice of the Peace*, ↑*Justiz.*

political correctness (PC). Im öffentlichen Leben, v.a. an Schulen u. Hochschulen, die Einigung auf den Gebrauch von sog. neutralen Begriffen, die die Empfindlichkeiten der anderen Mitmenschen, bes. in Bereichen wie Rassenzugehörigkeit, sexueller Ausrichtung oder körperlicher Behinderung, nicht verletzen. Es gibt Sprachregelungen, nach denen z.B. Behinderte (*handicapped people*) als ‚unterschiedlich befähigte Personen‘ (*persons of varying abilities*) bezeichnet werden sollen. p.c. wird immer häufiger als eine überzogene Verhaltensweise angegriffen.

Polizei. Neben der Polizei des Einzelstaates, der *State Police* bzw. auf lokaler Ebene der *City u. County Police* (deren oberster Beamter der ↑*sheriff* ist, dem auch das Bezirksgefängnis *[county jail]* untersteht), gibt es parallel dazu die nichtuniformierte Bundespolizei (↑*FBI*), die für Verbrechen gegen Bundesgesetze verantwortlich ist. Zwischen Polizei u. Militär steht die Bürgerwehr (↑*National Guard*), die oft bei Rassenunruhen eingesetzt wurde. Der am. Nachrichtendienst (↑*CIA*), der manchmal beschuldigt wurde, gegen die eigenen Bürger zu spionieren, ist kürzlich neu organisiert worden.

poll [poʊl], **public opinion ~.** Meinungsumfrage; sie ist seit 1920 auf der Basis von Zufallszahlen entwikkelt worden; die Pioniere waren *Gallup, Harris, Roper.*

poll tax. Kopfsteuer. Sie diente in den Südstaaten vor der neuen *Bürgerrechtsgesetzgebung* (↑*civil rights laws [1964/65]*) dazu, Schwarze u. Arme, die die Abgabe nicht bezahlen konnten, an der Ausübung des Wahlrechts zu hindern.

Pollock, Jackson (1912–1956). Einer der ersten Maler des ↑*abstract expressionism*, der dafür bekannt war, daß er Farbe auf die Leinwand tropfen ließ u. eine Einheit aus vielfarbigen Flecken kreierte.

Pollyanna. Jemand, der trotz geringer Erfahrung mit dem wirklichen Leben immer optimistisch u. glücklich ist; nach der Hauptperson in Eleanor Porters Buch „Pollyanna“.

pool. Die am. Art des Billardspiels mit einem weißen (*cue ball*) u. 15 farbigen Bällen.

pony express. Postdienst, der um 1860 die Post über schnelle Reiter von Missouri nach Kalifornien beförderte.

pop. 1. Bez. f. alkoholfreie Getränke; 2. Abk. f. ↑*pop music* u. ↑*pop art.*

pop art. Kunstrichtung seit Mitte der 50er Jahre, die Bilder u. Illustrationen aus Werbung, ↑*comics* u. Science-fiction wie auch Objekte der Massenproduktion zugrunde legt u. verfremdet. Sie stellt eine Art Reaktion gegen die abstrakte Kunst dar. Vertreter: Andy ↑*Warhol,* R. Rauschenberg, D. Hockney. Eine Weiterführung der p.a. ist das ↑*happening,* in dem die darstellende Aktion selbst das Kunstwerk ist.

Popkultur. „Pop" ist eine Abk. von „*popular*". P. setzt sich von der hohen *(high)* elitären Kultur ebenso ab wie von der volkstümlichen traditionellen Folklore-Kultur, sie betrifft hauptsächlich Musik (↑*pop music*) u. Kunst (↑*pop art*), aber eigentlich alle Bereiche der Massenunterhaltung (↑*Literatur,* ↑*Film,* ↑*fast food*). Sie ist international, aber doch als „*American way of life*" repräsentativ für die USA, von wo sie immer wieder neue Anregungen bekommt, wie die vielen am. Begriffe in der P. beweisen.

pop music. Popmusik, die Musik der ↑*Popkultur,* die in den 50er Jahren entstand; damals als Oberbegriff für alle Art von am. Schlagermusik, die durch neue Vermarktungsmöglichkeiten über Radio u. Fernsehen u. bes. durch die Erfindung der Langspielplatten möglich wurde: Nach dem Krieg waren zunächst die balladenhaften *crooners* wie Perry Como, Bing Crosby „populär" (↑*crooning*), aus dem ↑*rhythm-and-blues* der Schwarzen entstand Mitte der 50er Jahre der ↑*rock 'n' roll* als Lied- u. Tanzmusik für die Weißen, der sich in den 60er Jahren zum ↑*rock* entwickelte, bes. als ↑*folk rock,* ↑*acid rock,* ↑*surf sound* u. ↑*soul* (einer Erneuerung des Blues); diese waren meist noch melodienhaft u. sprachen sogar soziale Themen (wie den Vietnamkrieg) an. Es gibt etwa seit den 70er Jahren eine begriffliche Trennung in p. m., die gefällige, gesungene, tanzbare u. Synthesizer-begleitete Melodie, u. den mehr Elektronik- u. Instrumental-bestimmten *rock,* bes. in der Form des ↑*hard rock (heavy metal).* Aber die Bezeichnungen sind in USA fließend: so wird die Popmusik der ↑*top 40* im Mittelwellensender als ↑*AM rock* angekündigt. Wie bei anderen Arten von Popkultur ist bes. die Einheitlichkeit der Musik im Lande auffällig sowie ihre Internationalisierung. Weltweite Kultfiguren der p. m. der 80er u. 90er Jahre sind u.a. Michael Jackson u. Madonna (beide geb. 1958) mit ihren spektakulären, sexbetonten Auftritten.

popsicle. „Eislolli", das am. „Eis am Stiel".

populism. „Populistische" Politik; bez. 1. den Versuch der *US People's Party,* nach dem Bürgerkrieg mit Hilfe einer breiten Allianz von Farmern u. Gewerkschaften im Zwei-Parteien-System als 3. Partei doch noch Fuß zu fassen; 2. allgemein die Politik, die auf die Belange des kleinen Mannes abhebt (↑*grassroots*).

Porgy ['pɔrgi] **and Bess.** Am. Oper von George ↑*Gershwin* (1935), die das Leben der Schwarzen in Charleston, SC. darstellt. Bess, die vom verkrüppelten Porgy innig geliebt wird, verläßt diesen am Ende mit einem neuen Geliebten. Ein beliebter Song aus der Oper ist ‚Summertime'.

pork barrel (legislation). Sachlich unbegründete Geld- oder Stellenvergabe für einen bestimmten Bezirk, die einem bestimmten Kandidaten o. Zweck politische Vorteile verschaffen soll. Abgeleitet von *pork* (Slang) ‚polit. Begünstigung'.

pornography laws, auch **obscenity laws.** Die bestehenden einzelstaatlichen Gesetze gegen Pornographie werden meist von den Gerichten bestätigt. Auf lokaler Ebene findet eine Zensur von Schulbüchern statt; auch Fernsehprogramme vermeiden in Eigenkontrolle explizite sexuelle Darstellungen (außer ↑*cable television*). Filme in öffentl. Kinos unterliegen der ↑*Filmzensur.* Schwieriger ist die Durchsetzung der Gesetze bei Computer-Pornographie, da der Zugriff zu solchen Programmen über das ↑*internet* kaum zu kontrollieren ist. In manchen Staaten fallen auch gewisse Arten der ↑*Homosexualität* unter die o.l.

Porter, Cole (1891–1964). Beliebter Komponist vieler geistreicher Songs („Let's Do It") u. Musicals („Kiss me Kate", „Can-Can", „High Society").

Post, Emily (1872–1960). Schriftstellerin, die mehrere Bücher über das gute Benehmen geschrieben hat, die auch heute noch Geltung haben.

Postal Service. Die am. Post wird vom *U.S. Post Office,* einer unabhängigen Regierungsbehörde (früher mit Ministerposten) unter Leitung des *Postmaster-General* verwaltet. ↑*Telefon-* u. ↑*Telegramm*-Dienst werden von privaten Gesellschaften geleitet, ihre Dienstleistungen sind nicht im Postamt erhältlich. Die Briefkästen *(mail box)* sind blau; der Postbote (↑*mail carrier*) nimmt auch Briefe zum Absenden entgegen; Pakete müssen in braunem Packpapier verpackt sein; postlagernde Sendungen werden mit (↑*general delivery*) gekennzeichnet; alle Sendungen werden mit der Postleitzahl (↑*ZIP code*) versehen. Briefe werden in Klassen (*first class* = Normalbriefe) eingeteilt. Neben Einschreiben *(registered mail)* gibt es auch die Variante ↑*certified mail* als nachträgliche Auslieferungsbenachrichtigung. Private Kurierdienste *(courier service)* machen dem staatlichen Postdienst vielfach Konkurrenz, bes. bei Paketen.

postmodernism. Literatur- u. Kunstgattung der 60er Jahre, die minimalistisch (ohne Hintergrund) nach Art der Filmmontage Bilder aneinanderreiht, um ohne direkten Kommentar (wie der soziale Roman des frühen 20. Jh.) eine emotionale Betroffenheit zu bewirken (D. Barthelme, John Barth, Th. Pynchon). – In der Baukunst setzt sich nach dem funktionalen Baustil mit schachtelförmigen Wolkenkratzern (↑*skyscrapers*) seit den 60er Jahren eine Art Eklektizismus durch, der durch gefühlsbetonte, nostalgische Elemente den Hochhausstil auflockert.

pot. Ugs. f. Marihuana; wird als gesellschaftsfähige ↑*Droge* jedoch mehr u. mehr durch ↑*crack* u. ↑*coke* (Kokain) ersetzt.

potlatch. Geschenke-Wettbewerb der Indianer an der Nordwestküste. Der Kampf um Ansehen und Rang wurde von Rivalen durch Großzügigkeit mit Geschenken ausgetragen, wobei der Beschenkte sich mit immer noch mehr Gaben revanchieren mußte. Heute Bez. f. geltungssüchtigen u. verschwenderischen Konsum.

potluck. Eine Party, bei der die Gäste jeweils verschiedene eigene Gerichte mitbringen. ↑*BYO*.

Potomac river. Der Fluß, an dem Washington D.C. liegt; wird auch als Synonym für Washington verwendet.

poverty line. Armutsgrenze; Minimum an verfügbarem jährlichem Einkommen für eine Familie. Die p. l. wurde im Rahmen des Kampfes gegen die Armut (↑*War on Poverty*) gezogen zur Ermittlung der Hilfsbedürftigen (↑*Sozialgesetzgebung*). Sie lag 1992 für einen Drei-Personen-Haushalt (1 Elternteil, 2 Kinder) bei $ 11000 jährlich. Von Armut betroffen waren etwa 33 % aller schwarzen Haushalte, 29 % der hispanischen u. 11 % der weißen Haushalte.

POW, *prisoner of war.* Kriegsgefangener.

pow wow ['pau,wau]. Indianertreffen; heute humorvoll auch allgemein für ‚Tagung, Treffen'.

PPO, *Preferred Provider Organization.* Von Betrieben finanzierte private Krankenversicherung. ↑*HMO*, ↑*Blue Cross.*

pragmatism. Pragmatismus, die wohl eigenständigste philosophische Richtung der USA. Nach ihr sind philos. Theorien nicht absolut, d. h. unabhängig von menschlicher Erfahrung. Man muß in der Erfahrung überprüfen können, ob sie wirklich in der Praxis „funktionieren" (*work*). Diese Lehre des 19. Jh. von C. S. Peirce, W. James, John ↑*Dewey* hat nicht nur im am. Schulsystem (↑*Bildungswesen*, ↑*progressivism*) seinen Niederschlag gefunden, sondern überhaupt in der Lebensart des „*Do-it-yourself*", des „*trial and error*", des Behaviorismus u. v. a. im Geschäftswesen.

prairie ['preərɪ]. Das von langem Gras bedeckte Land westlich des Mississippi, das sich an die Wälder des Ostens anschließt. Aber wegen des Ackerbaus in diesem relativ feuchten Gebiet ist nicht mehr viel vom hohen Gras übriggeblieben. Weiter westlich, in der Kurzgras-Prärie der ↑*Great Plains,* herrscht heute noch Weidewirtschaft vor.

pre-school. Umfaßt sowohl ↑*nursery school* (Kindergarten) als auch ↑*kindergarten* (einjährige Vorschule).

precedent law ↑Recht.

precinct. 1. Wahlbezirk, Teil eines Wahlkreises (*constituency*); 2. Polizeirevier.

precipitation. Niederschlag, bezieht sich im AE auch auf Schnee (↑*Wetterbericht*).

preferred stock. Vorzugsaktie (↑*common stock*).

Preise (*awards*). Wettbewerb u. Konkurrenz sind typisch für die am. Gesellschaft. Es gibt für alles Wettbewerbe, sogar im Essen u. Spielen, bekannt sind die Schönheitswettbewerbe *(beauty contests)*, die im ↑*Miss America Contest* u. *Miss Universe Contest* gipfeln. Entsprechend gibt es auch viele P. auf fast allen Gebieten: ↑*Oscar* (Film), ↑*Grammy* (Musik), ↑*Tony* (Theater), ↑*Hall of Fame* (Sport), ↑*Pulitzer Prize* (Journalismus), ↑*Poet Laureate* (Dichtung). Außerdem gibt es die *Presidential Medals* u. natürlich internationale P. wie Nobelpreise, von denen eine große Zahl jedes Jahr an Amerikaner geht. ↑*Purple Heart.*

prep school, *preparatory school.* Privatschulen zur Vorbereitung aufs College (nicht Vorbereitung auf die Sekundarschule wie in England!). Die p. s. wird auch gewählt, weil sie großen Wert auf gute Kleidung u. gutes Benehmen legt. *Preppy* bedeutet daher ‚gut gekleidet'.

Presbyterians [presbɪ'terɪənz], Presbyterianer, sind eine kalvinistisch ausgerichtete Gruppe der ↑*Puritans;* sie haben mit ihrer Lehre von der Auserwähltheit (*predestination*), ihrer Arbeitsmoral, der Betonung von Bildung u. Wohltätigkeit den am. Nationalcharakter sehr geprägt. Heute gehören ihre Mitglieder eher der oberen Schicht an (↑*Protestantische Tradition*).

president. 1. Titel f. Vorsitzenden, Vorstand, Direktor vieler Institutionen; 2. Präsident der USA, stets mit großem Anfangsbuchstaben u. Artikel: *the P.* o. „*Mr. P.*" (Anrede); Staatsoberhaupt u. Regierungschef, von der ↑*Verfassung* her als das einigende Band der Gründerstaaten konzipiert u. als Oberbefehlshaber der Streitkräfte, dem heute auch die alleinige Verfügung über den Einsatz der Atomwaffen zusteht. Er kann zweimal auf vier Jahre gewählt werden, er ist überhaupt die einzige Person der Exekutive, die gewählt wird – in einer Art indirekten Wahl über das ↑*electoral college,* die von Amerikanern aber als Volkswahl verstanden wird (der Kandidat muß geborener Bürger der USA sein, 14 Jahre bereits in USA ansässig, 35 Jahre alt). Der Vizepräsident, der im Notfall den P. ablösen muß, wird gleichzeitig mit dem P. (↑*ticket,* ↑*vice-president*) gewählt. Der P. ist dem ↑*Congress* nicht verantwortlich (↑*checks and balances*), kann also nicht parlamentarisch abgelöst werden, sondern nur per Anklage wegen Amtsmißbrauchs (↑*impeachment*) abgesetzt werden. Er ernennt (mit Zustimmung des Senats) die Minister (↑*secretary*), die Bundesrichter (↑*justice*), die Vorsitzenden der Bundesbehörden (↑*agency,* ↑*commission*), kann nach dem ↑*Taft-Hartley*-Gesetz im nationalen Interesse Streiks aussetzen, leitet die auswärtige Politik u. trifft Vereinbarungen f. die USA. Er kann zwar keinen Krieg beginnen, aber per „*executive order*" überall in der Welt mit Truppen eingreifen (↑*Militäraktionen*), was zu den unerklärten ↑*Kriegen* in Laos, Kambodscha u. Vietnam führte. Diese Macht wurde nach dem ↑*Vietnamkrieg* eingeschränkt. Der Kongreß muß nun innerhalb von 60 Tagen die Finanzmittel für die Militäraktionen genehmigen. Auf den Gesetzgebungsprozeß hat der P. durch die Erstellung des Budgets, ferner als Parteivorsitzender über Abgeordnete, v. a. aber durch das Vetorecht (↑*veto*) größten Einfluß (↑*bill*, ↑*act*). Zu Problemen u. Skandalen kommt es gelegentlich, wenn seine Berater eigenständig handeln (↑*Watergate*, ↑*Iran-Contra-Affäre*). Darunter hat das Präsidentenamt, das über 200 Jahre an Stärke u. Macht hinzugewann, in den 70er u. 80er Jahren (unter ↑*Nixon*, ↑*Carter*, ↑*Reagan*) gelitten. Der Kongreß hat sich in dieser Zeit außenpolitisch durch gesetzliche (finanzielle) Restriktionen mehr eingemischt, um weitere militärische Abenteuer zu vermeiden, ein Zeichen dafür, wie sehr das Amt des P. von den Führungsqualitäten des Inhabers abhängt. Die „großen Präsidenten" sind: ↑*Washington*, ↑*Jefferson*, ↑*Lincoln*, ↑*Roosevelt*, ↑*Kennedy*. ↑*White House*, ↑*First Lady*, ↑*Chief Executive*, ↑*Administration*, ↑*Demokratie*.

President's Day. Öffentlicher Feiertag am 3. Montag im Februar in den Staaten, in denen die Feiertage für *Washington's Birthday* u. *Lincoln's Birthday* zusammengelegt wurden.

Presley, Elvis (1935–1977). Einer der ersten großen Rock-'n'-Roll-Stars u. Kultfigur (*the „king"*) der ↑*pop music*. Sein Haus (↑*„Graceland"*) in Memphis, Tenn. wurde zu einer Art Wallfahrtsort für seine Fans.

Presse. Der Begriff *„the press"* schließt bes. im Hinblick auf *press-conferences* auch Radio- u. TV-Reporter mit ein. Zur gedruckten P. vgl. ↑*Zeitungen*, ↑*Nachrichtenmagazine*.

primary ['praɪmərɪ] **(election).** Polit.: Vorwahlen; Kandidatenauswahl durch die Wähler in einem Einzelstaat. Es gibt Vorwahlen für beide große Parteien. Bei *closed p.* entscheiden nur die eingeschriebenen Parteimitglieder über den besten Kandidaten, bei *open p.* können sich alle Bürger beteiligen, auch wenn sie selbst Mitglieder der gegnerischen Partei sind. Der Gewinner hat dann die Delegierten des jeweiligen Staates hinter sich. Sie werden sich auf dem Nationalkonvent (*national* ↑*convention*) zunächst für ihn einsetzen. Die p. beginnen schon ein Jahr vor der Präsidentschaftswahl, regional u. zeitlich verteilt. Es gibt ein Auf u. Ab von Delegierten-Zahlen für einzelne Präsidentschaftskandidaten, die sich hier in aller Öffentlichkeit bewähren müssen. ↑*Wahlen*.

primary school. Grundschule (↑*Schulsystem*).

prime time. Haupteinschaltzeit beim Fernsehen (ca. 19–23 Uhr); die Zeit mit den teuersten Werbespots.

primerate ['praɪmreɪt]. Vorzugszins für erstklassige Kunden; zeigt die Tendenz für die Zinsentwicklung an. Änderungen werden als p.-Änderungen bekanntgegeben.

privacy right. Recht auf Privat-, Intimsphäre. Bis jetzt fallen hierunter Fragen wie ↑*Abtreibung*, ↑*Homosexualität*, ↑*Aids*. Für den Schutz persönlicher Daten gibt es seit 1974 nur bei öffentlicher Anstellung eine rechtliche Grundlage, aber gegen den offenen Handel mit schwarzen Listen (Problemfälle für mögliche Arbeitgeber, Krankheitsgeschichten usw.) gibt es keine Gesetze.

private institution. Im AE bezeichnet *institution* meist Bildungsstätten des tertiären Bereichs wie ↑*college*, ↑*university*, aber auch Forschungsinstitute wie ↑*MIT.* Als p. i. erhalten sie kaum öffentliche Gelder, es sei denn für Forschungsprojekte (im Gegensatz zu ↑*public institutions*). Die Finanzierung ist nur durch die großzügigen Spenden der ehemaligen Studenten (↑*alumnus*) möglich.

Privatschulen. Meist kirchliche (bes. katholische) Schulen, auch ↑*parochial schools* genannt. Die Eltern müssen ihre lokale Schulsteuer (↑*Bildungswesen*) u. dazu die Gebühren der Privatschule bezahlen. Im Süden entstanden viele P. im Zusammenhang mit der gerichtlich erzwungenen Integrierung von Schwarzen, sie heißen meist *academy* (↑*Rassenproblem*). Es gibt jedoch keine mit den engl. „*public schools*" vergleichbaren Schulen.

pro. Abk. f. Profi, Professioneller, wobei ein „*pro-tournament*" (Profi-Turnier) auch Amateure zuläßt.

pro-life. (adj.) ‚gegen Abtreibung'. Die Personen, die Abtreibung bedingungslos ablehnen, heißen *pro-lifers*. Die Befürwortung der Möglichkeit zur Abtreibung heißt *pro-choice* (adj.).

probate court ['proubeit...]. Nachlaß- bzw. Vormundschaftsgericht. ↑*Justiz.*

pro-family movement. Gegenbewegung zum Feminismus der 70er u. 80er Jahre: Betonung der traditionellen Rollen von Mann u. Frau, Schutz der Familie, gegen die Gleichstellung von Homosexuellen (↑*Homosexualität*) u. die ↑*ERA;* unterstützt die fundamentalistische ↑*Moral Majority* u. die ↑*Christian Coalition.*

professional degrees. Akad. Grade, die durch die ↑*professional schools* verliehen werden: für Ärzte der ↑*M.D.*, für Rechtsanwälte der *J.D.* (*Doctor of Jurisprudence*), für den Manager der ↑*M.B.A.*

professional school. Der Begriff „*professions*" bezeichnet die akadem. o. freien Berufe wie Ärzte, Rechtsanwälte, Apotheker, Manager. Entsprechend werden sie nicht im allgemeinbildenden College (↑*liberal arts*), sondern in fachspezifischen Fakultäten (↑*school*) einer Universität ausgebildet, die jedoch den Besuch des vierjährigen ↑*college* voraussetzen. (↑*Hochschulen*).

professor ↑Hochschulverwaltung.

progressive education. Erziehungsrichtung in USA, die die emotionalen, sozialen u. praktischen Fähigkeiten des Kindes entwickeln wollte u. gegen die auf den Intellekt ausgerichtete Bildung ankämpfte. Sie ging von J. ↑*Dewey* aus u. hatte bes. von 1930 bis 1957 einen großen Einfluß auf das am. ↑*Bildungswesen:* ↑*high school* als

Schule fürs Leben, Schule für alle, Schule für am. Demokratie (↑*Schulsystem*). Durch den ↑*sputnik shock* erfolgte eine Kehrtwendung, aber Ende der 60er Jahre brachte eine neue Wende die Ausrichtung auf die kindbezogene „*informal education*". Trotz der erneuten Umkehrbewegung der 70er Jahre (↑*back to basics*) bleibt die am. Schule progressiven Ideen verhaftet.

progessivism. Bez. f. die Ideen der Fortschrittspartei (*Progressive Party*), die dreimal im 20. Jh. mit ihrem Programm der wirtschaftlichen u. sozialen Reformen gegen die beiden etablierten ↑*Parteien* bei der Präsidentschaftswahl antrat (1912, 1924, 1948), aber jedesmal erfolglos.

Prohibition. Alkoholverbot; Bez. für die Zeit von 1919–1933, während der durch Verfassungszusätze das totale Alkoholverbot eingeführt u. wieder abgeschafft wurde. Der Einfluß von puritanisch orientierten Enthaltsamkeitsbewegungen war u. ist v.a. im Süden heute noch sehr groß (↑*wet*, ↑*dry*), aber das Verbot war unpopulär u. führte zu einem Aufblühen von Verbrechen (↑*Mafia*).

prom. Abk. v. *promenade;* festlicher Ball an der ↑*high school* o. am ↑*college.*

Proposition 13. u. 187. *Proposition* ist ein Gesetzantrag, über den in einem lokalen oder einzelstaatlichen ↑*Referendum* entschieden wird (meist im Zusammenhang mit Wahlen). *P13*, der 1978 in ganz Kalifornien angenommen wurde, machte es für das Parlament *(legislature)* zur Pflicht, die Besitzsteuer *(property tax)*, die zur Finanzierung der Schulen herangezogen wird, zu reduzieren. Dies löste eine Lawine in anderen Bundesstaaten aus, wo die Bürger ebenfalls mit den hohen Ausgaben für Schulen unzufrieden waren. 1994 machte Kalifornien einen ähnlichen Vorstoß mit dem Antrag *P187,* der den Kindern von illegalen Einwanderern Schule u. ↑*medizinische Betreuung* verweigern wollte. Das Gesetz konnte nur durch die Gerichte blockiert werden.

Prostitution ist offiziell illegal; Großstädte führen ein Sittendezernat (*vice squad*).

Protektionismus. Die USA hat eine lange Tradition des wirtschaftl. P., v.a. seit dem 19. Jh. (↑*isolationism*). Seit dem Krieg u. dem Abschluß des *General Agreement on Tariffs and Trade (↑GATT)* mit seinen Anti-Dumping-Regeln hat sich die USA für den Freihandel (*free trade*) eingesetzt. ↑*Wirtschaft*, ↑*NAFTA*.

Protestant ethic. Protestantische Ethik; Begriff aus der Religionssoziologie, der seit M. Weber auf USA angewandt wird; er besagt, daß der am. Kapitalismus aus einer puritan./protestantischen Lebenshaltung entstand u. gefördert wurde: Betonung von Arbeit u. Erziehung, Verzicht auf Genuß, irdischer Erfolg als Zeichen der göttlichen Auserwählung. ↑*Presbyterians.*

Protestantische Tradition. Die Mehrheit der USA ist heute noch protestantisch, aber seit der Präsidentschaft Kennedys (Katholik, 1961–63) sind gewisse Schranken gefallen. Viele Protestanten befürchten seit den Urteilen des Obersten Gerichts zur Abschaffung des Schulgebets (1962) u. zur Freigabe der Abtreibung eine zu starke Säkularisierung der USA. Zur P. T. gehören: das Modell für die am. Demokratie (Zustimmung der Regierten) im ↑*Mayflower Compact*, der Einsatz vor allem der Quäker für die Abschaffung der Sklaverei (↑*abolitionism*), der humanitäre Philanthropismus der Reichen (↑*foundations*), der Antialkoholismus (↑*Prohibition*), überhaupt die Betonung des einzelnen in der am. kapitalistischen Tradition. Heute werden bei öffentlichen Anlässen kathol. Priester u. jüdische Rabbiner neben protest. Pastoren (↑*minister*) zum ökumenischen Gebet herangezogen. ↑*Religionen*, ↑*WASP*, ↑*Presbyterians.*

PTA, *Parent-Teachers-Association.* Landesweiter Eltern-Lehrer-Verband, der sich für die Interessen der Schüler einsetzt, allerdings wegen der betonten Unparteilichkeit keine Stellung zu vieldiskutierten Themen (z.B. ↑*school prayer*) nimmt. PTA tritt auch unter der Bez. *Home and School Association* auf, die die Schüler miteinschließt.

public access (channel). „Öffentlicher Kanal“. Bei der Verteilung der lokalen Radio- u. Fernseh-Kanäle legt die *FCC*-Behörde (↑*commission*) fest, daß gewisse Kanäle für den allgemeinen Gebrauch von Gruppen einer Gemeinde o. anderen öffentlichen Gemeinschaften freigehalten werden.

public broadcasting. Das nicht-kommerzielle Radio u. Fernsehen der Gesellschaft *PBS (Public Broadcasting Service).* Dieses öffentliche Medium (ohne Werbespots) bedient über 270 lokale Sender mit kulturell wertvollen Programmen. Es produzierte auch innovative Programme für Kinder u. Jugendliche (*Sesame Steet, Lectric Company* u.a. Unterrichtsprogramme), heißt deshalb auch *Educational TV.* Es basiert gegenwärtig auf dem *Public Broadcasting Act* von 1967, der auch öffentliche Mittel zur Finanzierung zuläßt, es finanziert sich jedoch hauptsächlich aus privaten Zuwendungen o. Stiftungsgeldern.

public institutions. Die „öffentlichen“ Hochschulen u. andere Institutionen des tertiären Bildungsbereichs (im Gegensatz zu den ↑*private institutions*); sie sind viel jünger als die privaten Hochschulen u. nicht so zahlreich. Doch die Mehrzahl der Studierenden schreibt sich bei den p.i. ein, weil sie aufgrund staatlicher Zuschüsse nur halb soviel Studiengebühren verlangen wie die privaten (↑*tuition*).

public intoxication. ‚Trunkenheit in der Öffentlichkeit‘; schon der Genuß v. Alkohol auf öffentlichen Plätzen ist verboten. ↑*drinking age*, ↑*Alkohol u. Gesetz.*

public school. Die staatliche o. „öffentliche“ Schule im Gegensatz zu den ↑*Privatschulen.* Sie wird vom ↑*school district* verwaltet.

public service. Öffentlicher Dienst (↑*civil service*).

Pueblo. 1. Span. ‚Dorf' der festansässigen Indianer im Südwesten (↑*Southwest*). Die quaderartigen Lehmhäuser sind aus den Wohneinheiten der *cliff dwellers* (Felsenbewohner, ↑*Mesa Verde*) weiterentwickelt; 2. die Indianerstämme in diesen Dörfern (bei Santa Fe), zu denen u.a. die *Hopi* u. *Zuni* gehören. Sie sind bekannt für ihre Handarbeiten; ihr fast „kommunistisches" Gesellschaftssystem u. ihre Religion sind immer noch stark ausgeprägt. S. Karte 6.

Puertorikaner *(Puertoricans).* Die Karibikinsel Puerto Rico gehört seit 1898 (↑*Spanish-American War*) zur USA, seit 1952 als „Commonwealth of P.R."; die Einwohner sind seit 1917 US-Bürger. Wegen der hohen Arbeitslosigkeit haben sich viele in New York (Harlem) u. Chicago niedergelassen, wo sie als Minderheit unter den Slum-Bedingungen leiden. Gegenwärtig sind die Institutionen von Puerto Rico vergleichbar denen eines US-Einzelstaates; der gewählte Vertreter hat im Kongreß allerdings kein Stimmrecht. In der Volksabstimmung von 1993 (die jedoch für den US-Kongreß nicht verbindlich ist) hat sich P.R. für das Beibehalten des gegenwärtigen Status eines ↑*Commonwealth* ausgesprochen u. somit gegen den Beitritt als US-Bundesstaat *(↑statehood).*

Pulitzer ['pulɪtsər] **prize.** Jährlich werden 8 Preise für Journalismus bzw. Literatur vergeben, die nach dem Verleger u. Preisstifter Joseph Pulitzer (1847–1911) benannt sind.

pullman. Eisenbahn-Schlafwagen, erfunden von G. M. Pullman.

punch. Punsch; alkoholfreies Mischgetränk (↑*soft drinks*) aus Früchten u. Limonade; p. mit etwas Alkohol heißt *spiked p.*

punter ↑football.

Puritans. Die Puritaner wanderten als Verfolgte der anglik. Kirche u. der engl. Krone um 1620 nach Amerika aus, bes. nach Neuengland (↑*Pilgrim Fathers*), wo sie eine blühende Kolonie schufen, aber auch selbst wieder intolerant wurden. ↑*Protestantische Tradition,* ↑*Presbyterians.*

Purple Heart. ‚Purpurherz'; am. Tapferkeitsmedaille für im Kriegseinsatz Verwundete.

PX, *Post Exchange.* Verkaufsläden der am. Streitkräfte.

Q

Quäker. Die erste Einwanderergruppe, die in ihrer Kolonie Pennsylvanien allgemeine Religionsfreiheit gewährte. Sie waren auch bei der Abschaffung der Sklaverei bes. aktiv (↑*abolitionism*). Q. lehnen als überzeugte Pazifisten jeglichen Militärdienst ab; sie sind bekannt für ihre freigebigen Spenden an die vom Kriege betroffene Zivilbevölkerung (bes. Nachkriegsdeutschland). ↑*Religionen,* ↑*utopian communities.*

quarter. 1. Abschnitt des Studienjahres (ca. 12 Wochen), der etwa zwei Dritteln eines am. Semesters entspricht. Ein Kalenderjahr hat vier q.;

2. 25-Cent-Münze (↑*cash*); 3. Spielabschnitt im ↑*football.*

quarterback. Der wichtigste Spieler im ↑*football.* Er muß entscheiden, wie der Ball im *play* nach vorne gebracht wird (selber laufen/abgeben/werfen). Die Mitspieler schützen ihn o. helfen ihm durch Ballabnahme.

queen-size. Mittelgroß (bei ↑*Motelbetten*) im Gegensatz zu *king-size.*

quitter. Drückeberger (↑*Gesellschaft*).

R

R./Rep. Mitglied der ↑*Republican Party.*

R-movie ↑Filmzensur.

racketeering [rækə'ti:rıŋ]. Gangstertum; ugs. v.a. für die ↑*Mafia,* aber auch für die Drogenkriminalität u. allg. die organisierte Wirtschaftskriminalität. Neue Bundesgesetze (*Anti-racketeering Act* v. 1970 u. Ergänzungen, zuletzt von 1987) unterstellen den Kampf gegen das r. jetzt hauptsächlich der ↑*FBI,* die auch weitgehende Vollmachten hat (Vermögensbeschlagnahme, Abhörmöglichkeit, Zeugenschutz). Dies hat zu einem großen Erfolg gegen die New Yorker Mafia geführt. Trotzdem herrscht wegen des föderalistischen Systems noch viel Kompetenzgerangel zwischen den unterschiedlichen Behörden. ↑*Polizei,* ↑*states' rights.*

Radio. Es gibt über 8500 private Radiosender. Die große Zeit des R. war von 1920–1950, als es ein volles Spektrum an Unterhaltung u. Information bot, wie heute das Fernsehen. Heute ist das R., abgesehen von den *headline news* (Schlagzeilen zur vollen Stunde), ein Medium der Musik, etwas mehr als die Hälfte auf Mittelwelle (↑*AM*), der Rest auf UKW (↑*FM*). Einige Sender gehören zum ↑*public broadcasting,* aber das R. ist wie das Fernsehen fast durchweg kommerziell (↑*commercial,* ↑*sponsor*). Zusätzlich zu den großen ↑*networks* gibt es noch spezielle Senderketten wie *Mutual Broadcasting System, Westinghouse Broadcasting.* Die AM-Sender haben meist ↑*top 40*-Musik, Countrymusik o. „leichte Brise", die FM-Sender mehr Klassik, Rock-Alben, Soul, Jazz. Es gibt auch etwa 600 religiöse Sender o. Sender in nicht-englischen Sprachen für bes. Gruppen (Hispanics, Indianer). Die Namen der Sender sind verwirrend durch die Buchstabenfolge (↑*call letters*), die Reichweite ist wegen der Vielzahl der Sender nur gering. ↑*Nachrichtenmedien.*

Raggedy Ann. (eingetr. Warenzeichen). Eine beliebte Puppe aus ‚Lumpenstücken' (*rags*) mit rotem Haar u. roten Backenflecken. Das männliche Gegenstück heißt *Raggedy Andy.*

ragtime, kurz *rag.* Der Ragtime ist ein Vorläufer des ↑*jazz,* der um die Jahrhundertwende beliebt war u. auch in den Varieté-Shows für Weiße (↑*minstrel*) verbreitet war. Er wurde nach 1970 wieder populär. Eigentlich eine Stilform auf dem Klavier, bei der die linke Hand einen gleichbleibenden Beat spielt, während die rechte synkopierte Melodien variiert. Vertreter: Scott Joplin.

rain-check. Begriff, der vom Sport in die Umgangssprache überging: Für ein bißchen mehr Geld kann man sich beim Kartenkauf für Sportveranstaltungen absichern gegen Spielausfall (z.B. wegen Regen) u. bekommt damit eine Ersatzkarte für die Neuansetzung des Spiels. „*I'll take a r. on your invitation*" bed. etwa: Ich lasse mir deine Einladung für später „gutschreiben".

Rainbow Bridge. Natürliche Steinbrücke in Utah; ca. 100 m hoch, Spannweite 90 m; eines der vielen ↑*Naturwunder* in USA.

ranch house. Ein einstöckiger, länglicher Haustyp, in dem das Innere bis zum Dach offen ist. Er war zunächst typisch für die Rancher (Viehfarm-Besitzer), aber ist heute vielfach in den ↑*suburbs* (Vorstädten) anzutreffen.

rank-and-file. Die Gewerkschaftsbasis, die Mitglieder einer lokalen Gewerkschaft *(local);* auch Bezeichnung für die Parteibasis (↑*grassroots*).

rap. Narrative ↑*pop music*, eine Art Sprechgesang, bei dem die Worte einen stetigen Beat zur Musik bilden, bes. typisch für männliche schwarze Jugendliche, die vom Leben im Ghetto erzählen. Negative Schlagzeilen machten der ‚*cop-killer*' *rap* von Ice-T, der zum Polizistenmord aufrief, sowie *gangsta-raps.*

rapid transit system ↑Nahverkehr.

Rassenproblem im Bildungswesen. „*Separate but equal*" (Getrennt aber gleich) hieß die folgenreiche Entscheidung des Obersten Gerichts im Falle ↑„*Plessy v. Ferguson*" (1896), wonach rassisch getrennte Schulen zulässig waren. Sie führte zu apartheidartigen Verhältnissen bes. im Süden (↑*Jim Crow laws*). Erst 1954 wurde die Rassentrennung in der Schule durch einen neuen Entscheid für unzulässig erklärt (↑*Brown v. Board of Education*), die Schulen wurden für Kinder aller Bevölkerungsgruppen geöffnet (↑*desegregation*). Faktisch waren jedoch durch die Abwanderung der weißen Bevölkerung in die Vororte die ↑*Schwarzen* in den Innenstädten der Großstädte bes. des Nordens weiterhin u. verstärkt rassisch getrennt. Da die Finanzierung der Schulen aus dem Grundsteueraufkommen in den weißen Vororten bessere Bedingungen schuf als in den mit Arbeitslosen durchsetzten schwarzen Innenstädten, wurden vielfach durch Gerichtsbeschluß schwarze Kinder per Schulbus in die weißen Schulen transportiert (↑*busing*), um ↑*integration* u. bessere Schulbedingungen für Kinder der Minderheit zu erzielen. Dies ist jedoch auch bei Schwarzen umstritten.

Rassismus u. Sprache. In USA war durch die Einwanderung von Nicht-Angelsachsen (↑*WASP*) seit etwa 1900 eine sprachliche Diskriminierung entstanden, so die herabsetzenden Bezeichnungen für Polen (*Polack* ['poʊlɑk]), Italiener, auch Spanier u.

Portugiesen (*dago* o. *wop*), Ungarn (*hunkies,* davon ↑*honky*), Deutsche (*Kraut*), *Canuck* [kə'nʌk] f. Franko-Kanadier o. Kanadier allg., *Bohunk* (aus *Bohemian* u. *Hungarian*) f. Osteuropäer allgemein. Für ↑*Schwarze* gab es seit eh u. je abwertende Bez. wie ↑*nigger* o. ↑*coon.* Durch die Bürgerrechtsbewegung der 60er Jahre u. ein verändertes ethnisches Bewußtsein (↑*ethnics*) sind viele dieser Schimpfwörter ungebräuchlich geworden, v.a. aber entstanden neue Begriffe, die den Stolz auf die Rasse o. Herkunft betonen: *Black, Afro-American,* ↑*Chicano.* Öffentl. statistische Erhebungen unterscheiden nur noch zwischen *„white"* u. *„non-white"*, bei Bewerbungen darf kein Foto beigelegt werden. ↑*Sexismus u. Sprache.*

rating. Einschaltquote bei Radio u. Fernsehen, wird v.a. durch die Marktforschungsgesellschaften *Arbitron* (Radio) u. *Nielsen* (TV) ermittelt.

Raumfahrt. Nach dem ↑*sputnik shock* 1957 begann die USA ein koordiniertes R.-Programm mit Erdumkreisungen (*Orbiters*), bemannten Raumflügen (*Gemini,* ↑*astronaut*), die 1969 zur 1. Mondlandung eines Menschen führten (↑*Apollo*). Es folgten Sonden *(probes)* zu anderen Planeten, dann die Erfindung der wiederverwendbaren Raumfähre (↑*space shuttle*) u. des Raumlabors (↑*skylab*). ↑*Hubble Telescope,* ↑*Voyager.*

razzle-dazzle. Im ↑*football* ein Ablenkungsmanöver, aber allgemein der Rummel, der am. Sportveranstaltungen (z.B. ↑*Superbowl*) begleitet, eine Art Volksfeststimmung, die im krassen Gegensatz steht zum Vandalismus bei europ. Sportveranstaltungen.

Reagan, Ronald Wilson (geb. 1911). Zuerst bekannter Filmschauspieler, dann Politiker der Republikanischen Partei, Gouverneur des Staates Kalifornien u. schließlich der 40. US-Präsident, der die 80er Jahre prägte (1981–1988). R. war ein sehr populärer Präsident (*great communicator*), der dem Präsidentenamt nach ↑*Nixon u.* ↑*Carter* wieder Ansehen verschaffte. Die R.-Jahre brachten einen ungeheuren Aufschwung u. eine Neustrukturierung der am. Wirtschaft (↑*Reaganomics*) mit Millionen von neuen Jobs im Service-Bereich, allerdings auch neue Haushaltsdefizite u. einen Börsensturz 1987 (↑*Black Monday*). Die ↑*Iran-Contra-Affäre*, die steigende Zahl von Obdachlosen u. Drogenabhängigen, die Kürzung von Sozialprogrammen warfen ebenfalls Schatten auf die erfolgreiche Präsidentschaft von R. Außenpolitisch betonte er am. Stärke (↑*SDI*), leitete aber zusammen mit Gorbatschow auch das Ende des Kalten Krieges ein (↑*Abrüstung,* ↑*cold war*).

Reaganomics. Die Wirtschaftsideen (↑*supply-side economics*), die die Regierung Reagan anwandte. Sie führten zu Wachstum u. neuen Stellen, aber auch zu einem Haushaltsdefizit (↑*Balanced Budget Amendment*).

realism. Realismus als Kunst- u. Literaturrichtung; bezeichnet in USA bes. den sozialen Roman von Crane, Dreiser, Howells u. Norris, aber auch den Neuansatz des psychologischen

Romans bei Henry James sowie die Kunstrichtung der ↑*Ashcan School.*

Recht. Mit Ausnahme von Louisiana, wo noch franz. Rechtsprechung gilt, basiert das R. der USA ursprüngl. auf dem angelsächsischen Gewohnheitsrecht *(common law)*, das auf Präzedenzfälle aufbaut (*precedent law*), für Härtefälle aber spezielle Lösungen vorsieht *(equity law)*. Erhebliche Abweichungen entstanden jedoch durch die am. ↑*Verfassung* sowie durch die vielen geschriebenen Gesetze *(statute law)*, die über dem Gewohnheitsrecht stehen.

Durch unterschiedliche Gesetzgebung in den einzelnen Bundesstaaten (↑*states' rights*) gibt es zusätzlich erhebliche Unterschiede in der Rechtsprechung, z.B. bei ↑*Todesstrafe*, Vergewaltigung (↑*statutory rape*), aber auch Schulpflicht. Typisch für das am. R. sind die Tradition des zivilen Ungehorsams (↑*civil disobedience*), der Handel der Anwälte vor Gericht (↑*plea bargaining*, ↑*Gerichtsverfahren*) sowie die bei der Bürgerrechtsgesetzgebung häufige „legislative" Funktion des Richters als Festleger von Durchführungsbestimmungen (↑*busing*, ↑*affirmative action*). ↑*Justiz.*

Rechte von Jugendlichen. Das passive Wahlrecht wurde 1971 durch den 26. Verfassungszusatz (*amendment*) auf 18 Jahre herabgesetzt. Das heißt aber nicht, daß auch andere Rechte angepaßt wurden. So herrscht in den meisten Staaten noch ein ↑*drinking age* von 21 Jahren, wobei schon der Genuß von Bier in der Öffentlichkeit, z.B. an einer Bushaltestelle, strafwürdig ist (↑*public intoxication*). Das heiratsfähige Alter liegt bei Mann u. Frau meist bei 18 J., was jedoch in einigen Staaten bedeuten kann, daß sexuelle Handlungen mit Minderjährigen (↑*minor*), z.B. 17jährigen, eine Anklage wegen ↑*statutory rape* zur Folge haben können! Andererseits kann man den Führerschein meist schon mit 15–18 Jahren erhalten (↑*driver's license*). Jugendgerichte (↑*juvenile courts*) behandeln Verbrechen von Jugendlichen unter 19 Jahren (meist ohne formgemäßes Gerichtsverfahren).

Rechtsradikale, die extreme Rechte (*far right*). Im Gegensatz zu Europa treten R. weniger als jugendliche *Skinheads* auf, sondern gruppieren sich eher als bewaffnete Milizen, die in Lagern des Mittleren Westens den bewaffneten Widerstand gegen die Bundesregierung üben, der sie ungerechtfertigte Restriktionen der tradierten individuellen Freiheit durch Steuergesetze u. Waffenverbote vorwerfen (↑*rugged individualism*, ↑*Waffentragen*). Der Terrorakt von ↑*Oklahoma City* (1995) wird dem rechtsradikalen Milieu zugerechnet. Die Mitglieder dieser Milizen gehören eher den unteren u. weniger gebildeten Schichten an.

Reconstruction. Wiederaufbau; die Periode von 1865–1877 nach dem Bürgerkrieg (↑*Civil War*), in der die Südstaaten wieder zur Union zurückgeführt wurden; die Politik der Südstaaten wurde jedoch von Spekulanten aus dem Norden (↑*carpet-baggers*) u. korrupten Südstaaten-Politikern (↑*scalawags*) beherrscht. Der republikanische Kongreß erließ Gesetze zum Schutz der Bürgerrechte der Schwarzen, aber die südstaatliche Politik wandte sich mehr u. mehr der Demokratischen Partei zu. Radikale Gruppen wie der ↑*Ku Klux Klan* wurden gegründet, u. die Gesetze zum Schutze der Schwarzen wurden immer mehr umgangen (↑*Jim Crow laws*). Beim Abzug der Besatzungstruppen des Nordens 1877 fiel auch die letzte republikanische Regierung des Südens. ↑*South.*

Red Scare. Die Angst vor der Einwanderung von Kommunisten (*Reds*) führte nach dem 1. Weltkrieg zur Deportierung vieler neuer Einwanderer, wenn der Argwohn bestand, daß sie Einheimische mit ihren Ideen anstekken könnten.

redneck. Ugs. u. abwertend: ungebildeter, erzkonservativer Landarbeiter im Süden, benannt nach dem sonnenverbrannten Nacken.

redwood/sequoia. Die teilweise über 100 m hohen Rotholz-Mammutbäume in Kalifornien; es gibt den *Redwood Nat. Park* in Nord- u. den *Sequoia Nat. Park* in Mittelkalifornien.

referendum. Volksbegehren, das in USA bei einzelstaatlichen oder lokalen Gesetzesanträgen erlaubt ist. Die Anträge (↑*Proposition 13*) werden meist bei den regulären Wahlen mitentschieden.

refill ['riːfɪl] *n.*, [riː'fɪl] *v.* Nachfüllen z. B. von ↑*Kaffee* im Restaurant.

regent ['riːdʒənt]. Mitglied eines Verwaltungsrates (*board of regents*), z. B. einer Universität.

Regierung (*government* u. ↑*Administration*). Sie besteht auf Bundesebene wie auch beim Einzelstaat aus jeweils einer Person, dem Präsidenten (↑*President*) bzw. dem Gouverneur (↑*governor*). Die ↑*Verfassung* sieht kein Kabinett (↑*cabinet*) vor. Die Minister (↑*secretary*) sind Mitarbeiter des Präsidenten, die ihm ergeben sind. Für die Ernennung der Minister braucht der Präsident zwar in jedem Fall die Bestätigung des Senats, aber er kann sie jederzeit als Leiter ihrer Ministerien (↑*department*) absetzen.

Regionen. Die Kultur-Regionen der USA sind historisch gewachsen. Man unterscheidet mit sich teilweise überlappenden Begriffen u. auch Gebieten etwa 5 Großräume: *1.* ↑*Northeast,* der sich auch in ↑*Neuengland* und ↑*Mid-Atlantic states* untergliedert. Dies ist historisch das Gebiet der nördlichen Kolonien der ↑*Puritans,* an die sich N.Y. u. Philadelphia lose anschlossen. 2. ↑*South,* der Süden, der sich aus dem Kolonialstützpunkt ↑*Jamestown* entwickelte; die Südstaaten haben die Geschichte der Sezession (↑*Civil War*) gemeinsam, der südliche Teil des Südens (↑*Deep South*) hatte auch die Baumwoll-Monokultur (↑*cotton belt*) u. ausgedehnte Sklaverei gemeinsam. Sowohl Neuengland wie auch der Süden zeigen heute noch klare Unterschiede in ↑*Dialekten u. Akzenten.* Der Süden wird auch als ↑*Dixie* bezeichnet. 3. ↑*Midwest* (o. *Middle West*) ist das Gebiet am westlichen Ende der Alleghenies bis zu den Rockies, bes. im nördl. Mississippigebiet u. um die Großen Seen. Das Gebiet wurde teilweise durch die Franzosen kolonialisiert

(↑*Ortsnamen*) u. in der 1. Hälfte des 19. Jh. staatlich aufgebaut, heute als Gebiet nicht ganz einheitlich. 4. ↑*Southwest,* der Südwesten, der oft mit dem ↑*West* zusammengenommen wird, aber historisch eine gewisse Einheit bildet durch die ursprüngl. Zugehörigkeit zu Mexiko, weshalb auch der mexikan. Einfluß heute noch groß ist. 5. *The* ↑*West,* der auch in ↑*Mountain West* u. ↑*Far West* untergliedert wird u. als gemeinsames Element die ↑*frontier*-Zeit hat, die ihn z. T. auch mit dem *Southwest* und den ↑*Great Plains* des *Middle West* verbindet. Die Grenzen sind fließend im Sprachgebrauch u. entsprechen nicht ganz der Gliederung der Statistischen Bundesbehörde (↑*census*). Heute wird auch oft nur die Unterscheidung ↑*sun belt:* ↑*frost/snow belt* gemacht (südl. bzw. nördl. Teil der USA). ↑*Landschaften.*

reindeer. Rentier. Wichtiger Bestandteil des am. säkularisierten Weihnachtsmythos, nach dem ↑*Santa Claus* auf einem von r. gezogenen Schlitten den Kindern Geschenke bringt (↑*Night Before Christmas*). Aufgrund der Trennung von Staat u. Religion (↑*establishment clause*) sind Weihnachtsinstallationen in öffentlichen Gebäuden/Plätzen nur dann erlaubt, wenn sie solche Elemente enthalten, die nicht auf eine bestimmte Religion bezogen sind (*reindeer clause* des Obersten Gerichtes).

regular coffee ↑Kaffee.

Religionen. Die ↑*Verfassung* garantiert die völlige Religionsfreiheit (↑*first amendment*) u. läßt die Bildung einer Staatsreligion nicht zu (Trennung von Staat u. Kirche, ↑*establishment clause*). Wegen der starken religiösen Bindungen der Amerikaner u. der patriotischen Verbindung von R. u. Staatswesen spricht man oft von einer *„national religion"* (↑*Patriotismus*), die sich bei öffentlichen Feiern zeigt. R., vor allem die ↑*Protestantische Tradition,* hat immer wieder das Staatswesen beeinflußt, so zu Beginn durch den Mayflower Vertrag (↑*Mayflower Compact*) der Puritaner (↑*Puritans*), dann bei der Abschaffung der Sklaverei (↑*abolitionism*) u. der Einführung der ↑*Prohibition.* Der religiöse Pluralismus bestimmt jedoch das Bild: Neben den drei dominierenden R. (Protestanten, ↑*Katholiken,* ↑*Juden*) gibt es die Vielfalt der am. Kirchengründungen (↑*Mormonen,* ↑*Seventh-Day Adventists,* ↑*Unitarians,* ↑*Christian Science,* ↑*Scientology*), die als Zeichen für Toleranz u. Individualismus innerhalb der protestant. Tradition gesehen wird, außerdem die utopischen R. (↑*utopian communities*) u. viele neue Kulte (↑*new cults*). Wichtig ist auch der Einfluß der R. der Schwarzen (↑*Schwarze u. Religion*) auf die am. Musik u. Popkultur sowie neuerdings der ↑*Indianerreligionen* auf die Umweltdiskussion. Von den religiös philosophischen Richtungen des Transzendentalismus (↑*transcendentalism*) u. Pragmatismus (↑*pragmatism*) ist v. a. der letztere noch Teil des am. Selbstverständnisses, denn die R. ist insgesamt in USA nicht so sehr an absoluten Glaubensfragen wie am sozialen Umgang orientiert. Heutzutage tritt der Einfluß der fundamentalistischen ↑*Moral Majority* auf die Wahl von Politikern, auf Schulen (↑*school prayer*) u. gesellschaftliche Fragen (↑*Homosexualität, Sexualerziehung,* ↑*Abtreibung,* ↑*ERA*) in den Vordergund; eine gewisse Abkehr von den liberalen „englisch-protestantischen" ↑*WASP*-Kirchen hin zu den strengeren Kirchen ist zu beobachten, wobei auch die neuen Medienkirchen (↑*televangelism,* ↑*electronic church*) eher fundamentalistisch ausgerichtet sind (↑*fundamentalism*). ↑*Bible belt,* ↑*born-again Christians,* ↑*Christian Coalition,* ↑*denomination.*

Religious Roundtable. Lose Vereinigung konservativer Kreise in den großen Religionen (Protestanten, Katholiken, Juden, Mormonen), die sich eng an die Prinzipien der ↑*Moral Majority* anschließt, um der Säkularisierung im öffentl. Leben Einhalt zu gebieten u. religiös konservative Kandidaten politisch zu fördern.

Reno. Stadt in Nevada, bekannt wegen ihrer Spielkasinos (↑*gambling*), legaler Prostitution sowie als Scheidungsparadies (Scheidung ist ohne Nachweis eines Wohnsitzes in NV möglich).

Representatives ↑House of ~.

Republican Party. Die Republikanische Partei, die Republikaner. Die R.P. hatte bisher neben ihrer Hauptklientel von konservativen Geschäftsleuten u. Angestellten mit höherem Einkommen des Mittleren Westens und Westens auch Anhänger im liberalen Nordosten. Sie war aus historischen Gründen als Partei ↑*Lincolns,* der den Bürgerkrieg gewann, im konservativen Süden kaum vertreten. Sie wurde 1854 nicht als Partei des ↑*Big Business,* sondern als Antisklaverei-Partei gegründet (↑*Reconstruction*) u. stellte mit Lincoln (1861) bis Hoover (1933) fast durchgehend alle am. Präsidenten. Erst F. D. ↑*Roosevelt* brachte durch seine Sozialpolitik die Wende für die Demokratische Partei, die mit Truman, ↑*Kennedy,* ↑*Johnson,* ↑*Carter* die Sozialpolitik weiterführte. Der Republikaner ↑*Nixon* brachte die R.P. zusätzlich durch den ↑*Watergate*-Skandal in Verruf. Erst mit ↑*Reagan* gewann die R. P. wieder an Prestige.

Die letzten Jahre, v.a. die Kongreßwahl von 1994, zeigen, daß die Partei unter Bob Dole u. Newt Gingrich mehr als bisher eine einheitliche konservative Linie verfolgt. Sie möchte den Zugriff des Staates auf den einzelnen reduzieren sowie Staatsausgaben u. Steuern senken. Die Regierung ↑*Bush* (1989–1993) hinterließ bei den Wählern noch den Eindruck, daß sie sich nur um die Herabsetzung der Steuern für die kleine Oberschicht u. große Konzerne bemühe. Doch der Demokratische Präsident ↑*Clinton* stellte staatliche Programme (Nationale ↑*Krankenversicherung*) zu sehr in den Vordergrund. So konnte sich die R. P. durch ihre bewußte Hinwendung zur Mittelschicht im „Pakt für Amerika" bei den Wahlen 1994 durchsetzen u. nach langer Pause die Mehrheit in beiden Häusern erringen. Mit dieser einheitlich konservativen Ausrichtung gewinnt die R. P. auch immer mehr an Boden im traditionell Demokratischen Süden. Ihr neues Ziel ist es, durch ein ↑*Balanced Budget Amendment* den Staatshaushalt bis zum Jahre 2002 zu sanieren u. durch Streichung von Sozialprogrammen die Belastung der Mittelschicht zu verringern. – Symboltier der R. P. ist der Elefant.

revenue officer ['revənuː...]. Zollbeamter (der v.a. während der ↑*Prohibition* den Alkohol beschlagnahmte); heute meist in der ugs. Form *revenuer.*

revenue sharing. Teilhabe an den Staatseinkünften. Politische Richtung, die die Einzelstaaten u. Gemeinden am Steueraufkommen des Bundes beteiligen möchte. Nur 43 Staaten haben eine eigene Einkommenssteuer; ihr Einkommen ist jedoch relativ niedrig im Vergleich zu dem dt. Bundesländer. ↑*federalism.*

Revere, Paul (1735–1818). Ein heldenhafter Am. (*hero*), der durch seinen berühmten nächtlichen Ritt von Boston nach Lexington die am. Freiwilligen (*Minutemen*) warnte, daß ‚die Briten kommen' u. so den Widerstand vor der Schlacht von Lexington u. Concord (1775) mobilisierte.

Reverend (father). Anrede für einen (christlichen) Pfarrer, Abk. *Rev.*

reverse discrimination. ‚Umgekehrte Diskriminierung'; Diskriminierung der Mehrheit (↑*affirmative action*).

revival [rɪ'vaɪvəl]. Religiöse Erwekkung. Seit Kolonialzeiten gab es im am. Protestantismus immer wieder Bewegungen, die das persönliche emotionale Erleben einer religiösen Erneuerung zum Mittelpunkt haben, heute typisch in den ↑*Pentecostal* u. anderen ↑*Evangelical* Bewegungen vor allen des Südens. Die ‚Erneuerten' sprechen oft von sich als ↑*born-again* (z.B. Präsident ↑*Carter,* Präsident Ford) u. unterstützen politisch radikal-christliche Forderungen wie die der ↑*Moral Majority* o. des ↑*Religious Roundtable.*

Revolutionary War. Unabhängigkeitskrieg (der 13 englischen Kolonien in Nordamerika), 1775–1783, auch „Am. Revolution" genannt. Wirtschaftliche Gründe (Steuern, Produktionsbeschränkungen, Exportverbote), aber auch politische Gründe (demokratische Einstellung gegen ein absolutistisches englisches System; vgl. den Slogan: *„no taxation without representation"* ‚keine Besteuerung ohne Vertretung') führten zu den Kämpfen der am. Miliz (unter Washington, mit franz. Hilfe) gegen reguläre engl. Truppen, die im Frieden von Paris 1783 mit der Unabhängigkeit endeten. Gleichzeitig mit dem Kampf gewann die Diskussion um eine einigende Verfassung immer mehr an Bedeutung: 1776 ↑*Declaration of Independence,* 1781 ↑*Articles of Confederation.* ↑*Geschichte.*

Rhodes Scholarship. Begehrtes Stipendium der Univ. Oxford (England) für hervorragende ausländische Studierende aus Commonwealth, USA u. Deutschland. In USA gilt das R. S. als besondere Auszeichnung. Sowohl ↑*Bush* wie ↑*Clinton* waren stolze *Rhodes Scholars.*

rhythm-and-blues ist der nach dem 2. Weltkrieg wiederentdeckte ↑*blues,* der vermischt mit rhythmisch-instrumentalem Swing als direkter Vorläufer der ↑*rock* u. ↑*pop music* gilt. Neu ist die Vielzahl der möglichen Instrumente: Saxophon, Trommel, später elektrische Gitarre, dadurch intensivere Rhythmen. Vertreter: Chuck Berry, Ray Charles, Fats Domino (Schwarz-Am. der Großstädte).

Richmond. Hauptstadt von Virginia, ehemal. Hauptstadt der ↑*Confederate States of America.*

rider. (Polit.) Zusatz o. Einschränkung zu einem Gesetz, der für sich allein keine Mehrheit finden würde, aber auf einem anderen Gesetz gut ‚mitfahren' kann.

rightists, auch *the Right.* Die politische Rechte. In USA bevorzugt man die Begriffe ↑*conservative* o. auf der rechten Seite der Konservativen „*right-wing*" (wie z.B. die Vertreter der ↑*Moral Majority*) als Bezeichnung für politische Einstellungen. *Rightist* ist eigentlich eher mit ‚reaktionär' zu übersetzen. Keine der großen ↑*Parteien* möchte sich mit Bezeichnungen wie *right, rightist, left,* ↑*leftist* identifizieren, weil man sie mit europäischen ideologischen Parteien verbindet. ↑*Rechtsradikale.*

right-to-die laws. Gesetzl. Regelung der Sterbehilfe. Der Fall „Karen Ann Quinlan" (1976) war international ein Vorreiter der Regelung, daß das Leben nicht künstlich erhalten werden muß (Abschalten der künstlichen Beatmung). Einzelstaatl. Regelungen verlangen die Zustimmung des Patienten, soweit möglich. Der Oberste Gerichtshof hat 1990 das persönliche Recht des einzelnen anerkannt, lebenserhaltende medizinische Geräte abzulehnen. Allerdings kann der Einzelstaat im Falle eines Komapatienten einen überzeugenden Beweis verlangen, daß der Patient unter diesen Bedingungen keine Verlängerung des Lebens wünschen würde.

right-to-lifers. Vereinigung von Gegnern der ↑*Abtreibung,* die das Recht des Ungeborenen auf Leben bejahen u. eine Änderung der liberalen am. Abtreibungsgesetze herbeiführen wollen.

right-to-work laws. Gesetze (bes. in einigen Südstaaten), die die Einstellung nicht gewerkschaftlich organisierter Arbeiter ermöglichen *(open shop)* u. Tarifabsprachen zugunsten von Gewerkschaftsmitgliedern allein (↑*closed shop*) verbieten. Daher die geringe gewerkschaftliche Organisierung im Süden. ↑*Gewerkschaften.*

Rip van Winkle. Jemand, der nicht merkt, wie sich die Zeiten verändert haben; nach der Hauptperson in der gleichnamigen Kurzgeschichte von Washington Irving: R. schlief 20 Jahre u. fand nach dem Aufwachen die Welt verändert vor.

Roaring Twenties. Die stürmischen zwanziger Jahre (1920–1930), als ↑*Prohibition,* Gangster, die Erfindung der Partys u. der Bruch mit alten Sitten (↑*flappers*) ein neues Lebensgefühl weckten. ↑*jazz age.*

robber barons. Räuberbarone waren die skrupellosen, aber mächtigen Industriellen u. Kapitalisten Ende des

19. Jh., die ihren Reichtum durch Ausbeutung ihrer Arbeitnehmer, Bestechung von Politikern o. sonstige unmoralische Aktivitäten erlangten. ↑*Persönlichkeiten in Geschichte u. Legende.*

Robert's Rule of Order. Das Handbuch, das Verfahrensfragen bei politischen Debatten festlegt.

Robinson Jackie (1919–1972). Der 1. schwarze Baseball-Spieler in der ↑*Big League.*

rock (music). Als *rock 'n' roll* die erste große ↑*pop music* unseres Jahrhunderts (seit 1954, Bill Haleys „Rock around the clock"), die große Sensation für die weiße Bevölkerung, die den ↑*rhythm-and-blues* der Schwarzen, aus dem sich der r. entwickelte, zu roh u. hart empfand. Mit einem Schuß melodischer Country-Musik wurde er akzeptabler, besonders aber durch den weißen Superstar Elvis ↑*Presley,* der international zum Rocksymbol wurde. In den 60er Jahren gab es verschiedene Varianten, den weicheren ↑*surf sound,* die Protestsongs von Bob ↑*Dylan* u. Joan Baez im ↑*folk rock,* den schwarzen ↑*soul,* den halluzigenen ↑*acid rock.* Die Entwicklung der 70er Jahre mit ↑*hard rock* u. *heavy metal* gehören schon zur internationalen Szene der Rockmusik.

Rockefeller. Reiche Bankiersfamilie, die ursprünglich ihr Geld im Ölgeschäft machte, in ↑*New York,* wo sie auch das *R. Center* baute (ein Büro-, Einkaufs- u. Unterhaltungszentrum). Die R. sind auch bekannt wegen ihres Engagements f. wohltätige Zwecke.

Rocky Mountains, auch *Rockies.* Die Gebirgskette, die den Westen Nordamerikas durchzieht, von Alaska bis Mexiko, ein schwer zu überwindendes Hindernis f. die Siedlertrecks nach Westen. Das auch heute dünn besiedelte Gebiet bot selbst Bodenschätze wie Silber u. Gold an, das Hochplateau zog ausgestoßene Gruppen wie die ↑*Mormonen* an. Die Schönheiten zeigen sich im vielbesuchten R. M. National Park. S. Karte 7.

rodeo. Span. ‚Viehtrieb'; traditionelle Cowboywettkämpfe, die im Sommer im Westen der USA abgehalten werden, meist mit 5 verschiedenen ‚Disziplinen': 1. *calf-roping:* ein reitender Cowboy muß mit dem Lasso ein Kalb einfangen u. fesseln; 2. *steer-wrestling:* der Cowboy springt vom galoppierenden Pferd, packt den Stier bei den Hörnern u. wirft ihn um; 3. *bare-back riding:* das Einreiten eines noch nicht „gebrochenen" Pferdes; 4. *saddle-bronc riding:* halbwildes Pferd aufsatteln u. reiten; 5. *bull-riding:* Stier aufsatteln u. reiten. Zum r. gehört auch eine Indianerparade mit Federschmuck als Touristen-Attraktion. Das bekannteste r. ist das *„Helldorado"* in Las Vegas im Mai (von *hell-raising + el dorado*), was auf das wilde Treiben der Goldgräberzeit im nahen *El Dorado* zurückgeht. ↑*festival.*

Rodgers and Hammerstein. Richard Rodgers (1902–1979) u. Oscar (1895–1960) schrieben die Musik für bekannte Musicals („Oklahoma!", „South Pacific", „The King and I", „The Sound of Music").

Rodney King beating ↑King, R.

Roe v. Wade. Der berühmte Fall vor dem Obersten Gerichtshof, der 1973 zur Freigabe der ↑*Abtreibung* führte. Einzelstaaten können die Abtreibung nicht verbieten.

Roller-blades, auch *roller-blades.* (Eingetr. Warenzeichen) Kunststoffrollschuhe (mit hohem Schuh) mit hintereinander montierten (*in-line*) Rädern; gegenwärtig sehr beliebt. ↑*California.*

rookie of the year. „Bester Neuling"; jährliche Auszeichnung im ↑*baseball* durch Sportjournalisten.

roomette [rʊ'met]. Bes. komfortable Wohn-Schlafkabinen in am. Luxuseisenbahnen. ↑*club car,* ↑*parlor car.*

Roosevelt ['roʊzəvelt,'ru:zə-], **Franklin Delano** (1882–1945). 32. Präsident der USA, Kurzname „FDR"; der einzige Präsident, der mehr als zwei Amtszeiten hatte (1933–1945); er brachte in der Zeit der ↑*Great Depression* mit seinem Programm ↑*New Deal* neue Hoffnungen für das Heer der Arbeitslosen u. bessere soziale Absicherung, führte die USA nach ↑*Pearl Harbour* in den 2. Weltkrieg u. aus der außenpolitischen Isolation heraus, gilt als *„Great President".* Nicht zu verwechseln mit R., Theodore (↑*teddy*), 26. Präsident (1901–1909), mit dem er jedoch verwandt war.

root beer. Nichtalkoholisches Getränk (↑*soft drinks*); kein Bier, sondern Limonade aus Kräutern u. Wurzelextrakten.

Roots. Aufsehenerregende Fernseh-Kurzserie (1977), welche die Geschichte der Schwarzen von ihrem Ursprung in Afrika bis zum Bürgerkrieg dramatisierte, nach dem Buch von Alex Haley, der Nachforschungen über seine eigene Familie angestellt hatte.

Roper poll. Periodische Meinungsumfrage der Firma E. Roper, neben ↑*Gallup poll,* ↑*Harris survey* (↑*poll*).

Rose Bowl. Jährliches Endspiel im Januar in Pasadena, CA zwischen den Siegern der zwei College-Football-Ligen (*Conferences*), auch *Tournament of Roses* genannt, weil anläßlich des Ereignisses auch die *Rose Parade* stattfindet, der wohl bekannteste Umzug (↑*parade*) in USA mit rosenverzierten Festwagen.

Ross, Betsy (1752–1836). Die Frau, die 1776 nach der Vorgabe von George ↑*Washington* die erste Fahne der USA genäht haben soll.

ROTC ['rɑtsi:] o. [ˌɑrˌoʊˌti:'si:], *Reserve Officers Training Corps.* Studierende, die an der Hochschule praktische Soldatenausbildung bekommen, dazu zahlt die Army noch die Studiengebühren. Viele Colleges nehmen am Programm teil.

Rothäute (*Redskins*). Die Bez. kommt nicht – wie häufig angenommen – von der gar nicht roten Hautfarbe, sondern von der Kriegsbemalung der ↑*Indianer.* Auch der Federschmuck im Haar diente im Krieg als begehrtes Tapferkeitssymbol, symbolisierte magische Kräfte, war also im Alltag untypisch.

Route 128. Autobahnring um Boston, an dem sich viele Elektronik- u. Computerfirmen angesiedelt haben, gilt nun als Synonym für High-Tech-Industrie, ähnlich wie ↑*Silicon Valley.* R. 128 ist Symbol f. den Umschwung im Industrieabbau des Nordostens (↑*rustbelt*).

rpm, *revolutions per minute.* Umdrehungen pro Minute (U/min) bei Motoren usw.

Rudolph the Red-nosed Reindeer. Bekanntes Weihnachtslied, das die ↑*Santa Claus-* u. Rentiergeschichte (↑*reindeer*) zum Weihnachtsmythos der Kinder besingt (↑*Night Before Christmas*).

rugged individualism. ‚Krasser Individualismus'; Schlagwort aus der Amerikakunde, das den Amerikaner kennzeichnen soll. Dieser Typus soll sich v.a. in der ↑*frontier*-Zeit herausgebildet haben, in der jeder auf sich selbst gestellt war; mit diesem Begriff läßt sich aber auch heute noch Ablehnung von ‚mehr Staat' begründen.

rum. 1. Rum; 2. allgemein ‚Alkohol'.

run. Sich zur pol. Wahl stellen, kandidieren. Davon abgeleitet *running-mate,* der Mitkandidat. Das Bild vom „Laufen" ist angesichts des langen Wahlprozesses durchaus gerechtfertigt. ↑*Wahlen.*

Rushmore, *Mount R. National Memorial.* Berg in South Dakota, in dessen Wände (1925–1941) die Gesichter der damals vier berühmtesten US-Präsidenten (↑*Washington,* ↑*Jefferson,* ↑*Lincoln,* Theodore Roosevelt) eingemeißelt wurden; ein Werk von Gutzom Borglum.

rust belt/snow belt/frost belt. Die verstädterten Gebiete des Nordostens, wo die Konzentration alter u. zurückgehender Industrien (Stahl- u. Textilindustrie) zu wirtschaftlichen Problemen führte (↑*Route 128*). Gegensatz: ↑*sun belt.*

Ruth, George Herman (Babe) (1895–1948). Legendärer Baseball-Spieler, dessen *home-run*-Rekorde 40 Jahre lang unübertroffen waren.

RV, *recreational vehicle* ↑car sizes.

rye. ‚Roggen'; steht sowohl für Roggenbrot wie für ↑*whiskey,* der aus Roggen hergestellt wird. Die Frage nach der Brotsorte lautet meist: *white or rye?*

S

SAC [sæk], *Strategic Air Command.* Oberkommando der Atomstreitkräfte in Omaha.

salad bowl. Das Bild der ‚Salatschüssel' ersetzt häufig den vielfach kritisierten Begriff des ‚Schmelztiegels' (↑*melting pot*) für die Vermischung der verschiedenen Einwanderergruppen in USA, weil im gemischten Salat jeder Bestandteil noch identifizierbar ist.

sale, on ~. Sonderangebot v. reduzierter Ware, ↑*white sale.*

Salem. Bekannt wegen der Hexenprozesse von 1692 *(witch trials)*, die oft als Warnung vor politischen Hexenjagden im 20. Jh. herangezogen wurden (↑*McCarthyism*, ↑*HUAC*), eine Verbindung, die A. ↑*Miller* in seinem Drama „The Crucible" aufzeigte.

sales tax. Verkaufssteuer; einzelstaatlich unterschiedliche Steuer, die zum Kaufpreis immer noch dazugerechnet werden muß; sie ist für Ausländer etwas irreführend.

SALT [sɔːlt], *Strategic Arms Limitation Talks.* Gespräche zur Begrenzung der Interkontinentalraketen. *SALT 1-Agreement* bezieht sich auf das Interim-Abkommen u. vor allem auf den ↑*ABM*-Vertrag von 1972. *SALT 2* bezeichnet das Abkommen von 1979, das von den USA zwar eingehalten wird, das aber wegen der sowjetischen Invasion in Afghanistan nicht ratifiziert wurde. ↑*Abrüstung.*

Salt Lake City. Hauptstadt u. größte Stadt von Utah, direkt am Großen Salzsee gelegen. Zentrum der ↑*Mormonen.*

SAM [sæm], *surface-to-air missile.* Boden-Luft-Rakete.

Samoa, off. *Western Samoa.* Inselgruppe; ein US-Territorium im Südpazifik.

San Andreas Fault. Der Erdgraben, der Kalifornien vom Norden (↑*San Francisco*) nach Süden (↑*L.A.*) durchzieht. Hier treffen Erdplatten zusammen, die zu heftigen Erdbeben geführt haben.

San Antonio. Größte Stadt im SW von ↑*Texas* mit einer großen Zahl von mexikan. Am.; berühmt durch die Schlacht von ↑*Alamo*, wo die Texaner gegen eine Überzahl von Mexikanern kämpften.

San Diego. Zentrum der US-Marine in Südkalifornien, bekannt u. a. wegen des hervorragenden Zoos.

San Francisco. Im Gegensatz zu ↑*L. A.* eine Stadt noch aus der Zeit vor dem Auto mit dem historischen Flair des ↑*gold rush;* 1906 vom Erdbeben zerstört; weltberühmt wegen seiner Schönheit (↑*Chinatown*, ↑*Fisherman's Wharf*, ↑*cable cars*, ↑*Golden Gate Bridge*), zugleich kosmopolitisch u. offen (Zentrum der Studentenbewegung der 60er Jahre, ↑*hippies*, ↑*counterculture*, ↑*Haight Ashbury*); Wirtschaftszentrum der Nordwestküste (↑*Silicon Valley*, ↑*Napa Valley*).

San Quentin. Stadt mit der größten Strafvollzugsanstalt in Kalifornien; fast ein Synonym für ‚Zuchthaus'.

Sandburg, Carl (1878–1967). Schriftsteller u. Dichter, der den ↑*Pulitzer Prize* für sein Buch über A. ↑*Lincoln* bekam u. durch Geschichten u. Gedichte über den ↑*Midwest* („Chicago") berühmt wurde.

sandwich ['sænwɪtʃ]. Sandwich, belegtes Brot; das typische belegte ↑*fast food*-Klappbrot, von dem es immer wieder neue Varianten an Zutaten u. Namen gibt: *club s.* (drei Brotschichten mit zwei verschiedenen Fleisch- o. Fischsorten), *submarine s.* (U-Boot-förmig), *gyros* (griech. Art), *reuben* (Füllung aus *corned beef*, Sauerkraut, Schweizerkäse), *blintz* (Pfannkuchen mit Käsefüllung), *hero s.* (riesig groß, franz. Weißbrot mit sehr viel Füllung). ↑*pastrami.*

Santa Claus. Der joviale Weihnachtsmann, dem die Kinder Briefe an den Nordpol schreiben, wo er Geschenke bastelt. In der Weihnachtsnacht kommt er auf seinem Rentierschlitten (↑*reindeer*), klettert durch den Kamin u. bringt den Kindern ihre Geschenke, die sie dann am Weihnachtsmorgen auspacken. Die am. Elemente der Geschichte finden sich zum ersten Mal im Gedicht *The* ↑*Night Before Christmas.*

Santa Fe. Die Hauptstadt von New Mexiko verbindet mexikan. u. indianische Einflüsse (↑*adobe*) u. ist zu einem Kunst- u. Touristenzentrum geworden. Um S. F. herum liegen noch mehrere ↑*Pueblo*-Indianerreservate.

Santa Fe Trail. Siedler-Route, die von Independence, MO südwestlich nach Santa Fe, NM führte.

SAT, *Scolastic Aptitude Test.* ↑*Standard-test* für die Zulassung zum College-Studium (↑*Zulassung zum Hochschulstudium*).

Saturday night special. Zyn. Bez. f. billige Handwaffe, die oft bei Verbrechen mit Schußwaffen eingesetzt wird. ↑*Waffentragen.*

sawbuck ↑cash.

Sawyer, Tom. Hauptfigur in Mark ↑*Twains* Roman „The Adventures of T. S."; er gerät oft in Schwierigkeiten, windet sich aber immer schlau u. mutig heraus. Sein bester Freund ist Huckleberry ↑*Finn.*

scalawag ['skæləwæg]. Taugenichts. Schimpfname f. die republikanerfreundlichen Weißen in den Südstaaten in der Zeit nach dem Bürgerkrieg (↑*Reconstruction*).

scalp. ‚Kopfhaut', die bei einigen Indianerstämmen als Sitz der Lebenskraft eines Menschen galt. Das Skalpieren war ursprünglich nur bei wenigen Stämmen üblich, breitete sich aber dadurch, daß die weißen Eroberer Kopfgeld für Indianer-Skalps zahlten, aus.

scam. Slang für ‚Masche'; Gaunermethoden, bes. die Hintergehung von Gesetzen durch Regierungsbeamte u. die daraus folgenden Affären: *Abscam* (aus *Abdul* + *scam* bzw. *Arab* + *scam),* Iranscam *(*↑*Iran-Contra-Affäre*); vgl. die Bildung *Irangate* (von ↑*Watergate*).

Scheidung. Die am. S.gesetze sind nach Bundesstaaten sehr unterschiedlich hinsichtlich der S.gründe (Zerrüttung, Ehebruch, Impotenz, Bigamie, etc.) sowie bezüglich der Wartezeiten. Daher sind „S.paradiese" wie ↑*Reno* (wo ohne Angabe von Gründen, ohne Wartezeiten sofort geschieden werden kann) immer noch wichtig. Die S.rate beträgt etwa 50 % der jährlich geschlossenen Ehen. ↑*Familie,* ↑*Rechte von Jugendlichen.*

Schiffahrt. Die am. See-S. ist seit 1945, als die USA die größte Handelsflotte der Welt hatte, auf die Hälfte gesunken. Seehäfen *(ports)* sind die Großstädte entlang der Ost- u. Westküste. Wichtiger ist jedoch die Binnen-S. mit den *waterways* (St.-Lorenz-Seeweg, Mississippi-Stromgebiet, Nord-Süd-Verkehr an der Ostküste).

school. 1. ‚Schule' (Grund-, Sekundarschule, ↑*Schulsystem*) 2. ‚Fakultät' einer Hochschule; z.B. *law s.* (Jurist. F.) o. *med(ical)s: going to med s.* ‚Medizin studieren'. ↑*professional school*, ↑*college*.

school district Der örtliche Schulbezirk, der die Schulen aus dem Grundsteueraufkommen der Gemeinde unterhält, die Lehrer einstellt u. bezahlt (↑*Proposition 13*). Der Bundesstaat (dem per Gesetz die Schulen unterstehen) schießt Gelder zu, die Bundesregierung erbringt nur zweckgebundene Hilfsgelder (z.B. experimentelle Kurse, Unterstützung von Minderheiten). Dieses Finanzierungssystem wirkt sich negativ aus, sowohl auf die Qualität von Schulen mit minderem Steueraufkommen (Innenstadtschulen mit vorwiegend schwarzen Kindern, ↑*Rassenproblem im Bildungssystem*) wie auch auf die Lehrinhalte u. die Bezahlung der Lehrer, da Mehrausgaben durch Wahlabstimmung genehmigt werden müssen.

school prayer. Das ‚Schulgebet' ist eine der Forderungen konservativer Eltern, die die Trennung von Staat u. Kirche (↑*first amendment*) zwar akzeptieren, aber meinen, daß die Verfassung das freiwillige Beten nicht verbietet, sondern nur die Unterstützung einer bestimmten Konfession. Das Oberste Gericht hat das s. p. jedoch im Juni 1962 allgemein verboten. ↑*establishment clause*.

Schreibung (AE). Nach der Erlangung der Unabhängigkeit wurde besonders von ↑*Webster* versucht, eine vereinfachte, amerikanische Schreibung einzuführen. Einige dieser Abweichungen vom BE haben sich erhalten: 1. AE -or *(color)* für BE -our *(colour)*; 2. AE -er *(center)* für BE -re *(centre)*; 3. AE -ize *(realize)* für BE -ise *(realise)*; 4. AE einfacher Konsonant *(busing)* für BE Doppelkonsonant *(bussing)*; 5. AE einfacher Vokal *(anemia)* für BE Doppellaut *(anaemia)*. Aussprachegemäße Vereinfachungen sind besonders in der Werbesprache (nicht allg. im AE!) üblich: *tonite* für *tonight*, *lite* für *light*.

Schulsystem. Man zählt die Schuljahre *„from K to 12"*, dabei ist *„K"* der Schul-Kindergarten, die fakultative einjährige Vorschule (↑*pre-school*, ↑*kindergarten*), *„12"* bezieht sich auf Klassenstufe 12 (↑*grade*), die mit dem *high school* ↑*diploma* (↑*graduation*) abschließt. Die Grundschule *(primary school, grade school* o. *elementary school)* mit den Kl. 1–6 ist im öffentlichen Schulsystem (↑*public school system*) ko-edukativ nicht-konfessionell (kein Religionsunterricht! ↑*school prayer*). Daran schließt sich die Sekundarschule (↑*high school*) an, die in *junior high* (Kl. 7 u. 8, meist 7–9) u. ↑*senior high* (Kl. 8–12, häufiger Kl. 9–12) gegliedert ist; manchmal gibt es anstelle der *junior high* eine *middle school* (Kl. 5–8); die Oberstufe einer *high school* kann bes. in ländlichen

Gebieten auf prakt. Berufe spezialisiert sein u. nennt sich dann ↑*vocational school* (Berufsschule). Die allgemeine *senior high school* erlaubt als Gesamtschule eine große Auswahl an Kursen (↑*elective system*), bietet als Ganztagsschule (von ca. 8.30–16 Uhr, mit freiem Samstag) auch zusätzliche nichtobligatorische Kurse an, bes. Sport (↑*extracurricular activities*); berechtigt juristisch noch nicht zur Aufnahme an einer ↑*Hochschule.* ↑*Bildungswesen;* vgl. auch Abb. S. 253.

Schwarze. Obwohl die Bez. *blacks* durchaus in off. Sprachgebrauch verwendet wird, bevorzugen sie selbst die Bez. *African Americans*, die sich immer mehr durchsetzt. Heute ist der Anteil der schwarzen Bevölkerung 32,5 Mio. (12,5 %). Sie wohnen teilweise noch in den ländlichen *black belts* des Südens, jedoch in der Mehrzahl in den Großstädten des Nordens u. Westens. S. wurden ab 1619 zunächst als gedungene Arbeiter (*indentured laborers*) in die Südstaaten gebracht, ab 1660 (bis 1811, gesetzliches Ende der Sklaveneinfuhr) als Sklaven in den Baumwoll-, Tabak-, Erdnuß- u. Reisplantagen des Südens. Zu Beginn des Bürgerkrieges zwischen Nord- u. Südstaaten (1861–1865, ↑*Civil War*) gab es ca. 4 Mio. Sklaven (↑*abolitionism*, ↑*Missouri Compromise*, ↑*Emancipation Proclamation*, ↑*Underground Railroad*). Nach dem Bürgerkrieg setzte sich im Süden die weiße Vorherrschaft wieder durch ohne Sklaverei, aber mit Unterdrückung der Bürgerrechte der S. (↑*Jim Crow laws*, ↑*Rassenproblem im Bildungswesen*). Der Umschwung wurde durch einen Entscheid des Obersten Gerichts 1954 (↑*Brown v. Board of Education*) u. die Bürgerrechtsbewegung der 60er Jahre erreicht (↑*civil rights*, ↑*affirmative action*, ↑*black power*, ↑*desegregation*, ↑*busing*, ↑*integration*).

Die schwarze Mittelklasse hat seither die Ghettos der Innenstädte des Nordens, wo es eine De-facto-Rassentrennung gab, verlassen. S. sind gegenwärtig in allen Berufen u. Positionen vertreten; sie können sich teilweise auch Häuser in den Wohnvierteln der weißen Vorstädte leisten u. sind politisch bedeutsam geworden durch eigene Vertreter in den Rathäusern (1995: schw. Bürgermeister in 438 Städten), Parlamenten, im Kongreß (1995: 38 Abgeordnete u. 1 Senatorin), am Obersten Gericht u. in anderen öffentlichen Führungspositionen. V. a. in den Innenstädten (↑*inner city*) bleibt jedoch eine große Zahl von Unterprivilegierten zurück, die der Arbeitslosigkeit, Armut u. Ghetto-Kriminalität ausgeliefert sind (↑*underclass*, ↑*War on Poverty*, ↑*AFDC-mothers*, ↑*Kriminalität*). So kommt es gelegentlich zu Rassenkrawallen wie z.B. 1992 in Los Angeles (↑*L.A.*), nachdem ein S. von weißen Polizisten brutal zusammengeschlagen worden war (Rodney ↑*King*). Im kulturellen Bereich ist unter intellektuellen S. eine neue Tendenz zur Absonderung innerhalb ihrer Gruppe im Sinne eines gruppenorientierten Multikulturalismus feststellbar. (↑*multiculturalism*, ↑*black art*, ↑*black literature*, ↑*Rassenproblem im Bildungswesen*, ↑*Rassismus u. Sprache*, ↑*black Englisch*, ↑*blues*, ↑*jazz*, ↑*Harlem*).

Schwarze u. Religion. Die Schwarzen haben den in den Südstaaten üblichen Protestantismus (↑*Baptisten*, ↑*Methodisten*) als Sklaven übernommen. Der Baptismus mit seiner auf persönliche Erfahrung gerichteten Erweckungsbewegung (↑*revival*, ↑*Holiness Movement*) erlaubte das Einbringen der afrikanischen Kultur in ein christliches Gewand, ganz deutlich ersichtlich im ↑*spiritual* bzw. ↑*gospel*. Die Schwarzen haben ihre Kirche als ↑*store front church* auch in den Norden gebracht, ihre Kirchen sind heute noch rassisch von den weißen getrennt. Die Kirchenführer, vor allem M. L. King Jr. (↑*Martin Luther King Day*), waren wesentlich an der Bürgerrechtsbewegung beteiligt u. sind heute noch politisch aktiv. Die religiöse Musik hat in ihrer säkularisierten Form (↑*blues*, ↑*soul*, ↑*ragtime*, ↑*jazz*) wesentlich zur allgemeinen am. Kultur beigetragen. ↑*Black Muslims*.

sci-fi ['saɪfaɪ], *Science fiction*. Die literarische Gattung des naturwissenschaftlich-technischen utopischen Romans begann mit M. Shelley's „Frankenstein" (1818). Sie wurde aber erst in USA (1937) neu belebt durch Autoren wie Asimov, Heinlein, was sicher mit der wissenschaftl. Vorrangstellung u. Wissenschaftsgläubigkeit der Am. zu tun hat.

Scientology. Eine in den 50er Jahren in USA aufgekommene religiös-wissenschaftliche Bewegung, die in Jesus zwar einen vorbildlichen Lehrer sieht, aber die Selbsterlösung des Menschen durch eine geistige Gesundung auf der Basis der Dianetiklehre ihres Gründers L. Ron Hubbard betont. Die Bewegung wurde 1965 in USA zu einer Kirche konstituiert u. breitete sich von dort auch nach Europa aus. Ihre Geldbeschaffungsmethoden über die Mitglieder und die Behandlung von Menschen, die wieder aus der Kirche austreten wollten, brachten der S.-Kirche in mehreren Staaten eine Reihe von Gerichtsverfahren ein. ↑*Unitarian*, ↑*Religionen*.

Scopes Trial, auch *Monkey Trial*. Gerichtsverfahren gegen den Biologielehrer John Scopes, der 1925 verurteilt wurde, weil er im Staate Tennessee, wo gesetzlich die biblische Lehre von der Erschaffung des Menschen durch Gott galt (↑*creationism*), die Darwinsche Evolutionstheorie lehrte (die heute überall in USA aufgrund eines Entscheids des Obersten Gerichts gilt).

Scotch ↑whiskey.

screwdriver ↑cocktails.

SD, *Secretary of Defense*. Verteidigungsminister (↑*Regierung*).

SDI, *Strategic Defense Initiative*. Strategische Verteidigungsinitiative (↑*Star Wars*).

SDR, *Special Drawing Rights*. Sonderziehungsrechte, Zuteilungen der SDR durch den Internationalen Währungsfonds (↑*IMF*).

SDS, *Students for a Democratic Society*. Linksradikale Studentenorganisation der 60er Jahre, die sich v. a. gegen die am. Beteiligung am ↑*Vietnamkrieg* wandte, sich aber schon 1970 in verschiedene Untergruppen wie die *„Weathermen"* spaltete u. dann an Bedeutung verlor.

Sea World. Vergnügungspark mit dem Thema „trainierte Wassertiere" (u.a. Delphine u. Wale), in der Nähe von Orlando, FL, wo sich auch ↑*Disney World* u. andere ↑*theme parks* befinden (Bush Gardens, Cypress Gardens). Eine zweite S. befindet sich in ↑*San Diego.*

seafood. Sammelbegriff f. Meeresfrüchte; in Restaurants steht s. auch gelegentlich für Fisch allgemein. Beliebt sind *lobster* (Hummer), *shellfish* (Muscheln), *shrimps* (Krabben). Als dicke Suppe aus Meeresfrüchten wird *chowder* angeboten. ↑*dinner.*

Sears Tower. Höchster Wolkenkratzer (↑*skyscraper*) in USA, in Chicago, 443 m hoch.

Seattle [ˌsɪ'ætl], **Chief** (1786–1886). Indianerhäuptling der Suquamish- u. Duquamish-Stämme im heutigen Staate Washington, dessen größte Stadt nach ihm benannt ist. Chief S. wurde berühmt durch die Rede, die er vor Präsident Pierce im Jahre 1855 hielt, als er ihm sagte: „Die Erde ist heilig für uns". Sie wurde 1887 veröffentlicht u. wird in der heutigen Umweltbewegung wieder häufig zitiert.

SEC, *Securities and Exchange Commission* ↑commission.

Sechziger Jahre ↑acid rock, ↑Bürgerrechtsgesetzgebung, ↑counterculture, ↑hippies, ↑Johnson, L.B., ↑Kennedy, J.F., ↑Miranda rights, ↑Peace Corps, ↑Raumfahrt, ↑Vietnamkrieg, ↑War on Poverty, ↑yippies.

secretary. Minister, z.B. *S. of State* ‚Außenminister', *S. of Defense*, Verteidigungsminister'. ↑*cabinet,* ↑*Regierung.*

secret service. Geheimdienst; in USA dem Finanzministerium zugeordnet, weil seine Hauptaufgabe die Aufdekkung von Geldfälscherei war. Seit den Morden u. Mordversuchen an Präsidenten u. Präsidentschaftskandidaten hat er deren Schutz übernommen. ↑*FBI,* ↑*CIA.*

secular humanism. In der humanist. Tradition verankerte Philosophie, die u.a. den Schöpfungsbericht der Bibel (↑*creationism*) zugunsten der Evolutionstheorie ablehnt. Nach Ansicht konservativer Kreise (in den Südstaaten) führt der (durch das Oberste Gericht verfügte) Ausschluß des Schöpfungsberichts aus dem Schulunterricht zu einem ebenfalls religiös gefärbten Unterricht der Evolutionstheorie: diese Theorie sei ebensowenig beweisbar wie der Schöpfungsbericht bzw. dieser genauso „wissenschaftlich", also auch lehrbar. Dagegen wird aber (auch vom Obersten Gericht) argumentiert, daß man auf diese Weise nicht die Religionslehre verfassungswidrig wieder in die Schule zurückbringen könne. ↑*establishment clause.*

sedan [sə'dæn] ↑car size.

segregation. US-Bez. f. Rassentrennung; Gegenbegriffe sind ↑*integration* u. ↑*desegregation.*

Selective Service. Einberufung von Wehrdienstpflichtigen, auch ↑*draft* genannt. Sie war während des Vietnamkriegs verrufen, viele verbrannten ihre *draft cards* (Einberufungsbescheide). Seit 1973 gibt es eine Freiwilligen-Armee in USA, der auch Frauen (unter Waffen) angehören können. 1980 wurde die Wehrdienstpflicht-Rückgriffmöglichkeit im Notfall eingeführt, aber es melden sich ohnehin viele Freiwillige. ↑*Militär,* ↑*All Volunteer Force.*

selectman [sɪˈlektmən]. Stadtrat, nur in Neuenglandstaaten (↑*New England*).

self-made man. Idealfigur des typisch am. Traums vom Tellerwäscher, der zum selbständigen Unternehmer aufsteigt. Ähnliche Begriffe sind ↑*American dream,* ↑*from rags to riches,* ↑*entrepreneur.*

Selma. Stadt im Zentrum Alabamas, in der Martin Luther King Jr. 1965 seine Kampagne zur Wählerregistrierung begann (↑*poll tax,* ↑*Bürgerrechtsgesetzgebung*), gegen den brutalen Einsatz der Polizei.

Seminole [ˈsemɪnoul]. Indianerstamm in Florida; ein Zusammenschluß von Creeks, Apalachee u. entlaufenen schwarzen Sklaven zu einem neuen Stamm (19. Jh.), der sich als letzte Gruppe des Südostens ergab, teilweise nach Oklahoma vertrieben wurde bzw. in Florida ein Reservat in den ↑*Everglades* bekam.

Senate [ˈsenɪt]. Der Senat ist die zweite Gesetzgebungskammer der USA neben dem ↑*House (of Representatives)*, bestehend aus je 2 gewählten Vertretern der 50 Bundesstaaten. Die Senatoren werden jeweils für 6 Jahre in ihrem Bundesstaat nach dem Mehrheitswahlrecht gewählt, alle 2 Jahre wird ein Drittel des Senats durch Wahlen erneuert. Die Mitglieder sind nicht an Weisungen ihres Bundesstaates gebunden. Gesetze müssen sowohl vom S. wie auch vom Repräsentantenhaus gebilligt werden, eventuell durch Kompromiß zwischen beiden, bevor sie offiziell vom ↑*Congress* an den Präsidenten weitergegeben werden. Der S. hat vor allem in der Außenpolitik eine wichtige Rolle, denn nur mit Zustimmung des S. kann der Präsident internationale Verträge abschließen. (↑*treaty,* ↑*committee*).

senior. Schüler(in) o. College-Student(in) im letzten Jahr. ↑*junior.*

seniority rule. Beförderung u. Entlassung gemäß Dienstalter. ↑*Gewerkschaften.*

separate but equal ↑Plessy v. Ferguson, ↑Rassenproblem im Bildungswesen.

series *sg.* u. *pl.* [ˈsɪərɪz]. Serie, Fortsetzungs-Programm, v. a. im Fernsehen; entspr. BE *serial.* Eine am. Erfindung der 20er Jahre war die Seifenoper (↑*soap opera*), aber auch der Western wurde bald zur Serie („Gun Smoke"); typisch sind auch die ↑*sitcoms* (Lustspielsendungen). Eine neuere Art von Kurzserie (*mini-series*) sind die ↑*docu-dramas.*

Seven Sisters. Sammelbez. f. die ältesten u. renommiertesten Colleges für Frauen (alle im Nordosten): Radcliffe, Barnard, Bryn Mawr, Vassar, Smith, Wellesley, Mount Holyoke, von denen die meisten inzwischen koedukativ sind bzw. mit koedukativen Universitäten kooperieren.

Sexismus u. Sprache. Das AE hat viele „sexistisch" konnotierte Berufsbezeichnungen verändert, die sich nur auf männliche Inhaber bezogen: *mailcarrier* für *mailman*, *chairperson/chair* (neben *chairwoman*) für *chairman*, aber auch *homemaker* für *housewife*. Die Änderungen kommen z.T. durch die ↑*Frauenbewegung*, aber auch als Folge größerer sprachlicher Bewußtwerdung durch die ↑*Bürgerrechtsbewegung*. Es bleiben natürlich die traditionellen Begriffe wie ↑*Uncle Sam* für USA, ↑*John Doe* „Mann-auf-der-Straße", ↑*Founding Fathers* Gründerväter. ↑*Rassismus u. Sprache*, ↑*political correctness*.

Sexuelle Belästigung *(sexual harassment)*. Mehrere Affären, in denen Frauen politische u. andere öffentliche Persönlichkeiten der S.B. beschuldigten (bestraft wurden z.B. Offiziere der Armee, die Soldatinnen belästigten, in der sog. Tailhook Affäre), haben in den letzten Jahren zu offiziellen Verhaltensregelungen zwischen Männern u. Frauen im Beruf u. an der Schule/Hochschule geführt. Das Oberste Gericht hat Klagen wegen S.B. erleichtert, da nach neuestem Entscheid (1994) die Klägerin (o. der Kläger!) nicht mehr einen „ernsthaften psychologischen Schaden" aufgrund von S.B. nachweisen muß.

Shakers ↑utopian communities.

shaman [ˈʃɑːmən,ˈʃeɪ-]. Schamane, indian. Medizinmann (↑*Indianerreligion*).

sharecropper. Bauer in den Südstaaten (nach Aufteilung der Ländereien von Plantagenbesitzern 1865), der als *tenant farmer* gepachtetes Land bearbeitete, aber die Pacht mit der Ernte (oft 50%) bezahlte. Diese Ausbeutung der s. wurde in den 30er Jahren gesetzlich eingeschränkt.

sheriff. Der gewählte oberste Polizeibeamte einer *county* (Kreis), dem auch der Strafvollzug (Gefängnis, *county jail*) untersteht; heute aber auch Bez. f. einen zivilen höheren Verwaltungsbeamten. Seinen Ruf als Gesetzesschützer hat er von der besonderen Situation in den Grenzerstädten des Wilden Westens (↑*Westernhelden*, ↑*Earp*, ↑*marshal*, US~).

shoo-in. Ugs., ein sicherer Gewinner bei einer Wahl.

short story. Kurzgeschichte; die auf E.A. ↑*Poe* zurückgehende literarische Kleinform, die ein Geschehen geradlinig u. meist pointiert zu einer Lösung führt. Bekannt sind die s.s. von Hawthorne, Mark ↑*Twain*, ↑*Hemingway*, F. O'Connor, ↑*Updike*, Cheever, Capote; Wiederbelebung in den 80er Jahren durch Ann Beatty, Bobby Ann Mason, R. Carver.

show. Jede Art von Darbietung, künstler. Vorstellung, Vorführung, Radio- o. Fernseh-Sendung, Umzug, Ausstellung – ohne Unterschied hinsichtlich des künstlerischen Anspruchs.

shower [ˈʃaʊər]. Party, bei der Geschenke wegen bevorstehender Hochzeit o. aus Anlaß einer Geburt *(wedding s., baby s.)* überreicht werden. Eine Bekannte lädt zu dieser informellen Zusammenkunft ein; allerdings ersetzt dies nicht die formalen *wedding announcements* u. Hochzeitsfeiern.

shuttle service. Pendeldienstverkehr; meist zwischen mehreren Flugplätzen/Bahnhöfen an einem Ort *(transfer)* o. von dort zu den Hotels.

Siebziger Jahre ↑detente, ↑Kissinger, ↑me-generation, ↑New Age, ↑Nixon.

Silicon Valley. Eigentlich ein Tal in der Nähe San Franciscos, aber heute gleichbedeutend mit am. Computer-Industrie, die dort sehr stark konzentriert ist; ähnliche Konzentrationen gibt es an der Ostküste in der Nähe von Boston (↑*Route 128*).

Simpson, O. J. (geb. 1947). Einer der erfolgreichsten College- u. Profi-*Football*-Spieler; auch Filmschauspieler u. Sportkommentator. S. soll 1994 seine Ex-Frau Nicole u. deren Freund erstochen haben. Der spektakuläre Doppelmordprozeß gegen ihn wird z.Z. (1995) mangels traditioneller Beweise ganz auf der Basis von vergleichenden Genanalysen geführt (Blutspuren am Tatort u. bei S.). Genanalysen wurden in USA seit 1987 zwar schon in 24000 Fällen als gerichtl. Beweismittel eingesetzt, ihre Zuverlässigkeit ist aber immer noch wissenschaftlich umstritten. ↑*Gerichtsverfahren*, ↑*jury*.

Sinatra, Frank (geb. 1915). Sänger u. Filmschauspieler, der, begleitet von *big bands*, durch seine sanft modulierende Stimme (↑*crooning*) in den 40er Jahren berühmt wurde („My Way" u. „New York"). Er wollte sich schon oft zurückziehen, aber hat immer wieder Erfolg in der Öffentlichkeit.

Sioux [suː]. Die größte u. mächtigste Indianergruppe der nördlichen Prärie; eine lose Vereinigung von sieben Stämmen, die sich selbst Dakotas o. Lakotas nennen. Sie gewannen zusammen mit den ↑*Cheyenne* die Schlacht am ↑*Little Bighorn* unter ihren Führern ↑*Sitting Bull* u. ↑*Crazy Horse* (1876), wurden aber 1890 bei ↑*Wounded Knee* besiegt. Das S.-Reservat in SD ist eines der größten Indianersiedlungen (35000 Personen).

sitcom, *situation comedies.* Lustspielsendungen, meist Serien, zuerst im Rundfunk (seit 1920), dann im Fernsehen (seit 1950). Jahrzehntelang liefen z. B. „I Love Lucy" u. „M*A*S*H", die mit lebensnaher Komik den am. Alltag behandelten.

Sitting Bull (1831–1890). Häuptling der Teton Sioux Indianer, die bei der Schlacht am ↑*Little Bighorn* einen Sieg gegen die USA-Armee erlangten. ↑*Crazy Horse*, ↑*Indianerführer.*

skiffle. Skiffle *m.* Jazzmusik, die in den schwarzen Gebieten des Südens gespielt wurde, oft auf Behelfsinstrumenten wie Waschbrettern o. Krügen. Die um 1920 berühmten Gruppen hießen auch *spasm bands* (*spasm* ‚Zuckung').

skylab. Raumlabor. Seit 1973 gibt es Versuche, im Weltraumlabor neue, industriell verwertbare Materialien herzustellen. ↑*Raumfahrt.*

skyscraper. Wolkenkratzer; eine echt am. Erfindung aus der Zeit, als der Stahlskelettbau sich vom Brückenbau dem Hochbau zuwandte (1. Chicagoer Architektenschule des späten 19. Jh.). Im 20. Jh. erlangte der funktionsbedingte Stil seine Vollendung zunächst im *Empire State Building* (1931). Die Hochhäuser nahmen bes. in New York u. Chicago zu, sind heute typisch für die meisten Großstädte in USA u. bilden die jeweils typische *skyline.* Die derzeit höchsten s. sind *Sears Tower* in Chicago u. *World Trade Center* in New York. ↑*postmodernism.*

Slang. Das ↑*Amerikanische Englisch* bereitet dem, der BE gelernt hat, weniger Schwierigkeiten wegen der Grammatik u. des allg. Wortschatzes als vielmehr wegen des vom BE abweichenden S., der außerdem nicht schichten- o. statusbezogen ist; er wird von jedermann in der Umgangssprache verwendet; *pissed* bed. z.B. im AE ‚stocksauer, wütend', im BE dagegen ‚betrunken'.

slate. Kandidatenliste f. die Wahl.

SLBM, *Submarine-Launched Ballistic Missiles.* U-Boot-Interkontinentalraketen vom Typ *Poseidon, Trident.* ↑*Abrüstung,* ↑*ICBM,* ↑*START.*

sleeper. Eine überraschend wichtig gewordene Person, ein Ereignis o. Diskussionsthema, z.B. das Thema „Geiseldrama" bei den Wahlen von 1984.

slush funds. Schmiergelderfonds; von *slush* ‚Matsch, Schmiermittel'. Durch den großen Einfluß der Lobbies (↑*lobbyism*) sind bei Wahlkampagnen, Gesetzen u. Verteidigungsaufträgen in USA s.f.-Skandale fast vorprogrammiert.

smacker ↑cash.

Smith, Joseph (1805–1844). Gründer der ↑*Mormonen*-Kirche *(Church of Jesus Christ of Latter-Day Saints).*

Smithsonian (Institution). Bekanntestes am. wissenschaftliches Institut in Washington, das aber v.a. wegen seiner Museen (Raumfahrt, National-Galerie) beliebt ist.

smokey bears. Slang-Bez. f. ↑*Polizei* im ↑*CB*-Funk.

Smokies ↑Great Smokies.

SMSA, *Standard Metropolitan Statistical Area.* Begriff, den die Volkszählungsbehörde anstelle von „Großstadt" (↑*metropolis*) verwendet, um die Verstädterung zu messen, die über eine ↑*city* hinausgeht. Im Zentrum der SMSA befindet sich eine *city* mit mindestens 50000 Einwohnern, wie z.B. New York, die für viele Städte ringsum als Arbeits- u. Kulturzentrum gilt, unabhängig von der polit. Zugehörigkeit. Die größten SMSA sind: ↑*New York* (18 Mio.), ↑*L.A.* (13 Mio.), ↑*Chicago* (8 Mio.),

↑*San Francisco* (6 Mio.), ↑*Philadelphia* (5,8 Mio.). ↑*urban area.*

snack bars. Imbißstuben; ähnlich den ↑*coffee shops.*

SNCC [snɪk], *Student Nonviolent Coordinating Committee.* Schwarze Bürgerrechtsgruppe der 60er Jahre; gesprochen assoziiert man *snick* ‚schlagen'.

snow belt. Andere Bez. für ↑*rust belt.*

soap opera. ‚Seifenoper', rührselige Radio- o. Fernsehserie (↑*series*), (meist am frühen Nachmittag) über Familienprobleme, die Hausfrauen ansprechen soll. Der Urtyp war ein Hörspiel mit Werbespots für Seifen in den 20er Jahren. Die Königin der s.o. war Irna Phillips, die ab 1930 40 Jahre lang (nach 1950 fürs Fernsehen) Fortsetzungen schrieb, wie „As the world turns". Serien der 80er Jahre wie „Dallas" oder „Denver" schlossen sich da mühelos an u. erreichten weltweite Einschaltquoten.

soccer ['sɑkər]. Am. Bez. f. den europ. Fußball. Am. s. läßt kein Unentschieden zu, deshalb wurde das *shoot-out* (Elfmeterschießen) eingeführt. S. war in USA wie der ↑*football* in ↑*conferences* (Ligen) aufgeteilt mit der inzwischen aufgelösten ↑*NASL* als übergeordneter Organisation. Die fernsehgerechten (↑*Sport*) Unterbrechungen *(time-outs)* u. das ganze Drumherum (↑*razzle-dazzle*) sind ähnlich wie beim *football,* was zu Schwierigkeiten mit der FIFA führte. Inzwischen haben die Proficlubs wegen Zuschauermangel aufgegeben.

social security ↑Sozialversicherung.

Social Security Number (SSN). Eine aus 8 Ziffern bestehende Nummer (000-00-000), die von der Bundesregierung an alle Arbeitnehmer zur Inanspruchnahme u. zum Beitragseinzug der ↑*Sozialversicherung* vergeben wird. Sie dient – ähnlich wie die ↑*driver's licence* – häufig auch zur Identifizierung bei Behörden, da kein Personalausweis (↑*ID*) ausgegeben wird.

soda. Sodawasser u. überhaupt jedes nichtalkoholische Getränk (↑*soft drinks*).

softball. Eine Variante des ↑*baseball* mit weicherem u. größerem Ball, auf kleinerem Feld gespielt.

soft drinks. Alkoholfreie Getränke sind u.a. wegen des Alkoholverbots für Jugendliche (↑*drinking age*) beliebt u. vielfältig; am bekanntesten sind Coca-Cola, Pepsicola, Seven-up, Sprite, Mountain Dew, ↑*root beer.* Regional verschiedene Wörter für s.d. sind: ↑*soda,* ↑*pop,* ↑*soda pop,* ↑*tonic;* alle s.d. werden mit viel Eis serviert. ↑*punch.*

SoHo. Von *„SOuth of HOuston Street";* Künstlerviertel von New York.

Sooner. Spitzname f. die weißen Einwanderer in Oklahoma, die das als Einwanderungsgebiet eröffnete indianische Territorium vor dem offiziellen Termin (*sooner,* früher) betraten. Daher *S.-State* als Spitzname f. Oklahoma.

sophomore ['sɑf,mɔːr]. Schüler(in) o. Student(in) im 2. Jahr der ↑*high school* bzw. des ↑*college;* eine Art Zwischenstadium zwischen *sophos* (griech. ‚weise') u. *moros* (‚dumm').

sororities [sə'rɑrətɪz]. Studentinnenverbindungen, analog zu den männlichen ↑*fraternities.* Allerdings setzen sich die s. mehr soziale Aufgaben.

soul food. Traditionelle Speisen der Schwarzen, z.B. *hominy grits* (Maisbrei); s. f. wird bes. im Süden u. auf dem Lande gegessen; *soul* ‚Seele' (vgl. ↑*soul music, soul brother/sister*) soll da das Zusammengehörigkeitsgefühl der Schwarzen ausdrücken.

soul (music). Schwarz-am. Musik der 60er Jahre, die den ↑*rhythm-and-blues* weiter durch elektron. Mischen u. Variieren veränderte; vermarktet als ↑*Motown* bzw. *Memphis sound.* Sänger: Ray Charles, die Supremes.

South. Der am. Süden (↑*Regionen*); vor dem Bürgerkrieg (↑*Civil War,* ↑*Confederate States of America*) das Gebiet der Sklavenhaltung, das sich gliederte in einen *Upper South* (nördlich von S.Carolina bis zur Südgrenze von Pennsylvania) mit überwiegend Kleinbauern u. den eigentlichen Süden (↑*Deep South*) mit Plantagen-Monokultur u. einer alteingesessenen „Aristokratie". Der S. ist heute noch wegen seiner besonderen Höflichkeitsfloskeln u. großen Gastfreundschaft bekannt. Es leben nach wie vor relativ viele Schwarze dort. Der S. war lange ein Niedriglohn-Gebiet mit rein agrarischer Struktur, holt aber als „*New S.*" u. ↑*sun belt* kräftig gegenüber dem Norden auf. Im Appalachen-Gebiet des Südens (↑*Appalachia*) gibt es jedoch noch viele Arme. Der S. hat viele bekannte Schriftsteller hervorgebracht, die sich mit der von Sklaverei u. verlorenem Bürgerkrieg geprägten Geschichte des Südens befassen (z.B. ↑*Faulkner,* ↑*Literatur*). Typisch ist heute noch die fundamentalistische religiöse Einstellung des S. (↑„*Bible belt*", ↑*fundamentalism*) u. die Betonung der ↑*states' rights* gegenüber der Bundesregierung. Nach 1877 (↑*Reconstruction*) wurde der S. kontinuierlich von konservativen Demokraten regiert. Heute gewinnen die Republikaner immer mehr Boden, während sich die Demokratische Partei für Minderheiten geöffnet hat.

Southern Baptist. Baptistenkirche, die sehr fundamentalistisch orientiert ist u. v.a. in den Südstaaten ihre Anhänger hat (↑*fundamentalism*).

Southern belle. ‚Die Schöne aus dem Süden.' In der Zeit vor dem Bürgerkrieg (↑*antebellum*) dominierte im Süden ein Frauenbild, das von den Frauen der oberen Gesellschaftsschicht Grazie u. Eleganz in Benehmen, Kleidung u. Sprache verlangte. Noch heute ist eine gewählte, blumige Sprache eher typisch für die Südstaaten.

Southwest. Der Südwesten (↑*Regionen*), bes. die Staaten: Arizona, New Mexico, das westl. Texas, das südl. Kalifornien, z.T. auch Nevada, Utah. All diesen Staaten ist das trockene Wüstenklima u. die fast gleichzeitige Abtrennung von Mexiko (sei es durch Kriege o. Abtretungen) gemeinsam. Das Gebiet ist wenig bewohnt u. hat einen großen Anteil an mexikan.-am. Bevölkerung (↑*Chicano*). Texas hebt sich etwas ab, weil es zunächst unabhängig war, dann im Bürgerkrieg auf Seiten der Südstaaten kämpfte, andererseits aber auch die ↑*Cowboy*-Tradition mit dem S. teilt. Utah war das erste besiedelte Gebiet westlich des Missouri; die ↑*Mormonen* hatten hier nach ihrer Vertreibung aus dem Osten um 1850 einen theokratischen Staat errichtet. Im trokkenen S. befinden sich auch die meisten ↑*Indianer*-Reservate.

soziale Schichtung ↑class, ↑Gesellschaft, ↑underclass, ↑green book.

Sozialgesetzgebung. Private Wohlfahrtspflege war schon immer ein bes. Kennzeichen der USA, wie die vielen Stiftungen (↑*foundations*) beweisen, die weltweit Hilfe leisten (z.B. CARE nach dem Kriege); auf die Armut im eigenen Land wurden die Amerikaner in den 60er Jahren durch eine besondere Kampagne aufmerksam gemacht, ↑*War on Poverty;* es wurde auch eine Armutsgrenze, bei der staatliche Hilfe einsetzt, festgelegt (↑*poverty line*). Aber die Probleme der Unterprivilegierten (↑*underclass*) sind trotz ↑*Sozialhilfe* noch nicht gelöst. Die Mehrzahl der Am. kennt wie in Europa eine ↑*Sozialversicherung,* die durch betriebliche Sozialpläne, ↑*Krankenversicherungen* u. private Versicherungen ergänzt wird (↑*medicare,* ↑*medicaid,* ↑*PPO*). Die Absicherung ist sehr kostenbewußt u. flexibel organisiert, insgesamt jedoch nicht so weitreichend wie in europäischen Ländern.

Sozialhilfe (*welfare*). S. bezeichnet die Programme für bedürftige Am., die keine ↑*Sozialversicherung (social security)* bekommen, da sie kein längerfristiges Arbeitsverhältnis nachweisen können. Es gibt eine Reihe von Programmen, die vom Bund u. den Einzelstaaten bzw. Gemeinden gemeinsam finanziert werden, die aber je nach Staat unterschiedliche Beihilfen gewähren, was zu Wanderungen (bes. von Südstaaten-Schwarzen nach New York u. anderen Städten des Nordens mit höherer Beihilfe) geführt hat. ↑*Aid to Families with Dependent Children,* ↑*medicaid,* ↑*food stamps* sind die bekanntesten dieser Programme. Die Reagan-Regierung hat viele solche Programme wegen Bürokratie u. Mißbrauch gekürzt.

Sozialismus ↑leftists.

Sozialversicherung. Sie basiert auf dem *Social Security Act* des ↑*New Deal* (1935) als Alters-, Hinterbliebenen- u. Arbeitslosen-Versicherung. Sie wurde 1965 mit ↑*medicare* (Krankenversicherung für alte Menschen) ergänzt. Diese Versicherungen sind nicht umfassend u. müssen durch private Versicherungen, bes. ↑*Krankenversicherungen (*↑*Blue Cross, Blue Shield*) bzw. durch betriebliche Versicherungen wie z.B. ↑*HMO,* ↑*PPO* ergänzt werden.

S & P, *Standard and Poor's* (*Stock Prices*). Börsenindex von 500 Aktien, gilt als zuverlässiger als der ↑*DOW.*

Space shuttle. Raumfähre; sie war gedacht als Raumfahrzeug, das immer wieder zur Erde zurückkehren kann, im Gegensatz zu den nur einmal verwendbaren Raketen. Das nach dem Unglück mit der *Challenger*-Raumfähre (1986) vorläufig unterbrochene Programm wird seit 1988 wieder fortgesetzt. ↑*Raumfahrt.*

Spanish-American War (1898). Die am. Unterstützung des kubanischen Aufstands gegen Spanien führte zum Krieg, der auch den Fernen Osten mit einbezog. Kuba wurde unabhängig, Spanien trat Puerto Rico, die Philippinen u. Guam an die USA ab. So wurde die USA vom Unterstützer kolonialer Rebellen selbst zur imperialistischen Macht. Im gleichen Jahr wurde ↑*Hawaii* annektiert.

speakeasy. ‚Flüsterkneipe' mit illegalem Alkoholausschank zur Zeit der ↑*Prohibition.*

Speaker (of the House). Vorsitzender des Repräsentantenhauses. Er kann Vorsitzende u. Mitglieder der Ausschüsse bestimmen u. entscheiden, welche Gesetzesvorlagen zur Debatte kommen, hat also eine bedeutende polit. Funktion. – Vorsitzender *(president)* des Senats ist der US-Vizepräsident. ↑*House,* ↑*Senate.*

special-effects movie. Filme, die sehr stark auf Spezialeffekten beruhen wie Animation von Kleinmodellen, Computergrafiken, Lichteffekten; Beispiele: „Star Wars" o. „E.T." u. „Jurassic Park" vom Hauptvertreter dieses Genres, Steven Spielberg (geb. 1946).

speed zone. Geschwindigkeitsbegrenzung (unter 55 mph).

spic o. spik. Schimpfwort für Spanisch sprechende Amerikaner, bes. ↑*Puertorikaner.*

spiritual, auch *negro spiritual.* Religiöse Liedform, die bei den ↑*Schwarzen* des Südens aufkam u. meist mit ↑*gospel* (*song*) identisch ist.

spoils system ↑civil service, ↑plum book.

sponsor. Geldgeber, Sponsor; bei Radio- u. Fernsehsendungen der Auftraggeber für die Werbespots, die meist seine Produkte zeigen (↑*commercial*).

Sport (im AE *sports*) ist *„big business"* u. Unterhaltung, ein Teil des *show business,* sei es „live" oder im Fernsehen. Für das Fernsehen mit seinen Unterbrechungen für Werbespots eignen sich besonders die in USA erfundenen Zuschauersportarten: ↑*football,* ↑*baseball* u. ↑*basketball.* Fernsehgerechte Sonderregeln gibt es aber auch für ↑*soccer,* den europäischen ‚Fußball' (z.B. *time-out*). Wichtige Zuschauersportarten sind auch ↑*hockey* (=Eishockey), Tennis, Golf, Boxen, Automobilrennen (↑*Indy 500*), Pferde- u. Windhundrennen (↑*Kentucky Derby*). Die am. Leidenschaft für den Aktivsport, bes. Jagd, Golf, Surfing u. Leichtathletik, bringt nicht nur Medaillen bei den Olymp. Spielen, sondern zeigt ein Bewußtsein für körperliche Fitneß. Aus USA kommen daher auch viele neue Richtungen des ↑*fitness training.*

Darüber hinaus ist S. ein Ausdruck der am. Werte: Freiheit (z.B. Jagd), harter aber fairer Wettbewerb, gleiche Behandlung der verschiedenen Rassen. Sportveranstaltungen sind Gelegenheiten für Show u. Unterhaltung (↑*razzle-dazzle*, ↑*cheerleaders*). Bei den ↑*ball-games* zeigt man auch gern seinen ↑*Patriotismus* mit Nationalhymnen u. Flaggenparaden, obwohl nur Mannschaften der USA teilnehmen. Es gibt allerdings bei dieser sportlichen Unterhaltung keinen Vandalismus wie in Europa. Die Großen des Sports werden mit einer Eintragung in die ↑*Halls of Fame* verewigt. Die Überschwenglichkeit zeigt sich auch in der Sportberichtsprache (↑*sports language*), den vielen Fachbegriffen, die das Lesen des Sportteils der Zeitung schwierig machen, von denen aber auch viele im Alltag gebraucht werden. Es gibt nicht nur *eine* dominierende Sportart wie Fußball in Deutschland, sondern mehrere, die nach Jahreszeit verteilt sind (*football* im Herbst, *baseball* im Sommer, *basketball* u. Eishockey im Winter). Diese kämpferischen am. Sportarten finden im Ausland überall mehr u. mehr Anklang; wenn ausländische Spiele wie der europ. Fußball übernommen werden, paßt man sie an die am. Zuschauermentalität an, die stets einen Gewinner verlangt. (*shoot-out* beim *soccer*, ↑*tie-break* im Tennis).

sports language. In der Sportsprache unterscheiden sich AE-Begriffe oft vom BE: z.B. bezeichnet *athlete* im AE den Sportler allgemein (BE ‚Leichtathlet'), *officials* sind im AE die Schiedsrichter, nicht die Vertreter eines Sportbunds. Darüber hinaus ist die Vorliebe der Sportreporter für komplizierte Statistiken mit vielen Abkürzungen (z.B. ↑*MVP*) u. besonders überschwengliche Berichterstattung zu erwähnen (↑*rookie of the year*). Andererseits sind gerade vom ↑*football* u. ↑*baseball* viele Begriffe in die Umgangssprache übernommen worden, z.B. ↑*rain-check*, ↑*doubleheader*, ↑*ground rules*, ↑*strike*.

spot. (Werbe)spot, die Unterbrechung im Fernsehen f. Werbung: ↑*commercial* (*spot/message*).

Sprache ↑Anrede, ↑Amerikanisches Englisch, ↑Dialekte u. Akzente, ↑hip, ↑political correctnes, ↑Rassismus u. Sprache, ↑Sexismus u. Sprache, ↑Slang, ↑sports language, ↑Takt u. Tabu, ↑Umgangsformen, ↑yiddish.

sputnik shock ['spʌtnɪk/'spʊt-...]. Die Tatsache, daß die Russen als erste eine Rakete ins Weltall schossen (1957), hat die Amerikaner in ihrem Glauben an ↑*progressive education* erschüttert; es wurde danach mehr intellektuelle „*excellence*" für die Schulen gefordert. Durch die *National Defense Education Act* (*NDEA* 1958) wurden sofort Gelder zur Förderung von Naturwissenschaften u. Fremdsprachen zur Verfügung gestellt, auch für die Grund- u. Sekundarschule. Durch die Probleme mit Minderheiten Ende der 60er Jahre geriet diese Leistungsorientierung des ↑*Bildungswesens* ins Hintertreffen, erst mit dem Ruf ↑*back to basics* wurde Ende der 70er Jahre wieder auf wesentl. intellektuelle Aufgaben der Schule hingewiesen.

square dance. Beliebte am. Volkstanzform, bei der jeweils 4 Paare in einem Viereck Schrittformationen nach Anweisung eines Rufers (*caller*) ausführen. ↑*Tanz.*

Square Deal. Wörtl. ‚Gerechte Kartenverteilung'; wirtschaftspolitisches Programm von Präsident Th. Roosevelt, mit dem er einen Ausgleich zwischen Arbeitgebern u. Arbeitnehmern suchte. Er leitete Reformen ein im Sinne einer progressiven Politik (↑*progressivism*), die den Wirtschaftsliberalismus der Gründerjahre (↑*robber barons*) einschränken u. mäßigen wollte (Einsatz von Anti-Trust-Gesetzen gegen Monopolgesellschaften). *F. D.* ↑*Roosevelt* griff in seinem ↑*New Deal* auf diesen reformerischen Ansatz zurück.

St. Helens, Mount ~. Vulkan im Süden des Staates Washington, der 1980 nach 100 Jahren wieder ausbrach.

St. Lawrence Seaway. Die 1959 eröffnete Wasserstraße, die es großen Schiffen erlaubt, über den St. Lawrence River in die Großen Seen durchzufahren.

St. Patrick's Day. Nichtöffentlicher, aber allgemein beliebter Feiertag am 17. März (St.P., engl. Missionsbischof in Irland im 5. Jh., ist der irische Schutzpatron). Auch Am. nichtirischer Abstammung tragen etwas Grünes (die Farbe Irlands) o. trinken grünes Bier. Bekannt sind die Umzüge (↑*parades*) in ↑*New York,* ↑*Boston* u. ↑*Chicago.*

Staat. Der vergleichbare Begriff im AE ist meist *government* (↑*Regierung*), ↑*state* bezieht sich auf den Bundesstaat/Einzelstaat der Union.

Staatssymbole. 1. Die Flagge (↑*Stars and Stripes*), die als *„Old Glory"* in USA eine große Rolle bei der Förderung des ↑*Patriotismus* spielt; 2. die Nationalhymne ↑*„Star-Spangled Banner"*; 3. das Staatswappen mit dem ↑*American eagle* (Weißkopfadler), der auch auf Münzen, Siegeln u. Ehrenabzeichen erscheint, häufig mit dem lateinischen Spruch ↑*e pluribus unum* o. dem ↑*motto* ↑*In God We Trust.* Daneben gibt es noch patriotische Lieder wie ↑*„America The Beautiful"* u. Treuegelöbnisse (↑*Pledge of Allegiance*), die im Einwandererland USA die staatliche Einheit u. Größe versinnbildlichen sollen. Symbole der USA i. w. S. sind die Freiheitsstatue ↑*Statue of Liberty* u. die ↑*Verfassung,* die nicht nur als Papier empfunden wird; man beruft sich ständig auf sie, sie steht für den am. Glauben an individuelle Freiheit. Symbolfigur ist auch der ↑*President,* der trotz aktiver Politik über allen Amerikanern steht. Wichtig ist der Nationalfriedhof ↑*Arlington National Cemetery.*

Stadt/Gemeinde ↑city, ↑city government, ↑grid pattern, ↑megalopolis, ↑metropolis, ↑SMSA, ↑suburb, ↑town, ↑township, ↑urban area, ↑village.

stalking horse. Polit.: Strohmann; (bei der Jagd: Pferd, hinter dem sich ein Jäger versteckt).

stand-up comedy. Darbietung durch alleinunterhaltenden Komiker; eine neuerdings wieder beliebte Unterhaltungsform.

standard-tests. Standardisierte Tests (meist nach dem Multiple-Choice-System) sind hochschulunabhängige Tests, die bei der Vielfalt der Systeme des am. ↑*Bildungswesens* gleichwertige Kriterien bieten für die ↑*Zulassung zum Hochschulstudium* (↑*SAT*) bzw. zum Graduierten-Studium (↑*GRE*, ↑*graduate school*) o. zu den ↑*professional schools* (z.B. *Graduate Management Admission Test*) o. für die Zulassung von Ausländern (*Test of English as a Foreign Language, TOEFL*).

Star Wars. Von dem Film „*Star War*" (Krieg der Sterne) abgeleitete, informelle Bezeichnung für das von Reagan initiierte ↑*SDI*-Programm, das die Entwicklung von Weltraumwaffensystemen fördert u. so die Kriegsmöglichkeit von der Erde ins All verlagern möchte. Das Programm wurde unter der Bush-Regierung wegen seiner Kostspieligkeit reduziert u. von der Clinton-Regierung gestoppt. Es bestehen jedoch weiter Vorhaben, Abwehrsysteme gegen Weltraumwaffen zu entwickeln.

Star-Spangled Banner, The ~. Nationalhymne seit 1931. Francis Scott Key schrieb 1814 die Hymne auf das Sternenbanner noch während des ↑*War of 1812* (gegen England), die Melodie wurde später von einem englischen Trinklied übernommen. ↑*Stars and Stripes.*

Stars and Bars. Bez. f. die Flagge der Südstaaten während des Bürgerkriegs (1861–65, ↑*Confederate States of America*). Die erste Flagge der Südstaaten war nur rot-weiß gestreift, sie wurde aber 1863 durch eine Sternenflagge (11 weiße Sterne auf rotem Feld mit blauem Andreaskreuz) ersetzt, die auch heute noch in den Südstaaten zu sehen ist.

Stars and Stripes. „Sternenbanner", die Flagge der USA: sieben rote u. sechs weiße Streifen (für die 13 ursprüngl. Staaten); in der linken oberen Ecke 50 weiße Sterne (Zahl der heutigen Bundesstaaten) auf blauem Grund. Die Bundesflagge entstand während des Unabhängigkeitskrieges, wurde 1777 durch Bundesgesetz zur Staatsflagge erklärt, damals noch mit 13 Sternen. Entsprechend der Anzahl der Bundesstaaten wuchs die Anzahl der Sterne. 1959 kamen mit der Anerkennung von ↑*Alaska* u. ↑*Hawaii* als Bundesstaaten die letzten beiden hinzu. Zur Verehrung der Flagge gehören viele Zeremonien im am. Alltag: Hissen der Flagge bei allen Behörden, Schulen, Kirchen, früher tägliches Treuegelöbnis vor der Flagge (↑*Pledge of Allegiance*), Flaggenparade bei allen Sportveranstaltungen; wegen des hohen Symbolcharakters war die Flagge vielleicht auch bevorzugtes Beschmierungsobjekt während der revolutionären Jugendbewegung von 1968 (↑*counterculture*). ↑*Patriotismus*, ↑*Staatssymbole.*

Stamp Act. Stempel-Steuer; sie wurde durch die britische Regierung 1775 auf alle mit offiziellem Stempel versehenen Dokumente der am. Kolonien erhoben, wogegen die Am. mit Forderungen nach Mitsprache bei der Steuererhebung („*No taxation without representation*") protestierten. Die Steuer wurde 1776 aufgehoben, war aber ein Anlaß für den Unabhängigkeitskrieg (↑*Revolutionary War*).

Stanford University, CA. Erstklassige Universität südlich von ↑*San Francisco*, die in ihrer liberalen Tradition Ende der 80er Jahre als erste ein multikulturelles College-Curriculum (mit Pflichtkursen in Frauen- u. Minoritätenliteratur) einführte u. somit die Dominanz des eurozentrischen Curriculums aufhob (↑*multiculturalism*).

START, *Strategic Arms Reduction Talks.* ↑*Abrüstung.*

state. Einzelstaat (nicht der ↑*Staat* im Sinne von Öffentlicher Hand). Er wird ähnlich wie der Bund regiert u. verwaltet; an der Spitze steht der Gouverneur (↑*governor*). Unabhängig von diesem gibt es zwei Kammern (Senat u. Repräsentantenhaus, in Nebraska nur 1 Kammer). Allerdings gibt es bei den Rechten der Einzelstaaten (↑*states' rights*) große Unterschiede, vergleichbar mit denen zwischen europäischen Ländern. ↑*federalism.*

State Department. Außenministerium der USA; der Außenminister heißt *Secretary of State* (↑*Foggy Bottom,* ↑*cabinet*).

State of the Union address. Jährlicher Bericht zur Lage der Nation durch den Präsidenten, im Januar.

statehood. Anerkennung als Bundesstaat der USA. Zu den ursprünglichen 13 Staaten kamen die andern 37 bis 1959 (↑*Hawaii,* ↑*Alaska*) durch Anerkennung ihrer st. hinzu. Der ↑*District of Columbia* (d.h. die Hauptstadt Washington) ist kein Bundesstaat u. wird direkt vom Kongreß verwaltet. ↑*Puertorikaner.*

state trooper. Bez. f. *state police,* die Polizei des Einzelstaates; sie untersteht dem Gouverneur (↑*Governor*).

state university. Jeder Bundesstaat hat zumindest eine öffentlich durch ihn bezuschußte Hochschule eingerichtet, die meist den Namen s.u. trägt, z.B. *S.U.N.Y. (S. U. of New York),* u. häufig mehrere Filialen *(branches)* an verschiedenen Orten unterhält.

statehouse. Gebäude, in dem die Legislative (Parlament) in den Bundesstaaten tagt, meist ebenfalls ein Kapitol wie in Washington (↑*Capitol Hill*).

states' evidence. Kronzeuge; Straftäter, dem Strafmilderung bzw. bei ↑*racketeering* auch eine neue Identität u. Personenschutz im Falle der Aussage gegen einen Mittäter zugesichert wird.

states' rights. Die Rechte der Einzelstaaten (↑*state*) gegenüber der Bundesregierung. In den ↑*Articles of Confederation* waren sie sehr ausgeprägt, in der ↑*Verfassung* selbst wurde die Bundesregierung gestärkt, die im Bürgerkrieg die extreme Position der Südstaaten (Recht auf Sezession) zurückwies u. auch heutzutage bei den Bürgerrechtsdisputen (z.B. Schule) den Anspruch von Südstaaten auf Nichteinmischung durch den Bund zurückgewiesen hat. Trotzdem haben die Einzelstaaten große Rechte: eigenes Strafrecht (z.B. Todesstrafe nur in einigen Staaten, so daß manche Staaten Verbrecher nicht an diese ausliefern), eigenes Handels- u. Steuerrecht (unterschiedliche Verkaufssteuer, ↑*sales tax*), vor allem unterschiedliches Schul-, Gesundheits- u. Sozialwesen (↑*Sozialhilfe*) u. eigene ↑*Polizei.* ↑*federalism.*

station. Lokaler Rundfunk-/Fernsehsender im Gegensatz zum ↑*network,* der Fernsehgesellschaft, der er angeschlossen ist.

station-to-station call. Normales Telefongespräch. Die gewählte Rufnummer ist wichtig, nicht die Person, die ans ↑*Telefon* geht; vgl. aber ↑*person-to-person-call.*

station wagon ↑car size.

Statue of Liberty. Die Freiheitsstatue steht in der Schiffseinfahrt von New York zur Begrüßung der Einwanderer. Die ca. 50 m hohe Statue auf der Liberty-Insel zeigt eine Frau mit erleuchteter Fackel in der Hand. Die Inschrift auf dem Sockel (von Emma Lazarus, 1886) lädt die Armen u. Heimatlosen ein, frei zu atmen u. hierher (USA) zu kommen. Die Statue war ein Geschenk des französischen Staates zur Hundertjahrfeier der Gründung der USA (1886), geschaffen von F. Bartholdi; zur Zweihundertjahrfeier 1986 wurde sie renoviert u. ihre Neuenthüllung als großes Volksfest gefeiert. ↑*Staatssymbole.*

statute law ↑Recht.

statutory rape ['stætʃəˌtɔːrɪ...]. Notzucht (im Sinne der gesetzlichen Definition). Hierzu gehört der Geschlechtsverkehr mit Minderjährigen (↑*minor*). ↑*Rechte von Jugendlichen.*

steak [steɪk]. Am. essen viel u. gutes Fleisch; das zeigt die Vielfalt der Steak-Sorten: *sirloin* (Lende), *T-bone* (T-förmiger Knochen), *tenderloin* (zart), *round* (einfach); *chuck st.* (Vorderviertel des Tieres), *club st.* (vom Lendenende). Man gibt außerdem an, ob das Steak gar (*well-done*), mittel (*medium*) o. „englisch" *(rare)* gebraten sein soll bzw. *barbecued* (über Holzkohle).

Steinbeck, John (1902–1968). Romanschriftsteller, der wegen seines Mitgefühls für die Probleme von Verarmten u. Landarbeitern in den 30er Jahren (Zeit der Depression) in die Nähe von sozialistischer u. kommunistischer Literatur gerückt wurde. Er gewann 1962 den Nobelpreis für Werke, die hauptsächlich im Westen der USA (↑*California*) spielen, wie „Grapes of Wrath", „East of Eden", „Of Mice and Men", „Cannery Row".

Sterbehilfe ↑right-to-die laws.

stetson. Der Cowboy-Hut mit breitem Rand.

Stewart, James (geb. 1908). Beliebter Filmstar, der mit seiner langsamen Sprechweise u. etwas linkischen Art einfache Menschen bes. gut darstellte. Typisch: „Mr. Smith Goes to Washington".

stock company. 1. Aktiengesellschaft; 2. Repertoire-Bühne. Sie sind in USA häufig, weil nur wenige Städte sich feste Theatergesellschaften leisten können; wie die Aktiengesellschaften privater Natur werden sie nicht subventioniert. ↑*Theater.*

stock options. Aktienbezugsrechte. Die am. Börse hat sich mehr als andere der breiten Masse geöffnet durch die Erweiterung von st. o. für Leute, die wenig Geld haben, aber mit Krediten auf zukünftige Kursschwankungen spekulieren. ↑*Wirtschaft.*

stopout. Student, der sein Studium unterbricht mit der Absicht, es nach einem o. mehreren Semestern wieder aufzunehmen. ↑*dropout.*

storefront church. Bez. f. die „Kirche" der Schwarzen in den trostlosen Innenstädten des Nordens; nach *storefront* ‚(Räume hinter der) Ladenfront', die mangels Gotteshäusern zu religiösen Zwecken verwendet wurden. Sie wurden wegen ihrer Bescheidenheit zum Zentrum für Zuwanderer aus dem Süden u. haben einen emotionaleren Gottesdienst geschaffen als etablierte Kirchen (↑*Holiness Movement*, ↑*Pentecostals*). ↑*Schwarze u. Religion.*

storm window/cellar/door ↑home.

Strafverfolgung *(criminal procedure)* ↑due process.

straight (up). 1. ‚Unverwässert', pur, 100%ig, ohne Eisbeigabe, bei Getränken (↑*liquor*); 2. Bez. f. Menschen mit heterosexueller Veranlagung im Gegensatz zu Homosexuellen *(gays).*

Straßen ↑highway, ↑interstate, ↑Autobahn.

Strategische Atomstreitkräfte. Interkontinentalraketen (↑*ICBM*, ↑*SLBM*), Mittelstreckenraketen (↑*INF*) und Kurzstreckenraketen (*short-range missiles*) unterstehen alle dem *Strategic Air Command* (*SAC*), letztlich dem Präsidenten der USA, der allein über den Einsatz entscheidet.

street. Straße in der Stadt (↑*grid pattern*).

strict constructionist. Jemand, der die ↑*Verfassung* wörtlich interpretiert. Betrifft oft Themen wie Schulgebet (↑*school prayer*), die von manchen Richtern des Obersten Gerichts o. Anwälten eng *(strictly)* bzw. weit *(loosely)* interpretiert werden.

strike. 1. Begriff aus dem ↑*baseball*, wenn der *batter* den vom Werfer *(pitcher)* geworfenen Ball nicht trifft. Nach 3 s. ist der *batter* aus dem Spiel; deshalb in der Umgangssprache die Bedeutung ‚Verlustpunkt'; 2. Streik (↑*Gewerkschaften*).

string. Kette, z.B. von verschiedenen Zeitungen, die einem einzigen Besitzer gehören, aber in verschiedenen Städten erscheinen. Bei ↑*chains* ist demgegenüber der Produktbereich nicht festgelegt.

stringer. Freier Korrespondent, der für verschiedene Zeitungen schreibt. ↑*string.*

Strip. Vergnügungsstraße in Las Vegas, die nachts so hell ist wie am Tag;

Zentrum der Nachtlokale u. Spielsäle.

struck jury ↑jury.

student. Student, aber auch Schüler aller Schultypen (sogar ↑*kindergarten!*)

students' union. Zentrales Gebäude der Hochschule für die sozialen Belange u. Veranstaltungen der Studierenden. Im akad. Bereich gibt es jedoch keine ‚verfaßte' Studentenschaft u. nur wenige Mitspracherechte.

Stürme u. Winde. Wegen der Offenheit der zentralen Mulde zwischen Appalachen u. Rocky Mountains (↑*Klima*) sind Stürme u. Temperaturschwankungen häufig, insbes. ↑*tornado,* ↑*hurricane,* ↑*blizzard,* ↑*cyclone,* ↑*norther.*

STV, *Subscription Television.* Abonnement-Fernsehen, gebührenpflichtig, weil über Kabel (↑*cable television*).

subpoena/subpena [sə'piːnə]. Gerichtsvorladung von Zeugen unter Strafandrohung; s. kann auch auf Dokumente angewandt werden.

suburb ['sʌbɜrb]. Stadtrandsiedlung, Vorstadt. Sie ist juristisch selbständig, aber siedlungsmäßig doch Teil der (Groß)Stadt (↑*urban area*). Sie ist mit ihren gleichförmigen Einzelhäusern der Wohnort für die Mehrzahl aller Amerikaner u. hat die USA wesentlich geprägt. Aufgrund ihrer Selbständigkeit konnten die s. Besiedlungspläne *(zoning laws)* aufstellen, die es nur bestimmten Schichten erlaubten, dort Eigentum zu erwerben; sie waren daher bis in die 60er Jahre sehr homogen (rassisch, ethnisch u. einkommensmäßig). Die s. finanziert ihre eigenen Schulen (deren Ausstattung ist daher viel besser als in den finanzarmen schwarzen Innenstädten, ↑*underclass*), ist mit eigenen Einkaufszentren auch unabhängig von den Innenstädten (↑*mall*). Die Homogenität u. Konformität der s. hat bes. in den 50er Jahren die am. Kultur bestimmt als Symbol des Wohlstands für eine große Mittelschicht wie auch als Zeichen der Anpassung u. Selbstzufriedenheit, aus der Jugendliche u. Hausfrauen in den 60er Jahren auszubrechen suchten (↑*Beat,* ↑*hippies,* ↑*Frauenbewegung*).

sucker. Wörtl. ‚saugendes Jungtier', bes. Spanferkel. Slang: gutgläubiger Trottel, der sich leicht reinlegen u. zum Sündenbock machen läßt, ein ganz „unamerikan." Typ; in der Literatur auch als „*fall guy*" bekannt.

suffragette/suffragist [sʌfrə'dʒet/'- dʒɪst]. ↑*Frauenbewegung,* durch deren Einsatz 1920 nach einer Verfassungsänderung Frauen das Wahlrecht zugestanden wurde.

summer camp. Ferienaufenthalte f. am. Schulkinder in den dreimonatigen Sommerferien; oft verbunden mit Angeboten zu Sport u. Weiterbildung (z. B. auch *computer camps*).

summer school. Kurzkurse, verkürzte Semesterkurse (4–8 Wochen), die nach Ende des akadem. Jahres oder Schuljahres am Ausbildungsort angeboten werden, um einen beschleunigten Abschluß zu ermöglichen.

summer stock. Repertoire-Bühne, die während des Sommers in Erholungszentren tätig ist. ↑*stock company.*

sun belt. Sonnengürtel; Bez. für die südliche USA zwischen Atlantik u. Pazifik (bes. Florida, Texas, Arizona, Kalifornien), die aufgrund des angenehmen ↑*Klimas* u. der im Vergleich zu den Industriegebieten des Nordostens (↑*manufacturing belt*) günstigeren wirtschaftl. Bedingungen immer mehr an Bevölkerung u. Industrie zunimmt (etwa seit der Energiekrise 1973). Der s. ist keine kulturell einheitliche ↑*Region.*

Sun City, AZ. Eine Stadt in sonnigem Klima, die 1960 nur für ältere Menschen (über 45 Jahre ohne Kinder) gebaut wurde, mit ca. 50000 Einwohnern u. vielen Angeboten für ältere Menschen.

sun dance. Religiöse Zeremonie der ↑*Plains Indians* zur Sommerwende, die dem Suchen der Vision dient. ↑*Indianerreligion.*

Sunday dinner. Das Sonntagsessen findet meist zur Mittagszeit, nicht, wie sonst, am Abend statt.

Sunday paper. Schwergewichtige Sonntagsausgabe einer Zeitung. Es gibt keine separaten Sonntagsblätter wie in England (↑*Zeitungen*).

sunny-side up. Einseitig angebratene Spiegeleier (↑*Eier*).

Super Bowl. Das Meisterschaftsspiel im am. Profi-Football an einem Sonntag Ende Januar, ein sportliches Hauptereignis in USA.

Super Tuesday. Der 2. Dienstag im März im Jahr der Präsidentschaftswahlen, auf den viele Bundesstaaten ihre Vorwahlen (↑*primary election*) legen.

superhighway. Eine der vielen Bez. f. ↑*Autobahn.*

Superliner. Zweistöckiger Aussichtswagen, der im Luxus-Eisenbahn-Verkehr zwischen Chicago u. San Francisco eingesetzt wird, auch als ↑*Pullman*-Schlafwagen. Die Aussichtswagen werden auch *dome coaches* u. *vistadomes* genannt.

supermarket. Supermarkt; ein paar Tips: Die Ware wird vom s. in braune Papiertaschen fertig fürs Auto verpackt; Gemüse u. Früchte bez. man zusammen als *produce;* Milch hat Vitamin-D-Zusatz, Salz Jod-Zusatz; Fleisch ist anders geschnitten als in Europa.

supply-side economics. Angebotsorientierte Wirtschaftspolitik: Die Produktion, nicht die Nachfrage (wie bei dem eher von der ↑*Democratic Party* bevorzugten Keynesianischen Modell) wird staatlicherseits manipuliert: durch niedrige Steuern (↑*tax reform*) u. durch Reduzierung der Ausgaben der öffentlichen Hand (↑*Budget-Defizit*). Diese Reagansche Politik schuf Anfang der 80er Jahre 6 Mio. neue Arbeitsplätze, scheiterte jedoch nach der Ausweitung des Budget-Defizits, so daß Reagan schließlich zum üblichen konservativen ↑*monetarism* zurückkehren mußte. ↑*Wirtschaft.*

Supreme Court [sʊ'priːm...]. Oberstes Gericht; das oberste Bundesgericht (*U.S.S.C.*), das als letzte Instanz der Bundesgerichtsbarkeit wie auch als Verfassungsgericht neben Legislative u. Präsident eine der drei Säulen der am. ↑*Demokratie* darstellt. Es besteht aus einem ↑*Chief Justice* u. acht beigeordneten *Justices,* von denen jeder ein Sondervotum abgeben kann. Kandidaten werden vom Präsidenten vorgeschlagen u. vom Senat bestätigt, was oft zu Schwierigkeiten geführt hat, weil die Nominierten dem erforderlichen *„good behavior"* – sei es finanziell o. moralisch – nicht entsprachen o. wegen ihrer polit. Haltung dem Senat nicht paßten. *Justices* können nicht entlassen werden, es sei denn durch Amtsenthebung (↑*impeachment*). Ihre Hauptaufgabe, eigentlich nicht in der ↑*Verfassung* so festgelegt, ist heute die Rechtsüberprüfung (↑*judicial review*). Interessant ist, wie der S.C. im Laufe der Zeit die Auslegung der Gesetze geändert hat: 1896 war noch durch den S.C. die Rassentrennung festgelegt worden, 1954 wurde sie aufgehoben. Gegenwärtig ist auch eine Frau Mitglied dieses Kollegiums, das nach den liberalen Entscheidungen unter *Chief Justice* E. Warren mit dem von Präsident Nixon eingesetzten Vorsitzenden W. E. Burger konservativere Urteile fällt.

S.C. ist auch die Bez. für die obersten Gerichte der Einzelstaaten (↑*Justiz*), im Staate New York sogar die Bez. für normale Gerichte (↑*trial courts*).

surf sound. ↑*Popmusik* der frühen 60er Jahre im Stil der ↑*Beach Boys,* die Assoziationen mit der leichten Freizeitkultur (z.B. Surfen) in ↑*California* durch melodische, balladenhafte Musik wecken sollte.

surimi [su'riːmi]. Ein neues Fischprodukt, das aus preiswertem Weißfisch hergestellt wird, aber in Geschmack u. Aussehen einem teuren Fisch (Hummer) gleicht.

Susan B. Anthony dollar. Neuprägung der $ 1-Münze mit dem Bildnis der am. Frauenrechtlerin (1820–1906). ↑*cash.*

sweatshop. Abwertende Bez. für die Ausbeutung der jeweils neuesten Einwanderer durch überlange u. schlecht bezahlte manuelle Arbeit; früher typisch für New York, heute häufiger in Los Angeles f. illegale Einwanderer.

sweet potato ↑Kartoffel.

swing. Der Swing war die Form des ↑*jazz* der 30er u. 40er Jahre, eine Tanzmusik mit Groß-Orchestern (↑*big band*). Sie wurde von Count ↑*Basie* in New York populär gemacht.

syndicate. ‚Zeitungssyndikat' o. Agentur, die Artikel an verschiedene Zeitungen per Abonnement gleichzeitig verkauft. Dies geschieht häufig mit Kolumnen (↑*column,* ↑*columnist*).

T

Taft-Hartley Act. Wichtiges Streik-Gesetz von 1947, das dem Präsidenten im Falle eines nationalen Notstandes die Möglichkeit zu einer Streikuntersagung für 80 Tage gibt.

Takt und Tabu. Das AE ist oft stark verhüllend bei Ausdrücken aus dem Tabu-Bereich; so gibt es für BE *toilet* sehr viele Umschreibungen: *restroom, powder-room, bathroom,* für Truthahnbrust u. -beine umschreibt man *white* u. *dark meat.* Das BE Wort *bloody* ist verpönt. Hier zeigt sich auch der große Einfluß der Werbesprache in USA, die ‚un-schöne' Inhalte neu verpackt: *dentures* für *false teeth, mortician* (Leichenbestatter im „Bestattungsinstitut") statt *undertaker.* Typisch ist auch der Einsatz von Slogans wie *„Black is Beautiful"*, der einer Minderheit ein besseres Selbstgefühl geben soll (↑*political correctness*). Dieses beschönigende Element läßt das AE etwas pompöser als das BE erscheinen. Andererseits zeichnet sich die am. Umgangssprache gerade durch ihre Informalität (↑*Umgangsformen*), ihren lebendigen ↑*Slang* (s. a. ↑*Fluchen*) aus.

tall tales. Aufschneiderische Geschichten, wie sie typisch für den Wilden Westen waren, z. B. die Geschichten über ↑*Bunyan* o. von Mark ↑*Twain.*

Tammany Hall ['tæmənɪ...]. Versammlungshaus der *Tammany Society* in New York, die lange die Politik in N.Y. durch einen korrupten Parteiapparat bestimmte (↑*machine politics.*). Daher T. auch als Bezeichnung f. politische Korruption.

Tanz. Die USA hat im 20. Jh. sowohl den Kunsttanz (↑*ballet,* ↑*modern dance*) wie auch den Gesellschaftstanz wesentlich beeinflußt, denn abgesehen vom klassischen Walzer werden die meisten modernen T. von einer vom ↑*jazz* beeinflußten Musik bzw. von ↑*rock* o. ↑*pop music* begleitet, ja diese Musik wurde für den T. geschaffen u. spiegelt so die afroamer. Tradition wider, in der Musik u. T. zusammengehören. Der *cakewalk* der schwarzen Sklaven wurde im ↑*jazz age* zum Charleston abgewandelt. Eine ähnliche Entwicklung gab es für den *black bottom;* beide wiederum waren Vorläufer des *jitterbug* o. *jive* mit ihren akrobatischen Verrenkungen. In den sechziger Jahren kamen infolge der Rockmusik die Solotänze des *twist, shuffle, hustle, bump* bis hin zum *disco* u. *break dance* der Gegenwart. Als eigentliche weiße Volkstanz-Tradition gibt es heute noch den ↑*square dance.*

Taos. Ein Dorf mit gut erhaltenen, mehrstöckigen ↑*adobe*-Häusern der ↑*Pueblo*-Indianer bei ↑*Santa Fe*, NM.

tax reform. Die große Steuerreform von 1986, nach der die früheren 15 Steuerkategorien auf 2 reduziert u. der bisherige Höchstsatz (50%) wesentlich gesenkt wurden (1. Kategorie: 28%, 2. Kategorie: 38% des Einkommens). Amerikaner zahlen damit weniger Steuern als Europäer, müssen aber – mit größerer Eigenverantwortung – mehr für ihre sozialen u. gesundheitlichen Belange selbst ausgeben. ↑*supply-side economics,* ↑*Sozialgesetzgebung.*

taxi dancer. Mädchen, das gegen Bezahlung in einem Tanzlokal mit Gästen tanzt.

Taylor, Elizabeth (Liz) (geb. 1932). In England geborene am. Filmschauspielerin, die zu einem am. Schönheitsideal wurde, aber ebenso berühmt durch ihre Heiraten, darunter zweimal mit ihrem Filmpartner Richard Burton.

TD, *touchdown* ↑football.

teamsters. Bez. f. die Gewerkschaft „*International Brotherhood of Teamsters, Chauffeurs, Warehousemen and Helpers of America*“, abgeleitet von *teamster* (Lastwagenfahrer). Mehrere Präsidenten dieser größten amerik. Gewerkschaft waren schon wegen Korruption im Gefängnis; 1957 wurde sie von der Dachorganisation der ↑*Gewerkschaften* ↑*AFL/CIO* ausgeschlossen. Die Bedeutung der Gewerkschaft verweist auf die Wichtigkeit des Lkw- u. Auto-Verkehrs in USA.

Tecumseh [tɪˈkʌmsə] (1768–1813). Wortgewandter Anführer der Shawnee-Indianer, die ihr Land gegen die US-Armee im Krieg von 1813 verteidigten, in dem T. starb.

teddy (bear). Teddybär; benannt nach Theodore („Teddy“) Roosevelt, dem populären US-Präsidenten (1901–1909), der auf der Jagd ein Bärenjunges verschont haben soll.

teeny bopper. Junge Teenager bzw. Musik, die speziell f. junge Teenager produziert wird (↑*bubble-gum*).

telecast ↑broadcast.

Telefon. Das sehr dichte Telefonnetz wird von verschiedenen privaten Gesellschaften verwaltet, deren größte *AT&T* ist; sie werben um den Kunden, der die Verbindung unter ihnen aber nicht zu spüren bekommt. Es gibt nicht überall Selbstwahlgespräche, häufig muß man das Amt (↑*operator*) bemühen, was allerdings auch verschiedene Vermittlungsformen erlaubt: ↑*station-to-station,* ↑*person-to-person,* ↑*collect call.* Wichtig sind auch die vielen ↑*toll-free numbers* von Firmen. Für Ferngespräche benötigt man eine Vorwahl (↑*area code*, vgl. Übersicht S. 248), alle Ferngespräche werden auf der Rechnung aufgelistet. Man kann auch ↑*Telegramme* telefonisch aufgeben, muß dann aber ↑*Western Union* verlangen. Im Postamt kann man nicht telefonieren (↑*Postal Service*). Neu sind die *calling cards,* mit denen man bargeldlos telefonieren kann. ↑*phone book.*

Telegramm *(telegram, cable).* Das Netz wird hauptsächlich von ↑*Western Union,* einer privaten Gesellschaft, betrieben, ist unabhängig von Post o. Telefon. Es gibt noch andere Firmen (z. B. *ITT, International Telephone & Telegraph Corporation*) für internationalen Betrieb.

televangelism. Predigertum über Radio u. Fernsehen mit stark fundamentalistischer Thematik (Sünde, Heil, Rettung) u. häufigen Geldspendeaufrufen in privaten (religiös orientierten) Sendern. ↑*fundamentalism*, ↑*Fernsehen*, ↑*electronic church*.

Temperance Movement. Protestant. Antialkoholiker-Bewegung, v. a. im Süden, die ihren politischen Erfog in der ↑*Prohibition* sah (1919–1939). ↑*dry*, ↑*wet*.

Temperatur-Angaben ↑S. 254.

tenure ['tenjər]. Amt mit nichtkündbarer Amtsdauer; wird von Professoren meist mit dem Rang des *associate professor* erreicht (↑*Hochschulverwaltung*), ist jedoch nicht der Verbeamtung gleichzusetzen, da der Angestelltenvertrag weiterläuft. Lehrer haben meist nur verlängerbare Jahresverträge.

territory. Hoheitsgebiet, das (noch) nicht zum Bundesstaat erklärt wurde. Die meisten Staaten wurden erst als Territorium geführt, heute sind Puerto Rico, die US-Jungfern-Inseln (Virgin Islands), Guam, American Samoa, Belau, die Marshall-Inseln, die Nördlichen Marianen, die Federated States of Micronesia noch t., daneben gibt es noch kleine Inseln als *dependencies* (Schutzgebiete).

Tex-Mex ↑Mexican–American food.

Texas. Heute zweitgrößter Bundesstaat nach ↑*California*. T. war von 1821–1836 Teilgebiet von Mexiko, wurde dann nach einer Revolution trotz der Niederlage bei ↑*Alamo* unabhängig (1836 Sieg bei San Jacinto), aber 1845 von den USA annektiert, was zum Krieg mit Mexiko führte, 1848 von Mexiko endgültig abgetreten. Unabhängigkeit u. Selbständigkeit sind immer noch Kennzeichen von T. (↑*Lone Star State*). T. hat mit den Südstaaten gegen die Union im Bürgerkrieg gekämpft, weshalb es oft zu den Südstaaten gerechnet wird, andererseits ist der trockene Westen mit seinen Ranchern schon immer das typische ↑*Cowboy*-Land des Westens gewesen. Wegen seines hohen mexikan. Bevölkerungsanteils (↑*Chicano*) hat es auch viel mit dem ↑*Southwest* gemeinsam. Öl, Raumfahrt u. Elektronik machen es zu einem modernen Staat. T. hat den Ruf, daß dort immer alles größer, besser ist als anderswo, als Teil des ↑*sun belt* gehört es tatsächlich zu den im Aufschwung begriffenen Staaten.

Thanksgiving Day. Am. Erntedankfest, das am 4. Donnerstag im November zur Erinnerung an die erste Ernte der ersten Siedler von ↑*Plymouth* (1621) gefeiert wird; ein ↑*Feiertag*, an dem sich die ganze Familie beim großen Festmahl versammelt (gefüllter Truthahn mit Preiselbeersoße u. *pumpkin pie* ['pʌŋkən], Kürbiskuchen), nach Weihnachten u. dem Nationalfeiertag sicher der größte am. Feiertag. Nach diesem Tag stellen sich die Geschäfte auf Weihnachten um.

Theater. Nach den revuehaften ↑*minstrel shows* des 19. Jh. entwikkelte sich erst im 20. Jh. ein eigenständiges T. mit am. Werken von E. ↑*O'Neill*, Th. Wilder, A. ↑*Miller* u. Tennessee Williams. Experimentelles T. begann in der polit. Protestperiode der 60er Jahre als *Living T.* u. *Open*

T.; im Künstlerviertel ↑*SoHo* von New York u. in den ↑*lofts* (Lagerhäusern) werden heute noch Stücke ausprobiert.

theme parks. Die Attraktivität der alten *amusement parks* (Vergnügungsparks), die monatelang während der Sommerzeit aufhaben, nimmt immer mehr ab im Vergleich mit neuen t. p. (themenorientierten Vergnügungsparks) wie ↑*Disney World/Disney Land* (Märchen, Geschichte, Länder, Moderne Welt), ↑*Opryland* (country music), ↑*Heritage USA,* ↑*Sea World, Cypress Gardens* usw. Sie wenden sich an die ganze Familie mit ihrem Vergnügungsangebot im Freien, das gleichzeitig Wissen u. Information vermitteln will. Die Themen Mensch, Technik, Religion, Tiere, Länder, Musik, Demokratie zeigen sich von ihrer guten Seite, fordern zum Spaß u. zum Träumen heraus. Wie der wirtschaftliche Boom um diese Parks herum zeigt, sind sie sehr erfolgreich.

thesis ['θiːsɪs], *pl.:* **theses** [-siːz]. Schriftliche Arbeit (vergleichbar einer Zulassungsarbeit), z. B. zur Erlangung des ↑*master's degree;* diese t. kann gelegentlich durch Kursbesuch ersetzt werden. Die *doctoral thesis* (Dissertation zur Erlangung des ↑*doctors's degree*) ist immer mit dem Absolvieren eines *doctoral program* (Kurse) verbunden.

think tanks. Denkfabrik; ugs. Bez. f. Forschungsinstitute, die sich mit langfristigen Strategien befassen *(American Enterprise Institute, Hudson Institute, Heritage Foundation*).

Thirteen States. Die 13 ursprünglichen Staaten der USA. Sie sind gleichzusetzen mit den 13 englischen Kolonien: New Hampshire, Massachusetts, Rhode Island, Connecticut, New York, New Jersey, Pennsylvania, Delaware, Maryland, Virginia, North Carolina, South Carolina, Georgia.

Thoreau, Henry David (1817–1862). Schriftsteller, der mit seiner Schrift zum gewaltlosen Widerstand gegen die Staatsgewalt („Civil Disobedience") sowie durch seine Reden u. sein Beispiel u. a. Mahatma Gandhi u. Martin Luther King, Jr. beeinflußte. ↑*Walden Pond,* ↑*transcendentalism.*

Three-Mile Island. Insel auf dem Susquehanna-Fluß in der Nähe von Harrisburg, Pennsylvanien, auf der ein Atomreaktorkern beinahe geschmolzen wäre (1979). Trotz austretender radioaktiver Wolken wurde das Problem von den Betreibern heruntergespielt. Das Unglück hatte wesentlichen Einfluß auf die Änderung der Reaktorpolitik in USA. Die Insel ist heute noch verseucht.

Three „R's". Schlagwort nach dem Anfangslaut [r] von *reading, writing* u. *(a)rithmetic* (↑*back-to-basics*).

thruway. Eine der vielen Bez. f. ↑*Autobahn.*

Thurber, James (1894–1961). Humoristischer Schriftsteller u. Karikaturist mit Geschichten über den Alltag des kleinen Mannes, z. B. Walter ↑*Mitty.*

tickertape parade ↑ parade.

ticket. Kandidatenliste für polit. ↑*Wahlen.* Für die Präsidentenwahl besteht ein t. aus 2 Kandidaten, dem Präsidentschaftskandidaten u. dem *running-mate* (Mitkandidat für die Vizepräsidentschaft, ↑*run*). Es ist ein *balanced t.*, weil die Kandidaten verschiedene Richtungen in der Partei vertreten.

tie-break. Ein zusätzlicher Spielsatz im Tennis, der das Unentschieden *(tie)* „aufbricht" u. einen Gewinner hervorbringt. Das Verlangen nach einem Gewinner ist typisch auch für andere am. Sportarten (↑*Sport*).

Time. Größtes ↑*Nachrichtenmagazin* mit internationaler Ausgabe.

Times Square. Das Gebiet an der Kreuzung von ↑*Broadway* u. Seventh Avenue zwischen 42. u. 44. Straße, das als Zentrum von ↑*New York* gilt; nachts hell erleuchtet durch die Neon-Reklamen, gefährlich wegen der hohen Kriminalität (Drogen, Prostitution); hier findet die immer in ganz USA übertragene Neujahrsfeier statt; es liegt direkt am Kino- u. Theaterzentrum.

TM, *trade mark.* (Eingetragenes) Markenzeichen (↑*brand name*).

Todesstrafe *(capital punishment).* Der Oberste Gerichtshof hatte die T. 1972 für verfassungswidrig erklärt, sie jedoch 1976 als nicht „grausam u. ungewöhnlich" wieder zugelassen, allerdings mit der Einschränkung, daß sie nicht automatisch für bestimmte Verbrechen angesetzt werden darf *(„not mandatory")*. Etwa zwei Drittel aller Staaten haben sie danach wieder eingeführt, jedoch mit unterschiedlichen Regelungen. An die Stelle von elektrischem Stuhl u. Gaskammer tritt zunehmend die Giftinjektion. Manche Staaten lassen auch den Kandidaten im *death row* (Todestrakt im Gefängnis) die Wahl. International wird die hohe Zahl von Schwarzen im Todestrakt kritisiert, was das Oberste Gericht aber 1987 als Argument gegen die T. abgelehnt hat. Sie kann jetzt sogar gegen die Hintermänner von Morden (↑*racketeering*, ↑*Mafia*) angewendet werden.

TOEFL [toufl], *Test of English as a Foreign Language.* Das Bestehen dieses Tests (Punktzahl ca. 600) wird von am. Hochschulen oft als Voraussetzung für die Bewerbung von ausländischen Studenten angesehen.

token. Wertmarke der New Yorker *subway* (↑*Nahverkehr*).

toll-free numbers [toul . . .]. Gebührenfreie Telefonnummern mit Vorwahl „800" *(dial 800)*, meist von größeren Gesellschaften zur Kundenberatung (auch für Reservierungen von Hotels etc.) eingerichtet.

toll road/tollway ↑Autobahn.

Tom Collins ↑cocktails.

tomahawk ['tɑməhɔːk]. Das Kriegsbeil der ↑*Indianer.*

Tombstone, AZ. ↑OK Corral.

Tony. Einer der jährlichen ↑*Preise* für Theaterproduktion u. Theater-Schauspiel, benannt nach Antoinette Perry (1888–1946), am. Schauspielerin u. Theaterproduzentin.

tooth fairy ↑fairy.

top 40. Die 40 erfolgreichsten Hits der ↑*pop* u. ↑*rock music.* Sie werden in ständiger Wiederholung (Unterbrechung für Nachrichten) auf den Mittelwellen-Sendern (AM) gespielt, so daß im ganzen Land heute in dieser Richtung eine gewisse Einförmigkeit herrscht.

tornado(s) [tɔːrˈneɪdoʊ]. Wirbelwinde, die von Mitte April bis Juni in der zentralen Mulde zwischen Appalachen u. Rocky Mountains verheerenden Schaden anrichten können; Windgeschwindigkeit bis zu 200 m/Sek.; Warnungen im ↑*Wetterbericht.* ↑*Stürme u. Winde.*

totem (pole). Der Totempfahl der Indianer des Nordwestens zeigte geschnitzte Totems: Tiere, Pflanzen o. Objekte, denen sie eine besondere Verehrung entgegenbrachten, sowie Ereignisse aus der Stammesgeschichte o. persönliche Erlebnisse.

touchdown ↑football.

touch football. Informelle Art des ↑*football,* bei dem das Berühren das harte *tackling* (Stoßen, Umwerfen) ersetzt.

Tournament of Roses ↑Rose Bowl.

town. AE Stadt- o. Landgemeinde; jeweils die kleinste Verwaltungseinheit. Das Wort ↑*village* (Dorf) ist auf Neuengland beschränkt; daher verbirgt sich hinter dem Wort *town* sehr häufig ein kleiner Ort (Dorf). Dem dt. Wort Stadt entspricht eher ↑*city.* ↑*urban area,* ↑*uptown,* ↑*downtown,* ↑*township.*

town meeting. Gemeinderat, Gemeindeversammlung; die Versammlung der gewählten Vertreter *(councilmen* o. *aldermen)* von ↑*town,* ↑*village* o. ↑*township,* aber auch die Versammlung aller Mitglieder einer Gemeinde. ↑*selectman.*

township. Dorf- o. Stadtgemeinde, aber auch Stadtteil. Neben ↑*town* die kleinste Verwaltungseinheit einer *county* (Kreis), bes. in Neuengland; in einigen Staaten steht dafür auch der Begriff ↑*borough.* Sowohl *township* wie *borough* können auch Stadtbezirke bezeichnen (z.B. *Queen's Borough* in New York).

Trail of Tears. Der den Indianern des Südostens (↑*five civilized tribes*) im Jahre 1830 verordnete beschwerliche Marsch in die Reservate jenseits des Mississippi, auf dem viele starben.

trails. 1. Wander-, Reiterpfade. Es gibt immer mehr davon, sei es in landschaftlich schönen Gegenden (*scenic trails;* z.B. *Appalachian Trail*) o. zu historischen ↑*Gedenkstätten: Freedom Trail* (Denkmäler zum Unabhängigkeitskrieg um Boston), *Gold Rush Trail, Mormon Trail, Lewis & Clark Trail* (Erschließung des Nordwestens) etc., dazu kommen die ↑*parkways.* 2. Routen der Pioniere nach Westen: ↑*California Trail,* ↑*Chisholm Trail,* ↑*Oregon Trail,* ↑*Santa Fe Trail.*

Trailways ↑Autobus.

transcendentalism. Philosophisch-literarische Bewegung in Neuengland (ca. 1830–1860), die vom deutschen Idealismus beeinflußt war. Vertreter waren Emerson, Fuller, Thoreau; literarisch: Hawthorne, Melville, Whitman. Sie glaubten an die Göttlichkeit des Menschen u. seine Einheit mit der Natur. Spätere Gegenbewegung: ↑*pragmatism.*

Trapper u. Pfadfinder. Sie sind die ersten großen Persönlichkeiten im Aufbau von Amerika. Am. kennen heute noch die Namen von *Daniel* ↑*Boone, Johnny* ↑*Appleseed, Davy* ↑*Crocket,* die im 18. o. zu Beginn des 19. Jh. das Gebiet jenseits der Appalachen erforschten u. zu legendären Figuren wurden. Ihre Zeit wird auch als 1. Grenzerzeit o. ↑*frontier* bezeichnet (bis ca. 1850).

treaty. Internationale Verträge, zu deren Gültigkeit der Präsident die Zustimmung des ↑*Senate* benötigt, die für ↑*agreements* (Vereinbarungen, Abkommen) nicht nötig ist.

trial courts. Erstinstanzliche Gerichte; sie verhandeln sowohl Zivilsachen wie auch Strafsachen, haben jedoch bei den Einzelstaaten verschiedene Namen: *county c., superior c., district c., common pleas c.* (Zivilsachen), in New York heißen sie *supreme courts.* Nur in diesen t. c. gibt es Geschworenengerichte (↑*jury*), Berufungsinstanzen haben mehrere Richter. Unterhalb der t. c. gibt es nur noch die beschränkte Gerichtsbarkeit: Nachlaß-Gerichte (↑*probate c.*), Jugendgerichte (↑*juvenile c.*) sowie die freiwillige Gerichtsbarkeit (↑*magistrate c.,* ↑*Justice of the Peace,* ↑*police c.*), die nur Bagatellfälle behandeln dürfen.

trick or treat ↑Halloween.

Trinkgeld *(tipping, tip).* Für Bedienung im Restaurant, Taxi, Friseur u. ä. ist das T. nicht in der Rechnung inbegriffen! Ein T. von ca. 15% des Rechnungsbetrages (ohne ↑*sales tax*) wird erwartet, da es einen wesentlichen Teil des Einkommens (z. B. der Bedienung) darstellt (keine bloße Aufrundung eines Betrags!). Auch bei Übernachtung ist T. üblich (ca. $ 1.00 pro Tag), für kleinere Dienste sind 50 c. (1 Koffer) bis $ 1.00 (alle Koffer pro Person) angemessen. Behörden *dürfen* kein T. nehmen!

Triple Crown. Beim Pferderennen: Titel für den Gewinner von 3 Rennen: *Preakness, Belmont Stakes* u. ↑*Kentucky Derby.*

trucks. Lkws, Fernlaster; die überlangen u. wohnmäßig eingerichteten t. sind die Könige der Autobahnen. Auf ihrem ↑*CB-Funk* sprechen sie eine eigene Sprache, warnen vor der Polizei u. fahren oft schneller als andere Fahrzeuge trotz der 55 Meilen/88 km Höchstgeschwindigkeit.

Truman Doctrine. Polit. Strategie von Präsident Harry Truman (1945–1953) zur Eindämmung des Kommunismus, der damit bes. die Türkei u. Griechenland vor sowjetischer Einflußnahme schützen wollte. ↑*Marshall Plan*, ↑*containment*.

trunk lines. Hauptstrecken bei Eisenbahn u. Flugzeug, bes. Fernverkehr.

trust. Trust, Zusammenschluß von Unternehmen der gleichen Branche; ist durch die Anti-Trust-Gesetze verboten worden. Dies hat aber zur Konzernbildung (↑*corporation*), dem Zusammenschluß von Firmen verschiedener Branchen zu einem Großkonzern, geführt. ↑*corpocracy*.

tuition [tʊˈɪʃən]. Studiengebühren; sie werden an Institutionen der tertiären Bildung (↑*Hochschulen*, ↑*college*, ↑*university*) erhoben; an den staatl. Institutionen (↑*public institutions*) sind sie niedriger als an den privaten o. gar an den ↑*Elite-Hochschulen*. Für Studierende aus einem Bundesstaat (*in-state students*) sind sie an dessen öffentl. Institutionen günstiger als für Studierende aus anderen Staaten (*out-of-state students*). Es gibt jedoch viele Stipendien (*scholarships*) u. Darlehen (*loans*). Trotzdem sparen Eltern von der Geburt des Kindes an schon für die College-Ausbildung, die meist auch den Aufenthalt am Hochschulort miteinschließt (↑*campus*).

turkey. 1. Truthahn; wichtiger Bestandteil des ↑*Thanksgiving Dinner*; 2. Ugs. f. ‚Pleite', ‚Versager'.

Turner, Nat. Sklave, der nach einem zunächst erfolgreichen Aufstand gehängt wurde (1831). Er gilt heute als Beispiel für den Widerstand der Schwarzen gegen die Versklavung.

Turner Thesis. Vielbeachtete These zum Einfluß des ↑*frontier*-Lebens des 19. Jh. auf den am. Nationalcharakter, aufgestellt von Frederick Jackson Turner (1893). Sie besagt, daß das primitive Leben bei der Erschließung des Westens die europäischen Einwanderer veränderte, zu echten Amerikanern machte sowie die Individualität des einzelnen u. das demokratische Verhalten insgesamt förderte.

turnpike ↑Autobahn.

TVA, *Tennessee Valley Authority*. Bundesbehörde zur Überwachung der Stromgewinnung am Tennessee-Fluß.

TV Code. Freiwillige Selbstzensur der Radio- u. Fernsehproduzenten über objektive Berichterstattung, guten Geschmack (keine Obszönitäten, keine Nacktaufnahmen). Das Kabelfernsehen ermöglicht besondere Kanäle für Pornos. Diese Selbstkontrolle ist zu unterscheiden von der Kontrolle, die die Bundesbehörde *FCC* (↑*commission*) ausübt. ↑*equal-time rule*.

TV-dinner. Ein portionsweise abgepacktes Fertigessen, das nur noch kurz warmgemacht werden muß u. daher u.a. zum Verzehr vor dem Fernseher geeignet ist.

Twin Cities. Die nebeneinander liegenden Städte Minneapolis u. St. Paul in Minnesota.

twins. Zwei Einzelbetten im ↑*motel.*

Twain, Mark, mit bürgerlichem Namen: Samuel Clemens (1835–1910). Humorist u. Romanautor, der die am. Umgangssprache literaturfähig machte. Bekannt sind v.a. die Abenteuer seiner Haupthelden: „The Adventures of Tom ↑*Sawyer*" u. „The Adv. of Huckleberry ↑*Finn*" sowie „Life on the Mississippi".

U

UAW, *United Automobile Workers.* ↑*Gewerkschaft* f. Automobilarbeiter.

Umgangsformen. Informalität u. Zwanglosigkeit in den U. zeigen sich in der ↑*Anrede* mit dem Vornamen u. in der Offenheit, über sich selbst (Beruf, Herkunft, Familie) Auskunft zu geben u. auch den Gesprächspartner danach zu fragen; ebenso in der legeren Kleidung in *jeans* u. *sneakers* (Turnschuhe). Umgekehrt werden mehr als in Europa Höflichkeitsfloskeln wie *please, thank you, you are welcome, excuse me* (entspr. auch *sorry* im BE) verwandt (↑*Takt u. Tabu*). Typisch ist auch die Erwartung, daß Dienstleistungen schnell u. ohne großen Aufwand verfügbar sein sollen (↑*fast food,* ↑*drive-ins,* ↑*credit card*).

Umweltschutz. Die USA hat mehr u. größere Gebiete unter Naturschutz gestellt (↑*national parks*) als andere Länder; die Abgasbestimmungen sind gegenwärtig die strengsten in der Welt. Seit dem Unfall in ↑*Three-Mile Island* nimmt die USA immer mehr Abstand von der Atomkraft. In vielen Gemeinden gibt es Sammelstellen für wiederverwertbare Stoffe (recycling), aber trotz einer Umweltbehörde (↑*Environmental Protection Agency*) bestehen aufgrund der unterschiedlichen Zuständigkeiten ständig Konflikte. Nach dem Entscheid des Obersten Gerichts (1993) sind nun einzelstaatliche Regelungen nichtig, die die Abfallbeseitigung für andere Staaten behindern. Insgesamt ist die am. Bevölkerung jedoch nicht mehr so U.-begeistert wie bei dem ersten *Earth Day* (24. April 1970). Der Bericht der *National Wildlife Federation* weist von Jahr zu Jahr eine Verschlechterung der Wasserqualität durch Einleitung von Giftstoffen in Seen (↑*Great Lakes*), Flußmündungen u. küstennahen Ölfördergebieten (Chesapeake Bay; Golfküste vor Louisiana); der saure Regen hat die Wälder Appalachiens u. Oregons ständig kränker gemacht. Der CO_2-Ausstoß liegt trotz der strengen *Clean Air Act* aufgrund der zahlreichen Kohleverbrennungswerke weit über dem anderer Länder, selbst eine moderate Benzin- o. Ölsteuer läßt sich politisch nicht durchsetzen. Die NWF beklagt auch die Trockenlegung von Naßgebieten (↑*Everglades*-Sümpfe).

un-American (activities). Politische Aktivitäten, die als gegen die USA gerichtet gelten. Sie wurden in den 50er Jahren offiziell durch ↑*HUAC* u. den McCarthyismus verfolgt (↑*McCarthyism*).

Unabhängigkeitskrieg ↑Revolutionary War.

Uncle Sam. Volkstümliche Gestalt, die 1961 offiziell zum Nationalsymbol der USA erklärt wurde: ein weißhaariger, bärtiger älterer Herr mit Zylinderhut, der in den Farben der Nationalflagge (↑*Stars and Stripes*) gekleidet ist. Das Bild stammt aus Zeitungscartoons des 19. Jh. u. bezieht sich möglicherweise auf „Uncle Sam" Wilson, der im Krieg von 1812 (↑*War of 1812*) die Armee mit Fleisch belieferte.

Uncle Tom. Die Hauptfigur in Harriet Beecher Stowes Roman „Uncle Tom's Cabin", der Toms üble Behandlung durch den Sklavenbesitzer Simon Legree beschreibt. Daher auch abschätzige Bez. f. einen Schwarzen, der sich zu willfährig gegenüber Weißen gibt.

underclass. Die unterprivilegierte Schicht; betrifft vor allem die ca. 4 Mio. ↑*Schwarzen*, die als Fürsorgeempfänger u. meist Arbeitslose in den Ghettos der Großstädte des Nordens u. Westens hausen, oft auch als ↑*inner-city blacks* bezeichnet. Ihre Situation hat sich trotz der ↑*Bürgerrechtsgesetzgebung* von 1964/65 u. der damals initiierten ↑*Sozialgesetzgebung* eher verschlechtert, weil inzwischen die Schwarzen der Mittelschicht aus dem Ghetto ausgezogen sind. Drogenabhängigkeit u. ↑*Kriminalität* beherrschen ihr Leben; da die Ausbildung für sie meist nutzlos ist, verlassen ca. 40% vorzeitig die Schule (*drop-outs*). Männer können keine Familien ernähren, junge Frauen (häufig Teenager) leben allein mit ihren Kindern von der staatlichen Unterstützung (↑*Sozialhilfe*, ↑*AFDC-mothers*). Die hohe Mordrate von Schwarzen an Schwarzen wird durch Bandenkriege (↑*Gangs*) noch gesteigert. Neue Gesetze suchen diese ↑*Kriminalität* einzudämmen. Zur u. gehören zunehmend auch die ↑*undocumented immigrants* v. a. aus Lateinamerika (↑*Latinos*, ↑*L. A.*).

undergraduate. Student, der das vierjährige College-Programm (↑*Hochschulen*) absolviert u. den 1. akad. Grad ↑*bachelor's degree* anstrebt. Je nach Studienjahr werden verschiedene Bezeichnungen verwendet: 1. ↑*freshman*, 2. ↑*sophomore*, 3. ↑*junior*, 4. ↑*senior*.

Underground Railroad. Das lose Netz von Hilfen, das es schwarzen Sklaven vor dem Bürgerkrieg ermöglichte, aus den Südstaaten zu entfliehen.

undocumented immigrants. Offizielle Bez. f. „illegale Einwanderer", meist Mexikaner (↑*Chicano*), die auch als „*wetbacks*" bezeichnet werden (‚nasse Rücken', von der Überquerung des Rio Grande). Ein neues Gesetz erschwert ihre Arbeitschancen; bes. ↑*California* möchte weitergehende gesetzliche Restriktionen (↑*Proposition 187*; ↑*Einwanderung*).

union. 1. Der Bund der Vereinigten Staaten (↑*federalism*); 2. ↑*Gewerkschaft* (*labor union*).

union shop. Im Gegensatz zum ↑*closed shop* müssen beim u. s. nicht alle Arbeitnehmer der ↑*Gewerkschaft* angehören, sondern nur die Neueingestellten. Diese Art der Gewerkschaftspflicht ist durch die *Taft-Hartley Act* noch erlaubt.

Unitarian. Liberale, rationalistisch orientierte protestant. Gruppe (↑*Religionen*).

United States of America, the ~, Abk. u. Autokennzeichen: *USA* sonst auch: *U.S.* Die Vereinigten Staaten von Amerika, kurz auch Amerika (↑*America*). Name in der ↑*Verfassung* von 1787 festgeschrieben als Bundesstaat von heute 50 Einzelstaaten: 48 zusammenhängend auf nordam. Festland *(Continental USA),* ↑*Alaska* u. ↑*Hawaii* getrennt davon; zu den Territorien der USA gehören Puerto Rico (↑*Puertorikaner*), die am. ↑*Virgin Islands,* ↑*Guam,* am. ↑*Samoa* u. Belau, die Marshall Inseln, Micronesien u. kleinere Inseln im Pazifik (↑*territory,* ↑*commonwealth*); Hauptstadt ist Washington, D.C., das als ↑*District of Columbia* keinem Bundesstaat angehört; drittgrößter Staat der Welt mit einer Fläche von 9363123 km^2 plus 7827620 km^2 (Hawaii u. Alaska) u. einer ↑*Bevölkerung* von 264 Mio. (geschätzt für 1994).

United Way. Wohltätigkeitsverband, der Spenden von Arbeitnehmern für wohltätige Organisationen einsammelt.

unit rule. Einheitlichkeitsregel bei Wahlen auf Nationalkonventen (↑*convention*) u. auch beim ↑*electoral college:* Wer die Mehrheit der Delegierten aufgrund der Stimmenanteile beanspruchen kann, bekommt damit zugleich alle Delegierten eines Staates gutgeschrieben *(winner-take-all rule).*

university (*U.* o. *Univ.*). ‚Universität' umfaßt in USA: 1. College-Programm (↑*undergraduate studies,* ↑*liberal arts college*); 2. Graduierten-Programme (↑*graduate school*); 3. einige Fachstudien der ↑*professional school* (z.B. Medizin, Jura). ↑*Hochschulen,* ↑*Elite-Hochschulen,* ↑*state university.*

Unterkunft ↑hotel, ↑motel, ↑inn, ↑dude ranch, ↑Y.

Updike, John (geb. 1932). Schriftsteller, der bes. mit seinen „Rabbit"-Romanen die gesellschaftlichen Veränderungen u. Probleme im Leben der am. Mittelklasse seit den 50er Jahren beschreibt („Rabbit Run" 1960; „Rabbit Redux", 1971; „Rabbit Rich", 1981; „Rabbit at Rest", 1990; „Couples", 1968).

UPI, *United Press International.* Die zweitgrößte Nachrichtenagentur (*news agency*). ↑*wire service,* ↑*Nachrichtenmedien.*

uptown. In den Außenvierteln, Wohnbezirken einer Stadt gelegen; das Gegenteil von *downtown* (Stadtzentrum); *to go u.:* in Richtung Wohnviertel o. Außenbezirke fahren.

urban area. Der Begriff *urban* (Stadt-, städtisch) wird im AE notwendig, da ↑*town* die Stadt- o. Landgemeinde meint u. der Begriff ↑*city* nur die juristisch zum Stadtgebiet gehörenden Teile beinhaltet, nicht aber die selbständigen verstädterten Vorstädte (↑*suburb*). Unter *urban* werden beim ↑*census* (Volkszählung) alle Verwaltungseinheiten mit Einwohnern über 2500 verstanden, was etwa ¾ aller Amerikaner betrifft. Das „Städtische" zeigt sich besonders im stereotypen Stadtbild von Warenhäusern, Banken, Hotels u. Tankstellen u. in der Industrialisierung der typischen u. a. von St. Louis bis Boston, von Chicago bis New York mit all ihren Problemen (↑*underclass*, ↑*SMSA*).

US Open. Internationales Golf- sowie Tennis-Turnier in USA.

USA Today. Die einzige Zeitung, die Nachrichten über alle Bundesstaaten bringt u. auch in allen Bundesstaaten (und international) verkauft wird. Sie zeichnet sich durch kurze Artikel, z. T. Boulevardpressestil, u. farbige Grafiken aus.

utopian communities. Utopische Kommune-Gruppen (über 200 in USA u. Kanada), die noch nach ihrem alten Glauben leben, meist Wiedertäufer aus dem deutschsprachigen Raum, die ihre deutsche Sprache u. Lebensgewohnheiten beibehalten, ins. die ↑*Amish People* u. andere *Mennonites* (↑*Hutterites*). Der Oberste Gerichtshof gestand ihnen 1972 zu, daß ihre Religionsausübung ein höheres Gut ist als die Schulpflicht. Sie brauchen ihre Kinder nicht länger zu unterrichten, als sie es für notwendig erachten. Andere Gruppen sind die pietistische *Moravian Church* (Mährische Kirche) u. die *Harmonists*, bei denen die Aufgabe des Privateigentums zugunsten der Kommune noch mehr im Vordergrund steht als bei den andern. Nicht-deutsche Kommune-Gruppen sind auch die *Shakers*, die mit den ↑*Quäkern* verwandt sind.

U-turn ↑Verkehrszeichen.

V

valedictorian. Abschiedsrede des besten Schülers zur Feier des ↑*high school*-Abschlusses (↑*graduation*) bzw. eines Studenten zum College-Abschluß (↑*commencement*).

Valentine's Day ['væləntaɪnz...]. 14. Februar; eigentlich christlicher Heiligentag (des St. Valentine, aus dem mittelalterlichen England), der aber in den USA seit dem 19. Jh. als Tag der Liebenden gefeiert wird, an dem man auch Grußkarten u. Geschenke (*valentines*) an Personen verschickt, die man mag. Der Ursprung dafür liegt im röm. Luperkalienfest, einem Fruchtbarkeitsfest, das auch am 14. Feb. stattfand.

Valley Forge. Ort in der Nähe von ↑*Philadelphia*, an dem General Washington 1777–1778 mit seinen Soldaten überwinterte u. sie trotz harter Entbehrung zu einer schlagfertigen Truppe im Kampf gegen die Briten trainierte.

vaudeville ['voʊdvɪl]. Varieté, Tanzshow mit Musikeinlage als am. Entsprechung zur engl. *music-hall.* Die Bez. geht möglicherweise auf frz. *Veaux de Vire* (frz. Tal, das als Ausgangsort für Lieder des 15. Jh. gilt) o. *Voix de Ville* (frz. Bez. f. Straßenlieder) zurück u. wurde in USA seit etwa 1880 für unterhaltsame Straßenshows (Musik, Tanz, Komik) angewandt. Eine frühe Form der v. war die mittelalterliche ↑*minstrel*-Show. Sowohl Bühne als auch der frühe Film boten bis in die 30er Jahre für die komödienhafte v. viele Beispiele. Vertreter: W.C. Fields, Will Rogers, die ↑*Marx Brothers*, Danny Kaye.

veep. Vize-Präsident der USA; von *v.p.* [vi:'pi:], ↑*Vice-President.*

Vegas, Las ~ ↑Strip.

venture capital. Risikokapital; Am. sind mehr als andere bereit, v. c. in Neuentwicklungen von kleinen Tüftlern zu stecken u. haben sich so eine führende Position im *high-tech* Bereich geschaffen (Beispiel: Apple Computers). ↑*Wirtschaft.*

Verbrechen. Juristische Bezeichnungen: ↑*crime,* ↑*felony,* ↑*misdemeanor,* Sittenvergehen: *vice.* ↑*Kriminalität.*

verdict ↑jury, ↑Gerichtsverfahren.

Verfassung der Vereinigten Staaten *(The United States Constitution).* Die älteste (1787) noch gültige Verfassung, die den meisten Ländern der Welt bes. mit ihren Grundrechten (↑*Bill of Rights*) als Basis dient. Sie ist oberstes Gesetz des Landes, das vom Obersten Gerichtshof (↑*Supreme Court*) interpretiert wird. Er kann Gesetze des ↑*Congress* als nicht mit der Verfassung übereinstimmend verwerfen *(supremacy of the constitution).* Den Kern der V. bilden die 7 Bestimmungen über die Staatsorgane (Präsident, Kongreß, Gerichte, Verhältnis von Bund zu Einzelstaaten, Bestimmungen über Ratifizierung, Änderungen der V., ↑*checks and balances*). Die Bestimmungen über die Rechte der Einzelstaaten (↑*states' rights*) waren lange umstritten; eine ursprünglichere Verfassung, ↑*Articles of Confederation*, wurde zugunsten einer stärkeren Zentralgewalt (↑*federalism*) abgeändert. Über das Recht der Einzelstaaten, sich von der Union zu trennen, kam es 1860 sogar zum Bürgerkrieg. ↑*Parteien* waren nicht erwähnt, ↑*Indianer* bewußt ausgeschlossen; das Problem der Sklaverei (ein Streitpunkt schon damals zwischen Nord- u. Südstaaten) wurde ausgeklammert, ↑*Schwarze* wurden aber indirekt bei Wahlen mitgezählt; die Grundrechte *(Bill of Rights)* kamen erst 1791 als Zusätze (↑*amendments*) hinzu. Ihre Auslegung steht bes. seit den 60er Jahren in der öffentlichen Diskussion; seitdem geht es immer wieder um die Persönlichkeitsrechte des einzelnen: Rechte des Angeklagten auf ein faires Verfahren (↑*due process*), Abgrenzung der Intimsphäre (↑*Abtreibung,* ↑*Homosexualität,* ↑*privacy rights*), Bürgerrechte (↑*civil rights*) von Minoritäten u. Benachteiligten, bes. die kompensatorische Bevorzugung (↑*affirmative action*); dann um Presse- u. Redefreiheit u. vor allem um die Auslegung der ↑*establishment clause* (Trennung von Staat u. Religion), schließlich sogar um die Art der Auslegung der Richter: Auslegung nach der Intention der ursprünglichen Verfasser (*original intent*) bzw. nach heutigen Gegebenheiten. Vielfach wird kritisiert, daß die Richter über ihre Rolle der Rechtsauslegung hinausgehen u. selbst gesetzartige Richtlinien schaffen (*judicial activism*). Insgesamt ist die V. jedoch flexibel an neue Zeiten durch weitere Zusätze wie Wahlrecht der Schwarzen, Frauen, 18jährigen angepaßt worden. Die V. ist im Lande selbst sehr lebendig, jeder kennt seine Rechte u. zitiert die V. vielfach mit offener Verehrung.

Verkehr. Vom öffentlichen Verkehrsaufkommen entfallen allein 73% auf den Luftverkehr (↑*Flugverkehr*), nur 16% auf den Fern-Busverkehr (↑*Autobus*) bzw. 7% auf die ↑*Eisenbahn*. Beim gesamten Verkehrsaufkommen macht das ↑*Auto* allein 80% aus. ↑*Nahverkehr*, ↑*Schiffahrt*, ↑*Straßen*.

Verkehrszeichen. Anstelle von in Europa üblichen Symbolen werden in USA häufig schriftliche Anweisungen gegeben: *one way, go back, slow down, yield*, z.T. auch mit ikonisch gebrauchten Buchstaben: ↑*ped Xing* ‚Fußgängerübergang' (wobei das „*X*" *crossing* bedeutet) oder *no* ↑*U-turn* ‚Wendeverbot' („*U*" steht für ‚Wenden'). Weitere wichtige Hinweise sind: *merge* u. *JCT (junction)* einmündende Straße, Kreuzung; *school bus*: ein stehender Schulbus darf auf keinen Fall überholt werden, *BYP* (bypass): *Umgehungsstraße*, „*toll*" *(Mautgebühr)*.

Versicherung (*insurance*). Am. V. werden in den letzten Jahren immer sorgfältiger bei der Auswahl ihrer Kunden u. kündigen gern bereits abgeschlossene Verträge für bestimmte Gruppen, weil die Gerichte übergroße Summen für Haftpflichtschäden festsetzen, bes. bei Ärzten wegen Fahrlässigkeit *(malpractice)*, bei Produzentenhaftung *(product liability)*, bei Personenschäden *(personal damage)* u. Kindesmißhandlung (*child abuse*) in Tagesheimen (↑*child care*). ↑*Sozialversicherung*.

Veterans' Day. Kriegveteranentag, 11. Nov. in 16 Staaten, sonst überall 4. Montag im Okt.; ursprünglich als Waffenstillstandstag (*Armistice Day*, Abschluß des 1. Weltkriegs) gefeiert. ↑*Feiertage*.

veto ['vi:toʊ]. Der ↑*President* kann gemäß ↑*Verfassung* (Art. I.7) ein vom Kongreß genehmigtes Gesetz (↑*bill*) blockieren, dieses Veto kann mit einer Zweidrittel-Mehrheit in beiden Häusern umgestoßen *(overridden)* werden. Ein „*pocket veto*" entsteht dadurch, daß der Präsident ein vom Kongreß genehmigtes Gesetz einfach ignoriert, ohne formell ein v. einzulegen. ↑*act*.

Vice-President. Der Vizepräsident wird vom Parteitag als „*running-mate*" eines Präsidentschaftskandidaten ausgesucht (↑*ticket*), meist der zweitstärkste Kandidat, wird mit dem ↑*President* gewählt, hat im Amt vorwiegend repräsentative Funktionen bzw. solche, die ihm der Präsident als Sonderaufgaben überträgt. Formell führt er den Vorsitz im Senat (mit Stimme nur bei Patt); seine bedeutendste Funktion ist die Übernahme der Präsidentschaft, falls der Präsident abgesetzt wird (↑*impeachment*) o. physisch auf Dauer an der Amtsausübung behindert ist. Spitzname: ↑*veep*.

Vietnam (Veterans) Memorial. V-förmiges Mahnmal für die 58000 Soldaten, die im ↑*Vietnamkrieg* gefallen oder vermißt sind. Ihre Namen sind auf der schwarzen Granitwand im Park vor dem Weißen Haus in Washington, D.C., eingraviert.

Vietnamkrieg. Ein unerklärter Krieg gegen Nordvietnam, das Südvietnam sich einverleiben wollte; der angebliche Angriff auf am. Schiffe führte zur *Golf of Tonkin Resolution* im Kongreß (1964), die dem Präsidenten die Möglichkeit gab, am. Streitkräfte zu verteidigen u. weitere Aggressionen zu verhindern. Der Einsatz von Napalm-Bomben, die Ermordung von Zivilisten (↑*My Lai-Massaker*), die direkte Übertragung der Brutalitäten durch das Fernsehen ließen schon früh eine Protestbewegung u. radikale Jugendbewegung entstehen, die es so in USA noch nicht gegeben hatte (↑*counterculture*). Waffenstillstand 1973. An die hohen Verluste erinnert jetzt das ↑*Vietnam Memorial* in Washington. ↑*Kriege*, ↑*Militäraktionen.*

Vieux Carré. Altes Viertel von ↑*New Orleans*, auch als *French Quarter* bezeichnet; in baulicher Hinsicht mehr ein spanisches Viertel (Holzhäuser mit umlaufenden Balkonen u. Ziergittern), aber die alte Stadt wurde tatsächlich von Franzosen gegründet, denen Louisiana bis 1803 gehörte. Um New Orleans wird von den ↑*Cajuns* noch ein älteres Französisch gesprochen. Es gilt z.T. noch frz. Recht. Touristenattraktion im V. C. ist auch der frz. ↑*Mardi Gras.* ↑*Creole.*

vigilante [vɪdʒɪ'læntɪ]. Mitglied einer Selbstschutzgruppe, die im 19. Jh. im Süden u. Westen oft das Gesetz selbst in die Hand nahm, z.B. zum Lynchen von Schwarzen o. zur Terrorisierung von Fremden. Heute gewinnt die Bez. v. eine neue Bedeutung: Bürger verteidigen sich gegen die überhandnehmende ↑*Kriminalität* selbst mit der Waffe, ohne erst auf die Polizei zu warten, o. sichern durch Gründung von *v. groups* selbst ihren Stadtteil (↑*neighborhood*). Spektakulär war der Fall Bernard Goetz, der in der U-Bahn von N.Y. bei Bedrohung durch 4 schwarze Jugendliche sofort auf diese schoß u. 1988 nur mit einer Geldstrafe belegt wurde.

village. Der Begriff ‚Dorf' existiert nur in Neuengland, wo er die zusammengehörigen Gehöfte bezeichnet mit ihrem Zentrum im *village common/green* (rechteckiger Platz vor der Kirche). Verwaltungsjuristisch gibt es als Einheiten des Kreises *(county)* nur die ↑*town* u. ↑*townships* u. nach unterschiedlicher Gesetzgebung die ↑*city.* V. ist also juristisch gleich *town* o. *township* mit dem ↑*town meeting* als ‚Gemeinderat'.

Virgin Islands. Inselgruppe in der Karibik, die von Columbus entdeckt wurde. Heute teils zu USA u. teils zu Großbritannien gehörig.

Visum. Besucher aus den deutschsprachigen Ländern benötigen z. Zt. für die Einreise (Aufenthalt bis 3 Mon.) kein V. mehr. Austauschstudenten benötigen ein F-Visum, Austauschlehrende ein J-Visum. Dieses wird oft in Verbindung mit einem ↑*Fulbright*-Stipendium gewährt. Zu Einwanderervisa: ↑*Einwanderung*, ↑*green card.*

vocational school. Berufsschule. Im Gegensatz zur ↑*high school,* in der es auch berufsorientierte Kurse gibt, sind die Kurse an der v.s. ganz auf praktische Ausbildung ausgerichtet. Sie sind allerdings wenig verbreitet u. nicht mit betrieblicher Ausbildung verknüpft.

Voice of America ↑radio.

Volksfeste. Traditionelle Feste, die in der jeweiligen ↑*Region* verwurzelt u. auch vom ↑*Klima* abhängig sind: die ↑*rodeos* u. ↑*Indianerfeste* im Westen, in Neuengland die ↑*clambakes,* die mehr mit Fischfang u. Maisanbau zu tun haben. Mit Nahrung haben auch die ↑*maple festivals* im Nordosten (bes. Pennsylvania) u. die ↑*grunion derbies* (Fischjagd) in Süd-Kalifornien zu tun, bei den Holzfällerfesten (↑*log birling,* ↑*lumberjack festival*) geht es mehr um Geschicklichkeit. Überall im Land gibt es *folk fairs* (Jahrmärkte) mit einer Mischung von Volkskunst u. Spielen. Daneben vgl. ↑*festival,* ↑*pageant.*

Volkszählung ↑census.

Voyager (program). Das unbemannte, wissenschaftlich äußerst aufschlußreiche Satellitenprogramm zur Erforschung der Planeten; v. passierte Jupiter 1979, Saturn 1980, Uranus 1986, Neptun 1989; Vorgänger: *Mariner* u. *Viking*-Sonden zum Mars. ↑*Raumfahrt.*

W

w, auch *w/.* Abk. für *with;* dazu *w/o, without.*

Waffentragen. Jeder nicht-vorbestrafte Amerikaner darf u. kann Waffen kaufen u. sie auch tragen (Schußwaffen, *guns,* bes. Revolver sind leicht erhältlich). Dies ist eine Bestimmung der am. ↑*Verfassung,* über deren Beibehaltung die Lobby der *National Rifle Association (NRA)* mit ihren 1,5 Mio. Mitgliedern seit 1871 wacht, indem sie einschränkende Waffengesetze *(gun control)* verhindert mit der Begründung, Waffen dienten der Jagd, dem Sport u. der persönlichen Sicherheit. Dabei wird die Sicherheit des einzelnen durch den verbreiteten Waffenbesitz eher gefährdet, wie die Kriminalstatistik zeigt. Viele Menschen sterben z.B. durch sog. ↑*Saturday night specials.* Der Einfluß der ↑*frontier*-Zeit, in der staatliche Verwaltung noch nicht etabliert war, u. der ↑*rugged individualism* der Am. werden meist als zusätzliche Begründung angeführt für die Beibehaltung des W. Einzelstaatlich wird die Waffenlizenz unterschiedlich gehandhabt; verstecktes W. *(concealed weapons)* ist überall verboten, auch Versand/Überbringen von Waffen über zwischenstaatl. Grenzen.

Eine Reihe von Einzelstaaten hat trotz Widerstandes der *NRA* Verbote von einzelnen Schnellfeuerwaffen u. Wartezeiten vor dem Kauf von Waffen zum Überprüfen des Antragstellers durchgesetzt. Auf Bundesebene hat Präs. Clinton die *Brady Bill* (1993) durchgesetzt, die eine 5tägige Wartezeit vor dem Kauf von Handwaffen festschreibt u. eine Computerdatei von Nichtberechtigten etabliert. 1994 wurde ein allg. Verbrechensgesetz erlassen, das den privaten Einsatz von militärischen Angriffswaffen einschränkt, für Gewalttaten von ↑*Gangs* strenge Strafen vorsieht, die ↑*Todesstrafe* ausweitet u. obligatorische Haftstrafen für zweimal Vorbestrafte (*3 strikes mandate*) festgelegt.

Wahlen. Am. gehen oft zu W. Sie wählen lokale Beamte, Richter, Staatsanwälte, Schulbehörde u. Abgeordnete, stimmen ferner inhaltlich in Volksentscheiden (*referendum*) über lokale Steuern, Schulbuch-Inhalte usw. ab. Die Wahlbeteiligung ist (vielleicht wegen der häufigen W., die an Werktagen stattfinden) sehr gering (ca. 50 %). Das Wahlalter wurde 1972 auf 18 Jahre herabgesetzt. Es gilt allgemein das Mehrheitswahlrecht, was die großen ↑*Parteien* begünstigt. Die Präsidentschaftswahl erfolgt indirekt über ein Wahlmännergremium (↑*electoral college*), beteiligt aber die Bevölkerung über ein Jahr schon vor der eigentlichen W. am ↑*Election Day* durch Kandidatenauswahl in Versammlungen (↑*caucus*) u. Vorwahlen (↑*primary*). Die Wahlbenachrichtigung erfolgt nicht automatisch, wählen darf nur, wer sich vor einer W. als Demokrat, Republikaner o. Unabhängiger (↑*independent*) eingeschrieben hat. Die W. selbst ist geheim, bei *primaries* gelten allerdings unterschiedliche Regelungen in den Einzelstaaten. ↑*plurality system.*

Walden Pond. Teich in Massachussetts, an dem ↑*Thoreau* eine Zeitlang lebte u. nach dem er sein Buch über das Leben mit der Natur benannte: „Walden, or Life in the Woods“.

Waldorf salad. Waldorfsalat; Salat aus Nüssen, Äpfeln, Sellerie, Mayonnaise, benannt nach dem Waldorf-Astoria Hotel (N.Y.).

walk-up. Wohnung, die nicht mit dem Fahrstuhl erreichbar ist; Mietshaus ohne Fahrstuhl.

Wall Street. Das Bank- u. Börsenzentrum in New York, das zugleich symbolisch für die Börse steht. ↑*stock options,* ↑*DOW,* ↑*NYSE,* ↑*AMEX,* ↑*Standard and Poor's,* ↑*Black Monday,* ↑*Bankensystem,* ↑*Wirtschaft.*

Wallstreet Journal. Die maßgebliche Wirtschaftszeitung in USA, deren politische Berichterstattung ebenfalls hoch geschätzt wird; in ganz USA erhältlich.

wampum ['wɒmpəm]. Perlen- o. Muschelketten der Irokesen, die sowohl als Schmuck wie auch als Zahlungsmittel dienten.

wanna-be. Ein neuer Begriff: jemand, der gerne anders sein will (*wants* to *be* ...), sich so kleidet, so verhält, z. B. *a Madonna wanna-be* (↑*pop music*). Diese Identifizierung geht über das Fansein hinaus.

War between the States. Südstaatliche Bez. für den am. Bürgerkrieg (↑*Civil War*).

War of 1812. Krieg von 1812 gegen England u. die verbündeten Indianerstämme des Nordostens. Die Seeblockade f. am. Schiffe wurde gestoppt, die USA wandte sich nach 1815 von Europa ab (↑*isolationism*), die Indianer-Barriere jenseits der Appalachen wurde gebrochen; die Öffnung zum Westen war möglich. ↑*Manifest Destiny.*

War on Poverty. ‚Kampf gegen die Armut'; der Ausdruck wurde zuerst von Präsident Johnson in seiner Rede zur Lage der Nation 1964 verwendet u. bezeichnet die Gesamtheit der Programme, die im Rahmen seiner Politik der *„Great Society"* beschlossen wurden, z. B. ↑*medicare,* ↑*medicaid,* ↑*food stamps.*

Warhol, Andy (1928–1979). Berühmter Künstler der ↑*pop art*, dessen Bilder von Marilyn ↑*Monroe* sowie von der Suppendose „Campbell Soup" bes. bekannt sind.

Warren Report. Untersuchungsbericht über die Ermordung John F. ↑*Kennedy*s, der die konspirative Theorie ablehnt u. nur von einem Mörder (L. H. Oswald) ausgeht.

Washington, D.C. ↑District of Columbia.

Washington, George (1732–1799). General, am. Freiheitskämpfer, 1. Präsident der USA, wichtig als Vater der Verfassung (↑*Founding Fathers*). Er wird heute vielfach in USA geehrt u. als Nationalheld auch in Legenden gefeiert: die Hauptstadt Washington, D. C., ein Bundesstaat, viele *counties,* Orte, Straßen wurden nach ihm benannt; es gibt ein *Washington Monument* in der Hauptstadt; sein Landhaus ↑*Mount Vernon* ist ein bekanntes Touristenziel.

Washington Monument. Obelisk zu Ehren von George Washington auf dem Park (↑*Mall*) zwischen White House u. Kapitol.

Washington Post. Neben der ↑*New York Times* die höchstangesehene Zeitung in USA, die sich auch durch Aufdeckung von Skandalen wie ↑*Watergate* hervortat.

Washington's Birthday. Heute auch als *Presidents' Day* gefeiert, da auch *Lincoln's Birthday* auf den gleichen Tag gelegt wurde, 3. Montag im Februar. Ursprünglich Festtag am 22. Februar, dem Geburtstag von George Washington, aber durch die Reform der ↑*Feiertage* wurden die meisten auf Montage gelegt, um ein langes Wochenende zu ermöglichen (↑*Memorial Day,* ↑*Labor Day*).

Washington State. Bundesstaat im Nordwesten der USA, abgekürzt WA. Größte Stadt: Seattle.

WASP ['wɔsp], *White-Anglo-Saxon Protestant.* Etwas herabsetzende Bezeichnung für weiße, protestantische Amerikaner, deren Vorfahren aus dem britischen bzw. nordeuropäischen Bereich kamen. Die Herabsetzung rührt vom heutigen Ziel der USA, alle Einwanderergruppen einzugliedern u. zu fördern. Die WASP gehören meist zur oberen Schicht u. waren bisher politisch wie wirtschaftlich äußerst einflußreich. Bezeichnenderweise waren die letzten Präsidenten alle WASP, auch wenn es einige Kandidaten aus den Reihen der *ethnics* o. ↑*Schwarzen* gab (Ferraro, Dukakis, Jackson). Zu verzeichnen ist allerdings der Rückgang der sog.

WASP-churches (↑*Episcopal*, ↑*Presbyterians*, ↑*Congregationalists*) gegenüber anderen ↑*Religionen*.

watchdog. ‚Wachhund' ↑*investigative journalism.*

water-cooler, auch *drinking-fountain.* Trinkbrunnen; leicht zugängliches kühles Trinkwasser in allen öffentlichen Gebäuden.

Watergate-Affäre. Eine Serie von Skandalen, die 1972 zum Rücktritt des Präsidenten Nixon führte. Er kam damit dem ↑*impeachment* (Amtsenthebung) zuvor. Vertreter des inneren Regierungszirkels um den Präsidenten hatten einen Einbruch in die Büros der Opposition, der ↑*Democratic Party,* in die Wege geleitet, der allerdings aufflog. Der Präsident leugnete, davon gewußt zu haben, bis zwei Journalisten der „Washington Post" Papiere veröffentlichten, die ihn doch als Mitwisser kennzeichneten u. bewiesen, daß er vor dem Untersuchungsausschuß des Senats gelogen hatte. Nixon wurde später für seine Vergehen von seinem Nachfolger Ford begnadigt, hohe Regierungsbeamte mußten wegen erwiesener Verbrechen (Mißbrauch öffentlicher Gelder u. Macht) ins Gefängnis. Die Affäre schadete dem Ansehen des Amtes des Präsidenten sehr, der für viele Amerikaner Symbol der Größe u. Moral Amerikas ist (↑*Patriotismus*, ↑*Staatssymbole*). Der ↑*Congress* wurde danach durch die ↑*Iran-Contra-Affäre* politisch noch stärker gegenüber dem Präsidenten u. hat durch seine unabhängigen Untersuchungsausschüsse das Ansehen der am. ↑*Demokratie* gestärkt. ↑*investigative journalism.*

Watts riots. Rassenunruhe im schwarzen Stadtteil Watts von Los Angeles 1965, der weitere Unruhen in anderen Großstädten (N.Y., Detroit, Chicago) einleitete. 1992 kam es anläßlich der Verprügelung eines Schwarzen (R. ↑*King*) durch die Polizei erneut zu Unruhen in L.A.

Wayne, John (1907–1979). Weltbekannter Filmstar, der bes. in Western wie „Stage Coach" u. „True Grit" immer den harten, aber guten Am. spielte.

Ways and Means Committee. Haushaltsausschuß im Repräsentantenhaus; der wichtigste Ausschuß, weil alle Haushaltsgesetze zunächst im ↑*House* eingebracht werden müssen. ↑*bill.*

Webster. Das umfassendste u. bekannteste am. Wörterbuch; nach Noah W., der 1828 das 1. am. Wörterbuch verfaßte. Daneben ist heute das *Random House Dictionary* gleichwertig. ↑*Enzyklopädien u. Nachschlagewerke.*

Weine. Wein wird hauptsächlich in Kalifornien u. im Staat New York angebaut. Besonders in Kalifornien wurden durch günstige Standortbedingungen, Bewässerung, Heizung in den letzten Jahren Spitzenweine hervorgebracht, die meist europäische Namen tragen, bes. französische (*Chablis, Cabernet, Burgundy, Claret*). Auf der Speisekarte bedeutet *Chablis* einfach ‚Weißwein', *Burgun-*

dy Rotwein, der hauptsächlich aus dem ↑*Napa-Valley* in Kalifornien kommt. ↑*Getränke.*

welfare ↑Sozialhilfe.

Weltkriege. Die USA beteiligte sich am 1. W. nach Beginn der unbegrenzten U-Boot-Kriegsführung durch die Mittelmächte zu einem für die Alliierten kritischen Zeitpunkt (1917). Wilson bestand von Anfang an auf moralische Ziele (Freiheit, Gerechtigkeit u. Selbstbestimmung). Trotzdem entfachte sich eine Art Deutschenhaß, der zur Einschränkung wesentlicher Freiheiten für die deutschstämmigen Am. führte u. nach dem Krieg in Ausländerhaß u. Rotenhetze mündete *(red scare).*

Der 2. W. wurde ebenfalls unter einem moralischen Banner geführt. Schon am 14. 8. 41 wurde die ↑*Atlantic Charter* unterschrieben (↑*Pearl Harbour* u. Kriegsbeteiligung der USA am 7. 12. 41), die *Declaration of the United Nations* am 1. 1. 42. In USA selbst jedoch wurden Amerikaner japanischer Abstammung interniert, im Norden verschärfte sich durch die Zuwanderung von 1 Mill. Schwarzer die Rassensituation. Der Abwurf der Atombombe auf Hiroshima eröffnete das Zeitalter der atomaren Bedrohung. Der Krieg selbst machte die USA zur Supermacht, deren Nachkriegsgegner (bis 1990) die Sowjetunion wurde. ↑*cold war,* ↑*Roosevelt,* ↑*Four Freedoms, GI-Bill,* ↑*D-Day,* ↑*A.,* ↑*Kriege.*

West, the ~. „Der W." ist ein politisch-historisch abgegrenztes Gebiet, das um 1800 die Gebiete jenseits der Apalachen umfaßte (*old-West*), aber um 1850 alle Gebiete westlich des Missouri-Flusses, das noch nicht von Europäern besiedelte Land. Von dort mußten die Pioniere (↑*pioneer,* ↑*gold rush,* ↑*Go west, young man*) zunächst die ↑*Great Plains* durchqueren, die nach 1860 (Wildwestzeit) von Ranchern, Farmern (↑*homesteader*) u. Prärie-Indianern (↑*prairie,* ↑Plains Indians) umkämpft wurden. Dieses Gebiet gehört heute eher zum Mittleren Westen (↑*Midwest*).

Der heutige W. gliedert sich in ↑*Mountain W.* (Rocky Mountain Staaten: Nevada, Montana, Colorado, Utah, Idaho) u. ↑*Far W.* (Pazifikstaaten, bes. ↑*California,* ↑*Washington,* Oregon). Manchmal wird der ↑*Southwest* noch dazugezählt. Gemeinsam ist dem Gebiet westlich des Mississippi die ↑*frontier*-Tradition, die mit dem ↑*gold rush* 1849 begann. Der *Far West* (auch *Pacific West* o. *West Coast*) ist von bes. Bedeutung, weil hier ein Bevölkerungs- u. Industrie-Boom einsetzte, der heute das Tempo für ganz USA bestimmt. Allerdings ist der W. wegen seines Wassermangels nur beschränkt besiedelbar. Auch mehrt sich die Kritik an der Ausbeutung der Bodenschätze u. die Furcht, zum Rohmateriallieferanten des Ostens zu werden. Der W. hat wie der Nordosten heute das Image des Liberalismus o. einer freizügigen Lebensart, aber dazu noch das des Fortschritts u. der Zukunft ↑*California.*

West, Mae (1892–1980). Filmschauspielerin, das Sexsymbol der 30er Jahre, die ihre weibl. Rundungen jedoch humorvoll u. spielerisch einsetzte.

western ↑Cowboy, ↑Westernhelden, ↑Film.

Westernhelden u. Banditen. Die ↑*Cowboys*, ↑*marshals*, ↑*sheriffs* u. „*outlaws*" (Banditen) der ↑*frontier*-Zeit erlangten ihre Berühmtheit zunächst durch die Groschenromane (↑*dime novels*), die gegen Ende des 19. Jh. aufkamen, dann durch die Filmindustrie, die das Western-Thema gleich zu Beginn des 20. Jh. aufgriff. Ihre eigentliche Zeit war in Wirklichkeit sehr kurz. Bekannte romantische Westernhelden sind Kit Carson, ↑*Earp*, Buffalo Bill (Pfadfinder u. Showman, ↑*Buffalo Bill Show*), die bekanntesten Banditen sind Wild Bill Hickock, Calamity Jane, ↑*Billy the Kid*, ↑*Jesse James*. Militärische Führer, die gegen die Indianer vorgingen, wie General Custer (↑*Little Bighorn*) sind heute umstritten. ↑*Indianerführer* wie ↑*Chief Joseph* o. ↑*Crazy Horse* haben neue Beachtung erlangt. ↑*O.K. Corral*, ↑*Dodge City*, ↑*ghost*, ↑*gold rush*, ↑*town*, ↑*vigilante*, ↑*Wild West Show*.

Western Union. Größte am. Telegraphengesellschaft, Name steht allg. für telegrafieren: *go to Western Union*. ↑*Telegramm*.

West Point. Ort im Staat New York, praktisch gleichbedeutend mit der dort gelegenen ↑*Militärakademie* der U.S. Army.

wet. ‚feucht'. Bez. f. nicht unter Alkoholverbot stehende Stadt bzw. Kreis; Gegenteil: ↑*dry* (↑*Alkohol u. Gesetz*).

Wetterbericht. Er ist in USA eine eigene Show im TV mit Statistiken u. Vorwarnungen u. spez. AE Begriffen: *precipitation* ‚Niederschlag' bezieht sich auch auf Schnee; *winter storms* meint die gefährlichen ↑*blizzards*; *wind chill factor* bedeutet, daß die Temperatur sich für den Körper wegen des Windes effektiv kälter anfühlt (z.B. −20° Fahrenheit entspricht), obwohl die tatsächlich gemessene Temperatur höher ist (z.B. 0° F); *degree-day*-Angaben beziehen sich auf die Temperaturgrade, um die ein bestimmter Tag vom Durchschnitt für diesen Tag abweicht. Bei Stürmen werden die Stufen „*watch*" (Beobachtung) u. „*warning*" (Warnung) unterschieden.

wheat belt. Weizenanbaugebiet in der westlichen ↑*prairie* u. den ↑*Great Plains* (↑*Landwirtschaft*).

whip. „Einpeitscher" einer Partei im ↑*Congress*.

whiskey. Aus schott./gäl. *uisgebeatha* ‚Lebenswasser, Aquavit'; sehr beliebtes am. Getränk (15 Flaschen pro Person u. Jahr!). In der Regel ist der *bourbon* [ˈbɜːrbən] (aus Mais gebrannter w., 51 %) gemeint, ansonsten spricht man von ↑*rye* (Roggen-w., 51 %) o. *Scotch whisky* (aus Gerste). Daneben gibt es *Canadian whisky* (aus Roggen, Mais, Gerste; 4–12 J. im Eichenfaß gelagert), *Irish whiskey* (aus Gerste, Hafer, Roggen, Weizen), *Blended w.* (Getreidesortenverschnitt). Die Schreibung *whisky/whiskey* hängt vom Ursprungsland ab. ↑*liquor*, ↑*cocktails*.

White House. Das Weiße Haus; offizielle Residenz des Präsidenten der USA seit 1792, an der Pennsylvania Avenue in Washington in angemessener Distanz vom Kapitol; Landhausstil englischer Herrenhäuser des 18. Jh., „weiß" gestrichen u. mit Säulenhalle seit 1818; Empfangssäle zur Repräsentation der *First Family* (↑*First Lady*), einige Räume stehen auch Besuchern zur Besichtigung offen als Zeichen, daß der Präsident aus dem Volk kommt. Im Westflügel (Anbau von 1902) befindet sich das *Oval Office,* das ovale Empfangs- u. Arbeitszimmer des Präsidenten, das ebenso wie W. H. oft synonym für den Präsidenten verwendet wird.

white sale. Sonderverkauf von Bettwäsche, Handtüchern usw., gewöhnlich im Januar.

White Sands (National Monument). Kühle, weiße Sanddünen in der Nähe von Alamogordo, NM, die aus reinem Gips bestehen.

white trash. ‚Weißer Müll'; südstaatlicher Ausdruck für die unterste Schicht der armen Weißen.

Whitman, Walt (1819–1892). Großer Dichter aus New York, der in freien Versen die Natur, die erotische Liebe, den Individualismus, die Freiheit u. Gleichheit aller Menschen u. bes. die am. Idee („Leaves of Grass"), „Democratic Vistas") besang.

wickiup ['wɪkɪəp]. Aus Sträuchern errichtete Hütte der Südwest-Indianer (Apachen).

wigwam. Behausung der Waldindianer des Ostens, ein mit Häuten bedecktes Stangengerüst. ↑*tipi,* ↑*wikkiup.*

Wild West ↑frontier.

Williamsburg, VA. *„Colonial Williamsburg"* ist eine restaurierte Stadt aus der Kolonialzeit (18. Jh.), die „historischste Stadt Amerikas" mit ca. 500 Läden, Handwerkerhäusern, Gasthäusern, Gouverneurspalast u. Capitol (Regierungssitz), in dem die Kolonialregierung von Virginia zusammentrat. W. war bis 1780 Hauptstadt. Führungen erfolgen in der Kolonialtracht.

Wind Cave (National Park). 114 km langes Kalkstein-Höhlenlabyrinth mit ungewöhnlichen Kristallformationen in den Black Hills von Dakota. S. Karte 7.

wind chill factor ↑Wetterbericht.

windfall profits tax. Sondersteuer für eine Wirtschaftsbranche, die wegen besonderer gesetzlicher Schutzbestimmungen (zusätzliche) „unerwartete" *(windfall)* Profite erzielt, z.B. die Ölindustrie (1980).

Windy City. Spitzname f. ↑*Chicago.*

wire service. Nachrichtenagenturen; sie benützen den Telegraf *(wire)* zur Nachrichten-Vermittlung (↑*Nachrichtenmedien*).

Wirtschaft. *Economy* (Volkswirtschaft) u. *business* (Betriebswirtschaft, Geschäftswelt). Die am. W. ist die größte der Welt (ein Viertel der Weltproduktion, 1. Stelle im Güterumschlag), sie ist vielfältig in der Eigenproduktion u. abgesehen von einem Zusatzbedarf an Erdöl u. Metallen autark (Außenhandel nur 10% des Gesamthandels), beeinflußt als Handelspartner u. Supermacht jedoch die Weltwirtschaft wesentlich, auch über den Dollar als Leitwährung. Die USA hat die Rezessionen der Ölkrisen (1973, 1979–1981) sowie die Rezession von 1991–1992 besser als andere Nationen überstanden u. gegenwärtig eine geringere Arbeitslosigkeit (ca. 6%) u. höheres Wachstum als viele westeuropäischen Länder. Dieser Wandel beruht vor allem auf den neuen strukturellen Maßnahmen, die die ↑*Reagan*-Regierung in den 80er Jahren eingeleitet hat: 1. Es wurden pro Jahr ca. 1 Mill. neue Arbeitsstellen geschaffen, v.a. durch die Umstellung von der Stahl- u. Textilindustrie (alte Industrien) auf den Dienstleistungsbereich. Die Abwanderung der Industrie in den Süden (↑*sun belt*) ist inzwischen aufgrund der Umstellung des Nordostens auf die Computerindustrie (↑*Route 128*) zurückgegangen. 2. Die von der Reagan-Regierung eingeleiteten u. von den Bush- u. Clinton-Regierungen fortgeführten Maßnahmen zur Deregulierung (↑*deregulation*) der W. haben den Wettbewerb gestärkt u. die Geldbeschaffung auf den Kapitalmärkten erleichtert. Das am. Bankwesen war zu sehr auf die lokale Ebene beschränkt (↑*national bank*, ↑*Bankensystem*). Noch unter Reagan bekamen die Banken die Möglichkeit, mit ↑*Certificates of Deposit (CD)* am Kapitalmarkt teilzunehmen u. seit 1994 dürfen sie auch Filialen in anderen Bundesstaaten aufmachen. Mit neuen Möglichkeiten der Bündelung von Aktien (↑*futures*, ↑*derivatives*) wurde eine größere Sicherheit beim Transfer von Aktien geschaffen. Für die Unterstützung junger Firmen mit hohen Risiken bzw. zum erleichterten Aufkauf von fast bankrotten Firmen wurde der neue ↑*junk bond*-Markt geschaffen, bei dem der Käufer hohe Gewinne erzielt, aber gleichzeitig eine Umgruppierung von Firmen stützt. Zur Vermeidung von Bankrotts für an sich gute Firmen wurde zusätzlich die Möglichkeit geschaffen, eine Firma aufzukaufen u. nur das Management auszutauschen (↑*leveraged buy-outs*). Ferner wurde bes. die Entwicklung neuer Technologien gefördert durch die Erleichterung von Firmengründungen in diesem risikobehafteten Bereich (↑*venture capital*). Am. Firmen haben auch eine neue Management-Politik *(lean management)* begonnen, die durch Abbau der Verwaltung (↑*corpocracy*), Verringerung der Arbeitskräfte in der Produktion *(lean production)*, Wegfall des mittleren Management *(down-sizing)* international zum Vorbild geworden ist.

Diese neuen wirtschaftlichen Möglichkeiten sowie die Schaffung einer nordam. Freihandelszone (↑*NAFTA*) und der politische Druck der USA auf die Handelspartner Japan u. Europäische Union zur Gewährung einer echten Gegenseitigkeit bei der Liberalisierung des Welthandels (↑*GATT*) haben die USA nach Jahren der wirtschaftlichen Depression zur Weltspitze zurückgeführt.

Es gab auch Rückschläge, wie den

plötzlichen hohen Kursverfall von 1987, eine Art Börsenkrach (↑*Black Monday*), ferner durch Insider-Wissen (↑*insider trading*) gesteuerte Firmen-Bankrotte; dann Anfang der 90er Jahre den Zusammenbruch vieler lokaler Sparkassen (↑*Bankensystem*). Besonders schwierig gestaltet sich die Reduzierung des von der Reagan-Regierung hinterlassenen u. inzwischen weiter angewachsenen hohen Haushalts- u. Handelsdefizits der USA. (↑*Balanced Budget Bill*).

Wizard of Oz. Vielzitiertes u. -bearbeitetes Kinderbuch von L. Frank Baum, das von dem Mädchen Dorothy aus Kansas erzählt, welches in einem Sturm zusammen mit ihrem Hund Toto in das Zauberland Oz gebracht wird, wo sie den Zauberer von Oz aufsuchen müssen, der ihnen den Weg nach Hause zeigen kann.

Wobblies ['wɑblɪz]. Von *wobbly* ‚unstet'. Radikale Gewerkschaftler, Mitglieder der *Industrial Workers of the World IWW*, der 1905 gegründeten Gewerkschaft, die durch die Arbeitskämpfe von 1912–1917 berühmt wurde. Anders als die heutigen lohnorientierten ↑*Gewerkschaften* strebten die W. eine echte Revolution an. ↑*leftists.*

Wohnen ↑home.

women's lib. ↑*Frauenbewegung* der 60er Jahre, die sich in verschiedenen Organisationen wie ↑*National Organisation for Women* (*NOW*) f. die Rechte von Frauen einsetzte. Die *„libbers"* (*lib* von *liberation*, Befreiung), die z.T. als radikale Feministinnen für Freigabe der ↑*Abtreibung* u. Lesbentum kämpften, wurden v.a. von traditionellen Frauengruppen, die die Familie bedroht sahen (↑*profamily movement*), heftig angegriffen. Heute steht nach Ansicht der Gründerin Betty ↑*Friedan* eine 2. praxisorientiertere Phase (*„second stage"*) zur Debatte, die Vereinbarkeit von Beruf u. Familie für die Frau sowie ihre Chancen auf dem Arbeitsmarkt u. in öffentl. Funktionen (↑*affirmative action*). Nach den 60er Jahren hat sich der Begriff ↑*feminism* durchgesetzt.

Woodstock, NY. Ort, der mit seinem mehrtägigen Popkonzert (1969) viele Tausende von Jugendlichen anzog. Steht heute für das unkommerzialisierte Hippyleben (↑*hip*, ↑*hippies*), das es in dieser Form 25 Jahre danach nicht mehr gibt, wie auch das „Jubiläumskonzert" in W. zeigte.

wop ↑Rassismus u. Sprache.

world champion. Im am. ↑*Sport* Bez. f. den Meister, der aus dem Entscheidungsspiel zwischen den beiden am. ↑*football*-Ligen hervorgeht. „Welt"meister kommt vielleicht daher, daß das Spiel ursprünglich nur auf USA beschränkt war.

World Series. Serie von Entscheidungsspielen beim ↑*baseball*, bei denen der Jahresmeister ermittelt wird. ↑*world champion.*

Wortbildung. Die Übernahme am. Begriffe in andere Sprachen (selbst ins BE) wird auch auf die besondere Flexibilität u. Kreativität des

↑*Amerikanischen Englisch* bei der Neubildung von Wörtern zurückgeführt: Zusammensetzungen wie *sit-in, count-down,* Mischungen wie *brunch* (aus: *breakfast + lunch*), Kürzungen wie *mike (microphone)*, Verwendung von Substantiven als Verben u. umgekehrt ohne zusätzliche Änderungen, z.B. *position* ‚die Stellung', *to position* ‚sich aufstellen'; Abkürzungswörter wie *SALT,* bildhafte Schreibungen wie *Xing* (Fußgängerübergang, *X* steht symbolhaft f. *crossing*) und überhaupt Freude an Wortspielereien: *Xmas = Christmas* (↑*scam*). Besonders zahlreich sind Neubildungen in den Bereichen ↑*Popkultur,* ↑*Essen,* ↑*Auto* sowie im Finanz- u. ↑*Bankensystem.*

Wortschatz. Die Abweichungen des ↑*Amerikanischen Englisch* vom BE zeigen sich hauptsächlich im W.: sie ergaben sich durch die besonderen Lebensbedingungen, die die europäischen Einwanderer vorfanden: andere Tiere u. Pflanzen, indianisch geprägte Begriffe (*teepee*) u. geographische Namen (↑*Ortsnamen*), ferner durch die Schaffung eigener Institutionen nach der Unabhängigkeit (*Congress*), dann durch die Übernahme nichtenglischer Wörter aus der Vielzahl der Sprachen der Einwanderer (*yankee, pretzel, chutzpah, svelte*) u. der schwarzen Sklaven (*gumbo, voodoo*). Die Eigenständigkeit wurde besonders nach dem 2. Weltkrieg durch die wirtschaftliche, technologische u. kulturelle Vormachtstellung der USA gefördert, so daß heute das AE viele Sprachen der Welt beeinflußt u. auch auf das BE einwirkt.

Wounded Knee. Das Massaker an 200 Indianern durch die am. Armee beim W.K.-Fluß im SW von Montana im Jahre 1890. Diese Sioux waren die letzte Indianergruppe, die in Reservate verlegt wurde, aber dann wieder entflohen war. Damit kamen die ↑*Indianerkriege* u. auch die Eroberung des Westens zu einem Ende (↑*frontier,* ↑*Geschichte*). Für die ↑*Indianer* selbst ist W.K. ein Symbol für ihre Niederlage, das in den 70er Jahren in ihrem Kampf um die Bürgerrechte wieder lebendig wurde (sechsmonatige Besetzung von W.K. 1973; vgl. ↑*Alcatraz*).

Wright Brothers. Orville (1871–1948) u. Wilbur (1867–1912) Wright, die in Kitty Hawk auf der Insel Hatteras in North Carolina 1903 das erste motorangetriebene Flugzeug bauten u. auch erfolgreich flogen.

write-in. Stimmabgabe für einen polit. Kandidaten, der nicht auf dem Stimmzettel bzw. der Liste steht.

Y

Y. Abk. für *YMCA* o. *YWCA, Young Men's (Women's) Christian Association;* das Y. bietet günstige Übernachtungsmöglichkeiten an, allerdings getrennt nach Geschlechtern.

Yankee. Spitzname, dessen Ursprung unklar ist, der jedoch wahrscheinlich aus dem Holländischen kommt. Außerhalb der USA gilt Y. als Bez. für jeden US-Amerikaner (bes. in Südamerika), innerhalb der USA bezieht sich Y. auf die Neuengländer (↑*New*

England), besonders jene mit kolonialen Vorfahren; während des Bürgerkrieges galt Y. als Bez. für Nordstaatler (↑*Civil War*).

Yankee Doodle. Titel eines Liedes, das während des Unabhängigkeitskrieges populär war; es stammt eigentlich aus den Kolonialkriegen zwischen Frankreich u. England in Nordamerika (*French and Indian Wars,* 1689–1763, ↑*Indianerkriege*), damals noch ein britisches Lied, das sich über die „Amerikaner" lustig macht.

yard sale ↑garage sale.

yellow journalism. Sensationsjournalismus. Der Begriff kommt aus dem ↑*comic strip* „Yellow Kid", der 1896 in Pulitzers Sonntagsausgabe von „New York World" eingeführt wurde, um zusätzliche Leser zu gewinnen, dann von W. Hearsts „Journal" mit „Crazy Cat" in Konkurrenz weitergeführt wurde. ↑*Zeitungen.*

Yellowstone National Park. Der älteste u. größte Nationalpark der USA, gegr. 1872 (↑*national parks*), mit eindrucksvollen heißen Quellen u. Schlammvulkanen. Besonders beliebt ist der ↑*Old Faithful Geyser.* S. Karte 7.

yiddish. Jiddische Wörter sind im AE häufiger als im BE, bes. in New York, wo 25 % der Bevölkerung ↑*Juden* sind. Allgemein in USA bekannt sind Ausdrücke, die sich auf jüdische Traditionen beziehen: *bar mitzvah* (Einführung eines 13jährigen in die Glaubensgemeinschaft), *bris* (Beschneidung), *kiddush* (Segnen von Brot u. Wein), ferner viele Bez. f. jüdische Speisen wie *bagel* (Semmel), *gefilte fish* (Fischküchle), *matzo* (ungesäuertes Brot). Bez. für Personen: *goy* (Nichtjude), *klutz* (ungehobelte Person, „Klotz"), *shiksa* (nichtjüd. Mädchen), *chutzpah* ['hʊtspə] (Frechheit), *shlemiel* (Pechvogel).

yippies *pl.* Die radikalisierten Jugendlichen der Hippie-Bewegung gegen die etablierte Gesellschaft der 60er Jahre, abgeleitet von *Youth International Party* (1968). Es war keine Partei, sondern eine ↑*counterculture*-Bewegung wie die ↑*hippies,* aber bewußter politisch aktionistisch. Ihren großen Auftritt hatten sie während der ↑*convention* der Demokratischen Partei von 1968: Es kam zu Straßenschlachten, als die y. ein Schwein zum Präsidentschaftskandidaten ausriefen. Dahinter steckte auch der Widerstand gegen den ↑*Vietnamkrieg,* den die y. zusammen mit dem ↑*SDS* betrieben.

Yosemite [jou'semɪti] **Nat. Park.** Großer Nationalpark im Gebirge der Sierra Nevada, Kalif., dessen Granitwände, Wasserfälle u. Sequoia-Mammutbäume viele Touristen u. Wanderer anziehen. S. Karte 7.

you-all [jɔːl]. In den Südstaaten übliche Form für *you* „ihr" (2. Pers. Pl.), eine Art Erkennungszeichen für Südstaatler. ↑*Dialekte u. Akzente.*

yuppies ['jʌpiːz], *young urban professionals.* Ugs. beruflich erfolgreiche junge Leute (höhere Berufe), die sich Appartements in eleganten Vierteln der Großstädte leisten können. Sie stellen einen neuen materialistisch u. auf Lebensgenuß bedachten Typ von Jugendlichen der 80er u. 90er Jahre dar, die nicht mehr „aussteigen" o. radikal die Gesellschaft bekämpfen wollen. ↑*buppies.*

Z

Zahlangaben. Einige Besonderheiten des AE: 0 = *zero* ['zi:roʊ]; im Tennis *„love": forty-love* = 40:0. Zwischen Hundertern und Zehnern fehlt das (BE) *„and"*: 110 = *one hundred ten.* Dt. 0,5 (Null Komma fünf) entspr. „.5" *(point five)*, umgekehrt steht in langen Zahlen statt des Punkts ein Komma: 16,638.30 *(...point thirty)* = dt. 16.638,30 (... Komma 30). *Million*, Abk. *m* ‚Million': $2 *m* = 2 million (sg.!) *dollars;* 2 ¢ = two cents; *billion*, Abk. *bn* ‚Milliarde(!)' = 1,000,000,000. ↑*cash,* ↑*Zeit- u. Datumsangaben,* ↑Anhang „Maßeinheiten", S. 254.

Zeit- u. Datumsangaben. Beim Datum wird im AE der Monat zuerst geschrieben, z. B. ist 1/9/90 der 9. Jan. 1990, ausgesprochen *January ninth.* Bei Fahrplänen u. Zeitangaben gilt die 12-Stunden-Einteilung mit dem Zusatz *a. m.* (*ante meridiem* ‚vormittags') u. *p. m.* (*post meridiem* ‚nachmittags'). Zeitangaben weichen z. T. in Wortwahl u. Aussprache vom BE ab, z. B. 2.50 p. m. = *ten of three in the afternoon* o. *two fifty,* BE *ten to three.* Im Militär u. in der Wissenschaft gilt die 24-Stunden-Zeit.

Zeitungen. Massenzeitungen kamen in USA nach 1870 auf, bes. durch J. A. Pulitzer (↑*Pulitzer prize*), der in den 90er Jahren mit R. Hearst („New York Journal") durch den Einsatz von Sensationsjournalismus (↑*yellow journalism*) um die größte Leserschaft f. seine Zeitung („New York World") kämpfte. Gleichzeitig war diese Presse auch politisch sehr parteilich *(partisanship)* ausgerichtet. Heute trennen am. Z. zwischen Meinung (↑*op-ed page*) u. Nachrichten; das Hauptgewicht liegt auf dem lokalen Teil (1. Seite). Auf der *opinion-page* gibt es Kommentare nicht nur des Chefredakteurs (↑*editorial*), sondern auch von nationalen Kommentatoren (↑*columnist*). Typisch sind auch die Comics (↑*funnies*), die in jeder Z. u. bes. in den Sonntagsausgaben (↑*Sunday paper*) zu finden sind. Etwa 70% der Nachrichten kommen von Agenturen (*news agencies,* ↑*UPI,* ↑*AP*). Allerdings findet man kaum internationale Nachrichten, außer in den wenigen Z., die zu einer Art regionaler o. auch nationaler Z. werden: ↑*„New York Times",* ↑*„Wall Street Journal",* ↑*„USA Today",* ↑*„Washington Post"* (mit Ausgabe in Paris), „Los Angeles Times", „International Herald Tribune" (im Besitz der „N. Y. Times") „Christian Science Monitor". Mit anderen ↑*Nachrichtenmedien* haben die Z. besonders die Aggressivität bei der Aufdeckung von Fehlverhalten in Regierung o. Militär (↑*investigative journalism*) gemeinsam. Die Konzentration weniger Verlagshäuser führte zu Zeitungsketten (↑*strings*). Bis auf die span. Z. sind nichtenglische Z. (bes. deutschsprachige) sehr zurückgegangen. Eine Besonderheit sind die *underground papers,* die sich nur wenig durch Reklame finanzieren u. besondere Gruppen wie alternative, extrem linke o. liberale ansprechen, die von der *mainstream-press* vernachlässigt werden. (↑*free press*).

Zeitzonen. Das zusammenhängende Gebiet der USA (außer Alaska, Hawaii) teilt sich etwa parallel zu den ↑*Landschaften* in 4 Zeitzonen ein: *Eastern Standard Time (EST):* Ostküste u. Appalachen bis an die Großen Seen; N.Y., Washington, Cleveland, Miami; dann jeweils 1 Stunde zurück: *Central Time* (*CT*): Große Seen, zentrale Mulde des Mississippi; Chicago, New Orleans; *Mountain Time* (*MT*): Rocky Mountains u. Hochplateau des Südwestens; Denver, Phoenix; *Pacific Time* (*PT*): Westküste, L.A. – *EST* ist 6 Stunden hinter *MEZ,* die Sommerzeit (*Daylight Saving Time, DST*) fängt 2–3 Wochen nach der europäischen Sommerzeit an, so daß dann eine zusätzliche Stunde Unterschied zu Europa hinzukommt. Manche Staaten werden durch die Z. zweigeteilt, manche haben keine Sommerzeit, weshalb das Telefonieren mit u. innerhalb USA oft zusätzliche Auskunft erfordert. Siehe Karte S. 248.

Zion ['zaɪən] **National Park.** Großer Nationalpark in Utah mit ungewöhnlichen Canyons u. vielfarbigen Felsformationen.

ZIP code [zɪp...]. *ZIP: Zone Improvement Plan,* außerdem: *zip* ‚schnell, flink'. Postleitzahl, bestehend aus der Abkürzung für den Bundesstaat (z.B. CA = California) u. 5 Ziffern, deren 1. vom Nordosten beginnend (= 0) bis nach Westen auf „9" ansteigt. Sie steht am Ende der Briefanschrift nach der Stadt, z.B. „Pittsburgh, PA 15227".

Zulassung (zum Hochschulstudium). Es gibt einzelne Staaten, in denen das ↑*high school* ↑*diploma* (Zeugnis der Sekundarschule) für die Zulassung zur staatlichen Hochschule ausreicht (z.B. Nebraska), meist jedoch herrscht ein kompliziertes Ausleseverfahren mit vielfachen Kriterien vor: 1. Qualität der *high school,* 2. Wahl von hochschulvorbereitenden Kursen (*college prep courses*), 3. Leistungsrang in der Klasse (unter den oberen 10%–20%), 4. Notendurchschnitt, ↑*GPA,* 5. Teilnahme an Begabtenkursen (↑*honors*), 6. Empfehlungsschreiben, 7. Ergebnisse von ↑*standard-tests,* 8. Interviews. Die Vielzahl der Kriterien ist wichtig, weil der Rang der ↑*Hochschulen* unterschiedlich ist u. die Bewerber in die ‚besseren' Hochschulen drängen (↑*Elite-Hochschulen*).

Zwanziger Jahre ↑black bottom, ↑Black Friday, ↑dixie, ↑flappers, ↑jazz age, ↑Prohibition, ↑Roaring Twenties.

Karten und Übersichten

1. Die Entstehung der USA

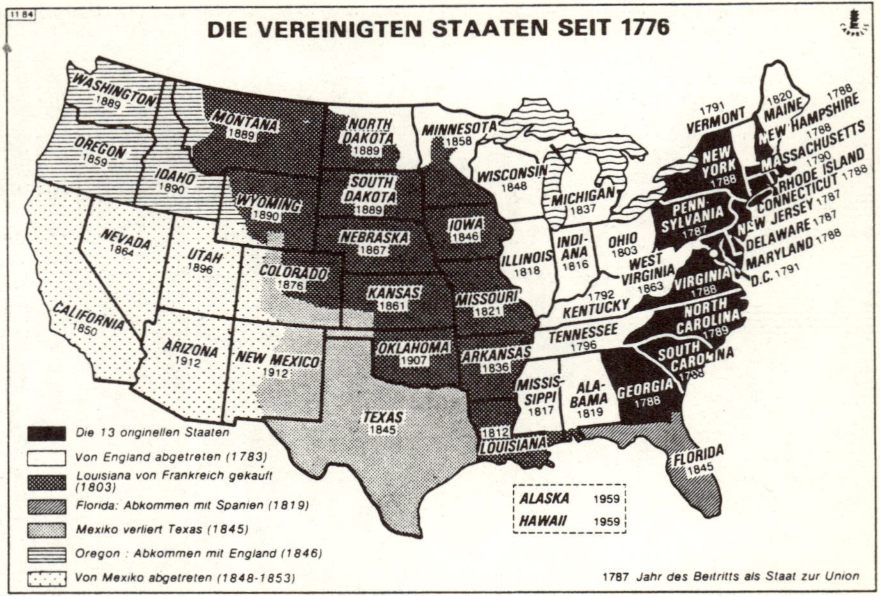

Quelle: Munzinger-Archiv/Int. Handbuch 19/85.

2. Die wichtigsten Städte und ihre Landverbindungen (Eisenbahn und Autobahn)

Quelle: Munzinger Archiv/Int. Handbuch 19/85.

3. Die Wirtschafts- und Kulturregionen

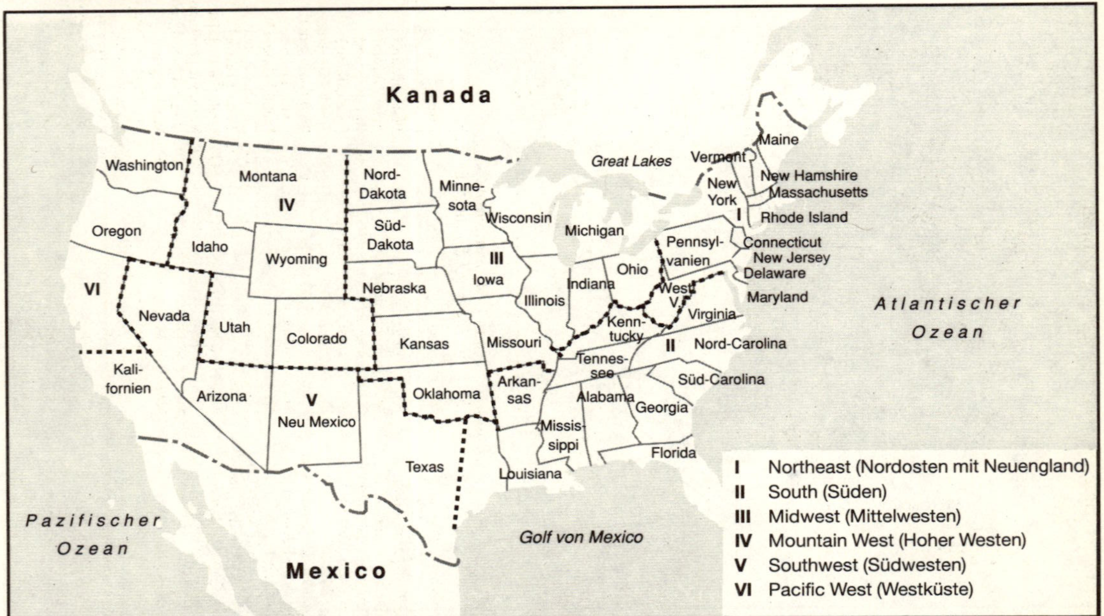

Die offizielle Aufteilung durch die US-Census-Behörde in 5 Regionen wurde hier durch eine Region „Southwest" ergänzt, die durch die zunehmende Einwanderung von Mexikanern immer mehr an Bedeutung gewinnt.
Quelle: Statistisches Bundesamt. Länderbericht Vereinigte Staaten 1986, S. 9

4. Die Bundesstaaten und ihre Post-Abkürzungen

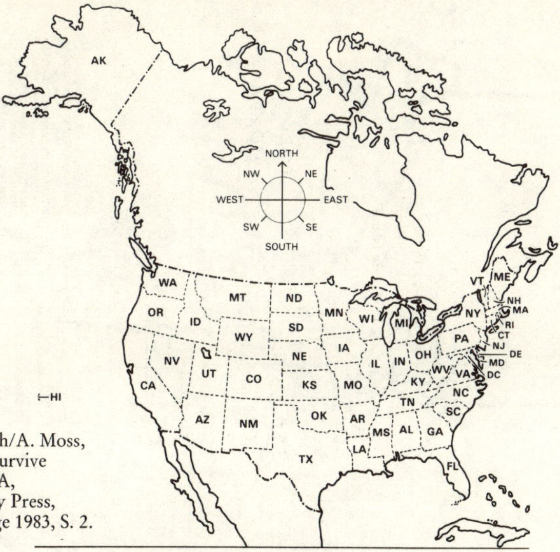

Quelle:
N. Church/A. Moss,
How to Survive
in the USA,
University Press,
Cambridge 1983, S. 2.

Bundesstaaten mit AE-Lautschrift

In einigen Fällen ist die Aussprache nicht einheitlich.

AL Alabama [æləb'bæmə]
AK Alaska [ə'læskə]
AZ Arizona [ærə'zoʊnə]
AR Arkansas ['ɑːrkənsɔː]
CA California [kælə'fɔrnjə]
CO Colorado [kɑlə'rɑːdoʊ], [-rædoʊ]
CT Connecticut [kə'netikət]
DE Delaware ['deləwær]
DC Washington, D.C. ['wɑʃɪŋtənˌdiː'siː], ['wɔ-]
FL Florida ['flɑrədə], ['flɔr-]
GA Georgia ['dʒɔrdʒə]
HI Hawaii [hə'waɪi], [hə'wɑːiː]
ID Idaho ['aɪdəhoʊ]
IL Illinois [ɪlə'nɔɪ]
IN Indiana ['ɪndɪ'ænə]
IA Iowa ['aɪəwə]
KS Kansas ['kænzəs]
KY Kentucky [kən'tʌkɪ]
LA Louisiana [luːɪzɪ'ænə]
ME Maine [meɪn]
MD Maryland ['merələnd], ['merɪ-]
MA Massachusetts [mæsə'tʃuːsəts], [-'tʃuːzəts]
MI Michigan ['mɪʃəgən]
MN Minnesota [mɪnɪ'soʊtə]
MS Mississippi [mɪsə'sɪpɪ]
MO Missouri [mə'zʊərɪ], [-ʊrə]
MT Montana [mɑn'tænə]
NE Nebraska [nə'bræskə]
NV Nevada [nə'vædə], [-'vɑː-]
NH New Hampshire [nuː'hæmpʃər]
NJ New Jersey [nuː'dʒɜːrzɪ]
NM New Mexico [nuː'meksəkoʊ]
NY New York [nuː'jɔːrk]
NC North Carolina [ˌnɔːrθkærə'laɪnə]
ND North Dakota [ˌnɔːrθdə'koʊtə]
OH Ohio [oʊ'haɪoʊ]
OK Oklahoma [oʊklə'hoʊmə]
OR Oregon ['ɔrɪgɑn], ['ɑr-], [-gən]
PA Pennsylvania [pensl'veɪnjə]
RI Rhode Island [roʊd'aɪlənd]
SC South Carolina [ˌsaʊθkærə'laɪnə]
SD South Dakota [ˌsaʊθdə'koʊtə]
TN Tennessee [tenə'siː]
TX Texas ['teksəs]
UT Utah ['juːtɑː], [-tɔː]
VT Vermont [vər'mɑnt]
VA Virginia [vər'dʒɪnjə]
WA Washington ['wɑʃɪŋtən], ['wɔ-]
WV West Virginia [ˌwestvər'dʒɪnjə]
WI Wisconsin [wɪs'kɑnsn]
WY Wyoming [waɪ'oʊmɪŋ], ['waɪəmɪŋ]

5. Die Zeitzonen und die Telefonvorwahlnummern

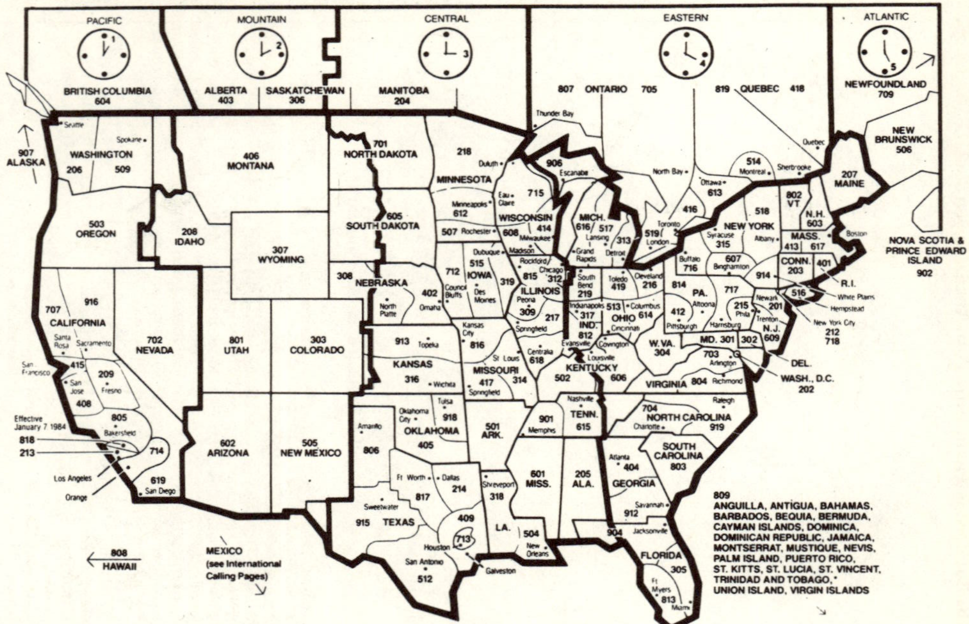

Quelle: The 1988 Information Please Almanac, Houghton Mifflin Company, Boston 1988, S. 574.

6. Indianerreservate

Quelle: „Indianer in Amerika: Legende und Wirklichkeit“, Aus dem Zeitgeschehen, International Communication Agency, Embassy of the United Staates of America (Bonn, 1978), p. 19.

7. Nationalparks

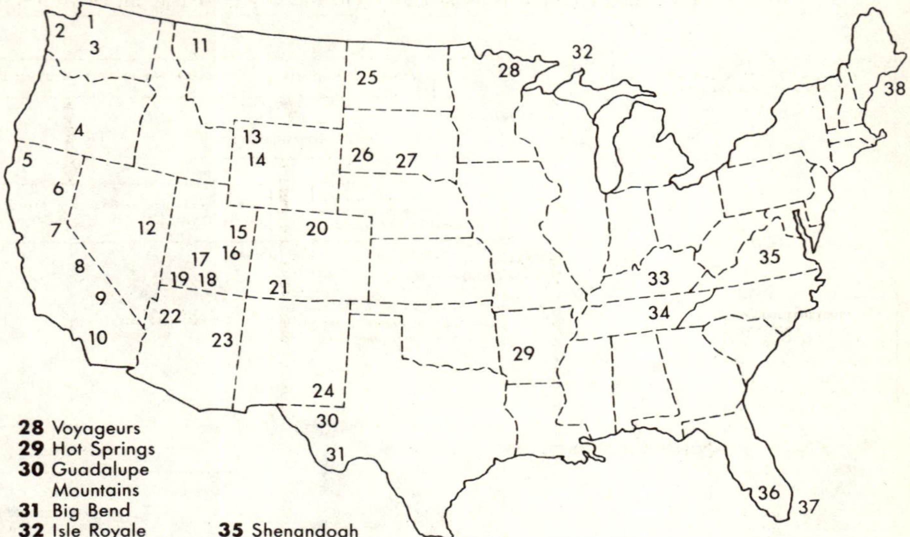

1 North Cascades
2 Olympic
3 Mount Rainier
4 Crater Lake
5 Redwood
6 Lassen Volcanic
7 Yosemite
8 Kings Canyon
9 Sequoia
10 Channel Islands
11 Glacier
12 Great Basin
13 Yellowstone
14 Grand Teton
15 Arches
16 Canyonlands
17 Capitol Reef
18 Bryce Canyon
19 Zion
20 Rocky Mountain
21 Mesa Verde
22 Grand Canyon
23 Petrified Forest
24 Carlsbad Caverns
25 Theodore Roosevelt
26 Wind Cave
27 Badlands
28 Voyageurs
29 Hot Springs
30 Guadalupe Mountains
31 Big Bend
32 Isle Royale
33 Mammoth Cave
34 Great Smokey Mountains
35 Shenandoah
36 Everglades
37 Biscayne
38 Arcadia

Quelle: Nach: In America, Cornelsen-Velhagen & Klasing, Berlin 1990, S. 88.

8. Das Regierungssystem

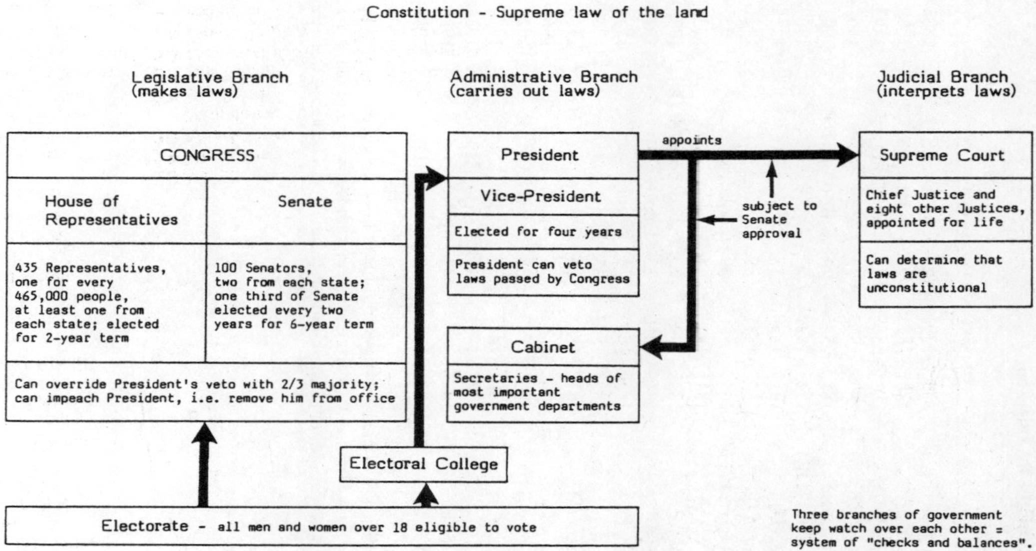

Quelle: Eleven Plus. Topics for Text Skills, Cornelsen-Velhagen & Klasing, Berlin 1986, S. 85.

9. Amerikanische Präsidenten

Name und Partei	*Amtszeit*	*Name und Partei*	*Amtszeit*
1. Washington (F)	1789–1797	22. Cleveland (D)	1885–1889
2. J. Adams (F)	1797–1801	23. B. Harrison (R)	1889–1893
3. Jefferson (DR)	1801–1809	24. Cleveland (D)	1893–1897
4. Madison (DR)	1809–1817	25. McKinley (R)	1897–1901
5. Monroe (DR)	1817–1825	26. T. Roosevelt (R)	1901–1909
6. J.Q. Adams (DR)	1825–1829	27. Taft (R)	1909–1913
7. Jackson (D)	1829–1837	28. Wilson (D)	1913–1921
8. Van Buren (D)	1837–1841	29. Harding (R)	1921–1923
9. W.H. Harrison (W)	1841	30. Coolidge (R)	1923–1929
10. Tyler (W)	1841–1845	31. Hoover (R)	1929–1933
11. Polk (D)	1845–1849	32. F.D. Roosevelt (D)	1933–1945
12. Taylor (W)	1849–1850	33. Truman (D)	1945–1953
13. Fillmore (W)	1850–1853	34. Eisenhower (R)	1953–1961
14. Pierce (D)	1853–1857	35. Kennedy (D)	1961–1963
15. Buchanan (D)	1857–1861	36. L.B. Johnson (D)	1963–1969
16. Lincoln (R)	1861–1865	37. Nixon (R)	1969–1974
17. A. Johnson (U)	1865–1869	38. Ford (R)	1974–1977
18. Grant (R)	1869–1877	39. Carter (D)	1977–1981
19. Hayes (R)	1877–1881	40. Reagan (R)	1981–1989
20. Garfield (R)	1881	41. Bush (R)	1989–1993
21. Arthur (R)	1881–1885	42. Clinton (D)	1993–

F = Federalist, DR = Democratic Republican, D = Democrat, W = Whig, R = Republican, U = Union. Das Parteiensystem kam erst während der 2. Amtszeit von Washington auf, die heutige Unterscheidung von Democrat u. Republican erst nach 1860.

10. Das Bildungssystem

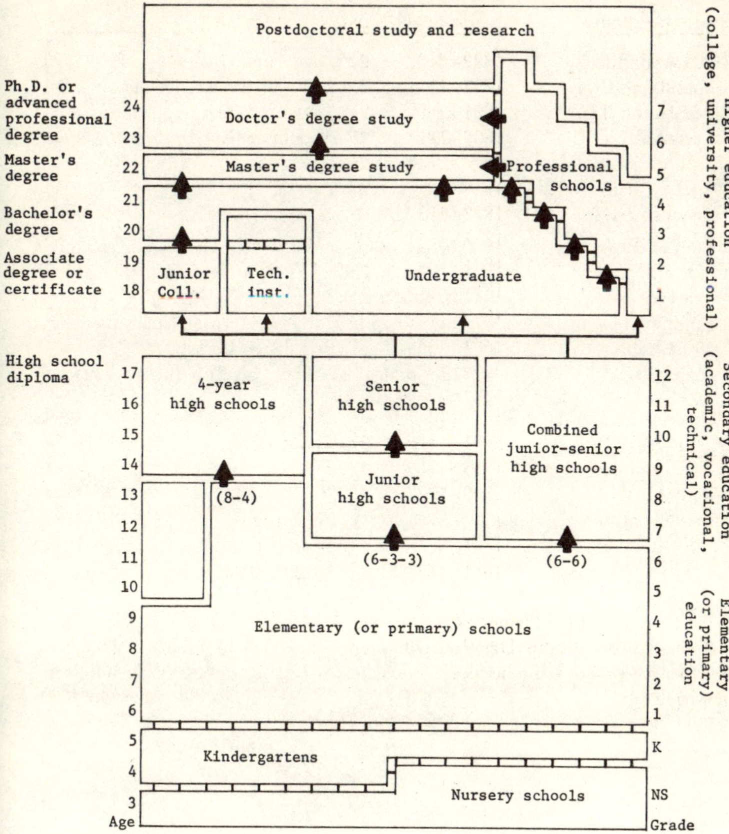

Nach: U.S. Office of Education, Digest of Educational Statistics, 1972 (OE 73–19104). Washington, D.C.: U.S. Department of Health, Education and Welfare, 1973, S. 33.

Quelle: Vielfalt, Zugang, Anforderungen. Kurzdarstellung des amerikanischen Bildungswesens für Nichtamerikaner, Deutscher Akademischer Austauschdienst, Bonn 1977, S.14.

11. Maßeinheiten

Gewichtsmaße

1 ounce (oz.) Unze	= 28,35 g	
1 pound (lb.) Pfund	= 16 oz. o. 0,45 kg	zur Angabe des
2,2 pounds	= 1 kg	Körpergewichts;
1 ton (t.) Tonne	= 2000 lb. o. 907,18 kg	entspr. brit. *short ton*

Flüssigkeitsmaße

1 fluid ounce (fl. oz.)	= 0,03 l	alle Maße weichen von
1 pint (p.)	= 16 fl. oz. o. 0,47 l	den brit. Maßen ab!
1 quart (qt.)	= 2 p. o. 0,95 l	
1 gallon (gal.)	= 4 qt. o. 3,79 l	zur Mengenangabe von
1,25 US gallons	= 1 imperial gal. (British)	Benzin;
1 barrel	= 31,5 gal. o. 119,228 l	als Rohölmaß = 159 l

Kochmaße

1 tablespoon (T.)	= 3 teaspoons (tsp.) oder ½ fl. oz.	Gekaufte Maßgefäße ersparen d. Abwiegen
1 cup (c.)	= 8 fl. oz. o. 0,24 l	

Längen- und Flächenmaße

1 inch (in. oder "), Zoll	= 2,54 cm	Körpergröße wird in
1 foot (ft. oder '), Fuß	= 12 in. o. 0,3 m	*feet* u. *inches* angegeb.,
1 yard (yd.)	= 3 ft. o. 0,9 m	Wohnfl. in *square ft.*
1 mile (mi.)	= 5,280 ft. o. 1,61 km	
1 acre	= 0,4 ha	zur Angabe von Grundstücksgrößen

Temperatur

	Fahrenheit (F)	Celsius (C)
	F° = (C° × 9 : 5) + 32	C° = (F° – 32) × 0,55
Gefrierpunkt *(freezing point)*	32°	0°
Siedepunkt *(boiling point)*	212°	100°
Zimmertemperatur	61°–71°	16°–21°
norm. Körpertemperatur	98,6°	37°
Backofen, mittlere Stufe	350°	175°
Backofen, hohe Stufe	450°	230°

Länder und Städte in der Beck'schen Reihe

Politisches Lexikon Afrika, hrsg. von R. Hofmeier/M. Schönborn (BsR 810)
Ägypten, von F. Büttner/I. Klostermeier (BsR 842)
Äthiopien, Eritrea, Somalia, Djibouti. Das Horn von Afrika, von V. Matthies (BsR 846)
Algerien, von W. Herzog (BsR 859), s. auch *Maghreb*
Politisches Lexikon Asien, Australien, Pazifik, hrsg. von W. Draguhn/R. Hofmeier/M. Schönborn (BsR 827)
Baltikum: Estland, Lettland, Litauen, von K. Ludwig (BsR 841)
Belgien, von J. Schilling/R. Täubrich (BsR 829)
Berlin, von E.S. Freyermuth/G.S. Freyermuth (BsR 490)
Bhutan, von H. Wilhelmy (BsR 830)
Bolivien, von T. Pampuch/A. Echalar A. (BsR 813)
Brasilien, von M. Wöhlcke (BsR 804)
Brüssel, von M. Döpfner (BsR 1007)
China, von O. Weggel (BsR 807)
Cypern, von K. Hillenbrand (BsR 837)
Kleines Deutschland-Lexikon, von G. Haensch/A. Lallemand/A. Yaiche (BsR 855)
Djibouti s. Äthiopien
Kleines England-Lexikon, von P. Fischer/G.P. Burwell (BsR 814)
Eritrea s. Äthiopien
Estland s. Baltikum
Fiji, Samoa, Tonga, von S. Bruno/A. Schade (BsR 854)
Finnland, von W. Albrecht/M. Kantola (BsR 847)
Frankreich, hrsg. von G. Haensch/H.J. Tümmers (BsR 831)
Kleines Frankreich-Lexikon, von G. Haensch/P. Fischer (BsR 802)
Großbritannien, von H. Händel/D. Gossel (BsR 835)
Politisches Lexikon GUS, von R. Götz/U. Halbach (BsR 852)
Hongkong s. Taiwan
Horn von Afrika s. Äthiopien
Indien, von K. Gräfin v. Schwerin (BsR 820)
Indochina, von O. Weggel (BsR 809)
Irland, von M.P. Tieger (BsR 801)
Island, von P. Schröder (BsR 857)
Italien, von C. Chiellino/F. Marchio/G. Rongoni (BsR 821)
Kleines Italien-Lexikon, von C. Chiellino (BsR 819)
Japan, von M. Pohl (BsR 836)
Jemen und Oman, von D. Ferchl (BsR 858)
Jugoslawien, von C. v. Kohl (BsR 832)
Kenia, von H. Hecklau (BsR 853)
Korea, von H.W. Maull/I.M. Maull (BsR 812)

Politisches Lexikon Lateinamerika, hrsg. von P. Waldmann/H.-W. Krumwiede (BsR 845)
Lettland s. Baltikum
Litauen s. Baltikum
Madrid, von J. Oehrlein (BsR 1008)
Maghreb: Marokko, Algerien, Tunesien, von W. Herzog (BsR 834)
Marokko s. Maghreb
Mexiko, von K. Biermann (BsR 851)
Mongolei, von A. Schenk/U. Haase (BsR 848)
Politisches Lexikon Nahost/Nordafrika, hrsg. von U. Steinbach/R. Hofmeier/M. Schönborn (BsR 850)
Nepal, von W. Donner (BsR 833)
Neuseeland, von A. Hüttermann (BsR 844)
New York, von G.M. Freisinger (BsR 422)
Niederlande, von J. Schilling/R. Täubrich (BsR 817)
Nigeria, von H. Bergstresser/S. Pohly-Bergstresser (BsR 839)
Nordafrika s. Nahost
Norwegen, von G. Austrup/U. Quack (BsR 828)
Kleines Österreich-Lexikon, von S. Gassner/W. Simonitsch (BsR 815)
Oman s. Jemen
Peru, von E. v. Oertzen (BsR 822)
Philippinen, von R. Hanisch (BsR 816)
Politisches Lexikon Rußland, von R. Götz/U. Halbach (BsR 856)
Portugal, von G. und A. Decker (BsR 806)
Prag, von C. Bartmann (BsR 1050)
Politisches Lexikon Rußland, von R. Götz/U. Halbach (BsR 856)
Samoa s. Fiji
Schweden, von G. Austrup (BsR 818)
Schweiz, von M. Schwander (BsR 840)
Somalia s. Äthiopien
Spanien, von W. Herzog (BsR 811)
Kleines Spanien-Lexikon, von G. Haensch/G. Haberkamp de Antón (BsR 825)
Taiwan/Hongkong, von O. Weggel (BsR 849)
Tibet, von K. Ludwig (BsR 824)
Tonga s. Fiji
Tunesien s. Maghreb
Turin, von M. Knapp-Cazzola (BsR 1019)
Türkei, von F. Şen (BsR 803)
Kleines Türkei-Lexikon, von K. Kreiser (BsR 838)
Ukraine, von E. Lüdemann (BsR 860)
USA, von R. Rode (BsR 843)
Kleines USA-Lexikon, von J. Redling (BsR 826)
Venedig, von G. Salvatore (BsR 1092)

Verlag C.H. Beck München